영국고딕소설

공포와 일탈의 상상력

한국근대영미소설학회

신아사

기획 : 한국근대영미소설학회

김순원(가천대학교)
민자영(이화여자대학교)
오봉희(경남대학교)

간행사

근대 영미소설 학회는 학회지 등의 전문 학술 잡지는 물론, 일반 대중과 영문학에 관심이 있는 학생들을 위한 책을 여러 번에 걸쳐 기획하여 왔고 긍정적인 호응을 받아 왔다. 이에 힘입어 기존에는 영문학사에서 별다른 주목을 받아오지 못했지만 최근 10여년 전부터 영문학자들로부터도 많은 관심을 받아오기 시작한 고딕소설을 소개하는 책을 기획하게 되었다.

사실 고딕 문학은 18세기 중후반부터에야 쓰여지기 시작하였기 때문에 그리 오래된 문학 장르는 아니지만 현재에 이르기까지 그 어떤 장르보다도 대중의 사랑과 관심을 받아온 분야임은 분명하다. 그럼에도 불구하고 고딕문학이 영문학사에서 제대로 된 평가를 받아오지 못했던 것은 고딕소설을 현실과 관계없는 하나의 판타지 문학으로만 간주되어 왔기 때문일 것이다. 이에 본 학회는 고딕 소설이 그리고 있는 공포와 두려움이 우리의 실제 삶을 어떻게 반영하는지, 더 나아가 고딕소설이 왜 훌륭한 문학작품이 될 수 있는지를 일반대중과 공유하고 공감하기 위해 이 책을 기획하게 된 것이다.

본 학회가 기획한 다른 여러 저서와 마찬가지로 "공포와 일탈의 상상력"이라는 제하에 출판된 이 고딕소설 연구서는 많은 학자들의 참여로 이루어진 결과물이다. 늘 그랬지만 최근들어 학술 논문을 쓰는 데 더더욱 소홀할 수 없게 된 필진들이 이 기획에 참여하는 것은 부담스런 일이었을 것이다. 고딕소설에 대한 기존의 평가처럼 대중을 위한 이런 작업도 학문적으로 제대로 된 평가를 받지 못하고 있는 것은 사실이기 때문이다. 그럼에도 불구하고 많은 필진들은 고딕소설의 의미를 대중들이 좀 더 쉽게 이해할 수 있도록 기꺼이 시간을 내주셨던 것이다.

이 책이 나오는 데는 많은 사람들의 헌신과 노력이 있었다. 본 학회의 회장으로서 우선 좋은 글을 주신 필진들에게 감사의 말씀을 드린다. 또한 이 책을 기획하고 집필방향을 설정한 뒤, 필진들의 글을 꼼꼼히 교정해 주시고, 더 나아가 일반 독자들의 입장에서 더 좋고 편한 책이 되도록 적극적인 의견도 주신 본 근대영미소설 학회의 출판 이사진, 특히 본 학회의 출판단장이신 가천대학교의 김순원 교수, 경남대학교의 오봉희 교수, 그리고 이화여자대학교의 민자영 교수에게 깊은 감사의 마음을 전한다. 그리고 본 학회의 취지와 늘 함께 하며 좋은 책의 출판으로 그 결실이 이루어지게 해주신 신아사 정현걸 사장님과 편집진에게도 역시 심심한 감사의 말씀을 드린다.

2015년 12월

한국 근대영미소설 학회 제 11대 회장

김일영 (성균관대학교)

인간과 사회의 초상화로서의 고딕소설

김일영 (성균관대학교)

18세기 중반이후 영국에서는 롱기누스(Longinus)의 숭엄미(sublime) 이론이 비평가들 사이에서 점차 회자되며 평가를 받기 시작한다. 특히 존 데니스(John Dennis)라는 영국 비평가는 숭엄미를 불러일으키는 문학이 훌륭한 문학이라는 롱기누스의 이론을 설파하여 많은 호응을 얻기 시작하였다. 18세기 후반 에드먼드 버크(Edmund Burke)는 숭엄미의 근원에 대한 나름대로의 체계적 이론을 전개하는데, 그는 『숭엄과 아름다움 개념의 기원에 대한 철학적 탐구』(*A Philosophical Enquiry into the Origin of the Ideas of the Sublime and Beautiful*, 1757)라는 저서에서 숭엄미는 납골당, 무너진 수도원, 무덤, 거대한 산, 거센 파도 등 공포를 불러일으키는 대상을 통해 생긴다고 하였다. 즉 그는 두려움과 공포를 숭엄미의 핵심적인 근원으로 간주함으로써 18세기 중반 이후, 시 분야에서 유행하였던 소위 무덤파 시인(poets of graveyard school)의 사상적 기반을 설명한다.

그런데 바로 이 숭엄미 이론은 또 하나의 새로운 문학 장르의 탄생을 가능하게 하는데 그것은 바로 고딕소설이다. 18세기 최초의 영국 수상으로 평가받는 로버트 월폴(Robert Walpole)의 셋째 아들인 호레이스 월폴(Horace Walpole)은 런던 서부 트위크넘(Twickenham)의 집으로 이사하여 이곳을 스트로베리 힐(Strawberry Hill)이라 이름 붙이고, 고딕양식의 건물로 개조하였다. 그리고는 이곳에 중세풍의 가구와 갑옷 등 장신구 등을 비치할 정도로 중세풍의 삶을 동경하였다. 그러던 그는 1764년에 그 뒤에 나오는 많은 고딕소설의 패턴과 고딕적 장치를 제시한 『오트란토 성』(*The Castle of Otranto*, 1764)이란 작품을 집필하여 최초의 영국 고딕소설가로 평가받게 되었다.

월폴 자신은 이 작품이 대중의 사랑을 받을 것이라 예측하지 못하였다. 이성적 합리적 관점에서 보면 허무맹랑하기까지 한 이 작품은 당대 사람들의 비판을 받기 쉬울 것이라 예측하여 그는 이 작품이 자신의 창작이 아니라 우연히 발견한 원고를 세상에 소개한 것이라는 거짓변명을 하였기 때문이다. 하지만 그의 예상과는 달리 그가 쓴 이 소설은 많은 인기를 누리게 되며 많은 작가들의 소설의 모델이 되었고, 더 나아가 인기 문학 장르로서의 고딕소설의 도래를 가능케 하였던 것이다.

이처럼 18세기 말에 고딕소설이 인기를 점차 누리게 된 원인으로는 롱기누스의 숭엄미 이론이 높이 평가되었다는 사실도 있지만, 이는 18세기의 이성 중심주의에 싫증을 낸 독자층의 취향의 변화에서도 찾아 볼 수 있을 것이다. 즉 모든 것을 이성으로 설명하고 합리적이고 논리적인 것을 추구하며, 상상력에 의한 것을 천시하던 풍조에 대한 염증이, 흔히 감수성의 시대 혹은 감상주의 시대라고 불리던 18세기 중반 이후부터 드러나기 시작했던 것이다. 따라서 문학도 머리나 이성에 호소하는 것 보다는 점차 감성 혹은 감수성, 특히 인간의 공포, 두려움, 경외감에 호소하는 문학이 인기를 누리기 시작하였고, 특히 공포심을 유발하는데 초점이 맞추어졌던 고딕소설에 대한 관심이 많아졌던 것이다.

이때 이후부터 고딕문학/소설은 꾸준히 대중의 관심을 받게 되었고, 오늘날 21세기에 와서도 여전히 관심의 대상이 된다. 하지만 고딕소설은 대중사이에서 많은 인기를 누리고는 있지만, 정규 문학 혹은 예술적 가치가 있는 문학이 아니라 대중문학으로서만 평가절하

되어왔다. 많은 문학 비평가들은 고딕소설을 대중의 천박한 취향에 영합하여 삶과 역사에 대한 진지한 성찰보다는 현실 도피적인 그리고 선정적인 오락물, 더 나아가 돈벌이의 수단으로 간주하였던 것이다.

하지만 시대를 초월하여 일반 독자의 흥미를 끄는 고딕소설에서 우리는 오락성, 상업성만 찾을 것이 아니라, 오늘날까지 많은 사람의 관심을 불러일으키게 한 문학적 혹은 문화적 의미를 찾아보아야 할 것이다. 그 근거를 우리는 이처럼 오랫동안 대중적인 인기를 누린 고딕소설이 처음 탄생했을 당시의 모습을 현재에 이르기까지 그대로 유지하고 있지 않다는 사실에서 유추해 볼 수 있다. 18세기 후반의 고딕소설이 월폴이나 루이스(Matthew Gregory Lewis)의 『수사』(*The Monk*, 1796)처럼 로맨스적 요소와 초자연적인 요소를 결합하였다면, 19세기 고딕소설은 『프랑켄슈타인』(*Frankenstein*, 1818)의 괴물처럼 비정상적인 과학의 산물을 등장시키거나, 드라큘라(Dracula)처럼 태곳적부터 존재하던 흡혈귀를 등장시켰고, 20세기 고딕소설은 소위 사이언스 픽션의 형태를 취하며 우주에서 온 외계인이나 신체상의 기형적 변이로 인한 괴물, 죽지도 않고 살아있지도 않은 좀비(Zombie)와 같은 존재를 공포를 유발하는 원인으로 등장시킴으로써 고딕소설의 형태는 시대마다 변천하고 있음을 보여주고 있다.

이처럼 다양한 형태로 존재하면서도 고딕소설이 끊임없는 인기를 누려왔던 이유는 고딕소설의 존재 이유가 단순히 공포감을 주는 데에 있고, 독자들은 문학에서 공포심을 찾는 것을 독서의 목적으로 삼기 때문이라고 말할 수는 없을 것이다. 고딕소설에 등장하는 공포를 불러일으키는 존재가 시대마다 다르긴 하지만, 각각의 고딕소설이 나타내는 공포는 단순한 공포가 아니라 그 소설이 쓰여진 사회의 모습 혹은 그 사회의 증상을 나타내기 때문에 고딕소설에 대한 관심이 여전히 많은 것이다. 즉 고딕소설의 인기는 고딕소설이 단순한 공포물이기 때문이 아니라 공포를 통해 각 시대상을 나타내는 바로 미터와도 같은 역할을 하기 때문인 것이다.

우리는 고딕소설이 갖고 있는 문학적 혹은 문화적 가치에 대해서 진지하게 생각해 보아야 하며, 그것이 어떻게 오늘날 우리의 자화상이 될 수 있는지 살펴보아야 할 이유가 여기에 있는 것이다. 즉 그 탄생부터 현재에 이르기까지 일반 독자들에게 특히 사랑 받는 고딕소설의 가치는 고딕소설이 갖고 있는 오락성, 상업성만 뿐만 아니라 오늘날까지 많은 사람의 관심을 불러일으키게 한 문학적 혹은 문화적 의미에서 찾아보아야 하는 것이다.

여기서 더 나아가 우리가 고딕소설을 사회적·문화적 맥락에서 살펴보아야 하는 또 다른 이유가 있다. 고딕소설은 소위 정통문학에서 다루기 힘든 사건이나 상황을 다루는데 있어 제약을 덜 받기 때문에 소위 정전소설보다는 인간의 의식, 무의식 세계나 사회의 이면을 좀 더 잘 보여줄 수 있기 때문이다. 즉, 사회의 이면에 존재하고 있지만 이를 노골적으로 표현하는 것은 금기시하는 내용을 고딕소설은 악당이나 악마를 통해서 드러낼 수 있으며, 심지어 우리 인간의 마음속에 내재해 있는, 그러나 인정하고 싶지 않은 악한 면을 초자연적인 존재를 그 상징으로 삼아 표현할 수도 있기 때문이다. 고딕소설이 개인의 정신적 무의식(psychic unconscious)을 다룬 장르라고 주장한 제롤드 호글(Jerrold E. Hogle)이 고딕소설이 장수할 수 있었던 이유 중의 하나로 고딕소설이 가장 내적인 인간의 욕망, 불안은 물론이요 사회적·문화적 차원, 즉 문화적 코드까지 포함하고 있다는 사실을 든 것은 바로 이런 이유에서 인 것이다.

고딕소설을 인간의 내적 욕망을 표현하는 장르로 접근하는 비평은 고딕적 요소를 의식 혹은 자아(ego)에 의해 억압받던 무의식의 복귀로 보고 있다. 즉 이성의 억압에 대한 감성 혹은 본능의 반란을 고딕의 요인으로 보기 때문에 이들은 고딕소설이 인간의 억압된 무의식을 보여준다고 말하는 것이다. 하지만 이들 비평은 고딕을 통해서 충족되는 무의식을 사회전복적인 것으로 보며, 이를 묘사하는 고딕소설의 성격을 두 가지 상반되는 관점에서 설명한다. 즉 억압된 무의식을 그리는 고딕소설을 억압적인 기존 체제를 전복하고 싶은 욕망의 표현으로 보는 시각과, 사회에 위협적인 욕망을 처벌함으로써 기존 체제를 옹호하는 보수적 장르로 보는 시각이 그것이다.

이에 반해 이 두 가지 시각을 동시에 표현한 장르로 고딕소설을 접근하는 비평도 있다. 억압된 무의식을 표출함으로써 만족감을 주는 혁명적 장르로 고딕소설을 설명하면서도, 부도덕한 본능에 탐닉하는 고딕적 악당을 처벌함으로써 기존 사회체제를 옹호하는 보수적 장르로도 보는 것이 그것이다. 고딕소설을 양가적 시각을 표현한 장르로 보는 이러한 비평은 고딕소설을 기존체제를 옹호하는 보수적 소설이나, 기존체제의 전복을 꾀하는 혁명적 소설로 보는 것이 아니라, 무의식적으로 억압된 욕망의 표현이자, 욕망의 부정 혹은 기존체제에 대한 고수이며 동시에 거부일 수도 있는, 즉 분명한 경계가 없는 장르로 보는 것이다.

고딕소설을 보수적 혹은 혁명적, 더 나아가 양가적 장르로 보는 시각의 공통점은 고딕소설을 현실을 외면한 판타지가 아니라, 현실을 보여주는 혹은 현실에 내재한 고딕적 측면을 드러내는 문학 장르로 본다는 것이다. 즉 우리가 일상적이라고 생각하는 현실에는 억압과 폭력 혹은 고딕적 공포가 내재해 있으며, 이를 표현한 고딕소설은 현실세계를 사실적으로 보여준다는 것이다. 따라서 우리는 이처럼 풍부한 문화적·심리적 코드를 담고 있는 고딕소설의 역사적·문화적 맥락을 살펴보아야만 하는 것이다.

고딕소설을 사회적 맥락에서 살펴보기 전, 고딕소설의 특징을 살펴보기 위해 "고딕"이라는 용어 자체가 갖고 있는 함의에 대한 고찰이 필요하다. 놀랍게도 "고딕"이란 이 용어는 이중적인 측면을 갖고 있다. 원래 야만족으로 평가받았던 "고트족"(Goth)이란 단어에서 기원된 이 용어는 낙후되고 야만적이며 폭력적인 의미를 담고 있었다. 하지만 이 용어는 동시에 개인주의적인 현대사회 이전에 있었던 순수한 시대를 지칭하는 의미로도 사용되었다. 즉 "고딕"이란 용어는 17, 18세기에 중산층의 부상을 가능하게 하였던 정치적 · 사회적 · 산업적 혁명에 대한 저항의 표현으로 유물론적 혹은 기계론적 현대 세계를 거부하고 유기체적 완전성을 구현한 시대로 보았던 중세시대를 지칭하는 말이 되었던 것이다. 따라서 고딕은 이상적인 중세시대에 대한 동경을 표현한 장르로 간주되기도 하였으며, 고딕소설에 등장하는 악당은 현대의 물질주의적 이기주의를 추구하는 인물로 묘사되는 것이다.

이처럼 고딕소설이 서로 상반되는 해석이 가능한 이유 중 하나는 고딕소설이 탄생한 시대적 배경과도 연관이 있다. 묘하게도 고딕이 18세기 후반에 탄생하여 19세기 초와 19세기 말에 특히 유행하였다는 점은 이 점에서 시사적이다. 예를 들어 이 저서에서 언급된 주요 고딕 소설 중 1860년대에 유행하였던 선정소설(Sensation novel), 즉 콜린즈(Wilkie Collins)의 『월장석』(*The Moonstone*, 1868)과 브래든(Mary E. Braddon)의 『오들리 부인의 비밀』(*Lady Audley's Secret*, 1862)을 제외하고는 대부분 18세기 후반과 19세기 초, 19세기 말에 발표된 것들이다. 래드클리프(Ann Radcliffe)의 『우돌포 성의 비밀』(*The Mysteries of Udolpho*, 1794), 고드윈(William Godwin)의 『캐럽 윌리엄즈』(*Caleb Williams*, 1794), 루이스의 『수사』(1796), 셸리(Mary Shelly)의 『프랑켄슈타인』, 스티븐슨(Robert Stevens)의 『지킬 박사와 하이드 씨』(*The Strange Case of Dr. Jekyll and Mr. Hyde*, 1886), 와일드(Oscar Wilde)의 『도리언 그레이의 초상』(*The Picture of Dorian Grey*, 1891), 스토커(Bram Stoker)의 『드라큘라』(*Dracula*, 1897) 모두 이 시기에 쓰여졌기 때문이다. 이런 사실은 고딕소설이 세기말의 문학, 즉 전환기 시대 혹은 전환기적인 특성을 지닌 문학이라는 점을 시사한다.

전환기 시대 혹은 세기 말의 특징은 대격변과 혼란의 시대로 새로운 세계의 도래를 앞둔 불안과 기대가 뒤섞인 시대이기도 하다. 예를 들자면 15세기 말은 서구의 정신세계를 지배하던 가톨릭의 위상이 흔들리더니, 결국 루터(Luther)에 의해 프로테스탄트 종교가 탄생하는 대격변의 시대였고, 18세기 말은 유럽의 많은 지식인들의 지지를 받았던 프랑스 대혁명이 일어나 프랑스의 왕정이 무너지고 새로운 정치제도가 도입되었던 혁명적인 의미를 지닌 시기였다. 이는 19세기 말도 마찬가지였다. 다른 세기말처럼 이때에는 과학, 특히 천문학과 지질학의 발달로 기독교의 위상이 크게 흔들렸고, 당시 오랫동안 영국사회의 근간을 형성하여왔던 가부장제가 점차 커져가는 여성의 권익과 목소리로 그 위기를 맞이하였기 때문이었다. 즉, 15세기 말, 18세기 말, 19세기 말은 격변의 시기였으며, 구질서와 신질서가 팽팽히 대립하고 긴장감을 이루었던, 그리고 이에 따른 두려움과 기대가 뒤섞인 시대였던 것이다.

고딕소설의 전성기가 18세기 말과 19세기 말이라는 사실은 이런 의미에서 시사하는 바가 크다. 고딕소설은 세기말의 문학적 현상으로, 그 공포의 원천 중 하나는 격변하는 사회와 신구 문화의 대립과 충돌, 그리고 이에 따른 불확실성이기 때문이다. 이는 고딕소설이 새로운 시대로의 전환기인 세기말의 문화적 산물로서 세기말의 특징인 불확실성과 모호함, 변화에 대한 동경과 두려움 등의 양가적인 시대의 모습을 담고 있음을 시사한다. 우리가 고딕소설에서 주목할 점이 바로 이것이다. 즉 때로는 고딕소설을 특정 이데올로기를 옹호하거나 배척하는 작품이 아니라, 불확실성, 불확실의 세계에 놓인, 그리고 그 세계를 그린 문학 작품, 즉 세기말의 산물로서 접근하여야 한다는 사실이다.

따라서 우리는 고딕소설이 그 당시의 이데올로기를 혹은 사회체제를 옹호한 소설인가 아니면 잭슨(Rosemary Jackson)의 주장처럼 "문화의 이면, 우세질서 아래에서 침묵당하고 덮어져서 부재로 존재하는 것에 목소리와 형체를 부여함으로써 정치적 전복성을 획득"(4)하려는 혁명적인 작품인가 하는 시각에서 살펴보는 것 이외에도 두 세계 사이에서 번민하고 갈등하는, 그리고 이에 따른 불확실(성)에 의한 공포스러움(고딕적 상황)을 그려낸 작품, 즉, 세기말의 자화상이라는 관점에서도 살펴볼 필요가 있는 것이다.

여기서 고딕소설의 특징으로 한 가지 더 거론하자면 선정성이다. 일상 세계에서는 흔히 경험하지 못할 감정과 공포를 불러일으킴으로써 고딕소설은 독자에게 색다른 방식으로 다가가고자 하는데, 그 접근 방식 중 하나가 선정성이다. 이런 선정성을 특히 부각하며 사회상을 혹은 사회의 이면을 그려냈던 고딕 소설의 부류는 앞서 논의에서 거론하지 않았던 선정소설들이다.

선정소설이 탄생한 1850년경부터 1870년경 사이 영국은 세기말처럼 사회 전반에 걸쳐 대 격변을 겪었다. 김일영은 그의 논문「선정소설에 나타난 여성의 광기와 빅토리아 사회: 『오드리 부인의 비밀』을 중심으로」에서 이 선정 소설의 탄생 배경을 다음과 같이 설명한다.

> 이 시기에 영국에서는 산업화가 가속화되었고, 대외적으로는 해외 식민지와 이에 따른 시장 개척이 활발히 일어나 땅을 매개로 경제의 중심에

섰던 전통 귀족(landed gentry)이 경제의 중심에서 밀려나고 신흥 자본가 계급이 대신 그 자리를 차지하기 시작한다. 이러한 경제구조의 변화와 더불어 국내적으로 두드러지는 주요 변화는 민주주의의 확산이다. 소수 계층에게만 주어지던 참정권이 노동자 계층까지 확대되고 여성의 권리가 괄목할 만한 성장을 하게 된 것이다. 특히 이혼법(Divorce Act)의 제정으로 남편만이 제기할 수 있던 이혼 소송을 여성들도 할 수 있게 되어 가부장적 사고방식을 갖고 있던 대다수의 영국인들 사이에서 이는 논란의 대상이 되기도 하였다.

이러한 사회 제반 상황의 급속한 변화와 더불어 문학상에도 특이한 현상이 일어나기 시작한다. 살인, 이중혼(bigamy), 간음과 같은 가정범죄를 소재로 소위 "선정 소설"(sensation novel)이 출현하게 된 것이다. 기껏해야 팜플렛이나 싸구려 종이에 적당히 인쇄된 소책자 형태로 가두에서 팔리던 선정적 이야기가 여성 독자들의 폭발적인 호응에 힘입어 정식 문학 작품의 면모를 갖추고 1860년대 경부터 책방과 순회문고에서 유통되기 시작하였으며, 그것도 1860년대 문학의 변방이 아니라 중심을 차지할 정도로 그 세력이 확산되었던 것이다. (29-30)

이러한 시대적 배경으로 탄생한 대표적인 선정소설은 콜린즈의 『흰옷 입은 여인』(*The Woman in White*, 1859), 우드 여사(Mrs. Henry Wood)의 『이스트 린』(*East Lynn*, 1861), 브래든의 『오들리 부인의 비밀』이 있는데 이들 작품들은 당대 독자들에게서 엄청난 반향을 일으킨다. 이들 작품의 대중적 인기의 근원이 그 선정성에 있기 때문에 우선 이 작품들이 어떤 소재와 내용을 담고 있는지 살펴볼 필요가 있을 것이다.

이 당시 쓰여진 대부분의 선정소설에는 살인과 감금, 신분의 위장의 모티브가 나타나는데, 이런 폭력적인 행위가 가족 간에 벌어진다. 즉 그 선정성은 가족 사이에서 벌어지기 때문에 보다 심화되는 것이다. 『흰옷 입은 여인』에서는 남편이 아내를 감금하고 심지어 신분을 바꾸어 정신병원에 집어넣기도 하고, 『오들리 부인의 비밀』에서는 아내가 신분을 위장하여 새로 결혼을 하는가 하면 전 남편이 찾아오자 죽이려 하기 까지 한다. 가부장적 세계관이 팽배하였던 빅토리아 시대에 여성의 이런 행각은 충격을 넘어 경악을 금치 못하게 하는 선정적 사건이다. 따라서 당시의 많은 비평가들은 선정소설이 돈벌이만을 목적으로 부도덕하고 비현실적인 선정적 내용을 그리고 있다고 비판하였던 것이다.

하지만 놀라운 것은 이 선정적 내용이 아무 근거 없는 것이 아니라는 점이다. 19세기 당시 아내의 재산을 빼앗기 위해 아내를 정신병원에 넣거나 집안에 가두는 일은 실제로 벌어졌던 일들이었기 때문이다. 또한 자신의 신분과 종교를 숨기고 취업하는 하인들에 대한 이야기와 이중혼을 저지른 사람의 이야기는 종종 당대 신문에서도 나왔던 것들이다. 더욱 놀라운 것은『오들리 부인의 비밀』에 나오는 가정 내의 살인이 실제 벌어지던 일이었다는 점이다. 브래든 자신도 "이 위대한 시대의 기록된 사실"(Wolff 132)에서 자신의 소설의 소재를 따왔다고 언급한 점을 고려해 볼 때 우리는 선정소설을 단순히 상업적 목적을 위해 쓰여진 소설로 볼 수는 없는 것이다. 여타 고딕소설처럼 선정소설도 역사적 맥락에서 살펴볼 필요가 있으며, 이 역시 당시의 시대상을 보여주는 하나의 문학적 양식인 것이다.

여기에 수록된 필진들의 고딕 소설에 대한 논의도 고딕소설이 갖고 있는 사회적 · 문화적 · 역사적 · 심리적 기재들을 잘 드러내 주고 있다. 우선 최주리와 권수미는 고딕소설이 갖고 있는 과거에의 동경 혹은 회귀에 대한 갈구, 이와 더불어 자연에 대한 동경을 앤 래드클리프의 소설에서 찾는다. 그들에 따르면 래드클리프는 사실주의 소설이 주류를 이룬 시기에 과거의 것, 굉장한 것, 초자연적인 사건들을 다루는 것으로 되돌아가는 경향을 보이는데, 이것은 일상적인 것에 대한 반항으로써, 더 도덕적으로 고귀했던 영국적 전통을 회복하는 것이며, 타락한 현실에 대항하는 진보적이며 혁명적인 정신의 표출이라는 것이다. 즉 본연의 모습을 간직한 황량하고 거친 자연의 묘사는 속세와 대립되는 한편, 타락하지 않고 순수한 미덕을 지녔던 과거와 맞물려 가장 도덕적으로 고결한 세계를 상징한다는 것이다.

이런 점에서 래드클리프는 자연을 최고의 선으로 보는 루소와 동일한 입장이라고 최주리와 권수미는 설명한다. 그 예로 래드클리프의 초기 작품인 『숲 속의 로맨스』(*The Romance of the Forest*, 1791)가 주인공을 교육시키는 라 룩 목사(La Luc)를 통해 루소(Jean-Jacques Rousseau)의 『에밀』(*Emile, or On Education*, 1762)의 영향을 보여준데 이어, 『우돌포 성의 비밀』에서 주인공인 에밀리(Emily)는 섬세한 감성과 이성적 통제가 이상적으로 결합한 '여자 에밀'로 형상화되었다고 한다. 그리고 마지막 작품인 『이탈리아인』(*The Italian*, 1797)에서 엘레나(Ellena)는 자연 상태에서 인간의 동등함을 역설하며, 신에 의해 창조된 영혼(의지)이 세속의 힘에 의해 좌우될 수 없다는 주장을 피력한다고 설명한다. 즉 그들은 래드클리프는 자신의 기득권을 지키기 위해 정의와 미덕을 왜곡하는 타락한 인물들과, 그에 대항하는 주인공을 통해 당대 과두정의 위선적인 행태를 폭로하였다고 주장하는 것이다.

또한 래드클리프의 고딕적 이상은 역사적인 시간을 넘어선 더 높은 차원의 시간과 연결되며, 타락한 현실을 벗어나 자연으로 돌아가는 것, 또한 그 안에 숨겨진 초월적인 세계를 바라보는 것이라고 설명하면서, 최주리와 권수미는 래드클리프의 소설이 보여주는 인위적인 힘이 닿지 않은 자연에 대한 선호는 타락한 현실을 비판하고 진정한 새 시대의 도래를 염원하는 진보적인 사상과 연결된다고 설명한다. 즉 래드클리프의 고딕소설은 가장 진보적인 사상과 종교적인 경건함을 공유하는 특징을 보여줌으로써 고딕소설에 내포된 이상적 세계관을 실현하였다는 것이다.

오인용은 루이스의 『수사』가 1790년대 프랑스 혁명에 투사된 영국 대중문화의 비극적 인식을 인간 욕망의 관점에서 풀어 쓴 판타지임을 주장한다. 필자는 프랑스 혁명에서 발현한 악마적 여성성이 이 작품의 주인공 암브로시오(Ambrosio)를 파멸로 이끄는 마틸다(Matilda)에게 구현되어 있음을 밝히면서, 이 두 인물의 관계를 정신분석적 관점에서 설명하고 있다.

김일영은 「이데올로기적 혼란과 공포를 다룬 고딕소설로서의 『캐럽 윌리엄즈』」에서 고드윈의 이 소설이 그의 대표적인 저서 『정치적 정의에 관한 탐구』(*An Enquiry Concerning Political Justice*, 1793)에서 주장하는 바와 같이 무정부주의를 주장하며 법과 제도가 인간을 억압하는데 어떤 역할을 하는지 보여주면서도 기존 특권층에 대한 무조건적인 배척이 아니라 유보적인 입장을 보인다고 말한다. 즉 귀족층에 대한 존경과 거부를 동시에 담고 있는 고드윈의 이 소설은 세기말 문학의 특징 중 하나인 불확실성과 양가적 가치관을 보여주는 전형적인 고딕소설이라고 말하고 있는 것이다.

원유경은 『프랑켄슈타인』을 고딕 로맨스로서 여성과 연관하여 작품의 중심축으로 등장하는 '괴물'의 의미와 그것을 둘러싼 서술 장치를 중심으로 메리 셸리의 여성으로서의 체험이 작품의 주제와 형식에 어떻게 반영되어 있는가를 여성주의 입장에서 분석한다. 한 예로 원유경은 남성 등장인물인 빅터 프랑켄슈타인이 사실은 괴물을 창조해낸다는 점에서 여성 작가의 원형이며 동시에 금단의 열매를 따먹어 천형을 받게 된 이브라고 주장하면서 괴물 또한 남성 중심 사회에서 억압되고 주변으로 밀려난 타자로서의 여성을 상징한다고 보았다. 결론적으로 원유경은 빅터와 괴물 모두 남성으로 제시되어 있지만 실제로는 이들을 여성인 메리 셸리 자신의 분신들로 보고 분석하였다.

추재욱은 셸리의 『프랑켄슈타인』과 헉슬리(Aldous Huxley)의 『멋진 신세계』(*Brave New World*, 1931)가 생명체 및 인간을 복제하려는 과학자들의 무분별한 호기심에 대해 경고하고 있다고 주장하며 프랑켄슈타인의 인간 창조 작업은 인간을 대량생산하고 있는 『멋진 신세계』의 보카노브스키 방법이 지닌 위험성을 동일한 맥락에서 보여주고 있다고 말한다. 발전과 자본의 논리를 앞세워 자칫 생명의 존엄성과 가치가 무시될 수 있는 GNR 기반의 포스트휴먼 시대에는 탈인간중심적 사고 기반의 생태학적 생명윤리 의식이 요구된다는 사실을 이 작품이 나타낸다고 보고 있는 것이다.

권영희는 19세기 영국의 소설가 윌키 콜린즈의 『월장석』을 가정소설과 제국주의 로맨스 양식의 교차와 침투라는 관점에서 읽고자 하였다. 이를 위해 권영희는 익숙한 대상이 갑자기 낯설고 섬뜩한 대상으로 전화하는 현상에서 억압된 것의 귀환을 읽어내는 프로이트의 '기이한 낯섦'(unheimlich) 개념을 원용한다. 특히 콜린즈의 추리 플롯 자체가 월장석이라는 보석이 영국 본토와 식민 공간을 넘나드는 데 기반을 두고 있다는 점에 착안하여 본 이야기를 영국 국내라는 범주보다 더 확장된 차원, 즉 영국의 인도 지배라는 제국주의 역사의 맥락에 위치시킨다. 그럼으로써 권영희는 『월장석』에서는 가정소설의 장르적 공간이 신비화된 식민공간에 기이하고 섬뜩한 방식으로 갑작스럽게 떠오르는 식으로, 분리된 두 공간이 예기치 못하게 병치되는 양상이 벌어진다는 점을 강조하며, 더 나아가 『월장석』의 고딕적 모티프를 주체의 형성과 공고화라는 서사문학 본연의 상징적 기능이 실패하는 지점들과 연계해서 이해해야 한다고 주장하고 있다.

장정희는 선정소설의 최고봉으로서 독자에게 강렬한 반응을 불러일으킨 브래던의『오들리 부인의 비밀』이 고딕 소설이라는 형식을 통해 이상적 가정의 이데올로기로 여성의 정체성을 조절했던 빅토리아 시대 중반의 소설적·사회적 담론에 내재한 모순을 폭로하고 이중혼, 광기 및 범죄와 연루된 가정을 통해 영국 귀족계급이나 중산계급 가정의 영역이 안전한 피난처의 역할을 하지 못하는 실상을 보여준다고 한다. 영국고딕 소설사에서『오들리 부인의 비밀』은 고딕소설의 전통이 1860년대의 문화코드에 적합하게 변형된 예로서 독자로 하여금 근대 가정과 결혼, 의학담론, 여성성의 실체를 재조명하도록 유도하고 있다는 것이다.

송승철은『지킬 박사와 하이드 씨』를 기이한 살인사건을 다루는 선정적, 엽기적 추리소설이면서, 동시에 인간 내면에서 일어나는 욕망과 윤리의 충동을 탐구한 기인한 사례를 다루는 진지한 심리소설로 접근한다. 그에 따르면 작가는 추리소설적 기법을 이용하여 두 인물의 동일성을 감추고 작품 마지막에 가서야 고매한 과학자와 추악한 살인자가 동일인이란 엽기적 사실을 폭로함으로써 독자에게 주는 심적 충격을 극대화한다고 한다. 그러나 송승철은 이 작품의 진정한 장점을 인간 내부에 우리가 의식하지 못하는 욕망이 있다는 프로이트(Sigmund Freud)적인 통찰보다 당대를 대표하는 도덕적 인물이 하이드와 같은 타락과 죄악을 저지르고 있다고 고발하고 있는 점에서 찾는다. 즉 고딕적 전통을 이어받은 공포소설 장르를 채택하여 상업적 이득과 함께 당대의 진지한 사회적 문제, 예를 들면 당대 지배계층의 위선, 성적 가부장적 억압, 19세기 과학의 문제점 등을 파헤친 작품으로 보고 있는 것이다.

이혜진은「고딕적 상상, 초상화의 욕망과 반미학: 오스카 와일드의『도리언 그레이의 초상』」에서 '더블'이 세기말의 혼미했던 시대상을 재현했을 뿐 아니라 현대의 주체를 가장 잘 설명할 수 있는 새로운 주체상이라고 주장하면서 『도리언 그레이의 초상』에서 미와 추, 젊음에 대한 집착 때문에 사물인 초상화와 더블이 되는 괴물 도리언, 원본의 노화와 악행의 표식을 도리언을 대신해서 새겨나가면서 괴물이 되어버린 모사물인 초상화와의 관계를 고찰한다. 즉 도리언이라는 주체와 그를 담은 초상화는 시뮬라크라의 형태로 서로 간에 더블로 발현하여 불안을 증폭시키고, 그로인해 도리언이 기괴스러운 주체로 변형되었다는 것이다. 또한 이혜진은 표면적으로 헨리 경(Sir Henry)이 도리언을 조종하는 것으로 보였지만 도리언을 변하게 하는 숨겨진 조종자는 초상화임을 지적하면서 미에 기반한 나르시시즘은 더블을 아바타로까지 확장시켜 단일한 주체의 와해 가능성을 타진하게 하였다고 말한다.

김종갑은 「몸과 근대성: 드라큘라의 죽지 않는 몸」에서 스토커(Bram Stoker)가 쓴 『드라큘라』는 고딕의 형식을 빌어서 이성과 욕망, 절제와 충동, 근대와 전근대의 갈등을 주제화한 작품이라고 설명한다. 특히 김종갑은 드라큘라를 죽지 않는 욕망과 쾌감의 리비도를 상징하는 근대의 대도시를 위협하는 존재로, 드라큘라 사냥단을 그러한 전근대적 위협을 최소화하고 제거함으로써 근대적 질서를 수호하려는 인물군으로 본다. 하지만 필자는 몸의 관점에서 근대화의 역설을 들춰내며 드라큘라 사냥단도 드라큘라 못지않게 전근대적 욕망을 탐닉하는 인물들임을 밝히고 있다.

한혜정도 스토커의 『드라큘라』를 분석하였지만 김종갑과는 다른 각도에서 살펴보았다. 한혜정은 기존 비평에서 드라큘라는 괴물이나 여성 혹은 비서구인 같은 근대적 타자로 간주되어 왔지만, '살아있는 죽은 자'(Un-Dead)로서의 드라큘라는 삶과 죽음, 남성과 여성, 과학과 미신, 인간과 자연, 주인과 노예의 경계를 오가며 어디에도 속하지 않는 혹은 모두에 속하는 유동적인 존재로 간주한다. 이에 근거하여 한혜정은 고정된 범주에 한정되지 않고 모든 경계를 넘나들며 자유로이 변신하는 드라큘라/흡혈귀가 지닌 타자성에 주목하여, 근대적 주체-타자의 폭력적 이분법에 대해 비판적 시선을 갖는다. 즉 일종의 괴물로 여겨져 배척되어 온 흡혈귀에 대한 공포가 실은 근대적 규범을 전복할 잠재력을 지닌 타자성에 대한 두려움이라고 보는 것이다. 특히 드라큘라에 의해 흡혈귀가 되는 등장인물들이 하나같이 여성이라는 사실을 주목하여, 흡혈귀가 지닌 타자성과 여성성의 문제, 더 나아가 주체의 흡혈귀성을 밝히고자 하였다. 드라큘라에 의해 흡혈귀가 되었다 구원받은 (것처럼 보이는) 주인공 미나(Mina)가 낳은 아들에게는 등장인물 모두의, 즉 무한히 다층적이고 불연속적인 피가 흐르고 있다는 사실은 탈근대적 주체의 형성과정은 타자성을 감염시키는 흡혈귀 되기와 다름없다는 것이다.

위의 여러 비평가들의 분석에서 엿보이듯 고딕소설은 다양한 시각에서 살펴볼 수 있는 문학 형식이다. 그렇기 때문에 고딕소설은 그 소재만큼이나 형식면에서도 고착화되지 않았다. 즉 독자로 하여금 공포를 체험하게 하고, 때로는 선정적 요소를 갖고 있는 고딕소설은 그 소재만큼이나 다양한 형태를 갖고 있다. 하지만 그 다양성은 인간과 사회의 모습을 드러내는데 적합하다. 고딕 소설이 그리는 공포와 선정성은 인간과 사회에 내재한 억압적인 요소를 극대화해서 보여주는데 효율적일 뿐만 아니라, 그 (사회가 갖고 있는 모순적 억압성의) 본질을 가장 정확하게 그려내는 요인인 것이다. 이런 의미에서 고딕소설은 단순히 상업성을 지향하는 주변부 문학이 아니라 인간과 사회의 초상화와도 같은 문학 양식으로서 기존의 정통문학과 같은 반열에 있는 장르인 것이다.

참고 문헌

김일영. 「선정소설에 나타난 여성의 광기와 빅토리아 사회: 『오드리 부인의 비밀』을 중심으로」. 『근대영미소설』 9.1 (2002): 29-52.

Jackson, Rosemary. *Fantasy: the Literature of Subversion*. London: Routledge, 1981.

Wolff, Robert Lee, ed. "Devoted Disciple: The Letters of Mary Elizabeth Braddon to Sir Edward Bulwer-Lytton, 1862-1873." *Harvard Library Bulletin 22* (1974): 129-61.

CONTENTS

숭고한 인간본성의 회복:
앤 래드클리프의 고딕적 상상력

최주리 · 권수미 _ 이화여자대학교

숭고한 인간본성의 회복: 앤 래드클리프의 고딕적 상상력

I

작가 소개

앤 래드클리프(Ann Radcliffe, 1764-1823)의 생애에 대한 기록이나 자료는 종이 한 장을 채우기가 어려울 정도로 희귀하다고 알려져 있다. 흔히 고딕소설의 원조로 알려진 래드클리프가 살아생전에 가장 높은 소득을 올린 소설가, 가장 격찬 받은 작가 중 한 사람이었다는 사실을 감안할 때, 그녀의 삶에 대한 기록과 자료가 이처럼 거의 남아있지 않다는 건, 분명 놀랄만한 일이다. 그녀는 최초의 '고딕'(Gothic) 소설인 월폴(Horace Walpole)의 『오트란토 성』(*The Castle of Otranto*)이 출판된 해인 1764년에 태어났다. 그녀의 부모인 윌리엄 워드(William Ward)와 앤 오츠(Ann Oates)는 중산층 출신이었다. 아버지 윌리엄은 바느질 도구 등 소품을 판매하는 가게를 운영했지만, 래드클리프의 어머니 쪽은 유력한 인척들이 많았고, 그 중에는 당대의 선두적인 지식인 유니테리언 비국교도(Unitarian Dissenters)도 있었다. 이들은 계시중심의 종교에서 벗어나 합리적인 종교적 신념을 추구하는 교파로, 가장 과학적이고 혁신적인 지식을 접한 이들이자, 당대를 대표하는 진보주의자들이었으며, 프랑스 혁명을 옹호하는 대표적인 지식인들이었기에 영국에서는'자코뱅'(Jacobin)이라고도 불렸다.

진보적 지식인으로서 래드클리프를 평가하고 그녀의 생애를 정리한 노튼(Rictor Norton)은 당대의 대표적 비국교도 지식인이었던 벤틀리(Thomas Bentley)가 그녀에게 미친 영향에 주목한다. 벤틀리는 농사를 짓는 젠트리 출신이었으며, 1757년에 창설되어 명성을 얻게 된 비국교도의 고등 교육기관인 워링턴 아카데미(Warrington Academy)의 공동설립자이기도 했다. 그는 영국의 노예무역 개입에 대해 격렬히 반대했고, 1764년 비슷한 정치적 견해를 가진 동료 유니테리언(Unitarian)인 웨지우드(Josiah Wedgwood)와 함께 사업을 펼치기 시작하여 성공적인 도자기 제조 기업인 웨지우드 앤 벤틀리(Wedgwood & Bentley)를 설립했다. 어린 시절 래드클리프는 가정형편상, 벤틀리의 집에 오래 머물고는 했는데, 이모부인 벤틀리 덕분에 동시대에 활동한 다수의 진보적 지도자들을 접할 기회가 있었을 것으로 추정된다.

앤의 남편인 윌리엄 래드클리프(William Radcliffe)는 그녀를 만난 당시 옥스퍼드 대학을 졸업한 가난한 저널리스트였고, 앤과 마찬가지로 비국교도집안 출신이었다. 윌리엄과 앤은 1787년 바쓰(Bath)에서 결혼한 뒤 런던에 정착하여 살기 시작했으며, 결혼 후 윌리엄은 역사와 자연사에 관한 책들을 펴냈고, 앤은 프랑스 혁명이 일어난 1789년에 그녀의 첫 소설 『애슬린과 던베인 성』(*The Castles of Athlin and Dunbayne*)을 출간했다. 월폴의 『오트란토 성』이 출판된 1764년부터 래드클리프의 초기 소설들이 발표되던 무렵까지 20여년의 기간 동안에는 그다지 많은 고딕 소설이 출판되지 않았으나, 『애슬린과 던베인 성』의 출간을 기점으로 하여 이후 출판 시장에는 고딕 소설이 급격히 범람하기 시작했다. 스콧(Walter Scott)은 래드클리프를 고딕의 창시자라고 지칭하면서 "하나의 문학적 부류나 학파의 창립자"라는 명예를 부여하고 있다(Rogers 118 참조).

래드클리프의 소설이 한창 인기를 구가할 당시에 지나치게 풍부한 상상력과 고딕적 공포에 대한 집착이 래드클리프 부인을 미쳐버리게 만들었다는 소문이 돌았다. 스콧 경도 그녀가 정신병원에 입원했다는 이야기를 수년간이나 믿었던 사람들 중 하나였다. 래드클리프는 이 소문을 부인하려 하지 않았다. 그녀에게 있어 그런 모멸적 소문을 공개적으로 부인하는 것은 상상할 수조차 없이 수치스러운 일이었을 것이다. 탈포드(Thomas Talfourd)의 「회고록」("A Memoir of the Author," 1826)은 1823년 운명한 그녀의 사인이 병적 상상력에 의해 유발되는 정신쇠약과 아무 관련성이 없다고 주장한다. 래드클리프는 책을 출판하는 작가라는 자신의 이미지에 대해서조차 부끄러워했다. 그녀의 남편에 따르면, 래드클리프는 자신이 벤(Aphra Behn) 이후 가장 인기 있고 널리 읽히는 여성 작가로 알려지는 일을 마치 추문처럼 생각했다고 한다.

래드클리프는 자신의 작품에 대한 비판에 극도로 예민했던 것으로 알려져 있다. 특히, 그녀의 고딕적 장치들이 우스꽝스럽다는 스콧의 논평에 대해 분개했고, 당대 주도적인 여성 지식인들의 모임인 블루스타킹(Bluestocking)을 이끌었던 카터(Elizabeth Carter)가 고의로 자신과의 관계를 회피한다는 소문에 대해서도 크게 상처를 받았다. 그러나 래드클리프에게 가장 큰 충격을 안겨준 것은 고딕 소설을 폭력적이고 포르노적으로 재해석한 소설, 『수사』(*Monk,* 1796)의 등장이었다. 이 소설의 작가 루이스(Matthew Lewis)는 1794년에 출간된 래드클리프의 가장 잘 알려진 작품 『우돌포 성의 비밀』(*The Mysteries of Udolpho*)로부터 직접적인 영향을 받아 이 소설을 썼다고 주장했다. 래드클리프는 자신의 마지막 소설 『이탈리아인』(*The Italian,* 1797)을 『수사』에 대한 일종의 반발적 대응으로 집필했으며, 그 이후의 여생 동안 결코 다른 작품을 출간하지 않았다. 사실상 전성기를 누리고 있던 33살의 나이에 소설가로서의 활동을 중단하기로 결심한 것이다. 그 누구도 그녀가 왜 글쓰기를 멈추었는지 알지 못한다. 래드클리프는 특히나 선동적이었던 시대에 세상을 급격히 변화시키고 있었던 사건들에 대해 자신이 정치적으로 논한다고 여겨지는 것을 몹시 불편하게 생각했을지 모른다. 또 한편으로, 자신의 공포 이야기들이 동시대의 정치적 사건들을 반영한 결과물이라는 인상을 지우기가 쉽지 않았을 것이다. 매우 파격적인 작품을 쓴 사드 후작(Marquis de Sade) 조차도 래드클리프 식의 글쓰기가 프랑스 혁명을 둘러싼 사건들의 영향 아래 생산된 필연적 산물이라 여겼다.

래드클리프는 정숙한 숙녀로서 조심스럽게 행동하며 품위를 지키려는 노력을 기울인 동시에 한편으로는 국제적 독자층을 지닌 열정적 작가로서 대담한 정치적, 미학적 상상력을 펼쳐보였다. 신비하고 괴이한 현상들이 자주 등장하곤 하는 그녀의 작품 속 이미지들은 고딕 소설을 한층 더 매혹적으로 느끼게 만든다. 래드클리프의 작품은 그녀의 일생 동안 프랑스어, 이탈리아어, 독일어, 스페인어, 러시아어 등으로 번역되었다. 33살의 나이에 글쓰기를 중단했을 때, 드 퀸시(Thomas De Quincey)가 고딕소설의 "위대한 마술사"(Great Enchantress)로 인정한 래드클리프는 이전에 어떤 작가도 경험하지 못했던, 심지어 소설의 '아버지'로 알려져 있는 리처드슨(Samuel Richardson) 혹은 필딩(Henry Fielding)조차 얻지 못했던 수준의 인기를 누리고 있었다. 여성, 지식인, 그리고 작가로서의 래드클리프의 위치를 이해하기 위해서는 고딕이 의미하는 바와 자연에 대한 심취, 그리고 종교와 연관된 그녀의 정치적 입장에 대해 알아볼 필요가 있다.

II

작품 소개

『숲 속의 로맨스』(*The Romance of the Forest*, 1791)

래드클리프의 초기작품인 『숲 속의 로맨스』는 작가의 진보적 사상을 가장 직접적으로 보여준다. 여주인공인 아델린(Adeline)은 괴한들에게 납치되어 끌려가던 중 화려한 도시생활 끝에 많은 빚을 지고 도망치던 라 모뜨(La Motte)부부에게 맡겨지게 된다. 라 모뜨 부부는 자신들의 안전을 보호받는 조건으로 아델린과 동행하게 되고, 프랑스의 퐁텐빌(Fontainville) 숲 속에 있는 어느 폐허가 된 사원에서 숨어 지내게 된다. 그곳에서 아델린은 두개골과 누군가가 죽어가면서 남긴 글을 발견하고 의문을 품는다. 한편 라 모뜨의 후견인이자 악당인 몽타 후작(Marquis de Montalt)은 아델린에게 매혹되어 구애를 하지만 거절당한다. 아델린은 후작의 호위병이자 자신에게 호의를 베풀어 준 사람인 시어도어(Theodore)와 사랑에 빠지고 후작을 피해 도망친다. 그러나 곧 붙잡혀서 시어도어는 연행되고 아델린은 마음을 바꾼 후작에 의해 살해당할 위기에 처한다. 우여곡절 끝에 아델린은 하인의 손에 이끌려 사부아(Savoye) 지역으로 피신하게 되는데, 이곳에서 라 룩(La Luc)목사와 그의 딸 클라라(Clara)를 만난다. 라 룩은 성직자이지만 자연 철학에도 깊은 관심을 가진 인물로서, 아델린의 불행을 안타깝게 여기고 그녀를 자신의 딸과 같이 대한다. 한편 이후 몽타 후작의 죄를 심판하는 재판 과정에서 후작 가문의 진정한 후계자는 아델린으로 드러나고, 아델린은 모두의 축복을 받으며 라 룩의 아들로 밝혀진 시어도어와 결혼하여 이상적인 가정을 이룬다.

『우돌포 성의 비밀』(*The Mysteries of Udolpho*, 1794)

래드클리프의 대표작으로 꼽히는 『우돌포 성의 비밀』은 그녀에게 고딕소설의 여왕이라는 칭호와 명성을 안겨준 작품이다. 주인공 에밀리(Emily St. Aubert)의 이야기는 1584년 피레네 산맥(the Pyrenées) 끝자락에 위치해 있는 소박한 저택, 라 발레(La Vallée)에서 시작한다. 그녀의 아버지는 가정과 자연 속에서 평화롭게 살기 위해 복잡하고 이기적인 도시 생활을 접고 이곳으로 오게 된다. 생오베르(Monsieur St. Aubert)의 금융투자는 실망스러운 결과를 가져오고, 그가 물려받은 엄청난 규모의 가문 소유지는 그의 아버지가 부린 사치로 인해 처남인 퀘넬(M. Quesnel)에게 팔리게 된다. 어머니가 병환으로 돌아가신 후에 에밀리는 아버지를 따라 피레네 산맥을 여행하게 되는데, 이 여행에서 그녀는 후에 연인이 되는 발랑쿠르(Valancourt)와 만난다. 이후 갑작스럽게 아버지마저 여의게 된 에밀리는 몬토니(Montoni)와 결혼한 그녀의 고모를 따라 우돌포 성으로 가게 된다. 이곳에서 에밀리는 고모의 재산을 노리고 결혼한 몬토니로 인해 많은 고초를 겪는 한편, 우돌포 성에 얽힌 비밀들과 마주하게 된다. 이후에 감추어진 과거 사건의 전말이 밝혀지고 에밀리는 본인의 진정한 신분뿐만 아니라 악당 몬토니에게 빼앗겼던 재산을 비롯하여 많은 재산을 회복하게 되고, 발랑쿠르와 결혼하여 친정인 라 발레에서 행복한 나날을 보낸다.

『이탈리아인』(*The Italian*, 1797)

래드클리프가 마지막으로 출판한 작품인 『이탈리아인』의 여주인공 엘레나(Ellena)는 귀족의 혈통이나 부를 상속받지 못한 채 가난한 고아로 성장하지만 누구보다 고결한 정신을 지닌 인물이다. 나폴리의 유서 깊은 가문의 외아들인 비발디(Vivaldi)는 산 로렌조(San Lorenzo) 교회에서 엘레나를 처음 본 후 그녀에게 매료되어 구애를 시작한다. 비발디의 어머니인 후작부인은 가난하고 보잘 것 없는 엘레나를 자신의 아들에게서 떼어놓을 계략을 꾸민다. 그녀의 고해 신부인 스케도니(Schedoni)는 후작부인의 조언자가 되어 엘레나를 납치하여 산 스테파노(San Stefano)수녀원에 감금시키도록 한다. 사라진 엘레나의 행적을 좇던 비발디는 마침내 산 스테파노 수녀원에서 그녀를 찾아내고 함께 도망친다. 비밀리에 결혼 서약을 하던 중 비발디는 갑작스럽게 이단심문소(Inquisition)로 연행되고, 엘레나는 스케도니에 의해 아드리아해 연안의 외딴 오두막에 감금된다. 깊은 밤, 잠든 엘레나를 살해하려던 스케도니는 그녀를 자신의 딸로 오인하고, 그녀를 보호하기 위해 산타 마리아 델라 피에타(Santa Maria della Pieta)수녀원으로 보낸다. 한편, 이단심문소에서 비발디는 두려움을 넘어서서 심문관들의 부당한 행위에 대항하고, 기적적으로 재판은 합리적인 절차에 따라 공정하게 이루어진다. 이 과정에서 엘레나는 브루노 공작(Count di Bruno)의 딸이었으며, 스케도니는 형에게서 재산과 형수를 빼앗기 위해 형을 죽인 엘레나의 숙부였음이 밝혀진다. 모든 사건이 해결되고 난 후, 비발디와 엘레나는 모든 사람의 축하를 받으며 결혼식을 올린다.

III

1. 들어가며: 고딕전통과 자연의 역사적 함의

'고딕'이라는 용어는 한때 낙후되고 야만적인 관습을 지칭하면서 오직 경멸적인 의미로만 사용되었다. 그러나 근대 세계가 돌아가는 방식에 대해 불만을 품은 이들의 힘을 빌려, 고딕은 18세기에 긍정적인 함의를 갖게 된다. 고딕적 설정은 흔히 중세 시대의 미신과 공포를 배경으로 삼아 바로 그런 특성을 가진 전제 군주제를 비판하는 기제라고 해석되기도 하지만, 당대에는 오히려 자유가 사라져버린 18세기 영국의 현실과 비교하여 노르만 정복 이전의, 고대 색슨 시대 영국이 누렸던 자유를 옹호하는 경향이 뚜렷했다. 이러한 시각은 1771년에 출간된 『영국의 제도에 관한 역사적 에세이』(*An Historical Essay on the English Constitution*)에서 명확하게 제시된다.

> 정부의 두 형태 가운데 첫째는 자유의 원칙하에 수립된 정부이고, 둘째는 노예제 원칙하에 수립된 정부이다. 이 둘이 계속적으로 서로 충돌한다는 것은 놀랍지 않다. 첫 번째 형태의 정부가 인간의 자연권을 기초로 하여 매년 지속적으로 선거권 행사를 보장하는 반면, 두 번째 형태의 정부는 한 사람의 전제적 지배에 기반을 둔다. . . . 색슨의 정부체제는 진정 헌법을 따르지만, 노르만의 경우에는 법의 정신과는 이질적이며 독재적 정신을 띤다. (Clery & Miles 225)

반(反)노르만(프랑스) 감성은 근대 영국 국가주의가 형성될 때 영국적 정신(Saxonism)을 특징짓는 중심으로 작용했다. 비국교도들은 노르만 이전의 자유를 주장하면서 그들의 정신을 "공민적 인본주의"(civic humanism)라는 어휘로 표현했다(Pocock 38). 기존의 공민적 인본주의는 토지를 소유한 귀족 계층만이 진정한 미덕을 지니고 국가를 수호한다는 전제에서 출발했으나, 당대의 현실은 귀족들의 사익추구로 인해 그 미덕의 의미가 변질되었다. 비국교도들은 부와 재산이 '공민적 미덕'(civic virtue)에 미치는 부도덕한 영향에 주목하며, 공민적 인본주의의 본질적 의미 회복을 추구했다. 비국교도가 대표하는 진보는 시민권에 대해 더욱 평등한 관점을 견지하면서, 당시의 지배적 세력이었던 과두정(oligarchy)이 자행하는 부패에 대해 지극히 비판적이었다. 공화주의적 미덕이라는 귀족 시민의 낡은 언어는 프랑스혁명을 지지하는 비국교도인 '자코뱅'(Jacobin)의 언어에서 새로운 생명력을 얻게 되었다.

래드클리프는 작품들에서 부와 부패에 맞서는 여주인공을 통해 개인의 자유를 주장하는 비국교도들의 진보적이고 자유로운 이상에 깊은 공감을 표한다. 영국 국교회 밖에서 일어난 다양한 프로테스탄트 운동들 중에서도 래드클리프는 출생 시부터 가장 명망 높고, 부유하며 제대로 교육받은 비국교도 집단에 속했다. 이들은 이성적인 성향, 과학에 대한 관심, 그리고 진보적인 정치적 입장을 견지한 것으로 알려져 있다. 유니테리언주의(Unitarianism)는 삼위일체설에 이의를 제기하고 예수의 신격화를 제지하는 합리적 비국교도의 신학체계였다. 이러한 특성 때문에 비-그리스도적이라는 강도 높은 비난에 시달리기도 했다. 유니테리언들은 앞장서서 종교적, 정치적 차별에 대항하여 투쟁했는데, 이 운동에서 가장 잘 알려진 인물은 과학자이자 신학자인 프리스틀리(Joseph Priestley)였다. 조지 3세의 통치 하에서 왕권이 위험하리만큼 강해지고 있었을 때, 프리스틀리와 프라이스(Richard Price) 목사 같은 이들은 군주의 압제 정치가 비국교도에 대한 억압과 밀접하게 연관되어 있다고 주장했다. 그들은 자유, 독립, 관용, 합리적 진보를 대변하는 일련의 원칙들에 대해 이야기했다. 이러한 철학적 견해는 1790년대에 대중들이 비국교도를 자코뱅주의와 같은 맥락에서 보게 된 이유를 설명해준다. 이 운동에 대한 보수적인 반발은 잔인한 형태로 일어났다. 1791년 버밍엄(Birmingham)에서 유니테리언 교회 두 곳과 프리스틀리의 자택을 포함한 몇몇 비국교도의 집과 서재의 모든 책, 그리고 실험실의 모든 도구가 전소되어버린 것이다. 이 사건은 프랑스의 상황으로 인한 공포와 더불어, 그와 유사한 급진적 혁명이 영국 땅에서 발발할 것이라는 불안에 사로잡힌 이들의 소행이었다.

한편, 고딕은 노르만적인 것뿐만 아니라 고대 그리스 로마적인 것보다도 더 우월한 것으로 각광받기도 한다. 여인(Lady)을 향한 기사들의 극단적 경의는 고대 그리스 로마와 오리엔탈 전통 모두에서 여성을 비하하던 태도와 대비되어 고딕적 우월성의 표징으로서 강조된다. 페미니즘 비평가들은, 비록 구애기간에 한정되어 나타난 것이지만, 로맨스의 이야기 구조를 통해 여성적 권위를 온전히 활용할 수 있었던 여성 작가들이 느꼈을 로맨스의 매력에 주목해왔다. 『매혹적인 양식들: 여성작가의 연애소설, 1684-1740』(*Seductive Forms: Women's Amatory Fiction from 1684 to 1740,* 1992)에서 발라스터(Ros Ballaster)는 여성 중심적 로맨스가 만들어낸 성공적인 역사 변형은 "여성 주인공을 이야기의 중심에 두는데 있다"고 주장한다(47). 이렇듯 당대 여성들이나 래드클리프는 고딕적 이상을 드높이는 문화 속에 있었다. 그녀의 여주인공들은 소설 속의 여타 여성들뿐만 아니라 그들의 상대 남성 인물과도 대비되는 독립 정신과 모험심을 드러낸다. 가톨릭 수녀원, 수도원, 혹은 종교재판은 여성주인공이 지닌 고딕적 자유와 자유로운 정신을 억압하는 기제로서 기능했다. 따라서 래드클리프의 '고딕'을 단순히 당시에 존재했던 이성적이고 자유로운 사고방식에 대해 외면하는 유치한 결과물로 분류하기는 어렵다. 그녀가 모든 초자연적 사건들을 이성적으로 설명해내는 것은 오히려 그녀가 경건하고 혁명적인 정신을 지닌 저명한 과학자이자 목사였던 프리스틀리와 동일한 진영에 속한다는 것을 재차 확인시켜 준다.

래드클리프는 디포(Daniel Defoe), 리처드슨, 필딩과 같은 작가들의 손에서 소설이 하나의 문학 장르로서 어느 정도 지위를 얻고 난 후에 집필 활동을 시작하였다. 소위 사실주의 소설의 승리가 자리 잡고 있던 시기 임에도 불구하고 래드클리프의 작품에서는 과거의 것, 놀라운 것, 초자연적인 것, 형언할 수 없는 사건들을 다루는 형태로 되돌아가는 경향을 발견할 수 있다. 다시 말해, 소설이야말로 비이성적 기이함을 다루는 로맨스 장르의 미성숙성을 벗어나 일상성을 살린 장르라 여겨지던 시점에서 래드클리프는 일상적인 것에 반항하는 소설을 쓴 것이다. 『시칠리아 섬의 로맨스』(*A Sicilian Romance,* 1790)와 『숲 속의 로맨스』와 같은 작품들을 써나가면서, 래드클리프는 오히려 당대의 일상성에서 벗어나 더 희망적인 과거로의 회귀를 선택한다. 주목할 점은 이전의 시간으로 돌아가는 그녀의 선택이 과거의 비현실적 이야기를 재현하기 위한 것이 아니라, 더 넓은 시간성을 확보하기 위한 수단으로 사용된다는 것이다. 그녀는 로맨스라는 이미 지나간 세대의 이야기를 통해서 소설이 다루는 "동질적이고 비어 있는 시간"(homogeneous, empty time)(Benjamin 265) 즉, 인간이 측정하고 계산할 수 있는 시간에 의해 흘러가는 현실 속 세상보다 더 높은 차원의 초월적 시간이 존재하는 세상으로의 회귀를 보여준다. 래드클리프는 무한한 시간 속에서 초월적인 세계를 그리되, 매우 이성적인 방식으로 그것을 설명해냄으로써, 초자연적 영역 안에서 합리적인 사고가 작동하는 이야기로 풀어낸다. 이것은 진보적인 주장이 이성적인 관점으로 세계를 파악하는 합리적인 시도로만 전개되지 않았다는 사실과 연결된다. 페인(Thomas Paine)은 『인간의 권리』(*Rights of Man*, 1792)를 개정하면서 "루소주의 이신론"(Rousseauist deism)과 "전통적 기독교 평등주의"(convention's christian egalitarian)의 영향을 받았으며, "절대자의 현존"(presence of the Supreme Being)이라는 초월적 세계를 인정하였다(*Revolutionary Ideas* 369). 계몽주의자인 루소(Jean-Jacques Rousseau)가 신의 존재를 부정하지 않고 종교 안에 머물렀던 것과 같이, 래드클리프는 초자연적인 세계 안에 머무르면서 진정으로 미래지향적이고 진보적인 논쟁을 펼친다.

한편, 래드클리프는 고딕 건축물, 침울한 분위기, 수녀, 유령, 지하통로보다는 숭엄미를 자아내는 자연경관에 대한 길고 탁월한 묘사로 더욱 유명하기도 하다. 그녀가 고딕적 설정을 취하였기 때문에 그녀의 이야기는 나날이 대도시의 문화에 휩쓸려 상업화되고 도시화된 근대 세계와 단절된, 과거 그리고 대자연을 배경으로 한다. 이런 특징은 또한 당대 대중의 관심에 부합하였다. 고대 전통으로부터 영국적 정신을 찾으려는 움직임과 함께, 자연에 대한 관심은 당시의 지배적인 시대적 현상이었다. 국내 관광객을 위한 토머스 페넌트(Thomas Pennant)의 첫 관광 안내서 『스코틀랜드 여행』(*A Tour in Scotland,* 1772)은 1790년에 이미 5판까지 출간되었고, 토머스 웨스트(Thomas West)는 1778년 레이크 디스트릭트(Lake District) 안내서를 펴냈다. 이런 관광 안내서들은 가꾸어진 경관보다는 영국의 거친 아름다움과 순수하고 자연 친화적인 미덕에 대한 새로운 인식을 반영하고 있다. 고딕적 혈통을 지닌 진정한 영국인의 표상은 호화 해외여행을 하는 유약한 코스모폴리탄이 아니라, '공포스러우면서'(horrid) 동시에 숭엄미를 자아내는 고국의 자연경관을 즐기는 이들이라는 생각이 점점 더 확산되고 있었다고 볼 수 있다. 역사학자 사이먼 샤마(Simon Schama)는 이렇게 말한다.

> 영국인들은 퇴폐적인 유약성에 너무 오랜 시간 동안 빠져있었기 때문에 거칢을 필요로 했다. . . . 과거의 영국적 미덕은 근대의 영국적 악덕에 굴복했다. 자유는 후원체제에 의해 왜곡되었고, 정의는 무자비한 광채를 내뿜는 돈의 눈부신 위력에 눈이 멀었다. 시골의 순수함은 도시의 유행으로 오염되었다. 영국적 자유를 보호한다고 여겨진 '고대헌법'은 비평가들이 '오래된 부패' 혹은 더 야만적으로 '그 물건'이라 지칭하는 지경

에 이르렀다. 제국의 승리를 염원하는 자들은 상업적 기반과 프로테스탄트 교회의 검소함이 영국을 지켜주고, 영국이 제국적 퇴폐에 감염되는 것을 막아줄 것이라 기대했지만, 실상 영국의 무역이란 영국군인들의 힘을 빌려 거칠게 거둬들인 국가수익이나 아프리카 노예들을 실어 나르는 잔혹한 거래를 일컫는 듣기 좋은 이름이 되고 말았다. (13)

진정한 영국적 특성인 고결하고 순수한 고국의 자연을 가장 황량하고 거칠며 숭엄미가 느껴지는 장소에서 찾아내는 국내 관광은 당시 눈에 띄게 성장했다. 영국의 대중들은 낭만적인 영국여행을 다룬 새로운 여행문학이 제시하는 자연경관, 즉 '거칠게 우거지고' '깎아지른 듯이 가파른' 자연의 풍경에 매혹되고 환호했다. 래드클리프의 자연경관은 프랑스나 이탈리아의 풍경으로 묘사되지만, 이는 고대 영국의 거칠고 장엄한 경관을 그녀가 상상력을 통해 재현한 것으로 볼 수 있다. 이런 의미에서 래드클리프가 자신이 묘사한 외국 장소들을 한 번도 방문해본 적이 없다는 사실은 전혀 문제가 되지 않는다. 그녀에게 있어 영국의 풍경을 특징짓는 가장 중요한 첫 번째 요소는 숭엄미이기 때문이다. 당시에 유행했던 이런 거친 자연을 즐기는 성향은 고딕이 인기를 얻게 되는 데 필수불가결한 요인으로 작용했다고 할 수 있다.

자연 숭배의 기류를 일찍이 주도적으로 선도한 사람은 프랑스 사상가 루소였다. 그는 근대의 모든 부패한 가치들이 평등과 자유를 담보하는 자연 상태로부터의 타락에서 기인한다고 믿었다. 자연은 시대의 가장 급진적인 사상들, 특히 자연 상태에 있는 모든 인간은 평등하다는 개념을 지원하는 기본 어휘가 되었다. 영국의 진보진영에서도 자연의 편에 서는 것은 가난한 자들을 동정하는 것이자, 상업적 이익을 앞세워 국가를 지배하는 부패하고 이기적인 과두정치에 대해 혐오감을 느끼는 것을 의미했다. 루소는 자연법 이론을 적용하여 자연에 최고선의 지위를 부여했다. 테일러(Charles Taylor)가 말했듯, "정통파의 이론에서 가장 고귀한 사랑의 원천은 신의 은총이다. 그것은 아브라함, 이삭, 야곱의 하나님인 것이다. 루소에게 있어 그것은 (비록 신이기를 멈춘 건 아니지만) 자연의 목소리이다" (357).

영국의 자연경관이 지닌 숭엄미에 대한 찬양은 또한 '감성적' (sentimental) 경험의 유행과 맞닿아 있다. 이 시대에는 '감성'이라는 말이 사람을 일상적이고 평범하며 단조로운 속세 너머에 존재하는 더욱 높은 차원으로 이끌어 주는 강렬한 감정을 뜻했다. 감성(feeling)의 추종자이자 자연 애호가였던 이들은 스스로를 상류층 도시 생활, 또는 '속세'(the world)에서 자행되는 타락하고 자기중심적인 사치의 악으로부터 멀리 거리를 두려는 자세를 취했다. 당시 영국의 급진적 정치 진영(radical politics)은 이성에 대해서 그랬듯, 감성의 함양 역시 지지했다. 그 시대 속에서, 그리고 특히 래드클리프의 작품 속에서 감성과 이성이 전혀 상호배타적인 개념이 아니라는 점을 이해한다면, 감성과 이성 사이의 모순은 단지 표면적 역설이라고 할 수 있을 것이다.

자연의 숭엄미에 관한 가장 유명한 이론은 버크(Edmund Burke)의 『숭엄과 아름다움 개념의 기원에 대한 철학적 탐구』(*A Philosophical Enquiry into the Origin of Our Ideas of the Sublime and the Beautiful*, 1757)에서 찾아볼 수 있다. 래드클리프는 버크의 이 논문을 읽은 것이 분명한데, 이 책에서 숭엄미는 고통, 위험, 혹은 공포와 같은 개념들을 감지할 때 느껴지는 것으로 규정되는 반면, 아름다움은 이성의 상실을 수반하지 않으면서, 부드러운 것, 작은 것에 대해 이성적 감상을 할 때 느껴지는 것으로 설명된다. 분명하게 더 높은 차원의 가치로 귀결되는 숭엄미가 남성적인 것으로 연결되는 데 반해, 아름다움은 여성적인 속성을 지니는 것으로 여겨진다. 래드클리프의 고딕은 숭엄한 자연경관을 토대로 하여 작동된다. 그녀의 소설에 나타난 숭엄한 풍경은 '문명화'된 세계에 존재하는 불공평한 것들과 압제적인 것들에 대한 반대 개념으로서 작용한다. 래드클리프는 루소와 마찬가지로 자연이 지닌 본연의 충동은 옳다고 믿었다. 루소는 타락한 문화의 영향으로 인해 우리는 자연과 교감하지 못하며 자연으로부터 분리되어 더 이상 자연과의 관계를 회복하기 힘들게 된 사실을 개탄한다. 루소는 파스칼(Blaise Pascal)과 같이, 인간의 이성과 더 많은 학습이 진보를 가져올 것이라는 계몽주의적 낙관을 부정한다는 점에서, 18세기 프랑스의 계몽주의 지식인 집단 중 하나인 "반-계몽주의자"(anti-philosophe)로도 묘사될 수 있다(*Radical Enlightenment* 474, 718-9). 루소는 우리가 본래적으로 이뤘던 자연과의 합일로부터 단절되는 것이 도덕적 쇠퇴를 야기한다고 주장한다. 이것이 1762년 출판된 교육에 관한 그의 대작 『에밀』(*Emile, or On Education*)에 나타나는 대전제이다. 루소는 『에밀』에 대해 "나의 모든 글 가운데 가장 잘 쓴, 그리고 가장 중요한 글"이라고 평가하였다. 래드클리프는 이러한 루소로부터 큰 영향을 받았으며, 이는 그녀에게 처음으로 폭넓은 호평과 대중적 성공을 안겨준 작품인 『숲 속의 로맨스』에서 확인할 수 있다.

2. 루소적 자연관의 반영: 『숲 속의 로맨스』

래드클리프는 『숲 속의 로맨스』에서 세속적 가치에 천착하는 인물들 사이에서 위험에 처하고 고통 받은 아델린이 도피하여 머무는 사부아 지방을 공동체 사회의 이상을 형상화한 곳으로 제시하는데, 이는 중요한 의미가 있다. 사부아는 루소의 주인공 에밀이 보좌 신부(vicar savoyard)를 만나 종교적 신념을 세워가는 곳이며, 이 보좌 신부의 자연종교적 관점은 루소의 종교관을 대변한다고 평가된다. 래드클리프는 루소가 도시의 타락과 대비되는 이상적인 사회로 구상하였던 모습을 사부아에 투영한다. 또한 차드(Chloe Chard)를 비롯해 많은 이들이 지적하는 바와 같이, 사부아의 교구 목사인 라 룩을 사부아의 보좌 신부와 매우 흡사한 형태로 그려냄으로써 루소의 사상을 계승하고 있는 점이 흥미롭다.

아델린은 퐁텐빌의 사원과 몽타 후작의 성에서 감금되어 결혼을 강요당하고 살해의 위협을 직면하는 등 고초를 겪은 후에 마음씨 착한 하인의 손에 이끌려 사부아에 도착한다. "그의 고향은 정말로 그 나라의 일반적인 특성과 전제정부가 가하는 흔한 영향력에서 벗어나 있었다. 그곳은 생기 넘치는, 건강하고 행복한 마을이었다"라는 묘사에서처럼(240), 사부아는 타락한 프랑스의 현실과 동떨어진 전혀 다른 세계이다. 아델린은 이곳에서 교구 목사인 라 룩의 보호를 받게 되는데, 그는 앞서 아델린의 보호자 역할을 맡은 라 모뜨 부부와 확연히 대조된다.

라 모뜨 부부는 파리에서 호화로운 삶을 살다 빚을 지고 도피하던 중 아델린을 만나게 된다. 라 모뜨는 몽타 후작과 같은 전형적인 악당은 아니지만, "정념"(passion)이 "이성"을 압도하는 인물로 그려진다(2). 그는 도시에서의 삶을 그리워하며 예전의 부와 지위를 되찾고 싶은 욕망에 사로잡혀서 아델린을 유혹하려는 타락한 몽타 후작의 제안을 뿌리치지 못한다. 라 모뜨나 후작이 자신들의 세속적인 이익만을 좇는 것과 달리, 아델린은 천부적인 "영적 우월성"(genius)을 통해 세속적 이성과 판단력의 한계를 넘어선다. 이런 천부적으로 우월한 정신은 아델린이 자신의 삶을 주체적으로 결정하고 그에 따라 살려고 하는 의지를 가질 수 있도록 이끈다. 이로 인해 그녀는 어린 시절 부모와 떨어져 들어가게 된 수녀원에서 종교적 순종이라는 명목 하에 행해지는 “잔혹성과 맹신”에 대항하고(36), 수녀가 되기를 강요받을 때에도 “자유와 삶”에 대한 권리를 주장하며 이를 거부할 수 있었으며(37), 몽타 후작의 강압에도 굴하지 않는 주체적인 여성의 목소리를 내게 된다.

라 룩은 아델린의 이런 면모를 간파하고 그녀에게 지식을 가르치는데, 그의 교육 방식은 루소가 에밀을 가르치는 방식과 닮아있다. 앞서 언급한 바와 같이, 라 룩은 『에밀』의 사부아 보좌 신부와 사상적으로 상당히 일치하는 모습을 보인다. 래드클리프는 라 룩을 이상적인 교사로 묘사한다. 사부아의 신부가 루소의 사상적 특성을 반영하듯이, 라 룩은 영국의 대표적 비국교도의 진보적 지식인인 프리스틀리처럼 성직자와 자연 철학자를 겸한다. 사부아 신부와 라 룩은 광대하고도 숭고한 자연과 우주의 질서에서 신의 섭리를 발견하고 그것을 도덕성과 연결시키는 자연 종교적 신앙을 보여준다.

> 그는 때때로 “천문학만큼 신성의 숭엄함으로 정신을 확장시키거나 감동을 전달하는 학문은 없다”고 말했다. . . . “이 지구는 광대한 우주 안에 속한 원자들의 덩어리일 뿐이며 인간은 한낱 벌레와 같구나. 하지만 이 얼마나 놀라운가! 존재의 범주에서 지극히 작은 미물일 뿐인 인간이 시간과 공간의 좁은 틀을 벗어나 그의 존재의 영역을 뛰어넘어, 자연의 비밀스러운 질서를 꿰뚫어 보고, 그것들의 점진적인 영향을 계산하는 힘을 가질 수 있다니.” (276)

라 룩은 인간의 이성으로 파악할 수 없는 대자연의 질서 속에서 창조주의 초월적인 힘을 마주하고 그 안에서 인간이 얼마나 미약한 존재인가를 확인한다. 초월적인 힘을 지닌 신이 티끌에 불과한 인간에게 자연 속에 숨겨진 신의 섭리에 도달할 수 있는 능력을 부여했다는 것은 그에게 놀라운 은총으로 다가온다. 루소에 의하면, 인간에게 이성과 의지를 부여한 신의 은혜에 감동받는 경험은 자신의 이성적인 능력과 의지를 도덕적으로 선하고 이롭게 사용하겠다는 의지로 이어진다.

> 내가 이렇게 선택받은 존재임을 볼 때, 이렇게 명예로운 자리를 내가 차지하고 있다는 데 대해 어찌 기뻐하지 않을 수 있으며 나를 그 자리에 앉혀 준 손을 어찌 찬양하지 않을 수 있겠는가? . . . 나는 그 지고한 힘을 찬양하고 그 은혜에 감동한다. 이러한 예찬은 누군가로부터 배울 필요가 없다. (Rousseau 278)

사부아의 신부 역시 인간이 어떤 피조물보다도 뛰어난 능력을 부여받았다는 사실로 인해 창조주를 찬양하게 되고 그것이 내면적 도덕성의 토대가 된다고 본다. 여기에서 "지고한 힘"은 전통적으로 교회에서 명하는 신(God)이기보다는 우주를 움직이는 원칙으로서의 절대자(Deity)로서, 계시된 종교보다는 자연을 통해서 감지할 수 있는 이신론(Deism)적 신에 가깝다. 자연의 숭엄함을 느끼고 자신을 돌아보는 경험은 "최초의 정의감"을 불러일으켜 인간이 학습하지 않아도 "정의와 도덕성에 대한 사랑"을 깨닫고 도덕성을 갖추게 한다는 것이 루소의 사상이다(Rousseau 278-279). 마찬가지로 자연의 숭엄함에서 신의 섭리를 느끼면서 자신의 연약한 한계를 넘어서고 내면을 강화하는 장면은 래드클리프 작품의 주요한 모티프이며 래드클리프와 루소 사상의 연결점이 된다.

루소의 자연은 창조주의 뜻에 의해 창조된 모든 세계와 인간이 지닌 선천적으로 선한 본성을 내포하고 있다. 이것은 원시적인 형태의 자연에 대한 과거지향적인 시각이기보다는 계몽을 통해 선한 본성을 회복하는 것에 주안점을 두고 있는 것으로 보인다. 루소는 이런 관점에서 자연의 감추어진 본성을 간과한 채, 물질 자체를 근본으로 보는 시각을 비판하였고, 인간이 선한 본성을 잃지 않으면서 세계의 본질을 배워가는 과정을 『에밀』에 담고 있다. 래드클리프는 이러한 루소의 자연관에 깊이 공감했다. 그녀의 작품에서 모든 여성 주인공들은 창조주의 섭리가 깃들어 있는 세계로서 자연을 바라보고 그 숭엄함을 통하여 내면의 도덕성이 고양되는 경험을 한다. 그 과정에서 그들은 자신의 삶을 주체적으로 결정하고 외부의 권위에 대항할 수 있는 힘을 얻는다. 오로지 이성의 잣대로 모든 세계를 재단하려는 당대 계몽주의의 폐쇄성에 한계를 느끼던 래드클리프는 이 시점에서 루소와 만난다. 자연의 숭엄함에서 초월적인 신의 섭리를 발견하고, 그것을 절제된 감성으로 내면화함으로써 더 높은 차원의 도덕성에 도달하게 된다는 이념은 남성보다 교육의 기회를 받지 못한 대다수의 여성들에게는 매우 매력적으로 다가왔을 것이다.

루소가 이성만으로 사회의 진보가 이루어질 수 없다고 본 것처럼, 래드클리프도 이성을 자연속의 인간의 선한 본성에서 비롯된 도덕성 및 절제된 감성과 결합시켜야 하는 것으로 그려낸다. 라 룩의 누이동생은 누구보다 이성적이며 자신이 가진 약초에 대한 지식으로 다른 이들에게 선행을 베풀지만, 너무 합리적인 사고만을 하는 편협한 인물로 비판된다. 반면에 아델린은 라 룩의 교육을 통해 "우아함과 기품을 갖춘 모든 매력, 그리고 최상의 문화를 누릴 만한 천부적 재능"을 지닌 주인공으로 우뚝 서게 된다(277). 그 결과 라 룩의 사상을 가장 잘 계승하는 인물은 그의 아들인 시어도어가 아닌 아델린이다.

3. 여자 '에밀'의 절제된 감성: 『우돌포 성의 비밀』

주인공 에밀리는 선천적으로 "남다른 섬세함, 따뜻한 정, 그리고 자애로운 심성을 이미 갖추고 있지만 그에 더해 영속적인 마음의 평화를 누리기에는 지나치게 민감한 감수성 역시 관찰되는" 인물로 그려진다(5). 그녀의 아버지는 이 민감한 딸을 좀 더 단단하게 만드는 일에 특별히 신경을 써서, "그녀의 정신을 강하게 만들고, 자제하는 습관을 단련하고, 일부러 실망할 일을 만들어주어, 최초에 느끼는 감정적 반응을 자제한 채 차분한 마음으로 돌아보는 법을 가르치고자" 노력한다(5). 소설의 도입부에 등장하는 어머니의 죽음을 통해서 주인공은 아버지로부터 슬픔을 이겨내는 법을 배운다. 그는 "얘야, 나는 네 감성을 완전히 없애버리려는 게 아니란다. 나는 그저 감정을 통제하는 법을 네게 가르쳐주고자 하는 거야. 지나치게 민감한 마음 때문에 뭔가 나쁜 일을 겪을 수 있긴 하지만, 무감각한 마음으로부터는 아무 것도 기대할 수 없는 법이니까 말야"라는 말로 절제된 감성을 지녀야 함을 가르친다(20). 에밀리에게서 관찰되는 최종적인 모습은 섬세한 감성과 이성적 통제, 그리고 깊은 감정과 금욕주의적 미덕의 이상적인 결합이다. 이러한 섬세한 교육을 받은 에밀리는 루소의 주인공보다 한층 더 진화된 여자 에밀이라고 봐도 무방할 것이다.

에밀리의 감성은 자연을 거니는 장면을 통해 묘사되는데, 그녀는 특히 숭엄미에 이끌린다.

> 자연 속을 거니는 것은 에밀리가 어려서부터 가장 즐기던 일상 중 하나였다. 그녀에게 가장 큰 즐거움을 준 것은 부드러운 햇살의 풍경이 아니었다. 그녀는 산의 가장자리를 둘러 나 있는 거친 숲길을 더욱 사랑했다. 그리고 그녀가 그보다 더 사랑한 것은 고독의 고요함과 장엄함이 그녀로 하여금 신성한 경외심을 느끼게 하고 그녀의 생각들을 우주만물의 창조주에 닿게 하는 공간인 산 속의 거대한 숨은 공간들이었다. (6)

모든 래드클리프의 여성 주인공들과 마찬가지로, 에밀리는 '현실의'

(real) 시간이 가하는 제약으로부터 자신을 벗어나게 해주는 자연경관에 몰두하는 것을 사랑한다. 많은 비평가들이 그녀의 소설들에서 다수 발견되는, 역사적인 흐름에 거슬러 가는 모순들(anachronisms)을 지적했으나, 래드클리프는 자연과의 소통을 통해 더 높은 차원의 시간성을 추구하였기 때문에, 근대 소설이 따르는 현실의 연대기적 시간성(realistic chronological time)에 크게 흥미를 느끼지 못했다. 루소와 마찬가지로, 이는 원시주의가 아니라 더 순수하고 덕이 있는 과거에 대한 믿음이자, 점차 돈과 소비 중심으로 옮겨가는 근대 문명에 대한 부정이다. 이미 언급했듯, 당시 영국의 진보사상은 이전 세기에 발발한 영국혁명의 공화주의적 코먼웰스 담론을 공개적으로 지지했다. 과거를 향한 이러한 의지는 멋진 신세계로의 전진보다는 더욱 도덕적인 초기 지점으로의 회귀를 나타내는데, 이는 영어로 "Revolution"이라는 단어의 어원에 투영되어 있다. 미덕과 독립적 정신을 강조하는 공화주의 담론은 그녀의 동시대에 악명 높았던 급진주의적 성향의 울스톤크래프트 뿐만 아니라 래드클리프의 사상에도 상당한 영향을 미친 것으로 볼 수 있다.

숭엄미에 대한 에밀리의 열정은 그녀의 기질적 우월함을 드러내는 명백한 징표로서 소설에서 작동된다. 에밀리가 아버지와 함께 산악지역으로 떠난 여행길에서 만나게 된 낭만적인 연인 발랑쿠르 역시 이러한 기질을 공유한다. 이와는 반대로 에밀리의 외삼촌 퀘넬은 속세에 완전히 파묻힌 삶을 산 사람으로 그려지는데, 여기에서 '속세'란 대도시와 정치계에 존재하는 상류층의 타락한 환경을 대변한다. 이는 타락한 근대 세계에 대한 대안으로서의 '자연'이 지닌 진보적 이상과 이에 대한 저자의 시각이 투영되어 있는 생 오베르 가족의 간소하고 고결하며 소박한 시골 생활과 정반대에 놓여 있다. 한편 프로방스로 향하는 주인공의 여정은 사랑하는 아내의 죽음으로 인해 점차 쇠약해지는 아버지의 건강을 회복시키려고 시작된 것이었다. 그는 에밀리에게 과도한 슬픔과 감성에 빠지지 않도록 충고하면서도, 본인 스스로는 깊은 슬픔에 굴복하여 에밀리를 고아로 남겨둔 채 세상을 떠나고 만다. 그녀의 연인으로 발전하는 발랑쿠르는 귀족 가문 출신이지만 부와 지위를 상속받을 수 없는 차남이었고 가난했기에 에밀리와 결혼하기 위한 독립성이 결여되어 있다. 그들은 에밀리의 고모로 인해 이별하게 되는데, 고모의 새 남편인 몬또니는 에밀리의 후견인이자 소설 속의 유명한 악인이다. 새 아내의 재산만을 노리고 결혼한 몬또니는 그의 아내와 그녀의 아름다운 조카 에밀리를 우돌포에 있는 고딕 성으로 데리고 간다. 우돌포 성은 아펜니노(Apennines) 산맥의 거칠고 숭엄한 경관을 배경으로 위치해 있다. 해질녘에 보이는 성의 첫 경관은 붕괴되어가는 진회색 돌담, 흉벽, 성벽, 끝이 뾰족한 아치, 벼랑이 내려다보이는 탑들 등 고딕소설에서 전형적으로 등장하는 모든 고딕적 장치들을 한데 모아놓은 것처럼 묘사된다. 여기에서 고딕 건축물은 고딕적 자유보다는 거짓된 권위와 가부장적 압제를 재현하는 산물이다.

공포는 래드클리프의 작품에 나타나는 고딕적 요소에서 제외할 수 없는 숭엄미의 또 다른 측면이다. 비밀통로, 핏자국이 있는 방, 비밀스런 지하실 그리고 지하 납골당은 자연의 풍경으로부터 느껴지는 영적 경험과 반대되는 두렵고 억압적인 분위기를 조성한다. 래드클리프의 작품에서 가장 공포를 불러일으키는 유명한 순간은 바로 에밀리가 우돌포 성의 그림이 가득히 전시되어 있는 방에서 상상하기 힘들 정도로 끔찍한 형상을 덮고 있던 베일을 벗기는 장면일 것이다. 소문에 따르면, 우돌포 성은 원래 주인인 아름답고 열정적인 여인 로렌티니(Laurentini)가 미혼으로 사망해야만 몬또니의 것이 될 수 있었다. 몬또니는 재산을 점유하기 위해 그녀와 결혼하고자 했으나, 그녀에게 거절당한다. 로렌티니는 몬또니와의 격렬한 다툼 이후 어느 날 사라져버렸고, 성은 결국 몬또니에게 상속되었다. 몬또니는 이전의 고딕적 악인과 다른 새로운 이미지로 그려진다. 그는 금전적으로 어려운 상황에 놓여있고 욕심과 야망이 대단한 사람이지만 여성의 육체에는 전혀 흥미를 느끼지 않는다. 몬또니는 단지 여성들의 재산을 소유하기 위해 그들과 결혼하거나 혹은 그들을 살해하려고 계획하는 것으로 묘사된다.

에밀리는 로렌티니의 이야기를 그녀의 하녀 아네뜨(Annette)에게서 듣게 되는데, 래드클리프는 소설의 주인공과 독자가 느끼는 긴장감을 높이기 위해 로렌티니에 대한 긴 이야기를 하녀의 입을 통해 가장 복잡하고도 횡설수설하는 방식으로 전달한다. 하녀가 베일에 싸인 끔찍한 그림이 로렌티니의 기묘한 실종과 연관되어 있을 것이라고 넌지시 암시할 때, 에밀리는 걷잡을 수 없는 호기심을 느낀다. 에밀리는 검은 장막 뒤에 무엇이 가려져 있는지 알아내고자 하는 자신의 열망을 통제할 수 없다.

> 그녀는 이 방으로 연결되는 방들을 거쳐 지나갈 때, 자신이 다소 불안해하고 있음을 느꼈다. 베일에 관한 상황과 관련하여, 고인이 된 성의 안주인과 그것 사이의 관계에 대해서 아네뜨가 전해준 이야기는 그 대상에 신비로움을 더하면서 미세한 공포감마저 불러일으켰다. 그러나 이러한 종류의 공포는 우리의 정신을 사로잡고 확장시키며, 더 높은 기대감으로 이끈다는 점에서 매우 숭엄하고, 또한 일종의 매혹을 통해 우리가 마주치면 피하게 될 그 대상마저 찾아 나서게 만든다. (248)

이 부분에서 묘사된 공포는, 즉 압제적 폭력에 의해 금지된 지식과 연결되어 있는 공포는 정신을 확장시킴으로써 자기 자신의 한계를 넘어설 수 있게 해주는 동력이 되고 있기 때문에 '숭엄'하다고 묘사되고 있다. 이는 고딕적 소설에서 독자를 도취시키는 전율의 즐거움이기도하다.

> 에밀리는 불안정한 발걸음으로 걸어가서 방문을 열기 전, 문 앞에 잠시 멈춰 섰다. 그러고 나서 그녀는 황급히 방으로 들어가 그림 앞으로 향했다. 방의 어두운 곳에 걸려 있는 그림은 흔치 않은 커다란 프레임 속에 있는 것으로 보였다. 그녀는 다시 멈췄다가 겁먹은 손길로 베일을 들어올렸다. 그러나 가려져 있던 것이 그림이 아니라는 것을 알아채자마자 즉시 들고 있던 베일을 떨어트렸고, 방을 떠나지도 못한 채 정신을 잃고 바닥에 쓰러졌다.
>
> 깨어난 후 자신이 본 것을 기억해내자, 또다시 의식을 잃을 뻔했다. 그녀에게는 이 방에서 나가서 자신의 방으로 돌아갈 기운이 없었다. 그리고 자신의 방에 당도하더라도 그곳에 혼자 있을 수 있는 용기도 없었다. 공포가 그녀의 마음속에 가득 찼고, 잠시 동안 그 공포는 과거에 대한 의식과 앞날의 불행에 대한 두려움을 없애버렸다. (248-49)

그녀가 본 것이 무엇인지 독자는 알 수 없으나, 최근 사망한 몬또니 부인의 운명이 그녀의 남편의 손에서 결정지어진 것과 같이, 베일 뒤에 놓인 것도 아마 몬또니에 의해 살해당한 로렌티니의 시신일 것임이 강력히 암시된다.

에밀리가 검은 베일 너머에서 본 것으로 추측되는 '시신'은 후에 구더기가 가득한 부패중인 시신의 모습을 본 딴 밀랍 인형이었으며, 유난히 세속적이었던 우돌포 성의 전 주인을 위해 죽음을 학습하는 도구(*memento mori*)로서 만들어진 것이었음이 소설의 결말에서야 밝혀진다. 이런 종류의 이성적 설명은 환상을 망친다는 의미에서 스콧을 포함한 래드클리프의 독자들로부터 비난을 받기도 했다. 그러나 긴장감을 깨뜨리는 설명에도 불구하고, 래드클리프의 작품에서 목격되는 지속적인 테마인 진정한 공포는 가부장적 악당에 의해 자행된 여성의 죽음에서 유발된다. 그녀의 첫 소설 『애슬린과 던베인 성』의 남성 인물은 동생의 고결한 미망인을 감금하고 겁탈한다. 그녀의 두 번째 소설 『시칠리아 섬의 로맨스』에서는 죽임을 당했다고 여겨졌던 어머니가 사실은 두 번째 아내를 얻은 아버지에 의해 성 아래 있는 비밀의 방에 수십 년 간 갇혀 있었던 것으로 그려진다. 이 모티프는 『우돌포』에서도 반복된다. 에밀리의 고모인 몬또니 부인이 남편의 폭력을 못 이겨 죽게 되고, 덕망 높은 빌러로이 후작부인(Marchioness of Villerois) 역시 불륜을 저지른 남편에 의해 죽임을 당한다. 『이탈리아인』에 등장하는 엘레나는 후에 그녀의 삼촌으로 밝혀지는 '아버지'에게 살해당할 위기에 처한다.

래드클리프의 소설들은 보편적인 인간의 권리와 자유를 주장하는 동시에 이 주장의 연장선상에서 남성이 여성에게 가하는 공포의 부당성에 대해서도 고발한다. 래드클리프가 그리는 고딕적 세계의 중심에는 여성들이 공화주의적 덕성이라는 언어로 무장하고 모든 역경을 이겨내게 만드는 페미니스트적인 환상이 자리한다. 소설의 도입부에서 에밀리의 두 오빠는 어린 시절 죽은 것으로 소개되는데, 이로 인해 그녀는 여러 종류의 유산을 모두 홀로 물려받게 된다. 몬또니 부인의 재산을 빼앗으려는 몬또니의 필사적인 행위에도 불구하고 에밀리는 몬또니 부인의 상속자가 된다. 그녀는 이모로 밝혀진 살해당한 후작부인의 상속자이며, 그녀를 살해하고 속죄한 로렌티니의 재산(우돌포 성을 포함하는)까지도 상속받으면서 악당 몬또니를 빈털터리로 만든다. 소설의 여주인공이 한밤중에 우돌포로부터의 탈출을 포함하여 다양한 모험을 겪는 동안, 에밀리의 무기력한 약혼자, 발랑쿠르는 파리에서 도박꾼으로 전락한다. 에밀리는 도시에 물든 그의 타락을 용서하기로 결심하고, 그와 결혼하여 마치 에덴동산과 같은 그녀 소유의 라 발레에서 그와 가정을 꾸민다. 한때 그녀의 외삼촌인 퀘넬에게 팔렸었던 땅도 모두 에밀리의 소유로 돌아오면서, 에밀리는 대지주(landowner)가 되며, 이제 덕성과 자애로 그녀의 영지를 돌볼 기반을 얻게 된다. 18세기 말 여성의 유산상속과 재산소유를 금했던 법을 고려해볼 때— 여성은 법적으로 기혼 부인(femes coverts)으로 분류되었으며 이는 남편에 의해 보호받고, 따라서 법 앞에서는 보이지도 않는 존재인 사람들을 지칭하는 용어였다—이 소설의 진정한 로망은 여성의 독립에 대한 환상이라고 할 수 있다. 에밀리가 루소의 에밀의 이름을 따서 명명되었을 것이라는 추측은 억지가 아닐 것이다. 아이러니하게도 루소의 여주인공 소피(Sophie)와 달리 이 소설에서는 파리의 부도덕함의 희생자가 되는 것은 아름답지만 약하고 오류를 범하는 여성이 아니다. 오히려 외모는 아름답지만 너무나 나약하고 타락하기 쉬운 남성이 미덕을 가진 여자 주인공의 용서와 구원을 받게 된다.

4. 고딕적 이상의 실현: 『이탈리아인』

래드클리프는 마지막 작품인 『이탈리아인』에서 마침내 가장 이성적이고 절제된 감성을 지닌 독립적인 여성을 그려낸다. 신분을 회복하기 전, 가난한 엘레나는 손수 바느질하고 자수를 놓아 만든 옷을 부유한 나폴리의 여인들에게 팔아 생계를 이어가지만, 노동으로 경제활동을 하는 행위를 부끄럽게 여기지 않는다. 오히려 그녀의 경제적 활동은 "고매한 독립의 존엄"을 지닌 것으로 표현된다(13). 부를 축적하기 위한 경제활동이 아닌 건전한 노동으로 얻게 된 경제적 자립은 엘레나가 자존감을 갖고 자신의 주체적인 목소리를 내는데 기여한다. 그녀는 계급에 따라 개인의 가치를 판단하는 기존 질서의 불합리성을 인식하며, 신분이 아닌 개인 내면의 존귀함으로 평가되어야 한다고 여긴다. 엘레나는 비발디 부모인 후작과 후작부인이 계급적인 차이로 인해 자신과 비발디의 결혼을 반대하자, 그들의 반대가 출생에 대한 불합리한 자만이자 망상과 같은 편견에 기인한다고 비판한다.

엘레나는 후작부인과 악인 스케도니의 계략으로 산 스테파노 수녀원에 감금되어 그들이 정해준 자와 결혼하거나 수녀서언을 하도록 강요받는다. 감금되고 억압받는 극한 상황 중에 수녀원의 망루에서 내려다 본 자연의 경관은 엘레나가 내면의 소리에 귀를 기울이고 자신의 의지를 확고하게 하는데 중요한 기능을 한다.

> 여기, 그녀를 둘러싼 장엄한 광경을 응시할 때, 조물주의 형상을 흐릿하게 만들고, 피조물들이 조물주를 볼 수 없게 가려버리는 끔찍한 베일 너머를 바라보며, 그의 숭엄한 작품 한가운데 현존하는 신과 함께 공존하고 있는 이 순간에, 속세의 거래들과 아픔들이 그녀의 승화된 정신에겐 얼마나 하찮게 여겨지는가! . . . 그러므로 지금 그녀를 감금하고 붙들고 있는 거대한 사람은 요정같이 작게 느껴졌다. 그녀는 미덕이 결핍된 이의 극한의 힘조차 자신의 영혼을 속박하거나 그를 두려워하도록 강요할 수 없다는 것을 경험한 것이다. (106-107)

엘레나의 감성은 자연의 숭엄함을 통해 신의 현존이라는 초월적인 세계에 도달하게 하고, 이것을 숙고하는 과정에서 개인의 내면이 인간의 물리적인 힘이 작용할 수 없는 영역임을 깨닫게 된다. 거대하게 느껴지는 세속의 힘이 신에 의해 창조된 자신의 영혼을 흔들 수 없다는 것을 자각하면서, 그녀는 강압적 권위에 대항하여 자신의 주관을 지킬 의지를 굳힌다. 이러한 자각은 수녀서품을 강요받는 자리에서 엘레나가 "나는 이 회중 앞에서 천명합니다. . . . 내 마음이 거부하는 서약을 하도록 강요받아 여기에 끌려 나왔다는 사실을. 나는 항변합니다"라는 분명한 선언을 하도록 고무시킨다(139). 엘레나는 교육을 받지 못하였지만 자유, 평등, 미덕의 가치를 자연적으로 인식하고 내면화하여 주체적인 행위로 표출한다.

부와 권력에 집착하는 후작부인은 이성적인 판단을 내리지 못하는 인물이다. 그녀는 자신의 고해신부인 스케도니에게 비발디와 엘레나의 문제를 상의하는데, 놀랍게도 엘레나를 감금하고 살해하려는 계획이 미덕을 추구하고 정의를 실현하는 문제로 다뤄진다. 후작부인은 비발디와 결혼하려는 엘레나의 행위는 국가를 떠받치고 있는 가문의 명예를 실추시키는 것이기에 "반역에 상응하는 처벌"을 받아 마땅한 것이라 여긴다(196). 여기에서 자신의 부와 지위를 유지하기 위한 행위는 개인적 이익을 추구하는 것임에도 불구하고, 국가를 위한 정의로운 결단이자 헌신으로 둔갑한다. 기득권을 가진 자로서 후작부인과 스케도니에게 정의는 기존의 질서를 어지럽히는 행위에 합당한 벌을 내리는 것이고, 미덕은 국가의 질서를 수호하는 것이다. 래드클리프는 서술자의 목소리를 빌려 이들의 편협한 사고와 위선적 태도를 비판한다.

> 만약에 어느 철학자가 이 두 사람이 가장 악의적인 범죄를 모의하는 와중에 미덕의 범주를 정의내리는 이야기를 들었다면 아연실색하였을 것이다. 속세의 사람은 그것을 단지 위선이라 여길지 모른다. 이런 식의 평가는 그 사람이 세속의 매너에 대해서는 어느 정도 지식을 갖추고 있지만, 인간의 마음에 대해서는 극히 무지하다는 것을 드러내는 것이기도 하다. (202)

정의와 미덕을 자신들의 편의에 따라 왜곡하는 후작부인과 스케도니의 태도는 단순히 그들의 위선적인 면모를 비추는 것이 아니다. 기득권을 유지하려는 이기주의적 욕망이 이성적인 판단을 가로막고 그들의 도덕적 본성을 타락시키는 결과로 이어지고 있음을 지적하는 것이다. 이들에게 미덕과 정의는 오로지 계산적으로 이익이 되는 방향을 향하는 잣대일 뿐이다. 때문에 엘레나를 죽일 것을 종용하였던 스케도니가 그녀를 자신의 딸로 착각하는 순간, 그 동안의 태도에서 급선회하여 엘레나를 비발디와 결혼시키려고 하는 것은 전혀 놀랍지 않은 전개이다. 여기에서 후작부인과 스케도니를 향한 비판은 당대 과두정을 이끌었던 타락한 귀족들이 주장하였던 공화주의적 미덕이 결국 그들의 부와 지위를 지키기 위한 수단으로 이용되었던 현실에 대한 진보주의자들의 부정적 인식과 맞닿아 있다.

스케도니는 이단심문소로 연행된 비발디가 돌아오기까지 엘레나를 산타 델라 피에타 수녀원에 머물게 한다. 이곳은 여성을 억압하는 종교적 공간이었던 산 스테파노 수녀원과 완벽히 대비된다. 산타 델라 피에타의 수녀원장은 "고결한 정신"을 지니고 있으며, 수녀원과 같은 "종교 기관의 지도자로서의 빛나는 정신"으로서 여성의 계몽을 상징적으로 보여준다(347). 그녀는 엄격한 규율이 아닌 어머니와 같은 정의롭고 자애로운 가르침으로 수녀들을 교육하고, 수녀들은 온화하고 조화로운 "자매애"와 "보편적 인류애"를 가꾸어간다(347). 이러한 묘사는 근대적 시민사회의 이상인 우애(fraternity)를 떠올리게 한다. 페이트만(Carole Pateman)이 지적한 것처럼, 사회계약과 근대 시민사회의 성립에 기여한 주요한 개념 가운데 하나인 보편적인 우애가 당대 "남성들의 형제애"를 의미하였다는 점을 생각할 때, 여성들의 자매애를 토대로 보편적인 인류애가 공유되는 이상적인 공동체의 모습은 전복적으로 다가온다(78). 래드클리프가 근대 시민 국가 건설의 토대가 되는 정치철학의 남성 중심적 입장에 비판을 가하는 것으로 여겨지기 때문이다. 로크가 자연 상태(state of nature)에서 모든 남성들을 동등한 인간으로서 인정하고 자유로운 계약에 의해 근대 사회에 참여할 수 있다고 주장한 이면에는 근대

시민 사회에 대한 여성의 참여를 제한한다는 의미가 내재되어 있다. 반면, 래드클리프에게 이상적인 시민 사회는 남성들의 계약에 의해서이기보다는 미덕과 절제된 감성을 지닌 여성들의 조화로운 정신을 통해 이루어지는 세계인 것이다. 진보적 수녀원은 타락한 현실세계와 동떨어진 전혀 다른 세계로서, 고딕적 이상이 실현되는 공간이다.

『이탈리아인』이 이전의 작품들과 가장 구별되는 지점은 주인공의 진보적 이상과 자유로운 정신을 구속하고 억압하였던 종교적 공간이 완전히 새롭게 탈바꿈하는 것에서 찾아볼 수 있다. 산타 델라 피에타의 모습보다 더욱 놀라운 반전은 이단심문소에서 발견된다. 이단심문소는 가장 강력한 종교적 권위가 작용하는 공간이자, 감금과 고문 등의 끔찍한 억압이 이루어지는 가장 야만적인 장소이다. 비발디는 엘레나와 비밀리에 결혼식을 올리던 도중에 이단심문소로 소환된다. 엘레나가 수녀 서약을 하지 않았으므로 비발디는 종교적 양심에 거리낄 것이 없지만, 얼굴을 가린 심문관들의 그로테스크한 모습에 극심한 두려움을 느낀다. 더욱이 수감자들에게서 자백을 받아내기 위해 자행되는 고문과 신음소리는 비발디의 감각을 자극하여 공포에 휩싸이게 한다. 그러나 비발디는 곧 고문에 대한 두려움을 극복하고 냉철한 이성을 되찾은 후 이단심문소의 심문관들이 자행하는 권위적 행위의 부당성을 비판한다.

가장 이성적인 방법으로 공명정대하게 진실을 규명해야 하는 재판이 고문을 통해 자백을 받아내는 비이성적인 방식을 취하는 것은 특권화되고 타락한 종교적 권위를 보여준다. 후작 부인과 스케도니가 보여주었던 개인적 이익을 추구하는 이들의 부패한 정신은 이단심문소의 심문관들에게서도 발견된다. 비발디는 "오직 인간만이, 이성적 특권과 정의감을 자랑하는 인간만이 가장 지독하고 끔찍한 방식으로 어리석고 사악한 행동을 한다"라고 비판한다(229-30). 이들의 부패한 정신은 정의를 왜곡하여 상상할 수 없이 부도덕하고 잔혹한 행위를 합리화하는 데에 이용한다.

개인의 내면 가치를 중시하는 계몽된 시각을 견지한 비발디는 합리적인 절차에 따라 판결을 내리지 못하는 심문관과 우매한 악습이 행해지는 이단심문소의 재판에 굴복하지 않으려는 결의를 다진다. 그는 깊은 밤 자신의 방을 찾아와 다음 날 심문에서 해야 할 말을 알려주는 베일에 가려진 자의 요구를 거부하고, 주체적으로 상황에 대처한다. 비발디가 두려움을 극복하고 자신의 결백을 입증하길 시도하자, 놀랍게도 그 순간 이단심문소의 재판은 공정한 절차와 정의에 입각한 합리적인 공간으로 탈바꿈한다. 특히 비발디가 자신을 무고하게 고발한 스케도니의 죄상을 밝히기 위해 끊임없이 자신의 곁을 맴도는 비밀스러운 목소리를 지목하자 심문관들은 자신들의 절대적인 권위를 상징하는 검은 베일을 벗어버리기에 이른다. 검은 베일을 벗은 심문관들은 강압적인 심문과 고문을 통해 무조건적으로 자백을 강요하지 않으며, 진실을 밝히기 위한 이성적인 노력을 기울인다. 절대적인 종교적 권위를 이용해 비합리적으로 수감자들의 죄를 판결한다고 여겨진 이단심문소의 재판은 예상을 뒤엎고 정확한 증거와 증인들의 진술을 토대로 철저하게 조사되고 공정하게 이루어진다.

> "이것이 심문관의 감수성이라니!" 하고 비발디는 혼자서 되뇌었다. "저런 빛나는 공명정대함이 심문소의 법정에서 나타나다니!" 빠르게 흐르는 눈물로 뺨을 적시며 비발디는 이토록 공정한 재판관을 바라보았다. 만약 이 재판관의 공정성이 그의 무고를 증명하는데 행사되었다 하더라도 이보다 더 강력한 존경심과 선망을 비발디에게서 끌어낼 수 는 없었을 것이다. "심문관이!" 그는 혼잣말을 반복했다. "심문관이!" (407-408)

재판 과정을 지켜보던 비발디는 주교 총대리(vicar-general)의 공명정대한 태도와 이성적 정의로움에 감탄한다. 철저한 조사의 결과, 스케도니의 과거 행적과 엘레나의 혈통에 대한 진실 뿐 아니라 초자연적으로 여겨진 과거 사건들의 면면이 모두 밝혀진다. 여기에서 이단심문소는 비합리적이고 신비화된 종교적 권위가 아닌 이성적이고 공정한 절차에 의해 가려진 진실을 밝혀내고 정의를 실현하는 계몽된 세계로 드러난다. 이러한 이단심문소의 모습은 갑작스럽고 충격적인 방식으로, 타락한 세계에 대한 진정한 심판이라는 환상을 재현해주는 듯하다.

래드클리프는 이전의 고딕소설에서 타락한 전통적 질서를 상징하였던 종교적 권위가 합리적이고 정의로운 형태로 변화되는 모습을 보여준다. 이것은 혁명적 개혁의 수준으로 다가오는데, 이러한 변화가 외부적인 힘이 아니라 내부의 의지에 의해 이루어지고 완성되는 점이 눈길을 끈다. 수녀원장의 합리적인 신앙이 어머니와 같은 자애로움과 결합되고, 심문관이 확실한 증거와 증언을 토대로 진실을 규명하려는 의지를 갖게 되자 고딕적 이상이 종교적 공간 안에서 실현된다. 미신적인 요소에 천착하고 맹목적인 믿음을 강요하였던 비이성적인 행태를 벗어나, 이성적인 신념과 절제된 감성을 갖게 된 종교는 더 이상 타파해야 할 대상이 아니다. 오히려 이단심문소의 모습과 같이, 타락한 과거의 행위를 심판하고 감추어진 진실을 밝혀주는 역할을 통해 부패한 현실에 대한 대안이 된다. 이것이 래드클리프의 진보적 로망의 결말이다.

복잡하게 얽혔던 모든 문제가 해결된 후, 엘레나와 비발디는 모든 이들의 축복 속에 결혼식을 올린다. 두 주인공의 결합은 단순히 하나의 가정을 이루는 것을 넘어서 마치 새로운 나라의 시작과 같이 묘사되고, 엘레나는 "여왕"과 같이 존경을 받는다(476). 이들의 결혼식은 모든 사람들이 기뻐하는 축제로 그려지는데, 특히 하인인 파울로(Paulo)가 엘레나의 진심어린 감사에 감격해 외치는 "오! 행복한 날! 오! 행복한 날!" 이라는 기쁨의 탄성이 나폴리의 바다와 숲에 메아리치는 묘사는 새 시대를 맞이하는 환희에 찬 세계를 상징적으로 보여주는 듯하다(477).

5. 맺는말

18세기 말 고딕소설의 등장은 언뜻 문학적 퇴보라 여겨지지만 "전 유럽이 함께 느낀 혁명적 진동이 맺은 필연"이었다는 사드의 평가처럼(Sage 48-9 참조), 매우 자연스럽고도 당연한 흐름이었다. 혁명이 낳은 폭력적 결과는 이성의 힘에 의해 억눌렸던 감각을 일깨웠고, 대중들은 자극적이고 선정적인 것에 마음을 빼앗겼다. 고딕소설이 구시대적 압제와 비현실적 공포를 다루는 이면에는 당대의 혁명적 소용돌이가 몰고 온 공포와 새 시대에 대한 기대가 녹아있었다. 때문에 고딕소설은 보수적인 장르가 될 수도, 진보적인 장르가 될 수도 있다. 래드클리프는 이러한 고딕소설의 특징을 효과적으로 활용한다. 그녀는 과거로 회귀하는 모습을 보이지만 진보적 입장을 취하고, 초현실적인 세계를 긍정하지만 합리적이다. 당장이라도 일어날 것 같은 폭력적이거나 선정적인 사건은 아슬아슬하게 주인공을 빗겨가고, 긴장감은 극에 달한다. 어느 한쪽으로 치우치지 않고 복잡하게 얽힌 다양한 층위를 오가는 동안 작가의 의도는 텍스트의 짜임 속에 감춰진다. 진보적 지식인이자 여성작가로서 래드클리프는 현실을 넘어선 더 나은 사회의 모습을 고딕의 이상 속에서 발견하고 있다.

래드클리프의 고딕적 상상력이 제시하는 세상은 허무맹랑한 비현실적 환상도, 이성의 힘이 만들어내는 진보된 미래의 사회도 아니다. 역설적이게도 진정한 새 시대의 도래는 도덕적으로 더 고귀했던 과거로 돌아가는 것과, 이성으로 둘러싸인 딱딱한 껍질을 깨고 더 초월적이고 숭고한 세계를 바라보는 것에서 출발한다. 앞서 살펴본 바와 같이, 이러한 고딕적 이상은 역사적으로 흘러가는 연대기적 시간을 넘어서서 더 높은 차원의 시간과 연결되려는 시도의 결말이다. 과거로의 회귀는 진정한 영국의 정신을 회복하는 것이자 타락한 세계로부터 벗어나 자연의 숭엄한 미덕을 지키는 것으로서 가장 혁명적인(Revolutionary) 정신의 상징이 된다.

참고 문헌

Ballaster, Ros. *Seductive Forms: Women's Amatory Fiction from 1684-1740*. Oxford: Clarendon P, 1992.

Benjamin, Walter. *Illuminations*. London: Fontana, 1973.

Burke, Edmund. *A Philosophical Enquiry into the Origin of our Ideas of the Sublime and Beautiful*. Ed. James T. Boulton. Notre Dame: U of Notre Dame P, 1968.

Chard, Chloe. "Introduction." *The Romance of the Forest*. New York: Oxford UP, 2009. vii-xxiv.

Clery, E. J., and Robert Miles, eds. *Gothic Documents: A Sourcebook 1700-1820*. Manchester: Manchester UP, 2000.

Israel, Jonathan. *Radical Enlightenment: Philosophy and the Making of Modernity 1650-1750*. Oxford: Oxford UP, 2001.

________. *Revolutionary Ideas: An Intellectual History of the French Revolution from The Rights of Man to Robespierre*. Princeton: Princeton UP, 2014.

Norton, Rictor. *Mistress of Udolpho: The Life of Ann Radcliffe*. London: Leicester UP, 1999.

Pateman, Carole. The *Sexual Contract*. Cambridge: Polity P, 1988.

Pocock, G. J. A. *Virtue, Commerce, and History: Essays on Political Thought and*

History, Chiefly in the Eighteenth Century. Cambridge: Cambridge UP, 1985.

Radcliffe, Ann. *The Italian, or the Confessional of the Black Penitents*. London: Penguin Books, 2000.

________. *The Mysteries of Udolpho*. Oxford: Oxford UP, 1966.

________. *The Romance of the Forest*. New York: Oxford UP, 2009.

Rogers, Deborah D. ed. *The Critical Response to Ann Radcliffe*. Westport: Greenwood P, 1994.

Rousseau, Jean-Jacques. *Emile, or, On Education.* Trans. Allan Bloom. London: Penguin Books, 1991.

Sage, Victor, ed. *The Gothick Novel: A Selection of Critical Essays*. London: Macmillan, 1990.

Schama, Simon. *A History of Britain, Volume III: The Fate of Empire 1776-2000.* New York: Hyperion, 2002.

Talfourd, T. N. "A Memoir of the Author." Prefixed to Ann Radcliffe, *Gaston De Blondeville, or The Court of Henry III: A Romance*. London: Bentley, 1826. Reprint Edition. New York: Arno Press, 1972.

매튜 루이스의 『수사』: 혁명의 재현과 고딕적 욕망의 수사학

오인용 _ 동의대학교

매튜 루이스의 『수사』: 혁명의 재현과 고딕적 욕망의 수사학*

I

작가 소개

『수사』(*The Monk*)의 작가 매튜 루이스(Matthew Gregory Lewis)는 1775년 7월 9일 런던에서 출생했다. 그의 아버지는 벤 존슨(Ben Jonson), 드라이든(John Dryden) 등 유명 문필가들을 배출한 런던의 명문 웨스트민스터 스쿨(Westminster School)과 옥스퍼드 대학교의 크라이스트 처치 칼리지(Christ Church College)를 졸업하고 육군성(War Office)의 고위관료로서 근무하였다. 또한 그는 자메이카에 농장을 소유한 재산가이기도 하였다. 루이스 역시 아버지의 뒤를 이어 웨스트민스터 스쿨과 옥스퍼드 대학을 졸업한 뒤 파리와 독일 바이마르 등을 여행하면서 여러 나라의 언어에 능통하게 되어 1794년에는 네덜란드 주재 영국 대사관에 근무하게 된다. 이것은 외교관이 되기를 바란 그의 아버지의 뜻을 따른 것이었다.

이렇게 19살의 어린 나이에 외교관보(attaché)로서의 생활을 시작한 루이스는 후일 어머니에게 헤이그에서의 업무에 싫증이나 10주 만에 『수사』(*The Monk*, 1796)를 집필했다고 회고한다. 그가 유럽을 여행하던 시기부터 창작에 관심을 두게 된 데에는 일찍이 아버지와 헤어진 어머니에게 인세 수입으로 재정적인 후원자 역할을 하려는

* 이 글은 2008년에 발간된 『영미문화』 8권 3호에 발표한 논문을 고쳐 쓴 것이다.

뜻도 있었다. 그의 어머니는 아버지와는 달리 루이스의 문학적 재능을 격려하고 후원하였고, 후일에는 그의 출판 대리인의 역할을 맡기도 하였다. 1794년 말 헤이그에서 귀국한 후 그의 아버지는 루이스가 자신의 뒤를 이어 육군성에서 근무할 수 있도록 애를 썼으나 그의 노력은 수포로 돌아갔다. 그 사이 루이스는 『수사』를 완성하여 1796년 이 작품을 익명으로 출판한다. 저자의 이름을 밝히지 않은 것은 그가 같은 해 하원의원으로 의회에 진출하게 된 사실과 관련이 있는 듯이 보인다. 2판 이후부터는 자신이 『수사』의 작가임을 밝히기 시작하는데, 이 작품의 인기로 그는 부와 명성은 물론, 타락한 수사(monk)가 벌이는 끔찍한 이야기의 작가라는 의미에서 "Monk" Lewis라는 별명을 얻게 된다.

1796년부터 1802년 사이 그는 하원의원으로서 활동하는 것뿐만 아니라 일련의 극작품을 출판하는데 이 드라마들 역시 고딕적 분위기와 감수성을 표현하는 작품들이었다. 이들 중에는 『성의 유령』(*The Castle Spectre: A Drama*), 『쌍둥이: 그인가 그 동생인가?』(*The Twins; or, Is It He, or His Brother?*), 『성주 알폰소』(*Alfonso, King of Castle: A Tragedy*) 등이 있다. 1800년대에 들어서도 그는 드라마와 시, 소설 등을 지속적으로 발표하고 번역하는데 그 중 『포로: 사설 정신병원의 정경』(*The Captive: A Scene in a Private Mad-House*, 1803)과 『숲의 악령』(*The Wood Daemon; or, "The Clock Has Struck"*, 1807) 등은 코벤트 가든(Covent Garden)과 드루리 레인(Drury Lane) 극장에서 공연되어 성공을 거둔다.

1812년 그의 아버지가 세상을 뜨게 되면서 루이스는 아버지로부터 자메이카의 농장과 노예를 상속받게 된다. 노예폐지론을 지지하던 그에게 아버지로부터 물려받은 농장과 노예는 이후의 그의 삶의 주된 관심사가 된다. 1812년 그는 『시집』(*Poems*) 출판을 계기로 소설 창작은 포기하기로 결심한 터였다. 1815년 그는 자메이카로 건너가 자신의 농장을 둘러보게 되는데 1년 이상을 거기에 체류하게 된다. 이후 영국으로 귀국했던 루이스는 1817년 다시 자메이카로 돌아가 자신이 구상한 농장 운영 및 노예 처우 개선안을 실행에 옮기려 노력했다. 다시 1년 가까이 이곳에 머물며 농장생활을 관찰하고 기록한 일기를 1차 체류의 기록과 함께 출판하려고 귀국하려던 차에 황열(Yellow Fever)에 감염돼 1818년 5월 숨진다. 그의 자메이카 경험을 담은 일기는 15년 후인 1833년 『서인도제도 농장 소유주의 일기』(*Journal of a West India Proprietor, Kept During a Residence in the Island of Jamaica*)라는 제목으로 출판된다.

II

작품 소개

소설은 매력적인 외모 덕분에 여신도들에게 인기가 많은 사제 암브로시오(Ambrosio)가 강론을 하는 어느 날, 아름다운 안토니아(Antonia)가 캐퓨친 수도회(Capuchin Friars) 소속 교회에 그의 강론을 들으러 찾아오는 장면으로부터 시작된다. 암브로시오는 마드리드에서 가장 박식하고, 신심이 깊으며 존경받는 사제이다. 또한 사제로서의 자신의 순결에 대한 자부심이 유달리 강해 신도나 다른 사제들의 타락을 꾸짖곤 한다. 그는 갓난아기 때 수도원 앞에 버려져 그 곳에서 성장하였다.

반면 안토니아의 친할아버지는 시스테르나스 후작(Marquis de las Cisternas)으로 수십 년 전 자신의 며느리인 엘비라(Elvira)의 출신이 미천한 것이 탐탁지 않아 아들의 결혼에 반대했었다. 하지만 그의 아들은 아버지의 반대에도 불구하고 결혼을 강행했는데 이후 자신의 갓난 아들을 후작에게 빼앗기다시피 한 채 바다 건너 도망갔었다. 후작은 후에 이 친손자의 존재가 자신의 재혼에 방해가 되자 수도원 앞에 유기한다.

한편 안토니아가 교회에서 암브로시오의 강론을 듣고 있는 모습에 반했던 로렌조(Don Lorenzo)는 교회에서 잠깐 잠이 들었다가 깨어난 후 누군가가 성 프란체스코의 동상 발치께 편지를 놓고 가는 것을 목격한다. 그런데 이 편지는 곧 이곳을 찾을 성 클레어(St. Clare) 수녀원 소속 수녀들 중 한 명에게 전달되는 것이었는데, 그 편지의 주인이 바로 그 수녀원에 들어간 자신의 여동생 아그네스(Agnes)임을, 또 그 편지를 써 그곳에 놓은 사람이 자신의 옛 친구 레이먼드(Raymond de las Cisternas)였음을 알고는 놀라게 된다.

수도원의 다른 수녀들과 함께 고해성사를 드리기 위해 교회를 찾았던 아그네스는 성 프란체스코 동상 아래 놓여 있던 편지를 몰래 손에 넣는 데는 성공하지만 실수로 이 편지를 떨어뜨려 자신의 애인 레이먼드와 수녀원을 도망가려는 계획이 발각된다. 거기다 암브로시오의 가차없는 심문에 자기가 레이먼드의 아이를 가졌다는 사실을 고백하게 되면서 그녀는 원장수녀의 엄중한 처분에 넘겨진다.

이 사건을 마무리하고 수도원으로 돌아온 암브로시오에게 곧바로 시험이 다가온다. 그를 따르는 견습 수사 로사리오(Rosario)가 자신은 사실 마틸다(Matilda)라는 이름의 여성인데 암브로시오를 흠모하여 남장을 하고 수도원에 들어 왔던 것이라고 고백한다. 암브로시오는 마틸다를 수도원에서 내보내야 한다는 사실을 직감하지만 그러면 죽어버리겠다고 위협하는 그녀를 잠시 더 수도원에 머물게 한다. 다음 날 마틸다는 마음을 바꿨다며 정표로 장미 한 송이를 꺾어 주면 수도원을 떠나겠다고 말한다. 그녀의 간청에 장미를 꺾으러 나갔던 암브로시오는 꽃밭에 숨어 있던 독사에게 물린다.

암브로시오가 사경을 헤매자 로사리오가 그를 간호하겠다고 나서는데 그러자 그는 그 다음 날 그는 의식을 회복하게 된다. 다른 수사들이 그의 회복을 하나님의 기적이라고 말하며 그의 방을 나서자 마틸다는 암브로시오에게 자기가 뱀의 독을 입으로 빨아 그가 회복한 것이라고 말하며 이제는 그 독 때문에 자신이 죽게 되었다고 말한다. 죽음을 앞둔 그녀는 암브로시오에게 이제 자기에게 남은 것이라고는 그와 사랑을 나누는 한 가지 선택 밖에 없다고 그를 유혹하고 결국 암브로시오는 유혹에 넘어가 밤새 사랑을 나눈다.

이렇게 마틸다의 유혹에 굴복하여 그녀와 사랑을 나누며 하룻밤을 보낸 암브로시오는 더 이상 죄의식을 느끼지 못하게 된다. 다음 날 밤 마틸다는 묘지를 찾아가 악마의 주술을 펼쳐 뱀의 독에서 풀려나 돌아온다. 이제 그녀는 암브로시오의 숨겨진 애인이 된 것이었다. 그러나 암브로시오는 이내 마틸다에게 싫증이 나 다른 여인들에게 눈길을 돌린다. 마침 이 때 병들어 죽어가는 어머니 엘비라의 고해성사를 들어줄 신부를 소개해달라며 그를 찾아온 안토니아에게 매력을 느끼게 된다.

그 부탁을 암브로시오가 직접 나서 도와준 덕분에 엘비라의 병세가 호전되고 이후에도 그는 계속 안토니아를 찾아간다. 어느 날 안토니아가 그를 처음 본 순간부터 흠모했다고 하자 그 말을 오해한 암브로시오는 그녀를 겁탈하려 한다. 그 순간 엘비라가 들어온다. 그는 아무 일도 없었던 것처럼 보이려 하지만 엘비라는 이미 그의 의도를 눈치 채고 있었기에 그에게 더 이상 찾아오지 말라고 말한다. 엘비라의 단호한 말에 좌절해 있던 암브로시오는 마틸다의 사주로 안토니아가 잠들어 있는 침실로 들어가 겁탈하려 하지만 또 다시 엘비라가 나타나 만천하에 그의 본색을 밝히겠다고 공언한다. 이에 당황한 암브로시오는 엘비라를 살해하고 만다.

어머니를 잃은 안토니아는 어느 날 저녁 어머니의 방에서 어머니의 유령을 보고 놀라 기절하고 집주인은 암브로시오에게 달려가 자기의 집에서 구마 의식을 행해 달라고 부탁한다. 이에 또 다시 암브로시오는 마틸다의 충고를 따라 아편제를 먹여 안토니아를 가사 상태에 이르게 할 음모를 꾸민다. 이 계획은 암브로시오의 의도대로 진행되어 안토니아는 정신을 잃고 수녀원의 지하묘지로 끌려간다.

한편 자신의 여동생 아그네스가 친구 레이먼드와 깊이 사랑하는 사이임을 알게 된 로렌조는 고모에 의해 강제로 수녀원에 들어간 아그네스가 수녀의 서원으로부터 풀려날 수 있도록 교황의 칙서를 받아 레이먼드와 결혼할 수 있게 계획을 세운다. 그리고 그 계획대로 얻어 낸 이 칙서를 성 클레어 수녀원의 원장수녀에게 보이자 그녀는 로렌조에게 아그네스가 며칠 전에 죽었다고 알려준다. 그는 이 말을 믿지는 않았으나 그것이 수녀원의 명예를 지키기 위한 것이라 생각하면서 기다려 보기로 한다.

그러나 아무런 소식이 없자 로렌조는 종교재판소에 탄원하여 원장수녀를 체포한다. 이 일에는 성 어슐라 대수녀원장(Mother St. Ursula)의 도움이 컸다. 그녀는 성 클레어 수녀원의 원장수녀가 아그네스를 수녀들의 손으로 재판하게 하여 지하묘지에 가두고 굶겨 죽이는 극형에 처했다는 사실을 군중 앞에서 밝혀 이에 격분한 군중은 성 클레어 수녀원을 습격하여 원장수녀를 살해하고 수녀원을 폐허로 만든다. 폭동의 혼란 속에서 로렌조는 수녀원의 지하묘지로 연결된 통로를 찾아내 아그네스를 구출한다. 건강을 회복한 후 아그네스는 레이먼드와 결혼한다.

한편 아편제에 정신을 잃고 지하 묘지로 끌려간 안토니아는 암브로시오에게 강간당한 후 살해당한다. 이 때 마틸다가 찾아와 수녀원에 폭동이 일어났음을 알린다. 그 후 암브로시오와 마틸다는 종교재판소에 의해 체포되는데 결국 그들은 자신들의 죄를 인정하고 화형 판결을 받는다. 감방으로 돌아온 암브로시오는 다시 마틸다의 부추김에 넘어가 악마 루시퍼를 불러내어 자신을 구해달라고 부탁한다. 루시퍼는 그 대가로 그의 영혼을 자기에게 넘겨줄 것을 요구한다. 암브로시오는 이 제안에 동의하여 감방을 빠져나와 황야로 옮겨지지만, 루시퍼는 암브로시오가 저지른 그동안의 모든 위반 행위가 자신이 연출한 것이었음을 밝히고 절벽 위에서 떨어뜨린다. 암브로시오는 거기에서 홀로 엿새 동안 고통을 겪다 죽는다.

III

1. 낭만주의 정전 전통과 고딕 소설의 관계

클랜처(Jon Klancher)는 낭만주의 시인 워즈워스(William Wordsworth)의 「『서정담시집』 서문」("Preface" to the *Lyrical Ballads,* 1800)을 지배하는 수사가 문화 상품에 대한 '소비'와 '수용'(138)의 구분이라고 파악하면서, 당대의 문화 현실을 "텍스트 소비의 야만적 영역이 텍스트 수용의 고급 영역을 압도"(137) 하는 상황이라고 설명한다. 여기에서 클랜처가 논평하는 것은 도시화와 공장제 생산방식에서 비롯된 삶의 권태감에 대응하는 당대 문학의 양상을 분석한 「서문」의 유명한 내용이다. 이 글에서 근대 도시 문명에 사는 사람들이 가지는 "특이한 사건에 대한 열망"을 충족시키는 문학 양식으로 워즈워스는 "광포한 소설들, 지겹고 얼빠진 독일 비극들, 하찮고 터무니없기 만한 이야기 시들"(128)을 거론한다. 이후 장르 간의 경쟁과 비평적 선택의 과정을 거쳐 정전 시인의 위치에 서게 된 워즈워스가 이렇게 유사한 의미의 형용사들을 반복 사용하여 부정적으로 평가했던 당대의 작품들은 18세기 말 문학 시장에서 급격히 점유율을 상승시킨 고딕 문학의 대중적 텍스트들이다. 워즈워스는 1790년대 선풍을 일으키며 소비되기 시작하는 고딕 소설들을 셰익스피어(William Shakespeare)와 밀턴(John Milton)으로 대표되는 고급문화로부터 배제되어야 할 열등한 문화 상품으로 분류한다. 「서문」의 이러한 전략이 지금까지도 어느 정도 성공을 거두었다는 것은 낭만주의 시대를 평가함에 있어 고딕 소설의 전반적 위상과 비교해 워즈워스의 작품이 차지하는 정전으로서의 비중을 감안할 때 분명해진다.

그러면서도 낭만주의의 정전 전통은 고딕의 영향력을 완전히 억압하지는 못하여, 그들의 주요 텍스트들이 고딕의 요소를 주요한 소재 혹은 배경으로 삼고 있다는 것 역시 주지의 사실이다. "조잡하고 격렬한 자극제를 사용하지 않고도 인간의 마음은 흥분할 수 있다"는 워즈워스의 주장(128)은 자신의 문학으로부터 고딕 작품들의 그림자를 철저히 배제하고자 하는 의도처럼 들리지만, 『서정담시집』에서조차 그는 그 일에 온전히 성공하지 못하고 있다. 워즈워스와 코울리지(Samuel Taylor Coleridge) 두 시인의 분업의 결과로 생산된 『서정담시집』 초판(1798)의 첫 머리에 실릴 작품으로 그들은 이 시집의 작품들 중에서 고딕의 성격이 가장 강하다고 할 「노수부의 노래」("The Rime of the Ancient Mariner")를 선택하였다. 이렇듯이 고딕 문학 양식을 특징들로 언급되는 초자연적 사건, 혼령의 등장, 그리고 욕망의 통제에 실패함으로써 파멸에 이르게 되는 주인공의 운명 등의 요소는 워즈워스와 코울리지, 바이런(George Gordon Byron), 키츠(John Keats) 등 낭만주의 정전 작가들이 자신의 작품에 빈번히 이용한 소재들이다. 이들 시인들은 이 요소들을 적극적으로 수용하고 변형시켰다. 이것은 스스로를 "수용"의 대상으로서 고급문화의 전승자들임을 자처하던 이들 정전 전통의 작가들도 자신들의 시를 대중 독자들에게 읽힐만한 것으로 인식시켜야 하겠다는 상업적 고려에서뿐 아니라, 고딕 작품들이 함축하는 인간 이해의 혁명성을 인정하고 있었다는 사실을 증명한다고 할 수 있을 것이다. 여기서 혁명성이란 소설의 초기 발전 양상에서 주류를 차지하게 된 "사실주의 전통에 대한 도전"의 성격이라고 생각되며, "신고전주의적 통합으로부터 배제된 영역들" 다시 말해 인간의 "야만성에 대한 [새로운] 이해"의 성격을 띠게 된다(Punter 52).

잭슨(Rosemary Jackson)은 이 문학 양식이 "부르주아 문화의 가장자리에 자리 잡은 복잡한 형식으로서, 그 문화와 대화적 관계에서 기능하[지만,] 그 문화 내에서 대화를 수행한다는 [점에서] 전복적 욕망들을 실현하는 동시에 좌절시킨다"고 설명한다(96). 그녀는 고딕문학이 "사회적으로 말할 수 없었던 것을 감히 말함으로써 혁명의 잠재력을 보여주[지만,] 그 발언의 행위는 모호한 것"이라는 펀터(David Punter)의 주장을 원용하여 고딕 서사의 정치적 한계를 지적한다(97). 고딕 문학은 인간이 욕망의 존재라는 사실을 환기시킨다. 그리고 그 욕망은 아무리 억압하려고 하여도, 또 일시적으로 억압에 성공한다고 하여도, 그 형태 그대로 혹은 유령이라는 왜곡된 형태로 욕망의 주체를 교란하게 된다는 사실을 예증하고 있다. 그 점에서 이 문학은 20세기의 정신분석적 인간 이해의 토대를 이룬다고 할 수 있다. 그러나 욕망의 표현이 곧 금기로부터의 자유를 의미하지는 못했다. 앞서의 지적처럼 고딕 문학은 동시대의 문화와 대화적 관계를 형성하고 있는 것이지 초월적 위치에 있지 못하다. 그들이 향유한 문학적 자유는 정치적 자유의 한계를 넘지 못한다. 그들이 금기를 위반하는 일에 서슴없지만, 그 위반은 그 금기의 유지에 동원되는 것들이다. 고딕 소설은 대부분의 경우 금기의 위반이 초래하는 비극적 결과를 제시하고, 그 폐허에서 온전한 질서가 회복되는 결말을 보여줌으로써 위반이 개인적 차원에서 봉쇄되었음을 상징한다.

「『서정담시집』 서문」이 보여주듯이, 워즈워스를 비롯한 영국의 낭만주의 시인들은 표면적으로 신고전주의 시대의 선배 시인들을 경쟁 혹은 극복의 대상이라고 생각하였다. 그러나 낭만주의 시인들에게 자신들과 마찬가지로 신고전주의 시인들의 세계관을 똑 같이 인정하지 않으면서도, 상업적으로는 자신들보다 훨씬 큰 성공을 거두는 고딕 소설가들은 또 다른 의미의 도전이었다. 1790년대 영국의 상황이 내포하는 정치적 압박을 생각할 때 고딕 문학이 프랑스 혁명의 전복적 상황과도 무관할 수 없다는 사실은 비교적 분명해 보인다. 영국이 프랑스에 대하여 선전포고를 하게 되는 1793년 이후의 영국 내 상황은 프랑스 혁명의 전복적 에너지의 전파를 어떻게 차단할 수 있을까 하는 문제에 깊은 관심을 기울이게끔 하였다. 앞서 언급된 잭슨의 설명을 염두에 둔다면, 1790년대 들어 급격하게 보수화된 영국의 대중 문화계는 혁명의 전복성을 고딕의 공포로 재현하고 체험하게 함으로써 문화 상품을 소비하는 대중의 의식을 제어하는 부수적 효과를 거둔 듯이 보인다. 대중은 고딕 소설에서 전개되는 상황을 고립된 중세의 성에서 일어나는 위반의 욕망에 대한 표현으로 한정시키지 않고, 당대의 정치 상황에 대한 비유로 인식하게 되는 것이다.

더구나 프랑스 혁명이 중세의 봉건 지배를 무너뜨리는 것을 일차적 목표로 삼고 있는 상황에서 그러한 지배의 상징으로서의 음울한 성을 무대로, 그 안에서 펼쳐지는 욕망의 드라마를 주요한 내용으로 삼는 고딕 소설은 대중들에게 무의식적으로 혁명의 불씨를 안고 있는 봉건 질서의 마지막 단계를 묘사하고 있다고 인식되었을 것이다. 그리고 그렇게 붕괴되어 가는 중세의 성 지하에는 숨겨진 미스터리를 찾아 나선 여주인공을 호시탐탐 노리고 있는 인간의 야수성이 웅크리고 있는 것이다. 이 글은 1790년대에 생산된 주요한 고딕 소설

중의 하나인 루이스의 『수사』가 당대 영국의 대중문화가 프랑스 혁명에 투사하는 비극적 인식을 인간 욕망의 관점에서 풀어 쓴 판타지였음을 증명하고자 한다. 종교재판이 성행하던 시대, 스페인 마드리드의 수도원과 수녀원을 배경으로 하는 이 소설은 표면적으로는 프랑스 혁명의 가장 큰 원인을 제공했던 요인들 중의 하나인 가톨릭 교회의 부패를 공격하는 반사제주의(anti-clericalism) 소설로 분류될 수 있다. 그러나 이 소설에 주목했던 사드 후작(Marquis de Sade)이 "유럽 전역에서 목격된 혁명적 격변의 필연적 결과"("Reflections" 109)였다고 이 작품을 평가했었던 것은 성의 출현을 "신의 죽음과 그 죽음이 우리의 사유의 한계에 남겨 놓은 공허와 관련이 있다"는 푸코(Michel Foucault)의 분석에 의해 개념적으로 설명될 수 있다(50). 사제 암브로시오가 아버지의 계율을 포기하고 자기 파괴적인 성적 위반의 행위에 탐닉하게 되는 과정을 그리는 『수사』는 이 점에서 혁명이 제거한 봉건의 아버지-왕과 그의 죽음에 책임이 있는 아들의 죄의식과 관련이 있어 보인다. 이 글에서는 프랑스 혁명의 자기 재현의 문제를 혁명의 비극적 위반에 대한 반응으로서의 『수사』가 보여주는 영국의 보수적 상황인식의 관점과 연결하여 탐구하기로 한다.

2. 프랑스 혁명과 『수사』

멘켄(H. L. Mencken)에 따르면 "혁명은 정치의 섹스"(Paulson 239 재인용)이다. 혁명의 남성적 에너지는 역사의 시간을 모태로 삼아 새로운 생명의 잉태를 가능케 하는 영웅적 생식력을 내포해야 한다. 1770-80년대의 프랑스 삼류 작가들의 포르노그래피는 구체제의 쇠락을 마리 앙투아네트(Marie Antoinette)의 부패한 성이 루이 16세의 정치적 신체(body politic)로서의 프랑스를 "스스로를 재생산

할 수 없을 정도로"(Darnton 30) 소모시키는 과정으로 희화화했다. 반면에 프랑스 혁명의 주도세력들이 내밀한 풍요를 지닌 여성상들의 상징화 작업을 통해 겨냥했던 것은 바로 혁명의 생명력이 메마른 불모의 터전에서 소진되지 않기를 바라는 기원의 행위였다. 헌트(Lynn Hunt)는 이것을 양분하여 "공화국, 파리, 그리고 혁명은 모두 좋은 어머니이고, 마리 앙투아네트는 나쁜 어머니였다"라고 설명한다(113). 앙투아네트의 몸은 루이 16세의 정치적 몸인 "프랑스가 성스럽게 여기는 모든 것을 더럽힐 수 있는 것"(111)으로, 그래서 그것의 정화가 상징적으로 혁명의 최우선 과제인 것처럼 재현된다. 혁명기념의식의 연출가 자끄-루이 다비드(Jacques-Louis David)가 무너진 바스티유 감옥의 터에 "자연의 거대한 상을 세우고 [양 옆에 사자를 거느린 이집트 풍 여인상의] 풍요의 가슴에서 맑은 물이 쏟아져 나오도록" 하였던 것이 그 이유에서였던 것이다(Paulson 41). 1793년 8월 국민 공회 의장 에로 드 세쉘(Hérault de Séchelles)은 이 물을 받아 "자유의 이름으로 그 터를 축성하는" 의식을 거행하는데 이것은 자연 본래의 생명력을 궁핍해진 역사의 시간 한 가운데에 회복하려는 한 가지 상징적 행위였다(Schama 746). 또한 혁명의 파괴 행위 역시 사회의 이름으로 역사가 만들어낸 지면의 굴곡을 평평하게 다져, 새로운 사회의 탄생을 위해 좋은 어머니로서의 자연을 부활시키려는 것이었다.

프랑스 혁명이 봉건의 체제로부터 근대적 자유주의 체제로의 이행을 역사에 기입했다면 그 정치적 의미화 과정에 근본적으로 저항의 기폭제 역할을 수행했던 것은 "나쁜 어머니"의 주이상스(jouissance)였다. 마리 앙투아네트가 외설문학의 풍자 대상이 되었듯이, 사드의 『규방의 철학』(*Philosophy in the Bedroom*, 1795)에서 전개되는 욕망의 드라마 속 주인공들 중의 하나인 유제니(Eugenie)

에게는 쾌락의 열매로 자신을 잉태하였으면서도 도덕적으로 자신을 통제하려고 설교하는 그녀의 어머니가 복수의 대상이었다. 이러한 예들에서 보듯이 프랑스 혁명은 “나쁜 어머니”의 성적 능력을 제어하는 반면, “좋은 어머니”의 공적인 여성상으로 등장하는 “마리안느(Marianne)의 벌거벗은 발과 노출된 가슴으로부터 에로티시즘을 제거하여 우의적 의미를 덧씌우는” 상징화의 과정을 수행한다고 마자(Sarah Maza)는 설명한다(84). 프랑스 혁명이 이렇게 가부장적 권력으로부터의 해방을 여성상을 통해 상징하였던 반면, 프랑스 혁명의 폭력적 발전 양상에 공포를 느끼기 시작한 영국의 보수진영은 혁명이 재현하는 “좋은 어머니”에게서 광기에 가까운 여성성을 찾아내어 표현하고자 애썼던 듯하다. 그들에게 이 여성성은 문화의 남성적 제어로부터 풀린 자연의 광포함으로 비쳤던 것이다.

오주프(Mona Ozouf)에 따르면, 프랑스 혁명기의 거의 모든 축제가 이용하는 극적 장치들은 “소멸과 출현”의 장치로서, “마분지로 만들어진 왕좌에 조국의 제단이 숨겨져 있다가 타오르는 불길에 의해 모습을 드러내게 되는데, . . . 모든 장식이 무너지고 나면 ‘조국의 제단 위에 솟아오른 자유의 여신상’이 보이게 된다”(100). 남성의 권좌를 여성상이 대체하는 이러한 현상은 심지어 혁명력 2년(1793년) 가을과 겨울부터 조직되는 이성의 축제(Festivals of Reason)에도 나타나게 되는데 이 축제에서는 남성의 전유물인 것처럼 여겨지던 이성의 덕목을 상징하는 존재까지도 여성으로 등장하게 된다. 오주프는 “이성의 축제에서 너무도 놀라웠던 것이 바로 . . . 이 여성성(the feminine)의 승리 아니었던가?”라고 반문한다(101). 프랑스 혁명이 축제를 통해 표현하는 여성성은 마자의 표현대로 “에로티시즘이 제거된” 성격의 것이었지만, 혁명을 비난하는 보수적 세력에게는 그것이 모든 억압으로부터 풀려 헤쳐진 방종의 모습으로 비쳤다. 보수세력은 프랑스 혁명을 여성적 광기 혹은 악마성의 발현이라고 이해할 만한 충분한 증거들을 목격하고 있었다. 혁명이 시작되면서 여성들은 종종 군중 속에서 주도적인 위치에 서게 된다. 1789년 10월 5일 파리의 생선장수 여인들(*poissardes*)은 가중되는 식량난에 왕과 담판하러 베르사이유로 몰려가 왕과 왕비를 파리로 강제로 압송하다시피 한다(Pressly 17). 또 결정적으로 왕정이 타도되는 1792년 8월 10일의 뛸르리 궁 습격 이후 12일에 벌어지는 스위스 용병 근위대에 대한 학살에서도 이 생선장수 여인들은 끔찍한 살육에 적극 가담하는 것으로 영국의 언론과 여행자들은 보고하였다(Pressly 78-81). 영국의 보수세력의 입장에서 볼 때 이 여성성은 "나쁜 어머니"를 지나쳐 "미친 어머니"의 단계에 이르고 있었다. 그리고 이 여성성을 통제하는 것이 그들에게는 혁명의 전파를 봉쇄할 한 가지 방법이라고 생각하였던 듯이 보인다.

프레슬리(William Pressly)는 프랑스 혁명기 영국에 거주하고 있던 프랑크푸르트 출신의 화가 요한 조파니(Johan Zoffany)가 혁명을 소재로 그린 두 장의 그림 <파리의 왕실 포도주 저장고 습격, 1792년 8월 10일>(*Plundering the King's Cellar at Paris, August 10, 1792*)과 <스위스 근위병들의 시체를 밟으며 축하하는 군중>(*Celebrating over the Bodies of the Swiss Soldiers, August 12, 1792*)을 꼼꼼히 분석한다. 그는 특히나 두 그림에 묘사된 여인들의 이미지들에 주목하면서 "이 두 장의 그림에서 여성들이 특히 악마처럼 묘사되었다"라고 설명한다. 그는 두 번째 그림의 한 가운데 축 늘어진 가슴을 드러내 놓은 채 단검을 손에 든 하층 여성을 "미쳐 버린 자유의 여신"(Liberty gone mad)이라고 이름 붙인다(86). 조파니가 활동했던 "18세기 후반 영국에서 가슴을 드러낸 여성은 종종 미친 여자로 인식이 되었[던]" 것이다(86). 프랑스 혁명을 바라보는 보수적 시각은 혁명에서의 여성의 위치에 민감했다. 그래서 조파니를 비롯한 보수진영의 혁명 재현에 등장하는 여성들은 프랑스 혁명에서 주도적 역할을 하고, 공적 축제에서 자유를 상징하는 상으로 등장하게 되는 여성에 대해 독설적으로 풍자한다.

폴슨(Ronald Paulson)에 따르면, 『수사』는 "혁명기 파리에서 유행하던 수도사 극(*drames monacals*)"의 형식을 모방하고 있다. 루이스는 1791년 파리에서 『수도원의 희생자들』(*Les Victimes cloîstrées*)이라는 작품을 관람하고 번역하기도 하였다. 이 유형의 극들은 구체제에서의 가톨릭 교회의 부패와 타락을 고발하며, 그 때문에 수도원의 지하 감옥에 갇힌 죄수들을 혁명 세력이 구출하는 내용으로 구성된다(219). 『수사』가 전체적으로 이러한 구도를 따르고 있다는 점에서 주인공 암브로시오는 "혁명과 공포정치기의 사건들에 근원을 둔 플롯을 연기한다"(Paulson 219). 이 소설은 그의 억압되었던 욕망이 악마의 부추김에 자극받아 만족의 대상을 추구하면서 야기되는 혼란과 파멸을 줄거리로 삼고 있다. 암브로시오는 마드리드의 캐퓨친 수도회 소속 수사로서, 준수한 외모를 한 그의 강론이 있는 매주 목요일은 마드리드 전체가 들썩일 정도였다. 그러나 겉보기와는 달리 엄격한 규율을 중시하여 냉혹하기까지 한 성격을 지닌 그는 자신을 흠모하여 남장을 하고 견습수사로 수도원에 들어온 로사리오/마틸다의 유혹에 넘어가 수사로서의 순결을 버리게 된다. 그리고 그 다음에는 그의 강론에 매료된 안토니아의 아름다움에 현혹되어, 욕망의 충족에 걸림돌이 되는 그녀의 어머니 엘비라를 살해한다. 또 그는 어머니를 잃고 혈혈단신이 된 안토니아를 썩어가는 시체들로 가득 찬 수도원 지하 묘지에 감금, 겁탈하고 살해한다. 그 죄로 그는 종교재판에 회부되어 화형으로 처벌 받게 될 상황에 직면하게 된다. 종교재판소의 지하 감옥에서 판결을 기다리는 그에게 악마의 하수인이었음을 고백하는 마틸다는 다시 한 번 그를 유혹해 자신이 섬기는 주인인 악마 루시퍼에게 영혼을 팔아 생명을 부지하라고 권유한다. 그러나 악마의 간계는 종교재판소의 사면을 눈앞에 둔 순간, 그를 화형으로부터 구해주는 척 하여, 시에라 모레나(Sierra Morena) 산의 절벽 위로 끌고 가 하늘 높은 곳으로부터 내동이 쳐 비참한 죽음에 이르게 하는 것이었다. 암브로시오를 죽음으로 내몰기 직전, 악마는 암브로시오가 겁탈하고 살해한 안토니아가 그의 여동생이었음을, 그녀의 어머니 엘비라는 그를 낳아준 생모였음을 밝힘으로써, 이 모든 비극을 연출한 존재가 자신임을 드러낸다.

『수사』는 암브로시오의 운명을 그리는 주된 플롯에 캐퓨친 수도원과 이웃해 있는 성 클래어 수녀원에 갇힌 아그네스의 운명과 관련된 보조 플롯을 가진다. 아그네스는 이야기 속 이야기의 주인공 레이먼드의 연인이다. 그녀의 고모 로돌파 부인(Donna Rodolpha)은 산적 떼로부터 자신을 구출해준 레이먼드에게 감사의 표시로 자신의 린덴버그 성(Castle of Lindenberg)으로 초대하여 지내게 한다. 그 동안 자기 조카 아그네스에게로 향하는 레이먼드의 사랑을 자신에 대한 관심으로 오인한 로돌파 부인은 사태의 본질을 깨닫자, 질투에 눈이 멀어 아그네스를 고향 마드리드의 수녀원에 감금하다시피 하고 수녀로 서원하게 하려는 음모를 꾸민다. 로돌파 부인의 질투를 눈치 챈 레이먼드는 아그네스와 함께 린덴버그 성으로부터 도망할 방법을 꾸민다. 그것은 자신들을 감시하는 눈길을 따돌리기 위해 아그네스를 린덴버그 성의 전설인 '피 흘리는 수녀'(Bleeding Nun)의 유령으로 변장시켜 탈출하는 것이었다. 그러나 5년마다 5월 5일 새벽 1시에 나타난다는 '피흘리는 수녀'의 전설은 현실이 되어 어둠 속에서 레이먼드가 아그네스라고 생각하여 품에 안은 채 마차를 타고 성을 빠져 나온 것은 그녀가 아니라 시간 맞춰 나타난 바로 그 유령이었다.

자신의 사랑 아그네스를 잃어버린 채 낯선 마을에 버려진 레이먼드는 그에게만 보이는 유령의 힘에 홀려 시름시름 앓기 시작한다. 이 상황에서 이름 모를 낯선 사람이 찾아와 그를 도와주어 유령의 정체를 밝혀내 준다. '피흘리는 수녀'는 원래 레이먼드의 할아버지의 대고모 베아트리스 데 라스 시스테르나스(Beatrice de las Cisternas)였다. 베아트리스는 그녀를 임신하면서 건강이 나빠져 생명이 위태로웠던 그녀의 어머니가 건강하게 아이를 낳으면 수녀원에 넣어 수녀로 양육하겠다는 서원을 하여 어린 나이에 수녀원에 들어갔었다. 그러나 그녀는 수녀원에 있으면서 린덴버그 남작과 사랑에 빠져 독일로 도망쳐 왔다. 수녀의 길을 포기한 그녀는 린덴버그 성에서 무신론자임을 자처하며 남작과 방탕한 욕정의 생활을 하다가 그의 동생과 눈이 맞아 남작을 살해하고 성을 차지하려는 음모를 꾸미게 된다. 그녀는 이 음모를 자신의 손으로 성사시키지만 공모가 탄로 날 것을 두려워 한 남작의 동생 오토(Otto)의 변심 때문에 살해당해 성의 지하실에 암매장 된다. 그렇게 '피 흘리는 수녀'의 모습으로 나타나게 된 유령의 소원은 자신의 유해가 고향 가족 묘실에서 안식처를 찾는 것이었고 레이먼드가 그렇게 해 줄 것을 약속하자 더 이상 유령은 그에게 나타나지 않게 된다. 그리고 레이먼드는 다시 린덴버그 성으로 돌아가 유령과 한 자신의 약속을 지키고 그 후 수녀원에 갇힌 아그네스를 찾으려고 마드리드로 돌아온다.

한편 아그네스는 레이먼드와의 탈출에 실패하여 그녀의 고모에 의해 마드리드의 성 클레어 수녀원으로 보내진다. 거기에서 그녀가 레이먼드의 아이를 임신한 상태라는 사실이 성 클레어 수녀원의 원장 수녀에게 밝혀지자 수녀원을 더럽혔다는 이유로 악의에 찬 형벌을 받아 지하묘지의 감옥에 갇히는 운명에 처한다. 그녀는 이 지하 감옥에서 레이먼드의 아이를 낳게 되나, 출산 이후 버려진 채 음식을 공급 받지 못하는 사이 아이는 죽게 된다. 죽은 아이의 시체를 껴안고 괴로움의 나날을 보내던 아그네스는 암브로시오의 만행을 알게 된 마드리드의 분노한 시민들이 캐퓨친 수도원과 성 클레어 수녀원을 습격, 파괴하는 상황에서 구출되어 레이먼드의 품으로 돌아가게 된다. 『수사』의 이야기 구조의 특징은 암브로시오와 레이먼드의 두 플롯이 밀접한 상호 연관성을 이루며 진행되는 것이 아니라, 레이먼드가 자신의 모험 이야기를 아그네스의 오빠이며, 자신의 친구인 로렌조에게 전달하는 '이야기 속 이야기'의 형식을 취하고 있다. 이 두 이야기는 엘비라와 안토니아 두 모녀와 시스테르나스 가문 사이의 관계에 의해 연결된다. 엘비라는 사실 시스테르나스 가문의 며느리였다.

그러나 그녀가 비천한 가문 출신이라는 이유 때문에 결혼을 인정받지 못하게 되자 그녀와 그녀의 남편은 2살이 채 안 된 아들을 할아버지에게 빼앗긴 채로 (서)인도제도로 떠나게 된다. 그 곳에서 13년여를 지내던 중 남편이 죽자, 엘비라는 그곳에서 낳은 딸 안토니아와 함께 스페인으로 돌아와 결혼을 반대했던 자신의 시아버지 시스테르나스 후작에게 도움을 청한다. 후작은 그 사이 상처를 하고 재혼하여 또 다른 아들을 둔 상태였다. 후작은 다시는 그의 앞에 나타나지 않겠다는 조건으로 머시아(Murcia)의 조그만 영지에서 모녀가 살도록 허락해 준다. 그러나 후작이 죽자 그 영지를 관리하는 집사의 횡포가 시작되어 생활이 여의치 않게 되자 시아버지가 재혼하여 얻은 아들에게 다시 도움을 청하려고 모녀가 마드리드에 모습을 나타내게 되었던 것이다. 후작이 재혼하여 낳은 아들이 바로 레이먼드였다. 그리고 암브로시오는 엘비라가 시아버지에게 빼앗기다시피 했던 그녀의 아들이었다. 재혼을 하게 된 후작은 손자를 수도원에 맡겨 자신의 부담을 덜려고 하였던 것이다. 그리고 수도원에 맡겨진 암브로시오는 출생의 연유를 모르는 채 수도원의 엄격한 규율로 훈련받아 남들의 잘못을 조금도 눈감아 주지 못하는 완고한 성직자의 삶을 살게 되었던 것이다.

이 완고했던 사제 암브로시오가 자신의 명성을 희생시키면서 마틸다, 안토니아와 벌이는 욕망의 드라마는 루이스 자신에게 천재라는 찬사와 함께 외설의 오명을 불러왔다. 이 작품의 세세한 성적 묘사를 놓고 벌어지는 스콧(Walter Scott), 코울리지, 마티아스(T. J. Mathias) 등 당대 문인들의 고딕 문학에 대한 외설성 시비를 검토하면서 게이머(Michael Gamer)는 영국에서 포르노그래피의 개념이 생기기 이전인 1800년대 초 이, 삼십 년간 루이스의 『수사』가 "장르의 서열과 특정한 종류의 글쓰기의 역사를 결정하는" 기준의 역할을 했었음을 설명한다("Genres" 1052). 다시 말해 앞서 언급한 당대의 문인들에게뿐 아니라, 19세기 초 문학 텍스트의 생산과 소비의 전 과정에 있어 『수사』는 영국에서 최초로 외설 출판물 법령(Obscene Publications Act)이 제정되는 1857년까지 특정 작품의 외설성의 정도를 판단하는 기준이 되어, 대중에게 고딕과 포르노그래피가 동일한 장르로 취급받는 계기가 되었다. 고딕 소설이 표현하는 성적 욕망의 이야기는 『수사』로부터 법률의 간섭을 염려해야 하는 불온성의 영역을 구성하게 되는 것이다. 실제로 1798년 초 기소의 위협에 처한 루이스는 그 해 출판되는 4판 이후의 작품에서 자기 검열을 통해 성적 묘사의 내용을 삭제했다는 것이 게이머의 설명이다("Genres" 1047).

3. 『수사』의 고딕 소설로서의 특징에 대한 정신분석적 이해

이 소설의 이야기가 지닌 구조적 특징을 평자들은 "접이식 양면 액자, 동전의 앞뒤 면"(Wein 131), "대체와 치환 원칙의 작용"(Miles 52), "거울"의 반영 혹은 "모든 다른 사람(타자)은 또 다른 사람(타자)의 다른 사람(타자)"(Every other looks like every other other, Castle 87)이라고 정의한다. 캐슬(Terry Castle)의 마지막 인용문은 그가 『우돌포 성의 비밀』(*The Mysteries of Udolpho*, 1794)의 인물들 사이의 "몰개별화"(deindividuation)를 설명하며 사용하는 것이다. 캐슬은 그 작품을 평하여 인물들 사이에 존재하는 "기시감(*deja vu*)의 효과가 . . . 인간관계의 구조와 책읽기의 현상학을 지배한다"고 설명하면서 이 점 때문에 "환상과 현실, 정신과 물질, 주체와 객체의 일반적 구분이 무너지게 된다"고 지적한다(87). 이러한 규정들의 공통점은 이야기 속에 반복되는 유사성에 대한 인식이다. 『수사』의 내용에서 보듯이, 캐퓨친 수도원과 성 클레어 수녀원에서 안토니아와 아그네스의 운명이 거의 대칭적으로 진행되고 있고, 아그네스는 부모의 명령 때문에 수녀가 되었던 베아트리스의 운명을 반복하여 수도원에서 수녀가 될 운명에 처하게 되며, 레이먼드는 베아트리스를 수녀원에 넣었던 선대의 할아버지를 치환하고 대체하여 아그네스를 수녀원으로부터 구출하려고 애쓴다. 또한 암브로시오는 자신과 같은 가문 출신으로 욕망의 화신이었던 '피 흘리는 수녀' 베아트리스의 운명이 대를 건너 뛰어 발현한 격세 유전의 모범적 사례였다. 베아트리스의 원혼이 방랑하는 유대인에 의해 구원받았던 반면, 암브로시오의 영혼은 사탄의 저주에 파멸하게 되는 대조를 보인다. 이러한 이야기의 구조적 특징들은 고딕 소설을 무의식에 대한 비유로 읽으려고 하는 정신분석적 비평의 설명에 의해서도 매우 중요한 단서를 제공받는다.

구조적 특징들로 지적되는 이러한 반복은 프로이트(Sigmund Freud)가 규정하는 '섬뜩함'(the Uncanny)의 양상들로 작품들 속에서 제시된다. 익히 알려져 있듯이, 프로이트는 그 반대어인 친숙함(heimlich)의 사전적 의미를 따져나가면서 이 단어의 한 가지 의미가 그 반대어인 '섬뜩함'(unheimlich)의 의미와 겹치는 것을 발견하고 그것을 "오랫동안 익숙하고 낯익은 것으로 마음속에 자리 잡고 있었으나 억압의 과정을 통해 소외된 것"이라고 정의한다(166). 라깡(Jacques-Marie-Émile Lacan)이 이 개념을 불어로 옮긴 외밀(extimité)이라는 표현은, 돌라(Mladen Dolar)의 설명대로, "친숙한 내면성이 외부와 일치하여 위협적이고 도발적인 공포와 두려움으로 변하는 것"(13)이다. 우리의 내부에 있는 것도 아니고, 그렇다고 외부에 있는 것도 아닌 것으로부터 부딪히는 공포, 이것이 고딕 소설의 대체와 치환, 반복과 반영의 구조가 생성하는 공포라고 할 수 있는 것이다. 『수사』의 경우에 있어서, '섬뜩함'의 요소는 사실 내면과 외면의 구분이 무너지는 형태로 조우되기 보다는 반복되는 실제적인 사건들로, 인물들의 행위로부터 비롯되는 것들이다. 그 '섬뜩함'은 이 작품에서 인간의 욕망이 극한에 다다른 모습으로 제시된다. 그리고 자신의 욕망에 충실한 바로 그 순간에 이 소설 속 인물들은 역사적으로, 격세 유전적으로, 무의식적으로 이미 결정된 자신의 운명을 수행하고 있는 것이다.

'섬뜩함'은 주체가 욕망을 성취하려는 순간 모습을 드러내어 그것을 방해하고 좌절시키기 때문에 공포의 근원이 되는 존재로부터 연유한다. 프로이트가 '섬뜩함'의 개념을 설명하면서 분석하는 호프만(E. T. A. Hoffman)의 「모래인간」("The Sandman," 1816) 이야기는 주인공 나다니엘(Nathaniel)에게 항상 "사랑의 훼방꾼"으로 등장하는 이 존재가 어떻게 반복되는 거세 공포의 증상을 구성하게 되었는지 보여준다(159). 나다니엘이 사랑의 대상을 찾아낼 때마다 코펠리우스(Coppelius), 코폴라(Coppola)로 모습을 바꾸면서 등장하는 이 모래인간은 그가 욕망의 경쟁자로서의 아버지와 해소하지 못한 갈등과 관련이 있었다는 것이 프로이트의 설명이다. 어린 시절 나다니엘에게 모래인간은 그를 어머니로부터 떼어 놓는 아버지의 힘을 대신하는 존재로 경험되곤 하였다. 아버지의 갑작스러운 죽음으로 이 힘과 적절히 타협하는 법을 배우지 못한 채 성인이 된 나다니엘은 사랑을 성취하려고 할 때마다 다시 나타나는 모래인간의 환각에 끝내는 시청의 첨탑에서 몸을 던져 목숨을 끊을 수밖에 없었다. 그런 점에서 이야기 속 모래인간은 나다니엘에게 "자아(ego)의 본질적 부분을 구성하고, 이드(id)로부터 솟구쳐 오르는 억압된 욕망을 성취하며, 또한 주체가 욕망을 성취하는 일에 초자아(superego)의 특징이라고 할 악의를 가지고 가로막고 나서는 일— 모두를 한꺼번에 수행"하고 있는 욕망의 복제상(the Double)이다(Dolar 18). 호프만의 이 이야기는 주인공의 욕망을 성취시켜 주는 동시에 좌절시키는 공포의 존재를 제시하고 있다는 점에서 『수사』의 해석에 유용한 단서를 제공해 준다.

루이스는 『수사』에서 돌라가 정의하는 자아의 본질적 부분을 구성하면서 무의식적 욕망의 정념을 발동시키고 동시에 그 충족을 가로막는 복제상의 기제로 예술품의 가상을 이용하고 있다. 남장을 하고 수도원에 들어와 견습수사 노릇을 하고 있는 마틸다의 책략은 암브로시오의 자아와 이드, 초자아 모두를 이용한다는 점에서 나다니엘에게 모래인간이 차지했던 의미를 공유한다고 할 수 있다. 로사리오로 위장한 마틸다는 수도원에 들어오기 전, 당시 마드리드에 거주하던 베니스의 유명화가 마틴 갈루피(Martin Galuppi)에게 자신의 모습을 성모 마리아의 모습으로 그리게 하여 그 그림을 유대인 미술상을 통해 암브로시오에게 팔았고 그는 그림을 자신의 방에 걸어 놓았었다(62). 이 책략으로 말미암아 암브로시오가 마틸다에게서 성모 마리아의 모습을 발견하게 되는 때 그녀는 암브로시오의 욕망의 대상인 동시에 그것을 방해하는 역할을 부여받게 되는 것이다. 암브로시오에게 그녀는 "이드로부터 솟구쳐 오르는 욕망"의 대상인 동시에 "초자아의 특징이라고 할 악의"로 그 욕망의 충족을 방해하는 존재가 된다. 베일을 벗는 로사리오의 본 모습은 그에게 마틸다인 동시에 성모 마리아인 것이다. 마틸다가 부여받은 이 이중적 의미는 그의 자기의지를 완전히 지배하게 된다.

성모 마리아는 수사 암브로시오의 초자아의 어머니였다. 그것을 아는 마틸다는 자신과의 이별의 정표로 꽃을 선물하려다 풀밭에 숨어 있던 독사에 물려 사경을 헤매고 난후 겨우 회복 중인 수사의 침대 곁에서, 그 머리맡에 걸린 마돈나의 그림을 보며 혼자 말인 것처럼 중얼거린다.

> 행복하고 또 행복한 모습이여! 그 분[암브로시오]은 당신께만 간구하옵니다. . . . 이 생명 없는 그림을 보며 얼마나 열렬히 간구하는지요! 아! 그 분의 정념이 내 사랑의 조력자인 은밀한 정령에게서 자극받을 수는 없을까요? 그 분을 채우는 것이 남자의 자연스런 본능일 수는 없을까요? (61)

이 모든 이야기를 눈을 감고 못들은 척하고 있던 암브로시오가 어쩔 수 없어 눈을 뜨는 순간, "숭모의 대상 마돈나를 꼭 빼놓은 모습"(62)으로 그의 곁에 앉아 있는 마틸다에게 놀라지 않을 수 없었다. 이 경험을 통해서 그는 욕망이 숭고의 대상으로부터 연유하는 것이라고 오인하게 되는 듯이 보인다. 정신분석적으로 볼 때 암브로시오에게는, 호프만의 나다니엘처럼, 전 오이디푸스 단계(pre-oedipal phase)

를 벗어날 기회가 없었던 듯이 보인다. 아들의 결혼에 반대하던 시스테르나스 후작은 “채 두 살도 되지 않은 꼬마 소년”(8)을 부모로부터 빼앗아 기르다 수도원에 넣어 버리게 된다. 거세 위협과의 타협을 통해 아버지의 법을 받아들임으로써 이루어지는 상징계로의 정상적인 진입 과정을 거치지 않은, 다시 말해 오이디푸스 콤플렉스를 해소할 기회를 박탈당했던 그의 무의식은 어머니(Mother)의 요구에 전적으로 지배받고 있다.

지젝(Slavoj Žižek)은 라깡의 입장을 재해석하여 “[아버지의] 법에 의해 ‘제어’되어야 하는 욕망은 주체의 욕망이 아니라, 그것의 대타자, ‘원초적 대타자’(primordial Other)로서의 어머니(Mother)의 욕망”이라고 설명하는데 이것은 마리아와 마틸다를 혼동하는 순간의 암브로시오의 욕망을 이해하는 단서를 제공한다(265). 성모 마리아로 오인되는 마틸다의 모습에서 욕망을 교회의 법으로 자제해 보려는 암브로시오의 노력은 수포로 돌아간다. 그녀가 없는 “수도원 생활의 단조로움은 역겹게만 보[여]”(66), 스스로 “불길 같은 정념의 포로”(68)가 되었다고 고백하며 그는 마틸다의 유혹에 굴복하게 된다. 수사로서의 그에게 강제된 아버지의 법은 원초적 대타자로서의 어머니의 욕망을 제어하기에는 미약하기 그지없다. 그의 의식에 생물학적 어머니에 대한 기억은 존재하지 않는다. 그러나 마틸다를 통해서 모든 위험을 무릅쓰면서 그가 충족시키는 듯이 보이는 욕망에는 그가 그 때까지 채 떼어내지 못했던 이 원초적 어머니에 대한 욕망이 중첩되어 있다.

사실 암브로시오가 마틸다에게서 느끼는 욕정의 성격을 어머니에 대한 사랑의 전치로 보기 보다는 로사리오에 대한 암브로시오(루이스)의 동성애적 관심으로부터 비롯된 것으로 보려는 경향이 있다(Gamer, *Romanticism* 81; Watt 90). 그러나 암브로시오가 자신의 욕정에 대해 두려움을 갖게 되는 것이 로사리오에 대해서라기보다 마틸다에 대해서였다는 사실로부터 그것을 이성애적 욕망의 형태라고 보는 것이 타당할 것이다. 그가 금기를 뛰어 넘는 인물이라는 점에서, 넘고자만 했다면 분명 동성애의 금기도 별 구속력이 없었을 것이다. 사드에게서 보듯이 극한적인 욕망은 동성애, 이성애의 구분조차 무의미하게 만든다.

수사로서의 명성과 영예를 대가로 치루며 초자아의 어머니로 위장되어 있던 원초적 어머니에 대한 욕망을 마틸다를 통해 성취하는 순간 암브로시오는 이미 아버지-신을 제거하는 아버지 살해를 수행한 것과 다름없다. 암브로시오는 '아버지의 이름'의 호명을 완전히 거부한 것이다. 라깡을 빌어 설명하자면, 마틸다를 통해 욕망을 충족하는 것은 결국 그가 언제나 이미 박탈당했던 어머니에 대한 욕망을 "무의식이 검열의 우회를 위해 사용하는 가장 적절한 수단"으로서의 전치(displacement) 과정을 통해 완성하고 있는 것이라고 할 수 있다(*Ecrits* 425). 이 사실로부터 "우리가 수긍하든, 않든 간에 증상이 은유인 반면, 욕망은 환유(metonymy)"라는 라깡의 언명은 증명된다(*Ecrits* 439). 마틸다는 성모 마리아인 동시에 그에게 억압된 어머니에 대한 욕망의 다른 이름(metonymy)인 것이다. 환유는 어원적으로 '이름의 변환'이라는 의미를 지닌다.

할아버지에 의해 수도원에 버려져 거기에서 성장한 암브로시오에게 "그의 스승들은 수도원 생활에 맞지 않는 숭고하고 공평무사한 미덕은 세심하게 억압[하여,] 보편적인 박애 대신에 그가 속한 교단이 요구하는 이기적이고 편협한 마음만 갖게 하였다"(187). 그의 마음속에서는 "교육과 자연이 불어넣은 다양한 감정들이 싸움을 벌이는 [와중에] 아직 활동의 기회를 잡지 못하고 있던 정념들이 승리를 결정지을 일만이 남았던 것"이다(188). 여기에서 우리의 관심을 끄는 것은 암브로시오의 주체를 파악함에 이용되는 자연/문화의 이분법이다. 암브로시오는 자연으로부터 문화로의 정상적인 성장이 가로막힌 상태라고 할 수 있다. 그의 할아버지의 독단과 수도원의 교육은 그의 자연을 지배하는 정념들에 작용하여 '아버지의 법'과의 타협을 통해 문화의 차원으로 한 단계 승화할 수 있는 기회를 빼앗았고, 마틸다가 부추기는 유혹의 함정에서 스스로를 제어할 수 없도록 한다. 암브로시오가 경험하는 타락의 과정에서 그의 정념을 지배하게 된 마틸다의 역할은 "법의 지배가 이루어지기 전에, 어머니(원초적 대타자)는 전능의 환영으로서 나타나고 주체는 그것의 변덕에 전적으로 의존하게 된다"고 하는 설명에 의해 밝혀질 수 있다(Žižek 265). 마틸다의 사주가 없었더라도 그는 어머니 살해와 근친상간의 비극적 주인공이 될 충분한 자격을 갖추고 있었다. 그것은 그가 문화의 가장 중요한 기능이라고 받아들여지는 '아버지의 이름'의 호명에 응답할 기회를 애초에 박탈당했기 때문인 것이다.

이러한 암브로시오에게 마틸다는 그의 욕망이 파괴의 대상을 찾는 일에 기꺼이 동조함으로써 무의식을 지배하는 원초적 대타자의 역할을 수행하게 된다. 그것은 동조의 차원에서 그치지 않고 조종의 단계에까지 이르러 그를 조롱하기까지 한다. 마틸다는 후회의 기미를 보이는 암브로시오에게 "신의 무한한 자비"를 들먹이며 "회개할 시간은 항상 충분하고 그 분은 언제든지 용서할 의향이 있으시니 죄가 클수록 용서하시는 그 분의 능력 또한 커지는 것"(213)이라고 그를 더 큰 죄로 유혹한다. 그녀의 궤변은 전능한 신을 흉내 내어 인간의 죄악만이 신의 존재이유라고 암브로시오를 자극하는 것이다. 자신의 유혹에 넘어간 암브로시오에게 그녀는 점점 남성적 힘을 지닌 목소리로 그를 조종하게 되는데 이 점에서 그녀는 악마적인 존재로 비춰지게 되는 반면, 암브로시오는 "여성의 간계에 속수무책으로 당하는 희생양"으로 인식된다(Watt 90). 이것을 비평가들은 루이스의 텍스트가 보여주는 "여성혐오증"으로 분석한다(Wein 134; Watt 87). 또한 마틸다는 암브로시오의 파우스트적인 욕망을 충족시키는 대신 그의 영혼을 차지하는 메피스토펠레스이다(Paulson 221).

마틸다의 자극과 궤변에 넘어가 암브로시오는 자신의 생모 엘비라를 살해하는 돌이킬 수 없는 구렁텅이에 빠져 들어간다. 암브로시오의 생모 엘비라와 여동생 안토니아는 이미 그의 존재가 왠지 낯익고 익숙한 것임을 알고 있었으나 그 친숙함의 정체를 확인하려고 하지 않았다. 엘비라와 안토니아에게 암브로시오는 '섬뜩함'의 공포를 어원적으로 재현하고 있는 것이다. 안토니아에게 접근하려고 와병중인 엘비라를 핑계로 수사로서의 의무를 내세워 그들의 집을 드나들기 시작하는 암브로시오는 그녀로부터 그를 처음 만났을 때부터 너무나 잘 알고 있었던 사람 같았다는 말을 듣고 그것이 자신에 대한 사랑의 표현이라고 생각하고 그녀에게 육체적인 접촉을 시도한다(207). 첫 번째 시도에서 엘비라의 간섭으로 실패한 암브로시오는 마틸다가 악마 루시퍼와 내통하여 얻어온 도금양 가지의 부적을 들고 다시 안토니아의 방으로 잠입하게 된다. 그 부적은 잠겨 있는 모든 문을 열 수 있는 힘을 가진 것이었다. 그리고 그 가지에 숨을 세 번 불고 애인의 이름을 부른 후 그것을 베개 위에 놓으면 그 애인은 죽음 같은 잠에 빠지게 된다. 이 부적과 마법으로 무장한 암브로시오는 새벽녘 안토니아의 방으로 숨어들어 자신의 욕망을 충족시키려 하지만, 이를 눈치 채고 딸의 방을 찾아온 엘비라에게 발각 당한다. 그 어둠 속의 조우에서 그는 엘비라를 목 졸라 죽이게 되는 사건을 저지른다.

아무에게도 들키지 않고 사건 현장을 빠져나온 암브로시오는 어머니의 비극적 죽음에 고통 받는 안토니아가 어머니의 유령이 보인다며 공포에 떨자 이번에는 그 유령을 쫓아낸다는 명분으로 그녀에게 접근한다. 이 순간에도 마틸다는 안토니아에게 아편제를 먹여 성 클레어 수녀원의 지하묘지로 납치하도록 부추긴다. 그 아편제는 48시간 동안 죽은 듯이 잠들게 하는 약효(264)를 가지고 있어 그 이후 안토니아의 운명은 암브로시오의 수중에 있게 될 것이라고 유혹하여 그가 이 계획을 실행에 옮김으로써 이야기는 파국을 맞게 되는 것이다. 이렇게 암브로시오를 자신의 간계의 제물로 삼는 마틸다는, 지젝의 비유를 사용하자면, “기사를 가장 횡포하고 무모한 모험에 나서게 하는 . . . 궁정식 사랑에 등장하는 귀부인”(Žižek, *For They Know Not* 264)과 유사하다. 반면에 암브로시오는 그 귀부인의 변덕을 자신의 의무라고 인식하는 기사라고 할 수 있을 것이다. 따라서 그의 선택은 언제나 “원초적 어머니의 변덕”에 굴복하기 때문에, 오이디푸스 콤플렉스의 해소에 의해 가능해지는 “충족의 본래적 불가능성을 금기로 변환하는 일”(*For They Know Not* 266)에 실패하는 것이었다.

4. 고딕적 욕망이 재현하는 역사적 외상

여기에서 암브로시오의 욕망과 비극의 문제를 사드의 욕망이론과 칸트(Immanuel Kant)의 윤리론을 연결시켜 설명하는 라깡(Jacques Lacan)의 「사드와 더불어 칸트」(“Kant with Sade,” 1989)의 논지에 비추어 살펴볼 필요가 있다. 그것은 고딕 소설에 내장된 욕망의 수사학을 이해하는 데에도 도움이 된다. 칸트의 철학을 사드의 소설과 연결시켜 이해하고자 했던 라깡은 “법과 억압된 욕망은 동일한 것”이라고 주장했다(660). 이 두 가지의 관계는 칸트의 도덕철학에서 의무와 의지와의 관계와 동일한 것이라고 판단된다. 칸트는 『실천이성 비판』(*Critique of Practical Reason,* 1788)에서 “의무여! 매혹적이고 은근한 맛이라곤 전혀 없이 복종만을 요구하고, 본능적인 혐오감과 공포를 불러일으키는 어떤 것으로 협박하여 의지를 꼼짝 못하게 하는 그대 숭고하고 강력한 이름이여!"(108)라고 그 두 요소의 관계를 설정하고 있다. 칸트에게 있어서 선과 악의 개념을 판별하는 도덕 법칙은 "실천이성의 선험적인 규정원리가 될 수 있는 . . . 형식법칙, 즉 그 준칙들의 최고의 조건들로서의 보편적 입법 형식을 규정하는 바로 그것뿐이다"(83-84). 칸트에게 있어 도덕적 판단은 경험적 쾌감 혹은 불쾌감에 의해 내려지는 것이 아니라 우리의 실천이성에 이미 주어진 보편적 입법 형식으로서의 도덕법칙에 자발적으로 복종하는 것에 의해 가능해진다. 인간의 윤리적 행위는 우리의 개별적 의지를 자유롭게 법칙에 복종시키려는 의식이 바탕이 되는 의무감으로부터 연유한다.

그러나 자유로운 의사에 따르는 복종도 일종의 억압을 수반하기 때문에 그 이면에는 행동의 고통이 따른다. 그래서 칸트는 의무를 본능적인 혐오감과 공포를 불러일으키는 어떤 것으로 협박하는 존재로 표상한다. 이 상황을 지젝의 논리를 따라 설명한다면, 의무는 사실 주체가 따를 수 없는 불가능한 요구를 하면서 그 요구에 좌절하는 주체를 보며 즐기는 위치에 서 있다. 의무의 그 '숭고하고 강력한 이름'에 의해 호명 받은 의지는 그 요구에 오히려 행동하지 못하고 좌절하게 된다. 라깡이 「사드와 더불어 칸트」에서 주장하는 이러한 내용을 요약하면서 지젝은 "법(Law)의 형식에 속해 있는 음란한 향유"라는 개념을 소개한다(*For They Know Not* 232). 이 개념이 암브로시오에게 함축하는 바는 성모 마리아로 오인된 마틸다 앞에서 그가 사제로서 실패하는 것이 오히려 자신의 의무를 다하는 것이 된다는 아이러니이다.

이 점과 관련하여 마틸다는 더욱 흥미로운 모습을 드러낸다. 우리는 앞서 암브로시오가 마돈나/마틸다의 이중적 성격에서 그의 욕망을 자극 받는다고 보았다. 그 과정에서 발화 행위의 주체 암브로시오가 욕망하는 것은 발화 내용의 주체로서의 암브로시오가 욕망하는 것과 다를 수밖에 없다. 그가 수사로서 헌신을 맹세한 초자아의 어머니 마돈나는 구체적 여성들에 대한 사랑을 모두 포기한 채로 보편적 도덕 법칙으로서의 사랑을 명령한다. 그러나 그 사랑에는 "향유의 얼룩"(Žižek, *For They Know Not* 232)이 마틸다의 모습으로 숨겨져 있다. 그리고 그 얼룩은 원초적 대타자(에)의 욕망이 남긴 것이다. 로사리오가 마틸다 본래의 모습을 드러내는 순간 암브로시오가 경험하는 것은 단순한 기시감이라기 보다는 '억압된 것의 귀환'(the return of the repressed)의 형태를 취한다. 귀환하여 모습을 드러낸 욕망 앞에서 칸트의 표현대로 "의지를 꼼짝 못하게" 구속당한 암브로시오는 그 욕망에 굴복하는 나약한 한 수도사가 아니라, 모든 것을 잃어야 할지 모르는 위협에도 불구하고 금지된 것을 욕망하는 사드적인 유형의 임무를 부여받게 된다.

칸트는 의지의 자율을 가로막는 모든 조건들에 대해 '병리성'(the pathological)이라는 이름을 붙이는데 라깡은 사드의 텍스트를 해석하면서 이 개념에 대해 혁명적인 관점의 전환을 보여준다. 라깡에 따르면 "의지가 법을 실행함 있어 [행위의 도덕성을] 보장하기 위해서 칸트가 물 [자체]의 사유불가능성의 위치로 귀속시킬 수밖에 없었던 대상"에 대한 인식의 전환이 필요한 것이다(651). 다시 말해 칸트가 그 대상을 초감각의 세계에 위치시켰다면 "사드적인 경험에 있어서 [그것은] 더 이상 도달불가능하지 않고 오히려 고문자라는 세계-내-존재(the being-in-the-world), 현존재(the Dasein)로 등장"하게 되는 것이다(651). 라깡은 사드의 『규방의 철학』으로부터 "나는 그대의 육체로 만족에 이르기 위해 아무런 제한 없이 변덕스럽게 무엇이나 요구할 수 있는 권리를 행사할 것"(648)이라는 고문자의 말을 인용하게 된다.

이 전환에 의하면 보편적 입법 형식으로서의 의무를 이행하는 것은 고문자의 요구를 따르는 것, 부연하자면 나의 욕망을 충족시켜주는 고문자의 고문을 받아들이는 것이 된다. 그것이 나의 쾌락을 완성시킨다. 이 점에서 칸트의 윤리적 행위 속에 고통이 따르듯이, 사드의 쾌락 속에도 고통이 함축되어 있을 수밖에 없다. 지젝이 주목하듯이 "성적 정념을 만족시키는 일 때문에 가장 초보적인 자기중심적 이해관계를 정지시켜야 한다면, . . . , 겉으로 보기에는 정반대의 경우처럼 보이더라도, 우리는 윤리적 행위를 다루게 되는 것이다(Žižek, "The Ideal Couple" par 4). 이 점에서 사탄의 사주를 받은 고문자 마틸다의 유혹과 요구를 받아들이는 암브로시오는 목숨을 걸고라도 금기를 뛰어넘는 고통을 경험함으로써 쾌락을 완성한다는 점에서 사드적이고 또한 동시에 칸트적인 성격을 부여받을 수 있는 경계에 서 있다.

이 맥락에서 암브로시오가 자신의 어머니인 엘비라를 살해하고, 자신의 누이동생 안토니아를 성 클레어 수녀원의 지하 묘지로 끌고 내려가 그 곳의 "반 쯤 썩어 악취 나는 시체들"과 "바스러져 가는 해골들"(302) 사이에서 강간하고 살해하는 것은 매우 상징적인 의미를 부여받는다. 이곳을 하워드(Jacqueline Howard)는 래드클리프(Ann Radcliffe)의 여러 소설에서 산과 숲의 자연 풍경을 통해 전달되는 "적극적인 자유의 연상"과 대비하여, "육중한 교회 건축물의 폐쇄 공포[에서 느껴지는] 그 반대감정"을 불러일으킴으로써, 암브로시오의 "굴곡진 심리"와 "성적 충동이 음험하고 파괴적인 힘에 대한 욕망으로 도착되는 과정의 이미지"를 상징한다고 설명한다(209-10). 동시에 이곳은 사드가 제시하는 유물론적 이상인 "영원한 변화의 상태에 있는 자연과의 하나됨"을 상징하기에 가장 적절한 곳이다(Jackson 74). 욕망의 장애를 인정하지 않는 사드의 규방이나 성과 마찬가지로 암브로시오에게 이 곳 지하묘지는 모든 "비자연적 구성물들"로서의 사회적 질서, 윤리, 도덕이 제거된 자연의 "자연스러운 무질서" 상태를 의미한다(74). 이곳에서 그는 마리아/마틸다의 모습으로 변장한 악마 루시퍼의 유혹을 기꺼이 행동에 옮김으로써 고통을 통해 자신의 불가능한 욕망을 성취하는 사드적인 욕망의 변증법에 한 발 가까이 간다.

잭슨의 정의대로 판타지가 "보이지 않는 것을 보이게 하고, 말할 수 없는 것을 언명하는 문제를 중심으로 하는" 문학의 장르라면(48), 『수사』가 결정적으로 그러한 성격을 부여 받는 것은 바로 이 지하 묘지에서의 사건 때문이라고 할 수 있다. 이곳에서 이야기는 "규범적이고 상식적인 관점을 뛰어 넘어 분절적 구분이 부재함을 설정하거나 드러내는" 판타지를 구성하는 것이다. 암브로시오와 안토니아 남매의 관계는 마틸다의 사주로 금기를 위반하려는 폭력적 에너지의 희생양이 된다. 암브로시오가 이 단계에서 안토니아가 자신의 여동생이라는 사실을 알지 못하고 있었기는 하지만, 이곳에서의 사건은 자연으로서의 인간의 성에 애초 아무런 구획이 존재하지 않았다는 사실을 암시한다. 그리고 그 사실이 밝혀지는 것이 문화의 소산인 악마의 책략에 의한 것이라는 점이 역설적이기도 하다. 또한 암브로시오가 그 곳을 자신의 욕망의 완성을 위한 장소로 선택하는 것은 전 오이디푸스 단계를 벗어나지 못한 그의 무의식의 상태를 적절히 상징하기도 한다. 이곳은 아버지의 율법이 개입하기 이전의 무의식의 상태를 상징한다는 점에서 혁명의 기획이 재현하는 여성성과 동등한 의미를 지니는 것으로 비치게 된다. 그 여성성이란 사드적인 자연, 바로 그것이기 때문이다.

앞서 언급했듯이, 문화적인 차원에서 프랑스 혁명은 혁명의 내밀한 풍요를 보장받기 위해 여성성을 환기하고 있었다. 그 여성성은 아버지로서의 봉건적 군주를 극복한 혁명의 상징인 동시에 다시 회복한 자연의 모성을 기념하려는 대중의 심리적 투사였다고 이해할 수 있다. 암브로시오는 이러한 투사를 상징적으로 대변하는 인물이다. 그는 사실 그 모성으로 완전히 퇴행한 인물이기 때문이다. 그에게 성모 마리아가 그의 '원초적 대타자(primordial Other)의 욕망'을 대신할 수 없었듯이, 생물학적인 아버지보다 우선하던 원초적 아버지 신은 그 대타자로부터 자극받는 욕망을 금지할 '아버지의 법'을 강제할 권능을 가지지 못했다. 바꿔 말해 암브로시오의 신은 전제군주처럼 타율(heteronomy)을 강제할 뿐, '증상으로서의 아버지를 해소'함으로써 얻는 불가능한 욕망의 포기 혹은 (자율적) 조절을 보장해 주는 위치에 있지 못하다. 이것은 혁명 이전의 봉건적 상태에 있었던 모든 주체들의 난관인 동시에 혁명 직후의 무질서 상태 하에서 주체들이 경험하는 퇴행이기도 하다. 이것은, 크리스테바(Julia Kristeva)의 논법을 따르자면, 거세 위협의 경험을 통해 얻을 수 있는 "기표/기의의 단절"이라는 "최초의 사회적 검열"을 인정하지 못한 상태를 의미한다(48). 암브로시오가 "모든 요구의 근원이고 보증으로서의 [어머니의] 충만한 몸"으로부터의 분리를 통해서만 이루어질 수 있는 사제로서의 "상징적 기능"을 적절히 수행하지 못했듯이(47), 이들 주체들은 모성적 자연의 거울 속에서 아직 스스로의 이마고(*imago*)를 마주하지 못한 영아의 상태에 있는 것이다. 『수사』는 암브로시오를 통해 "라깡이 대타자의 위치라고 일컫는 것을 기표의 위치로 성립시키는 단절"(Kristeva 48)을 수행하지 못하는 상황을 재현함으로써 혁명의 파괴가 야기시킨 근대적 주체의 난관을 제시한다. 보수의 방향으로 일변한 영국의 정치적 분위기가 고딕 소설에서 얻을 수 있었던 것은 바로 이 맥락으로부터의 수사적 에너지였을 것이다.

위장된 성적 욕망의 분출이라고 생각되는 혁명이 루이 16세를 제거했듯이, '아버지의 이름'과 타협하지 못한 암브로시오의 욕망은 악마와 손잡음으로써 신의 존재를 부정하는 단계에까지 이르게 된다. 『수사』가 펼쳐 보이는 욕망의 수사학은 암브로시오의 운명이 프랑스 혁명의 비극적 행로를 반복하고 있다는 사실을 비유적으로 표현한다. 이 점에서 암브로시오는 혁명이 복구한 자연의 모성적 욕망을 '아버지의 이름'과의 타협을 통해 통제하지 못할 때 야기될 재앙을 재현한다고 할 것이다. 엄격한 율법의 아버지가 사라지면서 남긴 빈자리는 금기를 뛰어넘는 방종한 아들이 몫이 된다. 그러나 아버지의 거세 위협만이 통제할 수 있었던 아들의 그 방종한 욕망은 실현의 장애가 사라짐으로써 박탈당했던 애초 자신의 몫을 회복하는데 아무런 거리낌이 없다. 프랑스 혁명은 스스로의 방탕한 욕망에 쇠잔해진 엄격한 징벌의 아버지를 제거하는 일에 성공하였으나 아직 의무로서의 자율을 아들에게 보장하는 너그러운 아버지를 낳는 일은 완수하지 못했다. 『수사』는 암브로시오의 파멸을 그리는 것으로 마무리됨으로써 욕망의 위반을 통해 그가 제거한 율법의 아버지를 대신해 사탄이 그의 영혼을 차지했다는 아이러니를 각인시키고 있다. 그것이 암브로시오의 욕망이 독자들에게 제시하는 비극이다. 징벌의 아버지를 거부하는 순간 그 영혼은 악마의 수중에 떨어지는 것으로 독자들에게 비춰지는 것이다.

폴슨은 『수사』를 『오트란토 성』(*The Castle of Otranto*, 1764)과 비교하면서, 후자가 "무너져가는 봉건 영지를 유지하려고 타인의 정당한 상속권을 사취하려는 [맨프레드(Manfred)의] 시도"를 담고 있다는 점에서 구체제에 대한 비유라면, 『수사』는 "해방의 행위"와 관련되었다는 점에서 "혁명에 대한 우화"라고 규정한다(221). 그러나 사드는 「소설의 고찰」(“Reflections on the Novel,” 1799)에서 루이스의 『수사』를 언급하면서 이 작품이 “마법에 의존하여 독자의 관심을 감소시키게 된다”며 개연성의 부족을 비판한다(109). 사드에게 이 작품의 개연성이 부족한 것처럼 비치게 되는 이유는 여러 가지 마법으로 사실성을 해치던 마틸다가 끝내는 악마의 꼭두각시였음이 밝혀지는 결말의 어색함 때문이었을 것이라고 생각된다. 암브로시오의 운명은 악마의 유혹에 넘어감으로써 목숨을 부지할 마지막 기회마저 박탈당하는 역설을 만들어내지만, 악마의 존재를 인정하는 루이스의 결론이 모든 종류의 도덕을 거부하는 사드에게는 탐탁지 않았을 것처럼 보인다. 사드의 인물들처럼 오히려 모든 충동을 의지의 통제 아래에 두었다면 『수사』는 욕망을 따르는 것이 보편입법의 형식을 충족시키는 것이 되는 사드적인 혁명의 주인공이 되었을 것이다. 그러나 암브로시오는 “보편적 · 필연적 · 의무적 차원을 창안하여 구체적 · 우연적인 대상(행위)을 윤리적 물[자체](the ethical Thing)의 존엄으로 고양시키는” 일에 실패하고 있다(Žižek, “The Ideal Couple” par 19). 이러한 점에서 사드의 욕망이 혁명의 수사학에 동원되는 전복의 힘일 수가 있었다면, 『수사』의 암브로시오는 보편적 차원에서의 행위의 틀을 만들어내는 일에 실패함으로써 그의 행위가 개인적 차원의 위반의 비극으로 봉쇄당하는 것이다.

5. 결론

우리는 지금까지 프랑스 혁명에 발현되는 여성성을 영국의 보수적 입장이 재현하는 책략을 살펴보는 일로부터 시작하여, 『수사』에서 전 오이디푸스 단계를 벗어날 기회가 없었던 암브로시오가 ‘원초적 대타자(primordial Other)로서의 어머니(Mother)의 욕망’을 제어하지 못함으로써 파멸에 이르는 과정을 살펴보았다. 프랑스 혁명에서 발현하는 여성성에 대한 두려움은 1790년대 급격히 보수화된 영국 문학의 자기표현에 있어 텍스트의 무의식을 구성할만한 문화적 외상이었던 것처럼 보인다. 루이스가 『수사』에서 풍기는 여성 혐오적인 태도는 개인의 성적 취향만으로 결정되었다기보다는 이러한 문화적 상황이 작용하여 형성된 것이라 할 수 있을 것이다. 근대 초 봉건의 가부장적 속박으로부터 풀려 자유롭게 역사의 현장을 활보하기 시작하는 여성의 이미지는 이러한 재현을 통하여, 마틸다의 경우처럼, 악마의 사주를 받은 계몽된 의식의 불행한 결과들이라고 대중들에게 비춰질 뿐이다.

암브로시오의 욕망은 그 악마적 여성성으로부터 자극받아 율법의 아버지를 살해하는 결과를 가져오지만, 그의 영혼은 속박으로부터의 해방을 경험하지 못하고 악마의 더욱 교묘한 덫에 얽매이고 마는 아이러니를 낳는다. 그는 이전의 아버지보다 더욱 교활한 아버지의 전제에 떨어지고 마는 것이다. 이 점에서 암브로시오의 반란은 실패한 것으로 비춰진다. 그리고 그의 실패는 애초 그의 욕망이 원초적 대타자의 변덕에, 바꾸어 말하자면 악마성의 간계에 기만당한 결과라는 사실을 암시한다. 그래서 마틸다의 궤변은 혁명을 주도한 지식인의 기만성을 상징하는 듯이 보인다. 교회의 부패와 몰락을 그리고 있다는 사실에서, 또 그 과정에 개입한 악마의 간계를 소재로 삼고 있다는 점에서 『수사』의 플롯이 보여주는 기본적인 갈등 구조는 『프랑스 혁명에 대한 고찰』(*Reflections on the Revolution in France*, 1790)에서 교회의 파괴에 앞장선 지식인의 역할에 통탄해 마지않는 버크(Edmund Burke)의 논리(211-14)를 그대로 따르고 있는 듯이 보인다. 이 점에서 암브로시오는 통제할 수 없는 욕망의 힘에 굴복함으로써 자신의 파멸과 교회의 파괴를 야기한 비극적 인물이 아니라, 악마의 책략에 놀아난 꼭두각시라고 해석될 수 있는 것이다. 그리고 그 악마란 이성의 대변자로서, 가톨릭교회를 혁명의 가장 큰 피해자가 되게끔 유도한 지식인, 그들처럼 보이는 것이다.

우리는 낭만주의 정전 시인들의 고딕풍의 작품에서 악마적 여성 인물들의 존재에 주목하게 되는 경우들을 알고 있다. 코울리지의 「크리스타벨」("Christabel")이나 키츠의 「무자비한 미녀」("La Belle Dame sans Merci")와 『라미아』(*Lamia*, 1820) 등에 등장하는 여성의 이미지들은 시인의 개인적 악몽의 표현이라기보다는 『수사』가 표현하고 있는 것과 같은 동시대의 역사적 경험이 환기시켰던 공포의 무의식적 표현이라고 볼 수도 있을 것이다. 그것이 빅토리아 조에 이르러 여성에 대한 가부장적 유폐의 결과를 가져오게 되었는지는 보다 세밀하게 따져봐야 하는 문제이지만, 영국의 보수적 입장에 있어서 18세기 말 프랑스 혁명의 경험은 좋은 어머니이든지 나쁜 어머니이든지, 혹은 미친 어머니의 모습으로서 이든지 간에, 여성성의 자유로운 발현이 구체제의 붕괴라는 결과를 낳았을 수 있다는 사실을 무의식적으로 떠올리게 했다고 할 수 있다. 이러한 두려움의 투사가 『수사』를 필두로, 낭만주의의 여러 작품 속에 표현되고 있다고 볼 수 있는 것이다. 이에 덧붙여 헨더슨(Andrea K. Henderson)의 표현처럼 "(그들의 부모, 특히나 어머니들의) 물질적 기원을 알 수 없는 고딕 세계[의 인물들]에서는 그들의 기원뿐 아니라 그들의 존재 자체가 초자연적 특징을 띠게 [되는]" 상황으로부터(53), 암브로시오의 경우처럼 모든 혼란이 사회적 신분의 서열을 뛰어넘은 결혼이 초래한 비극적 결과라고 비춰지게끔 작동하는 이야기의 성격은 전복적이라기보다는 오히려 프랑스 혁명에 대해 보수적 이념의 표현이라고 읽혀지게 되는 것이다(Watkins 212).

참고 문헌

Botting, Fred, and Dale Townshend, eds. *Gothic: Critical Concepts in Literary and Cultural Studies*. Vol. I, II, III. Routledge: London, 2004. 4 vols.

Burke, Edmund. *Reflections on the Revolution in France*. 1790. Ed. Conor Cruise O'Brien. London: Penguin, 1986.

Castle, Terry. "The Spectralization of the Other in *The Mysteries of Udolpho*." Botting and Townshend 2: 80-104.

Darnton, Robert. *The Literary Underground of the Old Regime*. Cambridge, MA: Harvard UP, 1982.

Dolar, Mladen. "'I Shall Be With You on Your Wedding-Night': Lacan and the Uncanny." Botting and Townshend 3: 12-30.

Foucault, Michel. "A Preface to Transgression." Trans. Donald F. Bouchard. *Language, Counter-Memory, Practice: Selected Essays and Interviews*. Ed. Donald F. Bouchard. 29-52.

Freud, Sigmund. "The Uncanny." *Literary Theory: An Anthology*. Ed. Julie Rivkin and Michael Ryan. Oxford: Blackwell, 1998. 154-67.

Gamer, Michael. "Genre for the Prosecution: Pornography and the Gothic." *PMLA* 114 (1999): 1043-54.

_______. *Romanticism and the Gothic: Genre, Reception, and Canon Formation*. Cambridge: Cambridge UP, 2000.

Henderson, Andrea K. *Romantic Identities: Varieties of Subjectivity 1774-1830*. Cambridge: Cambridge UP, 1996.

Howard, Jacqueline. *Reading Gothic Fiction: A Bakhtinian Approach*. Oxford: Oxford UP, 1994.

Hunt, Lynn, ed. *Eroticism and the Body Politic*. Baltimore: Johns Hopkins UP, 1991.

_______. "The Many Bodies of Marie Antoinette: Political Pornography and the Problem of the Feminine in the French Revolution." Hunt, *Eroticism* 108-30.

Jackson, Rosemary. *Fantasy: The Literature of Subversion*. London: Routledge, 1986.

Kant, Immanuel. *Critique of Practical Reason*. Trans. T. K. Abbott. New York:

Prometheus, 1996.

Klancher, Jon. *The Making of the English Reading Audiences, 1790-1832.* Madison: U of Wisconsin P, 1987.

Kristeva, Julia. *Revolution in Poeitc Language*. Trans. Margaret Waller. New York: Columbia UP, 1984.

Lewis, Matthew G. *The Monk*. 1796. New York: Random House, 2002.

Lacan, Jacques. *Écrits*. Trans. Bruce Fink. New York: Norton, 2006.

Maza, Sarah. "The Diamond Necklace Affair Revisited (1785-1786): The Case of the Missing Queen." Hunt, *Eroticism* 63-89.

Miles, Robert. "Ann Radcliffe and Matthew Lewis." *A Companion to the Gothic*. Ed. David Punter. Oxford: Blackwell, 2001. 41-57.

Paulson, Ronald. *Representations of Revolution (1789-1820)*. New Haven: Yale UP, 1983.

Punter, David. *The Literature of Terror: A History of Gothic Fictions from 1765 to the Present Day*. Vol. 1. The Gothic Tradition. London: Longman, 1996.

Sade, Marquis de. *Philosophy in the Bedroom*. 1795. *Justine, Philosophy in the Bedroom, and Other Writings*. Ed. Richard Seaver and Austryn Wainhouse. New York: Grove, 1990. 177-367.

_______. "Reflections on the Novel." *The 120 Days of Sodom and Other Writings*. Ed. Austryn Wainhouse and Richard Seaver. New York: Grove, 1966. 89-129.

Schama, Simon. *Citizens: A Chronicle of the French Revolution*. New York: Vintage, 1990.

Watkins, Daniel P. "Social Hierarchy in Matthew Lewis's *The Monk*." Botting and Townshend 2: 204-13.

Watt, James. *Contesting Gothic: Fiction, Genre and Cultural Conflict, 1764-1832*. Cambridge: Cambridge UP, 1999.

Wein, Toni. *British Identities, Heroic Nationalisms, and the Gothic Novel, 1764-1824*. New York: Macmillan, 2002.

Wordsworth, William. *The Prose Works of William Wordsworth*. Vol 1. Ed. W. J. B. Owen and Jane Worthington Smyser. Oxford: Oxford UP, 1974. 3 vols.

Žižek, Slavoj. *For They Know Not What They Do: Enjoyment as a Political*

Factor. London: Verso, 2002.

_______. "Kant and Sade: The Ideal Couple." 17 July 2008. European Graduate School. 28 September 2008 <http://www.egs.edu/faculty/ zizek/zizek-kant-and-sade-the-ideal-couple.html>.

이데올로기적 혼란과 공포를 다룬 고딕소설로서의 『캐럽 윌리엄즈』

김일영 _ 성균관대학교

이데올로기적 혼란과 공포를 다룬 고딕소설로서의 『캐럽 윌리엄즈』*

I

작가 소개

1756년 3월 고드윈(William Godwin)은 영국의 비국교도(非國敎徒) 목사, 보다 정확히 말하자면 엄격한 캘비니즘(Calvinism) 목사의 아들로 태어났다. 그는 혹스턴 학교(Hoxton Academy)에서 목사 공부를 한 후 한때 목사직을 수행했으나, 프랑스의 계몽사상을 접하게 되자 목사직을 그만 두고 정치 사상가, 사회철학자로서의 길을 걷기 시작한다. 특히 루소(Jean-Jacques Rousseau)의 영향을 많이 받았던 그는 저서를 통해 자신의 철학을 대중들에게 널리 알리는데 노력하였는데, 그 중 대표적인 것이 1793년에 출판된 『정치적 정의에 관한 탐구』(*An Enquiry Concerning Political Justice*)이다. 이 저서에서 고드윈은 모든 사회의 악은 정치 제도에서 유래하는 것으로, 정부는 원래 권력을 조작하는 과정에서 부패 악을 만들어내고 폭압을 행사하게 되기 마련이기 때문에 악의 근원이 될 수밖에 없다는 주장을 편다. 그의 이러한 사상은 정부의 존립 자체를 강격하게 부인하는 것으로, 그는 이로 인해 최초의 근대적 무정부주의자로 불리게 된다.

고드윈은 이 저서에서 무정부주의만을 역설한 것은 아니었다. 그

* 이 글은 2008년에 발간된 『근대영미소설』 15권 2호에 발표한 논문을 고쳐 쓴 것이다.

가 부정한 것은 인습적인 정부나 조직이지, 모든 인간 조직을 부인하였던 것은 아니었다. 그는 개인의 개성과 자유를 억압하며 또한 기득권을 옹호하는 기존 조직을 부정한 것이지, 개인의 자유가 보장되는 소규모의 자립적인 공동체가 가능하다면 그것이야 말로 가장 합리적이고 이상적인 사회 조직이라고 생각하였다. 즉 그가 꿈꾸는 이상적 사회는 재산과 노동이 평등하게 분배되는 사회로, 그는 이를 실현하기 위해서는 폭력적인 혁명이 아니라 인간 지식의 개발이 필요하다고 주장하였다.

1794년에 발표한 그의 또 다른 주요 저서인 『현실상황, 또는 캐럽 윌리엄즈의 모험』(*Things as They Are; or, The Adventures of Caleb Williams*)이라는 소설도 그의 사상을 잘 대변하는 저서로 꼽힌다. 그는 이 소설을 통해 특권을 지닌 귀족층과 사회제도를 포함한 모든 인습적인 제도의 문제점을 비판적인 시각에서 그려내어, 1790년대 영국의 주요 급진주의자 그룹에 들게 되었고, 또한 당시 영국 보수주의자들의 정치적 타겟이 되었다.

고드윈이 당시 보수주의자들의 공격의 대상이 되었던 이유 중 또 하나는 울스턴크래프트(Mary Wollstonecraft, 1759-97)와의 동거였다. 『여성의 권리 옹호』(*A Vindication of the Rights of Woman*, 1792) 등의 저서를 남겨 여권운동의 선구자, 급진주의 정치 사상가로 평가받던 울스턴크래프트는 고드윈처럼 인습적인 제도가 인간을 억압한다는 생각에 결혼제도 자체도 부인하였기 때문에, 고드윈과 혼인하지 않은 상태에서 동거생활을 하였다. 하지만 이들의 동거에 대한 사회적 비난이 거세지자, 1797년 고드윈과 울스턴크래프트는 결국 정식으로 결혼을 하게 되는데, 불행히도 이 결혼 생활은 오래가지 못하게 된다. 결혼하지 얼마 되지 않아 고드윈의 아이를 낳은 울스턴크래프트가 산후 11일 만에 사망하였던 것이다. 하지만 이 둘의 결혼은 문학사에 있어서 커다란 의미를 갖는 결과를 낳는다. 울스턴크래프트가 낳은 고드윈의 아이는 후에 시인 셸리(Percy Bysshe Shelley)의 아내이자, 『프랑켄슈타인』(*Frankenstein*, 1818)이란 대작을 남긴 메리 셸리(Mary Shelley)였던 것이다. 울스턴크래프트와 사별한 뒤 홀로 매리를 키우던 고드윈은 1801년 클레몽(Mrs. Clairmont)과 재혼하였으며 그녀와의 사이에 다른 자식들을 보게 된다. 부양하여야 할 가족이 늘고 또한 낭비적인 성향이 있던 고드윈은 재정적 어려움에 처하게 되는데, 이를 위해 출판업을 하면서 클레몽과 함께 어린이를 위한 성경과 고전 역사 입문서를 출판하였다. 하지만 결국 그는 파산을 면치 못하게 되었고, 급기야 건강도 악화되어 1836년에 사망에 이르게 된다.

II

작품 소개

『현실상황, 또는 캐럽 윌리엄즈의 모험』(이후 『캐럽 윌리엄즈』라고 표기하겠음)은 1794년에 출판된 고드윈의 대표적인 소설이다. 세 권으로 구성된 소설의 제목이 암시하듯 고드윈은 이 소설에서 당시 자신이 바라본 시대 상황을 있는 그대로 사실적으로 그리고자 하였다. 따라서 이 작품에 대한 이해를 도모하기 위해선 1790년에 당시 영국 사회에 대한 이해가 필요할 것이다.

1790년 당시 영국사회는 급진주의자와 보수주의자 양 진영으로 나뉘게 된다. 그 계기는 계몽사상가인 몽테스키외(Charles Montesquieu), 볼테르(Voltaire, Francois-Marie Arouet), 루소 등의 인민주권론이 사상적 기초가 되었던 프랑스 대혁명에 있었다. 절대주의 체제를 붕괴시키고 국민을 단순히 국왕의 신하라는 예속적 지위에서 해방시키고자 한 프랑스 대혁명은 당시 조지 3세의 지배하에 있던 영국의 많은 지식인들에게 전제주의 정치의 문제점에 대해 눈을 뜨게 하였고, 이에 따라 개인의 권리를 주장하면서 동시에 정부와 통치제도에 대한 회의를 표명하게 하였다. 하지만 왕을 몰아내고 민주주의를 시도한 프랑스 대혁명에 대한 부정적인 시각도 다수 있었다. 프랑스 혁명이 영국의 통치제도에 대한 위협이 될 수 있다는 보수적인 시각을 지닌 영국인들도 다수 있었고, 이들은 개인주의와 민주주의를 옹호하는 급진주의에 대한 우려를 표명하며 더 나아가 급진주의 사상가들을 억압하려는 당시 사회분위기를 조장하기도 하였다.

고드윈이 이 소설의 출판 일을 1794년 5월 12일로 정한 것도 이러한 사회적 분위기에 대한 거부감의 표시다. 급진주의자들이 당시 영국 사회에 위협이 된다고 판단한 당시 영국의 총리 윌리엄 피트(William Pitt)가 이들 급진주의자들을 체포 구금하기 위해 합법적 절차를 거친 구속 영장 없이는 아무도 체포하지 못한다는 인신보호령(Habeas Corpus Act)을 중지시킨 날짜가 바로 이날이었기 때문이다. 즉 고드윈의 이 소설은 급진주의자들을 사회 반동세력으로 보고 그들에 대한 탄압을 하고자 하였던 당시 사회에 대한 저항을 분명히 하였던 것이다. 따라서 이 작품에 대한 반응은 다양함을 넘어서 상반되기조차 하였다. 이 책을 자유주의의 선봉적인 작품이라고 극찬하는 비평들이 있는 반면 이 책을 종교와 미덕에 대한 모욕이라고 혹평을 하는 비평들도 다수 있었던 것이다.

19세기의 저명한 비평가 해즐릿(William Hazlitt)은 「시대정신」("The Spirit of the Age," 1825)이란 제목의 에세이에서 고드윈을 "자유와 진리, 정의가 주제가 되는 곳에서 그보다 더 회자되고 더 존경받는 사람은 없다"라고 칭송하였고, 조셉 제랄드(Joseph Gerald)란 당시 인물은 "이 책의 일 권을 저녁에 읽기 시작했지만 세 권 모두다 읽을 때까지 눈을 감을 수가 없었다"고 말하기조차 하였다. 하지만 이와 반대의 부정적 시각을 지닌 비평도 상당수 있었다. 많은 비평가들은 이 작품을 무정부주의를 주장한 프로파겐더로 보며 사회에 해약이 되는 출판물로 간주하였으며, 심지어는 고드윈이 무정부부의를 합리화하기 위해 법을 왜곡해서 그리고 있다는 주장까지 하였다. 이처럼 상반되는 반응을 이끌어 낸 이 작품에 대한 이해는 어느 한 쪽의 관점에서만 이루어질 수 있는 것이 아니다. 이 작품 자체가 그리고 있는 기존 체제와 정의의 문제는 양가적 측면으로 접근될 수가 있기 때문이다. 이를 위해서 이 작품의 두 가지 결말과 줄거리를 자세히 살펴볼 필요가 있다.

이 작품의 화자이자 주인공인 캐럽 윌리엄즈(Careb Williams)는 젊은 시절 고아가 된 가난한 청년이다. 그의 곤란한 처지에 대해 전해들은 포클랜드(Falkland)란 귀족은 그를 동정하여 캐럽을 자신의 비서로 고용한다. 평소 곤궁한 사람을 많이 도와주며 사회적 약자에 대한 배려를 하여 마을 사람들로부터 존경을 받고 있던 포클랜드는 말수가 적고 자신의 속마음도 잘 드러내지 않지만, 어떤 때에는 스스로를 억제하지 못할 정도로 감정폭발을 하는 인물이다. 그의 비서로서 이를 가까이서 지켜보게 된 캐럽은 포클랜드에게 어떤 사연이 있을 거라는 생각에 포클랜드의 영지 관리인이자 평소 자신과 잘 알고 지내던 콜린즈(Collins)에게 그 이유를 묻는다. 그러자 콜린즈는 포클랜드와 그의 이웃이었던 티렐(Tyrrel)이라는 귀족과의 악연에 대한 이야기를 해준다.

콜린즈에 따르면 티렐은 소작인을 착취하고 억압하며, 자신의 심기를 건드리는 사람들은 모두 무자비하게 학대하였던 전형적인 폭군으로, 티렐에 의해 피해를 받은 사람들에게 온정의 손실을 뻗치던 포클랜드와 대조를 이루는 인물이었다고 한다. 따라서 티렐은 많은 사람들의 미움을 받은 반면, 포클랜드는 모든 사람들의 사랑과 존경을 받아, 이를 시기한 티렐의 원한을 사게 된다. 그러던 어느 날 티렐의 조카 에밀리(Emily)가 포클랜드의 관대함을 칭송하자, 이에 몹시 화가 난 티렐은 그녀가 자신의 빚을 안 갚는다며 감옥에 넣어, 급기야 에밀리는 감옥에서 죽음을 맞이하게 된다. 에밀리의 장례식에서 티렐을 만나 포클랜드는 그 때문에 에밀라기 죽었다며 티렐을 공개적으로 비난한다.

이에 포클랜드가 자신을 모욕했다고 생각한 티렐은 포클랜드에게 불의의 일격을 가해 그를 때려눕히고 황급하게 자리를 뜬다. 갑작스러운 티렐의 공격에 정신을 잃었던 포클랜드가 정신을 차리고 일어난 뒤 얼마 지나지 않아, 이번에는 티렐이 살해당하는 사건이 벌어진다. 티렐의 살인범으로 처음에는 포클랜드가 의심을 받지만, 곧 티렐에 의해 처형을 당할 처지에 놓였던 티렐의 두 소작인이 티렐의 살인범으로 주목받게 되고, 그 후 이들은 티렐의 살인범으로 기소되고 급기야는 교수형 당한다. 콜린스는 이때 이후로 포클랜드의 정신 상태가 불안정하게 되었으며, 종종 자신의 감정을 통제하지 못하며 우울증에 빠지게 되었다고 말한다.

콜린즈의 설명을 들은 캐럽은 티렐을 죽인 진범으로 포클랜드를 더욱 의심하게 되며 그의 일거수일투족을 주시하게 된다. 이를 눈치 챈 포클랜드는 결국 캐럽에게 자신이 티렐의 살인범이란 사실을 고백하며, 이 사실에 대해 캐럽이 함구할 것을 명령한다. 그리곤 캐럽이 이 사실을 다른 사람들에게 알리는 것을 막기 위해 자신의 곁을 평생 떠나지 못하게 한다. 이에 점차 정신적 압박감을 느낀 캐럽은 포클랜드의 비밀을 지키겠다는 글을 남기고는 그의 집에서 도망나온다. 하지만 캐럽의 말을 믿지 못하는 포클랜드는 캐럽이 자신의 물건을 훔쳐 달아났다고 거짓 고소를 하여 수배령을 내리게 한다.

도둑으로 몰리게 된 캐럽은 도피생활을 하다가 공정한 재판을 받게 해 주겠다는 포클랜드의 말에 속아 다시 돌아온다. 하지만 당시 재판을 관할하던 포클랜드의 이복형제에 의해 캐럽은 유죄선고를 받고 결국 감옥에 갇히게 된다. 감옥에서 수많은 고초를 겪은 뒤 탈출에 성공한 캐럽은 광야에서 가인즈(Gines)란 도둑에 의해 강도를 당하고, 이 집단을 통솔하던 그들의 우두머리에게 인도된다. 하지만 이들 집단의 우두머리는 캐럽이 억울한 누명을 쓰고 도피생활을 하고 있다는 사실을 알게 되자, 그를 위로하며 그를 공격한 가인즈들 자신들의 집단에서 추방한다.

이곳에서 생활하던 캐럽은 자신과 함께 있는 도둑들의 거처가 알려지자, 어쩔 수 없이 이곳을 떠나 포클랜드의 손길이 미치지 못하리라 생각되는 아일랜드로 가는 배를 탄다. 하지만 그는 엉뚱한 오해로 체포되어 아일랜드로 가지 못하게 된다. 뇌물을 주어 풀려나온 캐럽은 자신이 만난 범죄자들의 삶과 자신이 겪은 일을 토대로 이야기를 써 생계를 유지한다. 그러나 포클랜드에게 고용되어 캐럽를 감시하라는 명령을 받은 가인즈가 캐럽의 소재지를 알아내어 그를 포클랜드에게 데리고 간다. 포클랜드는 캐럽에게 그가 자신을 살인자로 고소하려 하였던 것은 사실에 근거한 것이 아니란 각서를 쓰라고 요구하지만, 캐럽은 이를 거부하고 떠난다. 캐럽은 영국 본토에서 떨어진 웨일즈의 어느 시골에 운둔하며 이곳 사람들과 이웃하여 살려하였으나, 거기에서도 포클랜드의 지시를 받은 가인즈의 망을 벗어날 수 없단 사실을 깨닫는다. 결국 자신은 도망갈 곳이 없단 사실을 깨달은 캐럽은 포클랜드와의 정면 승부를 선택하기로 하고는, 치안판사를 찾아가 공식적으로 포클랜드를 살인죄로 기소하고 그와 법정에서 대면하기를 청한다.

여기서 고드윈은 두 개의 다른 결말을 제시한다. 공식적으로 출판된 결말과 처음에 쓴 결말이지만 공식적 출판을 하지 않은 결말이 그것들이다. 우선 공식적으로 출판한 결말은 다음과 같다. 법정에 서기 전 캐럽은 자신의 정당함을 주장하나, 양심의 가책으로 죽어가는 포클랜드를 보고는 자신이 한 일이 과연 옳은지 회의하며, 오히려 많은 약자들의 편에 섰던 포클랜드의 덕목을 칭송한다. 그리고 급기야는 포클랜드의 이상주의를 칭송하며 자신이 훌륭한 사람을 죽음으로 몰았다고 자책하기에 이른다. 이 장면에서 두 사람은 서로를 용서하고 화해하며, 포클랜드는 극적으로 자신이 저지른 죄를 고백한다. 하지만 몹시 쇠약해 있었던 포클랜드는 며칠 지나지 않아 죽게 되고, 캐럽은 포클랜드를 기소한 자신의 행위에 극도의 양심의 가책을 느낀다. 그리곤 자신이 이 글을 쓴 것은 포클랜드의 죄를 밝히기 위한 것이 아니라, 그의 삶을 제대로 알리기 위한 것이었다고 말한다.

한편 공식적으로 출판되지 않은 최초의 결말은 다음과 같다. 법정에 들어온 포클랜드가 캐럽이 자신에 대한 복수심에 자신을 살인자로 몰고 있다고 항변하자, 포클랜드의 말을 믿는 재판관은 포클랜드를 고소하려던 캐럽에게 유죄를 선고하고 그를 감옥에 넣는다. 몸이 몹시 허약해져 있었던 포클랜드는 얼마 안지나 임종을 맞이하고, 감옥에 갇힌 캐럽은 극도의 정신적 고통으로 미쳐가기 시작하더니, 급기야는 포클랜드가 누구인지도 기억해 내지 못하게 된다. 결국 캐럽의 이야기는 아무도 믿어줄 수 없는 광인의 헛소리가 되어버린 것이다.

III

1. 들어가며: 억압적 사회 현실에 대한 고발

『캐럽 윌리엄즈』대한 평가는 실로 다양하다. 많은 비평가들은 이 작품의 성격을 곤경에 처한 인간의 심리를 다룬 "심리소설," 범죄를 저지른 사람을 찾아내 고발하는 "탐정소설," 권력자에 의해 쫓기는 사람이 겪는 온갖 역경과 고초를 다룬 "모험 소설," 고드윈이 생각하는 정치적 이슈를 다룬 "정치소설" 등으로 규정하며 다양한 관점에서 접근하고 있기 때문이다. 그중 이 작품을 보는 가장 일반적이고 대표적인 관점은 이 작품을 당대 사회의 잘못된 모습을 고발하고, 이에 대한 개혁을 촉구하는 정치소설로 보는 것이다. 이러한 관점은 이 작품을 고드윈의 정치철학을 나타낸 소설로 보는데서 기인하는 것으로, 그 근거는 고드윈 자신의 진술에서 찾을 수 있다. 전통적(인습적)인 사회체제가 개인의 자유를 억압한다고 생각하여 사회개혁을 촉구하였던 고드윈은 『정치적 정의에 관한 탐구』와 같은 기조에서 『캐럽 윌리엄즈』를 썼다고 자신의 서신에서 밝혔으며, 이 작품의 서문에서도 이 글을 쓴 목적이 현실세계에 내재한 전제주의의 폐해를 기록하기 위한 것이었다고 말해, 이 작품이 정치적 성격을 가지고 있음을 분명히 밝히고 있기 때문이다.

> 지금 대중에게 제공되는 것은 세련되고 추상적인 관념이 아니다. . . . 통치 정신과 통치의 특성이 사회 각계각층에 파고들고 있다는 사실이 이제 사상가들에게 알려졌다. . . . 따라서 다음 작품을 쓸 때, 인간으로 하여금 서로간의 파멸자가 되게 하는, 국내에서 아직 기록되지 않은 전제의 형태를 포괄적으로 보고자 하였다. (1)

고드윈이 서문에서 사용한 "통치의 특성"이나 "전제"란 용어는 전통사회에 대한 그의 기본적인 생각을 반영한다. "통치"란 단어 자체는 지배의 개념을 내포하고 있고, "전제"란 단어는 억압과 구속의 의미를 이미 담고 있기 때문이다. 고드윈의 이러한 진술을 근거로 리조(Betty Rizzo)라는 고드윈 비평가는 이 작품의 주제를 "영국의 가부장적인 권력기구의 악행"(1387)의 폭로로 보았고, 코링즈(David Collings)는 "법의 여러 가지 잘못과 캐럽의 감금을 다룬 이 이야기는 『정치적 정의에 관한 탐구』에서 주장한 내용과 관계가 있다"며 이 소설을 쓴 고드윈의 주요 취지는 "영국 시민이 견뎌야하는 불의에 의한 과중한 압박"(855)을 전하기 위해서라고 주장한다.

이들 비평가들 말처럼 이 작품에는 고드윈이 자신의 정치저서인 『정치적 정의에 관한 탐구』에서 주장한 내용이 실제로 많이 다루어지고 있다. 『정치적 정의에 관한 탐구』에서 고드윈이 역설한 것처럼 이 소설에서 법은 약자의 권익을 보호해 주는 것이 아니라, 힘 있는 자의 이해관계에 따라 왜곡되기도 하고, 심지어는 약자를 괴롭히고 학대하는데 이용되기 때문이다. 티렐의 가난한 소작농 허킨즈(Hawkins)의 아들은 티렐이 자기 집 입구에 쳐놓은 차단물을 밤에 몰래 철거하려다 들켜 사형선고까지 받게 되고, 고아가 되어 티렐의 집에서 기거한 티렐의 조카 에밀리는 티렐의 고소로 빚쟁이로 몰려 감옥에서 죽음을 맞이하게 되었으며, 포클랜드의 범죄사실을 알게 된 캐럽은 자신의 범행을 은폐하려는 포클랜드의 계략에 의해 도둑으로 몰리고 심지어 쫓기게까지 된다. 즉 이 소설에서 법은 정의를 실현하기 위한 것이 아니라, 힘없고 가난한 자를 억압하는데 이용되는 "보조자"(72)이며, "부유한 사람의 손에 놓인 학대의 무기"(73)의 역할을 하고 있는 것이다.

고드윈은 또한 사회제도가 인간의 기본적인 권리를 박탈할 수 있고, 그 촘촘한 그물망과도 같은 조직을 동원하여 개인을 통제, 감시할 수도 있다는 사실을 보여준다. 누명을 쓰고 감옥에 갇히다 천신만고 끝에 탈옥에 성공하였지만, 현상금이 붙은 그를 잡으려는 사람들에 의해 끊임없이 쫓기며 살아갈 수밖에 없게 된 캐럽이 느끼는 바도 이와 유사하다. 탈옥한 이후부터의 자신의 삶을 돌아본 캐럽은 사회자체가 힘을 가진 자가 쳐놓은 거대한 올가미임을 절감하고 다음과 같이 말한다. "감옥에서 도망친 이후부터 나는 세상에 대해 좀 알게 되었다. 즉 난 쓰라린 경험을 통해서 이 사회가 얼마나 많은 사슬로 나를 묶고 있는지, 그리고 전제체제의 덫이 얼마나 촘촘히 나를 에워싸고 있는지 알게 되었다"(277).

사회가 하나의 거대한 감옥이며 자신은 그 감옥에 갇힌 포로와 같다고 느끼는 캐럽의 상황은 그를 항상 감시하고 쫓아다니는 가인즈의 진술에 의해서도 사실임이 입증된다. 아무리 신분을 숨기고 은신하려해도 항시 그를 주시하는 사회조직에 의해 결국 신분이 탄로되자 급기야 영국을 떠나 네덜란드로 떠갈 결심을 한 캐럽 앞에 가인즈가 갑자기 나타나 이렇게 경고한다.

> 당신[캐럽 윌리엄즈]은 현재 포로야. 그리고 평생 동안 그럴 것이라고 생각해. . . . 당신이 따라주는 한, 인정되는 범위 내에서는 그냥 포로로 남을 수 있어. 그 마음약한 영주[포클랜드]가 당신에게 허용한 범위는 영국과 스코틀랜드, 웨일즈야. 하지만 이 지역들을 당신은 벗어나면 안돼. 영주는 당신이 자신의 힘이 미치지 않는 곳으로 나가는 것을 절대 허용하지 않아. (313)

보이지 않던 가인즈가 갑자기 캐럽을 찾아왔다는 사실 자체가 캐럽 자신이 항상 감시당하고 있었다는 사실을 나타내 주는 것이지만, 가인즈의 진술은 캐럽이 포클랜드의 손아귀를 벗어날 수 없는 포로라는 사실, 모든 사회가 캐럽을 감시하고 통제하는 하나의 거대한 조직망이라는 사실을 분명하게 말해주고 있는 것이다.

2. 심리적 공포와 이데올로기적 양가성의 혼란

이상에서 살펴보았듯이 이 작품에는 사회의 부정적인 측면, 즉 개인의 권리와 자유를 통제하는 조직으로서의 사회의 모습이 강하게 드러난다. 따라서 이 작품이 고드윈이 『정치적 정의에 관한 탐구』에서 주장한 무정부주의적인 정치관의 산물이라는 주장은 상당한 설득력을 얻는 것이다. 하지만 우리가 간과하지 말아야 할 것은 최종적으로 출판된 결말에서 캐럽과 포클랜드가 서로를 이해하게 되고 화해한다는 사실이다. 즉 이 작품을 단순히 고드윈의 정치사상을 소설로 표현한 것으로 본다면, 전제주의의 상징이자, 캐럽이라는 개인을 억압하는 제도를 주도하는 포클랜드와 캐럽 간의 화해는 설명할 길이 없게 되는 것이다.

이 결말이 시사하고 있는 이러한 모순점을 해결해 줄 수 있는 접근 방법은 이 작품을 단순히 고드윈의 정치적 시각에서 보지 않고, 캐럽이라는 개인의 삶에 초점을 맞추어서 살펴보는 것이다. 즉 거대한 힘을 가진 존재의 어두운 과거를 알았다는 사실 하나 때문에, 쫓기고 억압당하는 무기력한 한 개인이 겪게 되는 공포와 두려움을 이 작품의 중심 소재로 보는 것이다. 비평가 리조도 이 작품의 고딕적 상황을 여기서 찾으며, "박해를 받는 캐럽 윌리엄즈는 고립되고, 공포를 느끼며, 감옥에 갇히고, 자아 개발의 기회를 박탈당한다. . . . 이런 것은 고딕적 상황이며, 가부장제의 희생자들의 상황이기도 하다" (1387). 리조는 캐럽이 가부장적 혹은 전제적 사회체제 안에서 겪게 되는 공포스런 상황이 바로 전형적인 고딕적 상황이라고 주장함으로써, 전제적 사회제도와 고딕의 연결고리를 제시한다. 그런데 흥미로운 사실은 고드윈 자신이 이런 해석의 근거를 이미 마련해 주고 있다는 점이다.

1832년에 새로이 출판된 이 소설의 서문에서 고드윈은 이 작품을 쓸 때 자신이 어떤 마음으로 착수했는지, 이 책의 초판 서문과는 사뭇 다른 진술을 한다.

> 난 도피와 추격으로 구성된 일련의 모험담이라는 구상을 가지고 있었습니다. 최악의 재앙이 덮칠까 항상 두려움에 떠는 도망자와 교묘한 술책을 동원해 자신의 희생자를 항상 공포스럽게 하는 추격자 말입니다. (337)

고드윈의 진술은 끊임없이 추격당하고, 체포당할까 항상 두려움에 떨고 있는 캐럽과 자신의 지위와 권력이 부여하는 모든 방법을 동원하여 그를 감시하는 포클랜드라는 인물을 처음부터 염두에 두고 있었다는 사실을 나타내며, 이 작품의 모티브가 쫓기고 추격당하는 공포스런 상황에 처한 주인공의 심리에 초점이 맞추어져 있음을 시사한다.

이러한 사실은 이 책의 제목에서도 유추할 수 있다. 『정치적 정의에 관한 탐구』에서도 여러 번 반복되는 "현실상황"이라는 용어가 이 책의 주 제목(원제목)이라는 사실은 고드윈이 이 작품을 쓴 동기가 현실상황을 고발하기 위한 것이라는 점을 나타내기도 하지만, 이 책의 부제목이 『캐럽 윌리엄즈』라는 점은 이 작품이 18세기 당대의 전형적인 영국소설처럼 주인공의 회고록 성격을 띤, 특히 주인공의 심리적 공포에 초점을 맞춘 소설로 볼 수 있는 근거를 제공하기 때문이다. 따라서 캐럽이라는 개인의 심리상태에 초점을 맞추어 이 작품을 분석하는 스토취(Rudolf Storch)라는 비평가는 이 소설을 "신경증 연구"(188) 혹은 "강박관념의 서사"(189)라고 칭하며, 항상 쫓기고 있다는 강박관념에 사로잡힌 캐럽이 어떻게 아버지의 권위를 상징하는 포클랜드에 대해 반항하고 있으며, 이로 인해 어떻게 죄의식을 갖게 되는지를 분석하였고, 퍼뱅크(P. Furbank)라는 비평가는 이 소설을 "정신의 극화된 이야기"(214)로 간주하며, 이 작품이 주는 긴장감은 캐럽의 심리에 초점을 맞춘 결과라는 주장을 편다. 티스달(B. J. Tysdahl)이란 비평가도 역시 비슷한 맥락에서 이 작품에 접근하며, 이 작품을 캐럽이라는 등장인물의 심리에 초점을 맞춘 심리소설(58)로 보고 있다.

대부분 일인칭 화법으로 진행되는 이 소설에서 캐럽의 심리상태가 그 중심을 형성하는 것은 사실이다. 하지만 캐럽의 심리를 지배하는 요인이 그의 개인적인 성향뿐만 아니라, 그가 속한 사회 현실, 나아가 그의 사회적 신분과 그를 괴롭히는 가해자의 사회적 위치와 영향력과도 밀접한 연관이 있기 때문에, 고드윈이 캐럽의 심리묘사에 초점을 맞추고 있다고 해서 이 작품이 갖고 있는 정치성을 배제할 수는 없다. 포클랜드가 자신의 비밀을 알게 된 캐럽을 자신의 통제 하에 두길 원한다 하더라도, 그가 사회적으로 영향력을 행사할 수 있는 위치에 있지 않았다면, 또한 캐럽이 사회적 약자가 아니었다면, 그가 캐럽을 항상 감시하고 자신의 통제 하에 둘 수는 없었을 것이기 때문이다.

고드윈이 캐럽의 심리와 그가 느끼는 공포를 세밀히 묘사하고 분석한 것은 단지 캐럽이라는 개인의 심리 그 자체에 관심이 있어서가 아니라, 기득권층이 사회조직을 이용해 타인의 생을 어떻게 지배하고, 어떠한 공포스런 상황으로 몰 수 있는지 생생하게 보여주기 위한 것이다. 따라서 캐럽의 공포를 그리고 있는 이 고딕소설은 그에게 심리적 압박과 공포심을 가져다 준 현실상황을 다룬 정치소설로도 간주될 수 있는 것이다. 다시 말하면 이 작품은 정치적 상황을 고딕적 상황으로 그려낸 정치고딕인 것이다. 『정치적 정의에 관한 탐구』에 제시된 고드윈의 정치적 주장이 『캐럽 윌리엄즈』에서 얼마나 반영되고 있는지에 대해 비평가들이 관심을 기울이는 것은 바로 이 때문이다.

이 작품에서 고드윈의 기존사회체제에 대한 비판의식을 발견하는 것은 어렵지 않다. 고드윈이 『정치적 정의에 관한 탐구』에서 밝힌 사회현실이 기득권층의 비밀을 알게 되어 철저히 소외되고 박해받는 캐럽이라는 인물을 통해 생생하게 드러나기 때문이다. 그러나 법정에 출두한 포클랜드의 극도로 쇠약해진 모습을 본 캐럽이 죄책감에 빠지며 포클랜드를 법정에 세운 자기 스스로를 질타하는 장면과, 이를 본 포클랜드 스스로가 자신의 과거 범죄행위를 인정하는 장면이 나오는 이 소설의 출판된 결말에 대한 비평가들의 시각은 사뭇 다르다. 이 결말이 고드윈이 『정치적 정의에 관한 탐구』에서 밝힌 기존사회체제에 대한 시각을 제대로 반영했는지 혹은 이와 상반된 시각을 제공하였는지에 대해 심각한 이견을 보이고 있기 때문이다.

켈리(Gary Kelly)는 이 결말이 『정치적 정의에 관한 탐구』에 나타난 고드윈의 정치철학과 정면으로 배치된다고 주장하였고, 힌들(Maurice Hindle)은 캐럽과 포클랜드의 눈물겨운 화해를 "고드윈이 역사적 진실로부터 비겁하게 도망한 것"(xxxvii-xxxix)이라고 비판하였으며, 이들 비평가들의 생각과 같은 맥락에서 듀마스(Gilbert Dumas)도 이 결말보다는 고드윈이 처음 원고에 쓰다 폐기한 결말이 그의 사상을 더 잘 나타낸다고 주장하였다. 즉 이들 비평가들은 캐럽이 자신을 박해한 포클랜드에게 오히려 용서를 비는 이 결말이 고드윈이 『정치적 정의에 관한 탐구』에서 피력한 무정부주의와는 정반대의 메시지를 담고 있다며, 이를 근거로 이 소설의 결말을 부정적으로 평가하고 있는 것이다.

이와 반대로 이 결말이 오히려 『정치적 정의에 관한 탐구』에 나타난 고드윈의 철학을 반영한다고 주장하는 일군의 비평가들도 있다. 이들은 고드윈이 『정치적 정의에 관한 탐구』에서 “사람의 견해를 바꾸는 진정한 도구는 논쟁과 설득”(*P. J.* I 202-203)이라고 말한 점을 근거로 들며 이러한 주장을 편다. 월쉬(Cheryl Walsh)는 출판되지 않은 결말에서는 “캐럽이 포클랜드에 관한 진실을 밝히고자 결심한 것은 진실 그 자체를 알리려고 한 것보다는 일시적일지는 모르지만 복수를 하고자 하는 강렬한 욕망에 의한 것”(34)이기 때문에 포클랜드가 진실을 고백하도록 설득하지 못하였지만, 출판된 결말에서는 캐럽이 아무런 사심 없이 진솔하게 포클랜드와의 대화를 시도하였기 때문에 그의 진실이 받아들여진 것이라고 주장한다. 휴(Dean Thomas Hughes)라는 비평가도 출판된 결말에서 “캐럽이 진실을 완벽한 진정성과 결합하였다”면서 “이것은 고드윈의 믿음의 근간”(123)이라는 주장을 편다. 이러한 시각은 윌리엄즈(Nicholas Williams)에게서도 보인다. 그는 고드윈이 『정치적 정의에 관한 탐구』에서 “모든 사회적 미덕의 근원으로서 진정성”(482)을 강조하였다면서 출판된 결말에서 캐럽의 진실이 승리를 거둔 것은 바로 캐럽의 진정성 있는 말 때문이라며 출판된 결말이 고드윈의 사상을 더 잘 표현한다고 주장하였기 때문이다.

위 비평가들이 지적한 것처럼 고드윈은 『정치적 정의에 관한 탐구』에서 진솔한 말이 진실을 이끌어내는 가장 적절한 수단이라고 분명히 말한다. “우리의 적이 우리를 현혹시키기 위해 그들의 웅변술을 다 소진하고 그 힘을 다 소진한 후에, 진실은 명확하고 소박하게 할 이야기를 가지게 될 것이며, . . . 그 이야기는 적들의 기교를 틀림없이 무너뜨릴 것이다”(117). 고드윈의 이런 생각을 마치 대변이라도 하는 듯이 캐럽 자신도 “미덕은 모든 중상모략을 이겨내고 소박하고 꾸밈없는 이야기로 모든 사악한 간계를 무찌른다”(160)고 말하고 있어, 출판된 결말이 고드윈의 정치사상에 위배되거나 모순되어 보이지는 않는다.

하지만 허심탄회한 발언과 진솔한 대화가 상대방을 설득시킨다는 캐럽의 주장은 이 작품의 결말에서 실제로 실현되지는 않는다. 래드클리프(Evan Radcliffe)라는 비평가는 "중요한 것은 그가 포클랜드를 감동시킨다는 것이며, 포클랜드가 이미 알고 있다는 것이다. . . . 따라서 캐럽의 말은 이야기라 할 수 없다"(550)고 주장한다. 즉 그의 말에 따르면 이 작품의 결말에서 캐럽의 주장이 받아들여진 것은 캐럽의 진솔함 때문이 아니라, 그의 말에 감동받은 포클랜드의 자백이었기 때문에 캐럽의 진솔한 말이 진실을 밝혀내었다고 보기는 어렵다는 것이다.

진솔함이 진리를 밝히는 최상의 방법이 아니라는 사실은 이 작품의 결말에서만 보이는 것은 아니다. 캐럽은 자신이 가족처럼 생각하며 친분을 나누던 로라(Laura)에게 자신이 범죄자이자 자신의 은인에게 배은망덕을 저지른 사람으로 몰리게 된 상황을 진솔하게 이야기해 그녀의 오해를 풀고자 하지만, 로라는 캐럽에게 말을 할 기회조차 주지 않으려 한다.

> 이 순간조차도 내[로라] 생각에 당신[캐럽]의 행동은 비난받아야 합니다. 진정한 미덕은 애써 해명하거나 변명할 필요가 없어요. 진정한 미덕은 스스로의 빛을 통해서 빛나고, 스스로를 과시하기 위해 그 어떤 기교도 필요 없지요. 당신이 배워야 할 첫 번째 도덕적 규범이 있습니다. 가장 정직한 행동이 위험스럽고 애매모호한 말보다 항상 우월하다는 사실을 당신은 상상이나 할 수 있습니까? (299)

로라는 캐럽의 해명을 듣기 거부하는 이유로서, 말보다는 진실하고 정직한 행동과 태도가 먼저이며, 이것이 모든 것을 대변한다는 자신의 소신을 내세운다. 그녀가 내세운 정직과 진실은 캐럽 자신이 무엇보다도 내세운 자신의 미덕이었기 때문에 이를 근거로 캐럽이 하고자 하는 '진솔한 말'을 로라가 거부하였다는 사실은 실로 아이러니컬하다. 이는 진실한 말에 대한 캐럽의 믿음이 자신을 가장 잘 믿어 주리라고 생각했던 사람에 의해 좌절되었기 때문이며, 이를 통해 고드윈이 『정치적 정의에 관한 탐구』에서 주장한 '진솔한 말'의 힘을 고드윈 스스로 환상이었음을 인정해 버린 결과가 되었기 때문이다.

이 작품을 『정치적 정의에 관한 탐구』와 비교할 때 드러나는 이런 모순적인 면모를 이해하기 위해서 우리는 이 소설이 고드윈의 정치사상을 나타내려는 의도에서 시작되었지만, 『정치적 정의에 관한 탐구』에서와는 달리 이 소설에는 기존사회에 대한 고드윈의 부정적인 시각뿐만 아니라, 긍정적인 시각도 함께 존재한다는 점을 인정해야 한다. 즉 그의 정치저서에서와는 달리 이 작품은 기존사회에 대한 고드윈의 양가적인 태도를 담고 있는 것이다. 고드윈의 양가적 태도는 작품의 결말에서 뿐만 아니라 작품이 시작할 때부터 이미 제시되고 있는데, 이는 포클랜드에 대한 캐럽의 태도를 통해 구체적으로 제시된다.

포클랜드는 신분세습을 근간으로 하는 전통 사회체제를, 캐럽은 모든 구속으로부터 자유롭고 평등한 사회를 추구하는 고드윈의 철학을 대변하는 사람이다. 즉 포클랜드는 세습귀족으로서 막강한 힘과 영향력을 가진 기득권층이며, 캐럽은 물려받은 재산도 없고 별다른 지위도 없지만 "불의와 전제적인 권력"에 대해 "혐오감"(254)을 느끼며, 평등을 중시하고 기득권층의 불의에 저항하는 인물이다. 두 인물의 이러한 측면은 알렉산더 대왕에 대한 대조적인 평가에서 두드러지게 나타난다. 캐럽에게 알렉산더 대왕은 자신의 야망을 위해 수많은 사람을 죽인 "끔찍한 살인자"(110)이자, 자신의 "명예의 기념비"(111)를 세우기 위해 수많은 사람을 희생시킨 폭군이지만, 포클랜드에게 알렉산더 대왕은 "인류를 개화시키기 위한 위대한 일"(111)을 시작한 영웅이며, "명예와 관대함과 무사공평의 모델"(110)로 비추어지기 때문이다. 따라서 이 둘은 화합할 수 없는 상극의 존재로 이들 간의 소통은 처음부터 불가능해 보인다. 하지만 놀랍게도 캐럽은 자신이 가장 혐오하는 기득권층의 상징으로서의 포클랜드에게 이중적인 혹은 양가적인 태도를 갖고 있다.

고드윈의 대변자로서의 캐럽이 포클랜드에 대해 갖는 양가적 혹은 이중적 태도는 처음부터 엿보인다. 캐럽은 부모를 잃고 경제적으로 궁한 상황에 처한 자신을 거두어 주고 일자리까지 마련해준 포클랜드를 "가장 훌륭한 주인이자 가장 훌륭한 사람"(120)이라고 칭하며, 그를 "영국에서 가장 식견 있고 교양 있는 사람"(121)이라는 찬사를 보내왔다. 더욱이 포클랜드의 집사 콜린즈에게서 전해들은 포클랜드의 선행에 관한 이야기는 포클랜드에 대한 그의 흠모와 존경의 마음을 더욱 고양시킨다. 하지만 놀라운 것은 포클랜드로 인해 도둑의 누명을 쓰고 더 이상 도피할 수도 없는 막다른 골목에 다다라 포클랜드가 저지른 범죄를 고발할 수 없게 된 상항에 처해서도 캐럽은 여전히 이러한 마음을 갖고 다음과 같이 말한다는 사실이다. "난 그 분을 존경해 오고 있었습니다. 존경받을 만한 분이시지요. 전 그 분을 사랑해오고 있었습니다. 그 분은 신성을 갖고 계신 분이지요. 전 그분을 처음 본 순간부터 아주 열렬한 존경심을 품었습니다"(320-21).

캐럽이 자신의 인생을 악몽으로 바꾼 포클랜드를 통렬하게 저주하면서도 여전히 흠모하고 존경한다는 사실은 고드윈의 사회사상을 잘 아는 독자들뿐만 아니라, 이 작품의 정치적 메시지를 염두에 두지 않는 독자들에게도 몹시 당혹스러운 일일 것이다. 하지만 이는 캐럽이 기사도 문학 혹은 로맨스 문학에 대해 어떤 태도를 견지하고 있는지를 살펴보면 이해될 수 있다. 포클랜드에 대한 캐럽의 반감과 존경심은 바로 이 기사도 정신, 로맨스 문학과 긴밀한 관계가 있기 때문이다.

포클랜드는 젊은 시절부터 "영웅시체의 작품을 쓴 이태리 시인"의 영향을 받아 로맨스 문학을 좋아하였고, 이 로맨스 작가들의 글을 통해 "기사도와 로맨스에 대한 애정"(10)을 키워갔다. 포클랜드가 기사도 정신과 기사도 정신을 표방하는 로맨스 문학을 좋아하였다는 사실은 로맨스 문학이 세습된 신분체제의 우월성을 강조하며 기득권층을 옹호하는 지배층의 담론이라는 사실을 고려해 볼 때 지극히 당연하다. 하지만 전제주의와 특권층의 우월성을 거부하는 캐럽도 이러한 "이야기책과 로맨스에 대한 어쩔 수 없는 애정"(4)을 가지고 있다는 점은 흥미로운 사실이다. 하지만 거기에는 나름대로의 이유가 있다. 기득권층의 지배담론인 로맨스 문학에 내포된 기사도 정신은 사회적 약자를 돕는 것을 명예롭게 여기고 있기 때문이다.

기사도 정신에 이런 면이 있다는 사실은 기사도 정신을 실천에 옮기려는 포클랜드가 자신과 같은 기득권층인 티렐 영주에게 하는 말에서 드러난다. "티렐씨, 부유한 우리는 이 불운한 사람들의 멍에를 가벼이 해주기 위해 할 수 있는 것을 모두 해야 합니다. 우리는 우연히 우리에게 주어진 이권을 무자비하게 사용해서는 안됩니다"(77). 포클랜드가 생명의 위험을 무릅쓰고 에밀리를 불길 속에서 구해내고, 티렐의 박해를 받아 궁지에 몰렸던 허킨즈 부자와 에밀리를 구하고자 하였던 것은, 그가 신봉하고 있는 바로 이 기사도 정신 때문이다. 즉 포클랜드가 캐럽 뿐만 아니라 대부분의 마을 사람들로부터 존경을 받고 절대적인 신망을 얻게 된 것은 그가 추구하는 이 기사도 정신 때문이었던 것이다.

기사도 정신은 포클랜드를 모든 사람들의 칭송의 대상으로 만들었지만 이와 정반대되는 부정적인 측면도 함께 지니고 있다. 명예를 중시하는 기사도 정신에는 지배층의 우월의식이 내포되고 있어, 이를 신봉하는 포클랜드는 자신의 명예를 지키기 위해서라면, 그 어떠한 행위도 서슴치 않을 수 있었던 것이다. 포클랜드는 자신은 명예를 지키기 위해서라면 무슨 일이라도, 설령 그것이 수많은 사람을 희생시키는 일이라 할지라도 할 것이라고 캐럽에게 이렇게 말한다.

> 나는 그 어떤 대가를 치르더라도 내 명예를 지킬 것을 맹세하였네. . . . 전 세계와 거기에 사는 모든 사람을 합친 것보다도 내가 내 명예를 더 사랑한다는 사실을 아나? (154)

따라서 우리는 포클랜드가 사람들 앞에서 자신을 쓰러뜨리고 발로 짓밟은 티렐을 살해한 이유를 용납할 수는 없다하더라도 이해할 수는 있다. 로맨스 문학에 심취하여 자신의 목숨보다도 소중히 여기게 된 명예를 티렐이 손상시켰기 때문이다. 따라서 역설적이지만 그는 자신이 말하는 명예를 지키기 위해, 전혀 명예롭지 않은 파렴치한 일까지 마다하지 않는다. 자기대신 티렐의 살인범으로 몰려 허킨즈 부자가 형장의 이슬로 사라지는 것을 그는 방관하였을 뿐만 아니라, 자신의 범행사실을 알게 된 캐럽을 자신이 가진 권력을 총 동원하여 박해하였던 것도, 이 기사도 정신에 따라 포클랜드가 무엇보다도 중시하게 된 자신의 명예를 지켜내기 위해서였다.

기사도 정신의 이런 양면성을 잘 알고 있었던 캐럽은 포클랜드가 젊은 시절 이태리에서 체류할 당시 받아들였던 이 기사도 정신이 포클랜드의 궁극적인 파멸의 원인이 되었다고 생각한다.

> 포클랜드 경! 당신은 순수하고 칭송할 만한 의도를 갖고 시작했소. 그

> 러나 당신은 아주 젊은 시절, 기사도 정신이란 독을 마셨소. 그래서 당신이 고국에 돌아왔을 때, 천하고 비열한 시기심이 이 독과 결합하여 당신을 광기로 몰고 간 것이요. (326)

포클랜드를 사회적 약자의 보호자, 에밀리와 같이 박해받는 여성의 보호자로서 만인의 존경을 받게 하였던 기사도 정신은 이제 포클랜드를 티렐의 살인자, 그리고 자기 대신 누명을 쓰고 교수형당한 허킨즈 부자의 살인자, 더 나아가 이 비밀을 알게 된 캐럽의 집요하고도 잔인한 박해자로 만들었던 것이고, 이러한 사실을 캐럽은 분명하게 인식하고 있었던 것이다.

포클랜드에 대한 캐럽의 이중적인 태도나 포클랜드의 정신세계를 지배하는 로맨스 문학과 이에 근거한 기사도 정신에 대한 캐럽의 양가적인 태도는, 작품의 결말에 가서는 그 양가성을 넘어 고드윈이 기득권의 상징으로 설정한 포클랜드에 대해서 그가 과연 비판적인 시각을 갖고 있는지 독자들을 의아스럽게까지 만든다. 억울하게 살인범으로 몰려 처형당한 허킨즈 부자의 누명을 벗겨주고, 도둑으로 몰린 자신의 명예를 회복하는 유일한 방법은 캐럽 자신이 이 모든 사실을 법정에서 밝히는 것밖에는 없는데도 불구하고, 그는 자신이 이 유일한 방법을 취한 것에 대해 크게 후회하고 있기 때문이다. 이는 결국 진실을 밝히지 말고, 억울한 누명을 씌어 다른 사람을 희생시킨 포클랜드의 죄를 덮는 것이 옳다는 의미로도 해석될 수 있어, 고드윈이『정치적 정의에 관한 탐구』에서 밝힌 사회적, 정치적 정의에 관한 탐구가 실현되는 사회에 대한 염원과 이 작품의 서문에서 고드윈 스스로가 밝힌 메시지가 작품의 결말 부분에서 고드윈 자신에 의해 부인되는 것이 아닌가 하는 의구심을 품게 만든다.

이런 의구심은 포클랜드를 찬양하면서, 동시에 자기 자신을 이 세상에서 가장 흉악한 죄인으로 묘사하는 캐럽의 마지막 말에 의해 더욱 증폭된다.

> 나는 고소를 하러 왔지만 찬양할 수밖에 없다. 난 세상 모든 사람들에게 고한다. 포클랜드씨는 애정과 친절을 마땅히 받아야 할 분이고, 나 자신은 가장 비열하고 혐오스런 인간이라는 사실을 말이다! 난 오늘 내가 저지른 잘못을 절대 용서하지 않을 것이다. 이 기억은 항상 나를 따라 다닐 것이고, 내가 살아 있는 매순간 나를 괴롭힐 것이다. 난 이런 행동을 함으로써 살인자, 그것도 냉혹하고 고의적인 잔혹한 살인자가 되었다. (323)

자신을 포클랜드의 살인자라고 주장하며 평생 자신의 죄를 용서하지 못할 것이란 캐럽의 고백은 고드윈이 자신의 정치저서에서 주장한 내용과는 너무나도 상반될 뿐만 아니라, 포클랜드의 계략에 의한 희생자였던 당사자의 말이기 때문에, 이 작품에서 고드윈이 말하고자하는 궁극적인 메시지가 무엇인지 우리는 몹시 혼란스럽게 된다.

이러한 혼란은 자신을 박해하고 핍박하던 포클랜드의 불의에 대한 확신이 순식간에 무너지고, 그 부당함에 저항하려는 자기 자신에 대해 오히려 죄의식을 느끼는 캐럽의 모습에 연유된 것이다. 즉, 무엇이 옳고 그른지에 대한 근본적인 회의와 모든 것이 불확실하게 느껴지는 데서 연유된 혼란인 것이다. 캐럽의 이 마지막 말이 독자들의 마음에 각인되는 이유는 바로 여기에 있다. 이는 자신을 절망에 빠트린 이 사회의 부당함에 대해 그 진실을 밝히는 행위자체가 과연 옳은지에 대한 근원적인 회의에서 나온 캐럽의 절규, 즉 캐럽 자신의 신념에 대한 근본적인 불확실성에서 나온 절규이기 때문이다.

이 소설에서 캐럽이 느끼는 공포의 근본적인 원인은 바로 여기에 있다. 캐럽은 언제 자신을 덮칠지 모르는 추격자를 피해 항상 긴장과 공포 속에서 살아가지만, 그에게 가장 큰 공포는 누가 희생자이며 가해자인지 구분이 되지 않으며, 고통을 받았다고 생각한 자신이 오히려 가해자일지 모른다는 극단적인 회의와 불확실성에 의한 것이기 때문이다. 다시 말해 기득권층의 감시와 억압에 의한 공포를 그렸던 이 소설은 궁극적으로 기득권층에 대해 캐럽이 갖고 있던 판단이 잘못된 것일 수도 있다는 불확실성, 즉 선악이 분명하게 구분되지 않고, 피해자라고 생각했던 자신이 오히려 가해자, 더 나아가 살인자일 수도 있다고 느끼게 되는 캐럽의 공포를 그리고 있는 것이다.

이러한 사실은 캐럽이 처음 이 글을 쓸 때 갖고 있던 목적이 이 글을 마무리 할 무렵에는 완전히 바뀌었다는 점에서도 극명하게 나타난다. "나는 내 명예를 옹호하려는 생각에서 이 회고록을 시작하였다. (그러나) 이제 나는 더 이상 옹호할 명예도 없게 되었다"(326)는 캐럽의 말처럼 캐럽은 원래 자신의 누명을 벗기 위해서, 적어도 자신의 글을 나중에라도 읽게 될 후손들에게만은 자신의 억울함을 알리기 위해서 이 글을 쓰기 시작한 것이었다. 그러나 자신의 누명을 벗고 사회정의를 실현하기 위해 포클랜드로 대변되는 기득권층의 불의를 알릴 수밖에 없었지만, 이로 인해 자신은 더 이상 옹호할 명예도 없게 되었다고 말하였다는 사실은 이 글이 캐럽 자신에 대한 변명이 아니라, 기득권층에 대항한 자신의 죄를 고백하는 일종의 참회록의 성격을 띠고 있음을 시사한다.

바로 이것이 이 소설과 고드윈이 쓴 『정치적 정의에 관한 탐구』의 다른 점이자, 고드윈이 이 소설을 통해서 말하고자 하였던 것이다. 고드윈은 『정치적 정의에 관한 탐구』에서 자신이 이미 피력했던 기존 사회에 대한 문제점과 이로 인한 사회적 불의를 고발하기 위해서 이 소설을 쓰기 시작했지만, 궁극적으로 그가 깨달은 것은 자신이 저항하였던 기존 사회에 대해 자신이 가졌던 확신이 잘못된 것일 수도 있다는 것이었다. 바로 그런 점에서 이 소설은 일반적인 고딕소

설과는 다른 양상을 보인다,

일반적으로 고딕소설에는 힘 있는 악당이 사회적 약자를 억압하고 통제하기 위해 감금, 감시하는 일이 빈번히 벌어진다. 이 작품에도 고딕소설의 악당에 해당하는 포클랜드라는 사회적 강자가 자신의 범죄사실을 알고 있는 캐럽이라는 사회적 약자를 감금하고 박해한다는 점에서 일반적인 고딕소설의 요소를 갖고 있다. 하지만 작품의 결말 부분에서 사회적 약자로 대변되는 캐럽이 그를 박해한 포클랜드를 비난하기는커녕 그를 법정에 세운 자기 자신이 오히려 악인일 수 있다는 가능성을 인정함으로써, 전형적인 고딕소설에서 보이는 선과 악의 경계가 흐려진다. 따라서 이 작품은 그래험(Kenneth Graham)의 주장처럼 선과 악이 분명한, 악에 의한 공포스런 상황이 연출되는 "완전한 양극성의 세계"(52)를 담고 있는 전형적인 고딕소설이 아니라, 무엇이 옳고 그른지 불분명한 인식론적 혼란과 불확실성에서 오는 공포를 보여주는, 혹은 어떤 분명한 선택도 하지 못하게 하는 불확실성의 세계가 얼마나 공포스러운 것인지를 보여주는 고딕소설이 되는 것이다.

3. 불확실성의 문학으로서의『캐럽 윌리엄즈』

고드윈이 이 소설을 쓴 1790년대는 그야말로 격동의 시기였다. 특히 1789년 일어난 프랑스 대혁명을 계기로 영국에서도 새로운 사회적 변화와 개인의 인권을 주장하는 급진주의 사상가들의 활약이 펼쳐졌지만, 이에 못지않게 급진주의 사상을 경계하고 전통적인 기존 사회체계를 옹호하던 보수 세력들의 사회적 결집도 강화된 시기였다.

1790년에 출판된『프랑스 혁명에 대한 고찰』(*Reflections on the Revolution in France*, 1790)에서 버크(Edmund Burke)는 프랑스 혁

명을 전통적이고 유기적인 공동체 삶을 파괴한 폭력적인 혁명이라고 강하게 비판하면서 보수주의자로서의 자신의 견해를 분명히 밝힌다. 마치 이에 대해 강력한 이의를 제기하듯 1791년 페인(Thomas. Paine)은 『인간의 권리』(*Rights of Men*)를 출판하여, 인간의 권리는 정치적으로 부여되거나 취소될 수 없는, 천부적으로 주어진 것이라는 주장을 폈고, 하디(Thomas Hardy)라는 제화공은 1792년 의회개혁을 위해 런던 통신 협회(London Corresponding Society)를 창설하였다. 이러한 급진주의자들의 움직임에 보수주의자들도 보고만 있지는 않았다. 존 리브즈는(John Reeves)는 1792년 11월 "자유와 재산의 보존을 위한 협회"(Association for the Preservation of Liberty and Property against Republicans and Leveler and the Gentry)라는 반개혁 집단을 결성하여 급진주의자의 모임을 해체하고 토마스 페인의 책 출판을 저지하고자 하였기 때문이다.

그런데 흥미로운 사실은 급진주의사상을 피력한 중심인물로서 1793년 『정치적 정의에 관한 탐구』를 통해 자신의 무정부주의에 대한 소신을 피력한 고드윈이 자신의 정치사상을 담겠다고 한 『캐럽 윌리엄즈』에서 급진주의자로서의 자신의 주장만을 담지 않았다는 점이다. 이 소설에서 고드윈은 급진주의자로서 사회에 대한 비판적인 시각을 분명히 밝히고 있지만, 동시에 기존사회에 대한 존경심 또한 표현하고 있어, 그가 급진주의자나 보수주의자 그 어느 쪽도 일방적으로 지지하지 않고 있음이 드러났기 때문이다. 따라서 자신의 정치적 입장을 분명히 밝힌 그의 정치저서와는 달리 『캐럽 윌리엄즈』에 나타난 고드윈의 이런 양가적 태도는 급진주의자로서만 알려져 있던 고드윈이 근본적으로 회의주의자가 아닌가하는 생각을 갖게 한다. 그런데 재미있는 것은 고드윈 자신이 이런 유추를 가능케 하는 진술을 하였다는 사실이다.

> 나를 아는 혹은 나의 글을 주의 깊게 본 모든 편견 없는 사람들은 나의 성격상의 결함은 내가 독단론자의 역할을 상당히 하고 싶어 하는 것보다는, 너무 회의적이라는 것을 인정할 것이다. 난 내 자신의 체계의 진실성에 대한 확신을 절대 하지 못했다. (Kiely 84 재인용)

고드윈의 진술에서 우리가 눈여겨 볼 용어는 "회의적," "독단론자," "내 체계에 대한 진실성의 확신" 등이다. 즉 고드윈은 자기가 내세우는 주장에 대해서조차, 사실 "회의적"이며, 그 "체계의 진실성을 확신" 하지 못하는, 그래서 특정 이데올로기나 세계관을 일방적으로 주장하는 "독단론자"가 되지 못했던 것이다. 따라서 이 소설은 고드윈의 사회인식과 정치의식을 분명 담고는 있지만, 그가 『정치적 정의에 관한 탐구』에서 주장한 정치적 프로파겐더를 일방적으로 담은 정치소설이 아니라, 18세기 말의 이데올로기적 혼란과 불확실성의 세계를 구현한 고딕소설인 것이다. 따라서 "고딕소설이란 그 이름 자체는 . . . 대립되는 충동, 즉 새롭고 신선하고 독창적인 것을 향한 충동과 자연으로 돌아가고 싶은 충동, 과거로 향한 충동을 반영하는 모순어법"(17-18)이라는 킬고어(Maggie Kilgour)의 주장처럼, 이 소설은 고딕소설의 양면성, 즉, 고딕소설의 혁명적이자 보수적인 면을 동시에 구현한, 양가성과 이데올로기적 혼란을 그 공포의 근간으로 삼고 있는 전형적인 고딕소설이 되는 것이다.

참고 문헌

Cohen, Michael. "Godwin's *Caleb Williams*: Showing the Strains in Detective Fiction." *Eighteenth-Century Fiction* 10.2 (1998): 203-19.

Collings, David. "The Romance of the Impossible: William Godwin in the Empty Place of Reason." *ELH* 70.3 (2003): 847-74.

Dumas, D. Gilbert. "Things as They Were: The Original Ending of *Caleb Williams*."

Studies in English Literature, 1500-1900 6.3 (1966): 575-97.

Godwin, William. *Caleb Williams*. New York and London: Norton and Company, 1977.

_______. *Enquiry Concerning Political Justice*. Ed. F. E. L. Priestley. Toronto: U of Toronto P, 1946.

Graham, Kenneth W. "The Gothic Unity of Godwin's *Caleb Williams*." *PLL* 20.1 (1984): 47-59.

Horrocks, Ingrid. "More than a Gravestone: *Caleb Williams*, *Udolpho*, and the Politics of the Gothic." *Studies in the Novel* 39.1 (2007): 31-47.

Hughes, Dean Thomas. *Romance and Psychological Realism in William Godwin's Novels*. New York: Arno Press, 1980.

Kelly, Gary. *The English Jacobin Novel, 1780-1805*. Oxford: Oxford UP, 1976.

Kiely, Robert. *The Romantic Novel in England*. Cambridge, Massachusetts: Harvard UP, 1972.

Kilgour, Maggie. *The Rise of the Gothic Novel*. London and New York: Routledge, 1995.

Radcliffe, Evan. "Godwin from 'Metaphysician' to Novelist: *Political Justice*, *Caleb Williams*, and the Tension Between Philosophical Argument and Narrative." *Modern Philology* 97.4 (2000): 528-53.

Rizzo, Betty. "The Gothic Caleb Williams." *Studies on Voltaire and the 18th Century* 305 (1992): 1387-89.

Storch, Rudolf. "Metaphors of Private Guilt and Social Rebellion in Godwin's *Caleb Williams*." *ELH* 34.2 (1967): 188-207.

Tysdahl, B. J. *William Godwin as Novelist*. London: Athlone, 1981.

Walsh, Cheryl. "Truth, Prejudice, and the Power of Narrative in *Caleb Williams*." *English Language Notes* 35.4 (1998): 22-38

Williams, Nicholas M. "'The Subject of Detection': Legal Rhetoric and Subjectivity in *Caleb Williams*." *Eighteenth-Century Fiction* 9.4 (1997): 479-96.

『프랑켄슈타인』: 메리 셸리의 여성 고딕 로맨스

원유경 _ 세명대학교

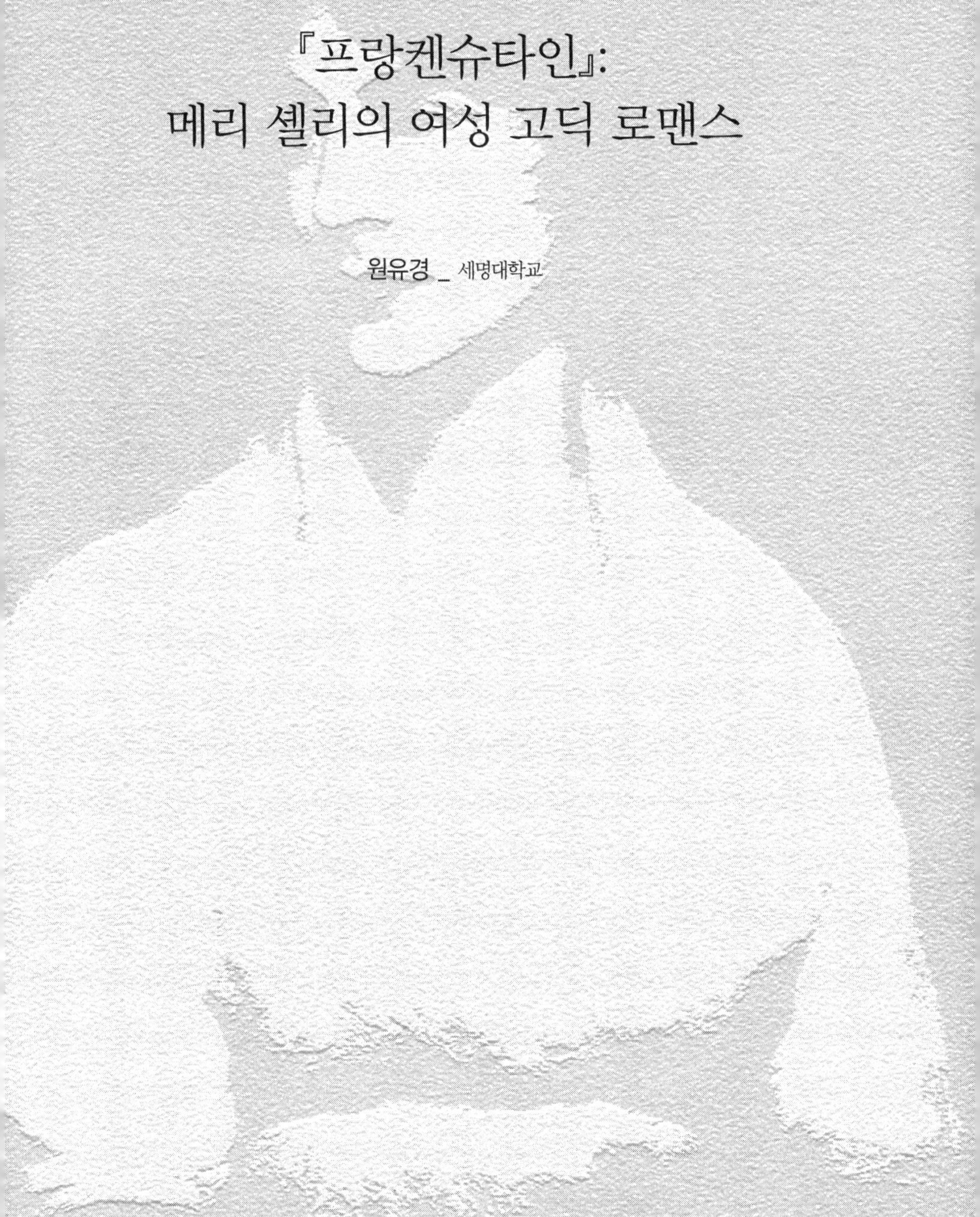

『프랑켄슈타인』:
메리 셸리의 여성 고딕 로맨스*

I

작가 소개

메리 셸리(Mary Shelley 1797-1851)는 메리 울스턴크래프트(Mary Wollstonecraft)와 윌리엄 고드윈(William Godwin)의 딸로 훗날 퍼시 비셰 셸리(Percy Bysshe Shelley)의 아내가 된다. 메리의 모친은 『여성의 권리 옹호』(*A Vindication of the Rights of Woman,* 1792)를 쓴 선구적인 여성해방운동가로 열정적이고 진보적인 여성이었다. 그녀는 프랑스에서 연애에 실패하자 딸 패니 임레이(Fanny Imlay)를 데리고 영국으로 돌아와 계몽서적을 번역하며 유명 문학가들과 토론을 즐기다가 무정부주의를 주창한 정치평론가이자 소설가인 고드윈을 만나 1797년에 결혼한다. 그러나 그 해 딸 메리를 출산한 후 열흘 만에 패혈증으로 사망한다.

윌리엄 고드윈은 부유한 이웃 메리 제인 클레어몽(Mary Jane Clairmont)과 재혼하고, 메리는 부모가 서로 다른 자매 패니 임레이, 클레어 클레어몽(Claire Clairmont) 등 복잡한 가족관계 속에서 외로운 성장기를 보낸다. 메리는 부친의 서재와 성 팬크라스 교회(St. Pancras Old Church)에 있는 모친의 무덤가에서 책을 읽으며 혼자 지

* 이 글은 1998년에 발간된 『근대영미소설』 5권 2호에 발표한 논문을 고쳐 쓴 것이다.

식과 교양을 쌓아간다. 1814년 6월 메리는 부친의 정치적 추종자인 퍼시 셸리를 처음 만나고 순수한 이상을 지닌 그에게 매료된다. 퍼시에게는 해리엇(Harriet)이라는 아내가 있었지만, 메리는 그와 프랑스로 야반도주하고 두 달 후 다시 영국으로 돌아오는데 이 때 퍼시의 아이를 유산한다. 퍼시는 부유한 귀족 가문 출신이지만 그의 급진적 사상과 생활방식 때문에 부친에게서 외면당해 상속권을 박탈당하고 메리는 셸리 가문의 인정을 받지 못한다.

1816년 퍼시와 메리는 이복 동생 클레어와 함께 스위스 제네바 근교에서 여름을 보내게 되는데, 메리는 이곳에서 『프랑켄슈타인』(*Frankenstein,* 1818)을 쓰기 시작한다. 메리는 어린 시절부터 글쓰기를 즐기며 낭만적인 상상의 세계에 빠지는 것을 선호하였는데, 유명한 문학가의 딸인 자신에게 거는 남편 퍼시 셸리의 기대에 부응하고자 남성들의 지적 토론을 즐기는 등 많은 노력을 했다고 한다. 1816년 바이런(Lord Byron)의 별장에서 비가 쏟아지던 날 독일의 유령 이야기를 읽다가 바이런이 "유령 이야기를 하나씩 쓰자"라고 권하고 이에 바이런, 그의 주치의 폴리도리(Polidori), 그리고 셸리 부부가 글을 쓰기 시작한다. 메리는 인간의 공포 본능을 자극할 끔찍한 이야기를 찾기 시작하고, 바이런과 퍼시가 나눈 다윈 박사(Dr. Erasmus Darwin)의 무생물 실험 이야기를 들으며 상상력의 자극을 받아 창백한 얼굴을 한 과학도가 끔찍한 형상 옆에 앉아 있는 장면을 떠올리게 된다. 무생물 상태의 형상이 움직이며 자신을 내려다보는 순간의 공포를 작품으로 형상화하려는 메리의 노력은 퍼시의 격려에 힘입어 장편 소설 『프랑켄슈타인』으로 완성된다.

그 해에 퍼시와 메리는 패니 임레이의 자살과 해리엇의 자살 소식에 정신적 고통을 겪지만, 결국 12월 30일에 런던의 한 교회에서 결혼식을 올리게 된다. 셸리 부부는 여전히 경제적 문제, 양육권 문제,

건강 악화, 그리고 퍼시의 부친과의 갈등 등으로 힘들게 지내면서, 이탈리아로 떠나 친구를 방문하며 글을 쓰게 된다. 그러나 1818부터 1819년 사이에 딸 클레어(Clare)와 아들 윌리엄(Willaim)이 사망하자 메리는 우울증으로 고통 받는다. 다행히 1819년 11월에 넷째 아이 퍼시 플로런스(Percy Florence)가 태어나 메리는 기운을 회복하게 된다. 이탈리아에서 퍼시와 메리는 글쓰기에 매진하여, 퍼시의 주요한 시 대부분이 이 시기에 완성된다. 그러나 1822년 7월 보트를 타고 집으로 돌아오던 퍼시가 폭풍우에 휩쓸려 익사하고 메리는 바이런 경 등 친구들과 함께 퍼시의 유해를 로마에 매장한 후 영국으로 돌아온다.

메리는 유일하게 살아남은 퍼시 플로런스를 키우며 창작에 몰두하여, 1823년 『발페르가』(*Valperga*)를 발표하고 1824년에는 남편의 시를 편집한 『셸리 유고시집』(*Posthumous Poems of Percy Bysshe Shelley*)을 출판한다. 1826년 퍼시 플로런스가 친조부인 티모시 셸리 경(Sir Timothy Shelley)의 유일한 상속인이 되어 재산을 물려받자 메리는 셸리 가문과 화해를 하게 된다. 메리는 1826년 비극적이고 냉소적인 고딕소설 『최후의 인간』(*The Last Man*)을 발표하고 이어서 역사소설인 『퍼킨 워벡의 행운』(*The Fortune of Perkin Warbeck,* 1830), 반(半)자전적인 소설 『로더어』(*Lodore,* 1835)를 발표하고, 1837년에 남편 퍼시가 해리엇의 자살과 무관함을 밝히는 내용의 『포크너』(*Falkner*)를 출간한다. 퍼시 셸리가 점차 유명해지면서, 1838년에 출판된 그의 시집은 메리에게 500 파운드의 인세를 가져다준다. 메리는 1844년 『독일과 이탈리아 기행문』(*Rambles in Germany and Italy*)를 출판하고, 1851년 런던에서 사망하여 본머스(Bournemouth)에 묻힌다.

II

작품 소개

『프랑켄슈타인』은 북극 탐험에 나선 로버트 월튼(Robert Walton) 선장이 런던에 거주하는 누이 마거릿 새빌(Margaret Saville)에게 편지를 보내는 형식으로 시작된다. 월튼은 누이에게 자신의 모험이 지식에 대한 열정과 인류애라는 숭고한 의지에서 나온 것이라고 주장하며 극지방을 향해 나아간다. 빙하와 추위로 선원들의 목숨까지 위협받는 상황에 이르게 되었음에도 북으로 항해를 계속하던 월튼은 죽음 직전에 이른 채 빙하에 떠밀려온 유럽인 여행자를 발견한다. 참혹하게 야윈 여행자는 원기를 회복하자 신의 경지에 도전했다가 지옥의 나락으로 추락한 자신의 이야기를 들려준다. 지식과 모험에 대한 낭만적 열정이 얼마나 끔찍한 결과를 초래하는지를 보여주는 여행자의 이야기는 월튼의 북극 탐험에 대한 거울의 역할을 한다.

제네바 태생의 과학자 빅터 프랑켄슈타인(Victor Frankenstein)은 최고 가문 출신의 훌륭한 부친과 헌신적인 모친 사이에서 맏아들로 태어나 사촌 엘리자베스 라벤자(Elizabeth Lavenza)와 어린 동생 어니스트(Ernest)와 윌리엄(William), 그리고 친구 헨리 클러벌(Henry Clerval)과 함께 완벽한 가정에서 행복한 삶을 누린다. 과학과 수학에 탁월한 능력을 지닌 프랑켄슈타인은 독일의 잉골스타트(Ingolstadt) 대학에 입학하여 자연철학을 연구하며 인간 생명의 원리에 대해 관심을 갖게 된다. 그는 무생물에 생명을 불어넣는 능력을 갖게 되고, 이를 실험할 인간의 신체를 구하며 광기어린 실험과 연구를 계속하다가 마침내 생명을 창조한다. 그러나 그 열정적인 노력의 댓가는 끔찍하고 혐오스러운 외모의 괴물이다. 프랑켄슈타인은 자신이 만든 생명체의 참혹한 형상에 지옥 같은 공포를 느끼며 도망쳐 몇 달 동안 열병을 앓게 된다. 프랑켄슈타인은 클러벌의 헌신적인 간호와 사랑하는 가족들의 위로 덕분에 건강을 회복하지만, 동생 윌리엄이 살해되었다는 소식에 비탄에 잠겨 고향으로 돌아온다. 장엄하고 경이로운 몽블랑(Mont-Blanc)을 지나던 그는 폭풍우 속에서 괴물을 만나게 된다.

괴물은 프랑켄슈타인을 원망하고 저주하며 외로운 추방자로서 자신이 겪은 지옥 같은 절망과 고통을 이야기한다. 출생의 순간 버림받은 괴물은 인간 사회에서 학대받고 쫓겨나 외로움에 고통 받으며 축사에 숨어 생존한다. 어린 아이와 다름없는 백지 상태의 괴물은 오두막 축사의 널빤지 틈사이로 드 레이시(De Lacey) 가족을 훔쳐보며 인간의 삶과 언어를 터득하게 된다. 괴물은 이들 가족을 통해 사랑이라는 감정을 배우고, 부와 계급, 주인과 노예의 관계 등 사회 체제와 역사 등을 이해하게 된다. 차차 지적인 존재로 성장한 괴물은 물웅덩이에 비친 자신의 모습에 스스로 괴물임을 깨닫게 된다. 프랑켄슈타인의 일지를 통해 자신이 어떻게 태어났는지 알게 된 괴물은 "내가 생명을 얻은 그날을 증오한다! . . . 저주받은 창조자! 어째서 자기마저 역겨워 등을 돌릴 흉악한 괴물을 빚어냈단 말인가?"라고 절규한다. 괴물은 자신이 선하고 섬세한 기질을 타고 났지만, 인간의 배척과 학대로 인해 원한과 분노로 가득한 괴물로 변하게 되고 인류를 적으로 여기게 되었다고 말한다. 괴물은 프랑켄슈타인을 가장 큰 적으로 규정하고 복수를 다짐했지만, 자신과 똑같이 추악한 외모를 지닌 반려자를 만들어주면 분노와 복수심을 극복하고 인간 사회에서 사라지겠다고 약속한다.

괴물의 협박과 궤변에 넘어간 프랑켄슈타인은 외딴 스코틀랜드의 오크니 제도에서 여성 괴물을 만들기 시작한다. 그러나 실험의 완성 단계에 이르러 갈등과 회의에 빠진 프랑켄슈타인은 새로운 피조물로 인해 악마의 종족이 지상에 번식하고 인간사회가 종말을 맞게 될지도 모른다는 생각에, 거의 형상을 다 갖춘 여성 괴물을 갈가리 찢어버리고 만다. 괴물은 프랑켄슈타인에게 복수를 외치며, 클러벌을 살해하고 결혼식 날 밤 엘리자베스마저 무참히 살해한다. 프랑켄슈타인은 복수를 위해 괴물을 쫓기 시작하고, 괴물은 일부러 흔적을 남기며 프랑켄슈타인의 주변을 맴돌면서, 프랑켄슈타인과 괴물의 쫓고 쫓기는 관계가 계속된다.

북극으로 괴물을 쫓아간 프랑켄슈타인은 유빙 위에서 기진맥진한 채 표류하다가 월튼에게 구조된다. 프랑켄슈타인은 자신을 신에게 도전하였다가 영원한 지옥으로 추락하여 사슬로 묶이게 된 대천사에 비유하고, 월튼은 프랑켄슈타인의 숭고한 영혼을 예찬하며 그와의 우정을 소중히 여긴다. 선원들은 남쪽으로 항로를 변경할 것을 간청하지만, 월튼은 비겁자로 가족에게 돌아가지 말고 인류를 위한 숭고한 죽음을 과감히 맞이하라는 프랑켄슈타인의 영웅적 웅변에 매료된다. 배가 빙하와 충돌하고 선상반란의 위협까지 느끼면서도 월튼은 항해를 계속하려고 한다. 그러나 결국 월튼은 선원들의 뜻을 받아들여 뱃머리를 영국을 향하게 된다. 프랑켄슈타인은 월튼의 배 위에서 죽음을 맞이하고 괴물은 이를 비통해하며, "나는 죽으리라. 그러면 지금 느끼는 이 기분도 사라지겠지. 이 타는 듯한 고통도 곧 사라질 것이고. 나는 의기양양하게 장례의 장작더미에 오르리라. 그리고 고통스러운 불꽃의 고뇌에서 기쁨을 느끼리라. 불꽃이 꺼지게 되고 내 유해는 바다로 날아갈 것이다. 나의 영혼은 평온하게 잠들겠지. 깨어있다 해도 내 영혼은 지금과 같은 이런 기분을 느끼지는 않을 것이다. 이젠 작별이다"라고 외치며 어둠 속으로 사라진다.

III

1. 들어가며

메리 셸리(Mary Wollstonecraft Shelley)의 『프랑켄슈타인』은 프로메테우스 또는 파우스트(Faust)처럼 인간의 한계를 벗어나 신의 영역에 도전했던 프랑켄슈타인의 비극을 다룬 고딕 로맨스 작품이다. 『프랑켄슈타인』은 신성 모독적 내용이라는 비판과 초자연적 현상에 대한 놀라운 상상이라는 찬사가 교차되는 가운데, 영웅의 모험을 다룬 낭만적 작품으로 설명되어 왔다. 당대의 한 평자는 이 작품을 초자연적 현상에 대한 인간의 열정을 가장 훌륭하게 다룬 작품이라고 평가하는가 하면, 반면 다른 평자는 미친 사람이 쓰지 않았나 의심이 갈 정도라면서, 인간의 행동 또는 도덕에 대해 아무런 교훈도 주지 못하고 감성만 지치게 하는 유해한 작품이라고 혹평하기도 했다(Hunter 189-98). 이 작품은 여러 차례 공포 영화로 각색되었으며, 괴물을 창조한 과학자 프랑켄슈타인이라는 이름이 아동용 이야기책이나 만화책에까지 등장하여 공포의 대명사가 되어 버린 데서 볼 수 있듯이, 그 초자연적 분위기가 독자들에게 상당한 영향을 끼쳤던 것은 분명하다.

이같이 세간에 공포소설로 알려져 온, 웅대하고 초자연적인 과도한 열정의 이야기인 『프랑켄슈타인』은 남성적 작품으로 보인다. 이 작품에서 메리 셸리라는 여성 작가는 거의 숨겨져 있다. 그리고 남성 화자의 서술로 남성 인물들의 남성적 욕망을 다루고 있을 뿐 아니라 여성 인물들은 모두 중간에 무력한 상태로 죽거나 사라지고 말아, 이 작품은 더욱 남성적 작품으로 보인다. 그럼에도 『프랑켄슈타인』은 여성적 체험과 여성적 서술 전략이 담긴 여성적 작품이라 할 수 있다. 1970년대와 80년대에 들어와 유행하기 시작한 여성주의 비평의 선구자인 엘렌 모어즈(Ellen Moers)가 이 작품을 출산이라는 여성 고유의 체험에 근거한 여성적 작품이라고 주장하고, 샌드라 길버트(Sandra Gilbert)와 수잔 구바(Susan Gubar)가 가부장적인 밀턴(John Milton)의 『실락원』(*Paradise Lost*, 1667)에 담겨있는 여성 혐오적 특성을 수정한 작품이라고 주장한 이후, 이 작품은 여성주의 입장에서 다각적으로 분석되었다. 여성주의 비평은 대체로 이 작품에 내재된 낭만적 열정이 초래한 죄의식과 절망, 혼돈과 공포의 극한을 셸리의 자전적인 사실들과 연관시킨다.

그러면 고딕 로맨스로서 『프랑켄슈타인』을 여성주의 시각에서 읽어 보도록 한다. 우선 고딕 로맨스 장르의 문학사적 위치를 여성과 관련하여 잠시 검토해보고, 작품의 한가운데 묻혀 있는 '괴물'의 의미와 그것을 둘러싼 다층적 서술과 표제, 헌사 등 바깥의 서술 장치를 중심으로 셸리의 여성으로서의 체험이 작품의 주제와 형식에 어떻게 반영되어 있는지 분석해 보도록 한다.

2. 여성 고딕 로맨스란 무엇인가?

『프랑켄슈타인』은 공포를 일으키는 것을 목적으로 한 고딕 로맨스 작품이다. 셸리는 1831년판 서문에서 독일에서 유행하던 유령 이야기를 쓰자는 제안에 인간 본성의 신비스러운 공포를 얘기하고 전율할 듯한 두려움을 일깨워 독자들의 심장 박동이 빨라지게 하고 피를 얼어붙게 하는 작품을 쓰려고 했다고 밝히고 있다. 고딕 로맨스는 간단히 정의를 내리자면, 모어즈의 설명처럼 현실보다는 환상, 흔하고 평범한 것보다는 기이한 것, 자연적인 것보다는 초자연적인 것을 우위에 두면서, 무엇보다 공포를 조성하는 장르이다(214).

매기 킬거(Maggie Kilgour)에 따르면 고딕이란 18세기 계몽주의의 어두운 이면을 재현하며 이성과 빛의 시대에 대한 반발로 일어난 것이다. 킬거는 고딕의 이미지를 잠재의식의 에너지가 의식적 자아의 억압을 뚫고 분출하는 것, 은밀하고 신비스러운 영역에서 어두운 형체가 일어나는 것으로 표현한다. 고딕은 "억압된 것의 귀환"으로 설명될 수 있는데, 이성 중심의 계몽주의 시대에 거부된 신성한 것과 초월적인 세계가 고딕 소설에서 두렵고 원시적인 형태로 분해되고 심리적 공포로 내면화된 채 귀환한다는 것이다. 킬거는 18세기에 고딕 소설이 유행한 것은 초자연적 힘의 존재를 거부하는 세속적인 근대 계몽주의 사회에서 신성과 초월성이 필요했던 것이며, 이성의 지배에 대해 상상력이 반란을 일으킨 것이라고 설명한다(3). 킬거는 이어서 고딕 로맨스를 여성의 분노를 표출할 수 있는 도구라고 설명한다. 예를 들어 여성적 고딕은 가정생활, 가족제도의 보이지 않는 실상, 그 모순을 폭로하는 역할을 한다. 즉 가정을 고딕 형식으로 덮어서 낯설게 하고 그것이 감옥임을 인식하게 한다는 것이다(9).

케이트 엘리스(Kate Ferguson Ellis)는 18세기 자본주의 발전에 따른 공동체의 와해로 인한 사회적 불안, 정치적 동요 속에서 가정의 영역을 난공불락의 공간으로 만들려는 경향이 강화되었으며, 이에 따라 공적 영역/사적 영역, 남성/여성의 역할이 더욱 확연히 분리되었다고 설명한다. 안정된 중산층 가정의 수호자인 여성은 남성의 능력, 경제적 자산, 신뢰도를 가늠하는 잣대가 되었다. 그리고 도시와 시골에서 심해진 사회적 동요와 폭력으로부터 여성을 보호하고자 하는 경향이 강화되어 더욱 안전한 도피처로서 가정의 위상이 높아졌다. 18세기 말 "가정의 행복"은 돈, 일과 관련해 타락한 세계와 동떨어진 중산층의 이상적인 가정을 찬미하는 개념으로 확립되었던 것이다. 엘리스는 리얼리즘의 가치관이 중산층의 이데올로기를 반영하며, 고딕 로맨스는 리얼리즘이 억압한 것을 지향하고 리얼리즘의 가치관을 전복하는 역할을 한다고 주장한다. 엘리스는 로맨스가

"당대의 실제적 삶과 풍속의 묘사"와 대조적인 "허황된 인물과 상황을 다루는 영웅적 우화"로 평가절하 되는데도 불구하고, 고딕 소설가들은 일부러 로맨스 영역을 택하였다고 지적하면서, 그 이유를 18세기 후반의 사실주의 작가들이 집착하려 했던 여성과 가정의 이데올로기를 비판하기 위한 것이라고 설명한다. 여성 고딕 소설은 가정이 낙원이라고 주장하는 듯하지만, 사실은 이를 전복시킨다. 엘리스는 울스턴크래프트가 여성을 세상에서 보호하는 것이 오히려 여성에게 해가 되기 때문에 여성도 인간으로서의 권리를 가져야 한다고 주장했듯이, 가정 예찬의 이데올로기는 남녀 불평등의 현실을 남녀간의 조화라는 유토피아적 비전, 천국으로서의 가정이라는 이미지로 감추고 있다며 이를 폭로하는 것이 바로 여성 고딕 로맨스가 할 일이라고 주장한다(xii).

18세기 소설의 발생 당시부터 로맨스는 여성과 연관되어 왔다.[1] 클라라 리브(Clara Reeve)는 무절제하게 로맨스를 읽는 풍토는 비판하였으나 로맨스를 무조건 여성들만의 서가를 채우는 가구로 취급하는 영국의 성차별주의를 교정하고자 하면서 로맨스 형식을 긍정적으로 전파하고자 노력하였다. 리브는 다른 계몽주의 작가들처럼 로맨스 읽기가 열정과 고양된 상상력을 조장한다고 걱정하기는 하지만, 천하고 상업적이며 탐욕적인 태도가 가져오는 시민 정신의 타

1) 소설과 로맨스는 거의 혼동되어 쓰이면서 소설이 독자, 특히 여성 독자에게 미치는 악영향에 대한 도덕론자들의 주장 또한 18세기에 흔했다. 18, 19세기에 소설과 여성은 흔히 동일시되었는데, 어떻게 해서 소설이 곧 여성적 장르로 규정되었는가는 단순한 문제가 아니라 당시의 사회적 배경과 문학적 풍토를 고찰해야 하는 비중이 큰 문제이다. Jane Spencer. *The Rise of the Woman Novelist: From Aphra Behn to Jane Austen.* (Oxford: Basil Blackwell, 1986)과 Nancy Armstrong. *Desire and Domestic Fiction: A Political History of the Novel.* (Oxford: Oxford UP, 1987)은 이 문제를 집중적으로 다루고 있다.

락이 더 해로운 것이므로, 로맨스가 오히려 세속적이고 비천한 삶에 빛과 색채를 부여할 수 있는 긍정적 역할을 갖는다고 주장한다(Carson 258 재인용).

대체로 로맨스 형식은 왜소하고 상업적인 현실/이상적 세계, 리얼리즘/낭만주의, 이성/상상력, 현재의 가부장제/과거의 기사도와 같은 이분법에 의거하여 후자의 우월함을 부각시킨다. 샬롯 레녹스(Charlotte Lennox) 같은 여성 작가는, 『여성 키호테』(*The Female Quixote, or the Adventures of Arabella*, 1752)를 통해 17세기 프랑스 로맨스에서 영웅적 세계의 이상적 남녀관계를 발견하고는 이에 탐닉한 채 현실세계의 왜소함과 천박함을 비판하는 매력적인 여성 애러벨라(Arabella)를 창조해냈다. 여성 키호테인 애러벨라는 비록 로맨스에 빠져 현실과 허구를 구분하지 못하고, 결혼을 강요하며 여성을 집안의 천사로 감금하려는 부친에 복종하기 싫어 집을 도망쳐 나오다가 봉변을 당하며, 평범한 남성을 자신의 미모에 반해 납치하려는 악당으로 오인하여 강에 뛰어들어 죽을 뻔한 고비도 넘기는 우스꽝스러운 여성이지만, 그녀는 실수보다는 매력 때문에 더욱 오래 기억된다.

이와 반대로 Q. D. 리비스(Leavis)는 로맨스를 마약에 비유하며 환상에 탐닉하는 습관에 중독되면 현실에 대처하는 적극적 능력이 마비된다면서 로맨스의 해악을 비판한다(Storey 29 재인용). 리비스가 지적한 바와 같은 로맨스의 해악은 18세기 도덕론자들로부터 꾸준히 지적되어 왔다. 우선 첫 번째 로맨스의 해악은 독자가 상상에 의해 동화의 세계로 빠져들면 사회질서와 규범에 무감각해져서 위협적인 존재가 된다는 점이다. 도피주의적 상상력, 지나친 감성의 자극은 현실적 삶에서 멀어지게 하고 무관심하게 만드는 문제점이 있다는 것이다. 당대의 한 서평을 예로 들면, 고딕 로맨스의 선정적 장면들이 일으키는 헛된 기대로 인해 정신은 타락하고, 온건하고 합리적인 삶에 대한 전망이 맥 빠진 획일성으로 뒤덮이게 되며, 그 결과 의무에는 소홀해지고 만족을 모르는 채 모험이나 추구하게 되는 것이다.[2)]

제인 오스틴(Jane Austen)은 18세기 소설의 흐름에서 주변으로 밀려난 많은 여성 작가들과 달리 남성 작가들과 나란히 중심에 위치하며 리얼리즘 전통의 주요 정전의 위상을 유지해온 작가이다. 오스틴은 일상의 소중함을 주장하면서 허황된 상상력에 근거한 고딕 로맨스를 비판한다. 오스틴은 『노생어 애비』(*Northanger Abbey*, 1817)에서 로맨스/리얼리즘의 이분법을 제시하며 후자가 우월하다는 주장을 한다. 노생어 애비라는 고딕적 분위기를 연상시키는 이름에 끌려 이곳을 방문하게 된 여주인공 캐서린 몰랜드(Catherine Morland)는 고딕 로맨스에 심취되어 로맨스 속의 허구를 현실로 혼동하는 어리석은 행동을 반복한다. 그러다가 그녀는 정신적 스승이라 할 수 있는 남주인공 헨리 틸니(Henry Tilney)의 지도로 위험한 로맨스 병에서 치유된다. 캐서린은 자신의 어리석음과 고딕 로맨스의 우스꽝스러움을 인정하고 헨리와 결혼하여 현실과 일상에 토대를 둔 건전한 영국인 중산층으로 자리잡게 된다. 월터 앤더슨(Walter Anderson) 같은 비평가는 『노생어 애비』의 주제를 캐서린의 결혼과 가정의 행복에 대한 눈뜸이라고 설명한다. 캐서린의 교육은 일상적이고 평범한

---

2) 이언 와트(Ian Watt)는 18세기 후반에 소수의 예를 제외하고 별 가치 있는 작품이 나오지 못했다면서, 순회문고와 서적상들이 감성과 로맨스에 탐닉하여 대리만족을 얻으려는 독서 대중의 무비판적 요구를 그대로 수용함으로써 문학의 하락 현상이 나타나게 되었다고 주장한다. 그에 의하면 고딕 로맨스는 그 시대의 삶의 흥미로운 부분을 설명해 줄 뿐 문학적 가치는 없다. 이어서 와트는 18세기에 여성의 작품이 양적으로만 우세했을 뿐인데 제인 오스틴이 부족한 여성의 작품을 남성의 수준으로 끌어올리는 데 기여했다고 평가한다(330).

가정적 행복의 소중함을 깨닫는 데서 완성이 된다는 것이다. 그는 이 작품이 허황된 상상보다 일상적 사실에 근거한 감정이 훨씬 우월한 것이며 가치 있다는 것을 보여준다고 주장한다(496-97).

그러나 제인 오스틴은 한편 고딕 로맨스를 풍자하는 이야기를 통해 평범한 현실 속에 파묻혀 있는 틸니 장군의 가부장적 권위의 폭력을 드러냄으로써 이 작품에 다른 의미를 부여한다. 평범한 현실 속에서 억압되어 보이지 않던 진실이 우연히 허무맹랑하다고 공격받아온 캐서린의 고딕적 상상력에서 쉽게 드러나는 것이다. 이런 점에서 이 작품은 고딕 로맨스의 풍자라는 견해와 더불어, 여성의 곤궁한 삶을 드러내는 장르로서 로맨스를 무의식중에 옹호하는 작품으로 읽힌다. 길버트와 구바는 화자의 이중적 어조에 유의하여 이 작품이 보이지 않는 일상 속의 폭력을 고발하고 있다고 주장한다(127-55). 이 작품은 정말 두려운 것은 고딕 로맨스의 이유 없고 허황된 상상 속의 악과 공포가 아니라, 오히려 현실의 일상적 삶 속에 있는 보이지 않는 악과 공포라는 사실을 말해주고 있다는 것이다. 정말 두려운 것은 어리석은 여성들에게 잠시 자리하다가 곧 사라져버리는 고딕적 환상이 아니라, 현실 속에서 너무 익숙해져서 보이지 않는 여성, 자식 세대, 하층계급에 대한 남성, 부모 세대, 지주 계층의 억압이라는 것이다.

오스틴이 보여주는 고딕 로맨스의 허황된 상상세계는 오히려 현실세계에서 억압되어 잘 보이지 않는 가부장들의 악과 폭력을 드러내 보이는 역할을 한다. 현실 사회에서 경멸 받는 여성들의 행태는 경제적 조건에 의해 조종되는 여성들의 삶을 역설적으로 보여주며, 고딕 로맨스 속에서 잔인한 폭군이 아내를 감금하고 살해하는 상상은 허황되고 우스꽝스러운 것으로 풍자되고 조롱되지만, 은연중 가부장들의 폭력을 시사하는 역할을 하는 것이다. 이와 같이 로맨스의 상상 세계는 여성에게 자유로이 상상의 나래를 펼칠 수 있는 유일한 영역, 자신의 본질에 가까이 접근할 수 있도록 해방된 공간, 현실 세계에서 보이지 않는 억압된 진실, 즉 가부장 사회가 여성에게 가하는 폭력이 적나라하게 드러나는 공간이 될 수 있다.

그러나 로맨스가 전복적 형식이라는 주장과 함께, 일시적으로 사회의 기존 질서가 와해되는 환상을 체험하지만 결국 사회로 복귀하여 현상 유지에 기여하는 이데올로기의 재생산에 가담한다는 주장 또한 있다. 초기 비평가들에 의해 상상에 의한 현실 도피로 말미암아 사회질서에 대한 전복적 성향이 로맨스의 해악으로 지적되었던 것과는 달리, 현대 비평가들은 고딕 로맨스의 카니발적인 요소가 반동적이고 보수적인 형식이라고 설명하는 것이다. 고딕 로맨스에서 여성 독자나 여성 인물들은 결국 궁극적으로는 가정과 일상생활이라는 종착지로 돌아오게 되어 있는데, 잠시 이를 연기하고 모험을 찾아 독서에 탐닉할 뿐이라는 것이다. 고딕 로맨스는 여성들에게 일시적인 사회 질서의 전복을 체험하게 하고 그 체험으로 오히려 더욱 공고해지고 바람직해 보이는 규범의 세계로 복귀하게 만든다. 로맨스는 의식의 마비를 가져오며, 일시적 변화의 환상을 통해 자신의 운명에 만족하게 함으로써 변화를 오히려 방해하고 대리 모험으로 만족한 채 새장에 안주하게 하는 정치적인 도구의 역할을 하는 것으로 볼 수 있는 것이다.

한편 테리 러블(Terry Lovell)은 고딕 로맨스가 주로 여성에 의해 씌어졌다는 점을 지적하며, 그 이유를 '타자성'의 개념으로 설명한다. 중산층의 부르주아 문화에서 여성은 흑인, 광인, 범죄자, 불구자, 추방자 등과 마찬가지로 사회적·문화적 '타자'들이므로, 여성의 영역 또한 주변으로 밀려난 은밀한 환상의 영역이었다. 따라서 여성은 주변적이고 전복적인 글쓰기와 연관되곤 했다. 흔히 로맨스는 독자의 마음을 초자아에서 해방시켜 백일몽과 소원 성취를 한껏 추구할 수 있게 구성되는데, 러블은 셸리가 환상 속에서 가부장제, 상징계의 전복을 묘사하고 있다고 설명하며, 그녀를 여성 고딕의 전통의 선구자라고 주장한다(63).

이와 같이 로맨스에 대해 혁명적/보수적 형식이라는 논란이 계속되고 있는데, 필자는 고딕 로맨스를 계몽주의의 가치관을 반영하는 리얼리즘에 적대적인 장르, 또는 가부장적 사회에서 주변으로 밀려난 소외된 존재로서 여성의 곤궁한 삶을 폭로하는 전복적 성향의 판타지로 보는 입장을 견지한다.

근대의 여성 고딕 로맨스는 흔히 남성 중심 사회에서 글을 써야 했던 여성의 자기 비하의 서술전략이 담긴 이중적 형식을 취한다. 여성의 고딕 로맨스는 표층에서는 보수적으로 보이지만, 심층에는 혁명적 요소가 숨겨져 있는 것이다. 고딕을 통해 리얼리즘 이데올로기의 보이지 않는 폭력을 과장되게 초자연적으로 드러내는 것이 고딕 로맨스이다. 『프랑켄슈타인』은 프랑켄슈타인의 가정을 통해 위대한 과업을 행하는 남성의 허점과 일상에 묶여 가정의 천사로서 무력해지는 여성의 허점을 드러내며, 괴물의 자아 추구를 통해 가부장 사회에서 억압된 여성의 운명을 상징적으로 제시한다. 그 가운데 작가는 괴물의 놀라운 파괴력을 통해, 남성/여성 신화를 해체하며, 출산을 포함하여 여성의 성을 불결한 것으로 금기시하는 태도 이면에 감추어진 남성의 열등감 또는 공포를 폭로한다.

그런데 셸리는 자신의 작품을 여러 서술 장치를 통해 감싸고 포장한다. 따라서 조지 레빈(George Levine) 같은 비평가는 이 작품을 리얼리즘의 신화를 구현하는 작품이라고 주장하기도 한다(209).[3] 결말

3) 레빈은, "보상 받는 미덕의 신화"를 중심으로 하는 영국의 리얼리즘 전통은, 평

부분에서 월튼은 자신이 북극 탐험의 무모한 모험을 중단하고 돌아가는 중임을 알리고, 프랑켄슈타인의 죽음과 괴물의 분신으로 파괴적인 암흑과 혼돈의 분위기가 사라지고 사회의 안정과 조화가 회복될 것을 암시한다. 따라서 레빈은 이 작품이 야망을 추구하던 인물의 파멸을 통해 위대한 삶을 열망하고 시도하는 것이 사회에 해악이 됨을 보여준다고 주장한다. 레빈은 그 점에서 『프랑켄슈타인』을 리얼리즘 소설의 이상을 구현하는 작품이라고 주장하는 것이다. 레빈의 이 같은 주장은 여성 작가로서 셸리의 자기 방어적 여성 전략, 즉 자신의 고딕적 성향을 리얼리즘으로 은닉하려는 의도가 성공적이었다는 생각을 하게 한다.

3. 여성작가로서의 셸리의 체험과 『프랑켄슈타인』

『프랑켄슈타인』에서 작가가 집필 도중에 겪은 여성으로서의 체험 양상을 찾는 것은 어렵지 않다. 인위적으로 만들어진 괴물은 산고 끝에 출생한 태아의 이미지를 가지며, 생명의 창조를 위해 몰두하고 창조 이후 깊은 잠에 빠지는 프랑켄슈타인은 산고를 겪는 산모의 이미지를 갖는다. 괴물이 자기 정체성을 찾아 헤매는 모습은 태아의 성장기를 연상시키며, 프랑켄슈타인은 기형인 태아를 유기한 비정한 부모가 된다.[4]

범한 일상적 삶에 의의를 두면서, 깊고 열정적이고 위대한 것을 추구하는 것은 사악한 것으로 간주한다고 설명한다. 리얼리즘이 가능한 것과 현명하게 타협하는 것이라면, 그 리얼리즘의 이상에 의해 억압되었던 잠재 에너지가 해방되는 공간이 고딕 소설이다. 고딕 소설에서는 리얼리즘이 선호하는 사회적 관습에서 벗어나는 강렬하고 설명할 수 없는 인간에 잠재된 악이 분출되는 것이다(209).

4) 모어즈는 작가와 창조자를 연관 지어서 이 작품이 출산 후유증, 즉 새로운 생명체에 대한 혐오감, 죄의식, 두려움을 다룬 작품이라고 주장하였는데, 한편 마르시아 틸롯슨(Marcia Tillotson)은 작가와 괴물을 연관 지어서 자신을 멀리하고

집필 도중 계속 임신과 출산을 겪었으며 남성에 대한 열등감에 시달렸던 작가의 전기적 사실은 곧 작품의 주제와 형식으로 형상화되었다. 본명이 메리 울스턴크래프트 고드윈 셸리(Mary Wollstonecraft Godwin Shelley)인 셸리는 그녀 자신보다는 주변 인물과의 관계로 설명되어 왔다. 당대 관습에 도전적인 태도로 여성의 권리를 주장하고 여성 교육의 필요성을 부르짖던 울스턴크래프트의 딸이자 개인의 자율성에 토대를 둔 무정부주의를 주창한 고드윈의 딸이며, 낭만주의 시인 셸리의 아내로서 그녀의 삶은 고통의 연속이었다. 울스턴크래프트는 딸 메리의 출산 후유증으로 열흘 만에 사망하였고, 고드윈은 몇 년 후 재혼하여 셸리는 외로운 성장기를 거치게 된다. 셸리는 어머니의 무덤가를 즐겨 찾아 이곳에서 부모의 저서를 탐독하곤 하였으며 아버지를 방문하고 있던 시인 셸리와 어머니 무덤에서 만나곤 하였다. 그녀는 열일곱 살에 부인까지 있던 시인 셸리와 함께 프랑스와 스위스로 도주하고, 엄격하던 부친에게 윤리적으로, 경제적으로 버림받게 된다.

그녀가 결혼도 안 한 상태에서 열여덟 살에 출산한 첫딸은 두 주만에 사망했는데, 셸리는 죽은 딸이 소생하는 꿈을 꾸곤 했다고 한다. 동복 언니 패니 임레이가 자살한 데 이어, 두 달 후 시인 셸리의 부인인 해리엇 셸리가 자살하는 등 그녀는 출산을 중심으로 죄의식, 죽음, 고통의 문제에 늘 둘러싸여 있었다. 1816년 아들 윌리엄이, 이듬해 딸 클라라가 태어났으나, 딸은 1818년에, 아들은 1819년에 각각 죽고 만다. 연이은 임신과 출산, 그리고 죽음 가운데 제네바 근처의 호숫가에 위치한 바이런의 별장에서 『프랑켄슈타인』의 집필

바이런 등과 어울리는 남편 셸리에 대한 작가의 불만이 괴물의 파괴적 복수로 형상화되었다고 주장한다(Richter 159 재인용).

이 계속되었다. 이 작품의 출간 후에도 연이은 죽음 — 1822년 남편의 익사, 잇따른 바이런, 키이츠(John Keats) 등 지인들의 죽음, 1836년 아버지 고드윈의 죽음 — 을 겪은 후, 셸리는 1851년 사망하기까지 유일하게 남은 아들 퍼시 플로런스 셸리와 함께 살아남은 자의 고통을 안고 지내면서, 『발페르가』(*Valperga,* 1823), 『최후의 인간』(1826), 『퍼킨 웨백: 로맨스』(1830), 『로도어: 소설』(1836), 『포크너』(1837) 같은 어두운 작품들을 남기게 된다.

1831년 개정판의 서문에서 셸리는 1818년 초판의 서문이 시인 퍼시 셸리가 쓴 것이라고 밝히고 있다. 시인 셸리가 썼다는 서문은 이 작품이 한가로운 로맨스로 취급될까 우려하며 도덕적 의의를 강조한다. 시인 셸리는 이 작품이 초자연적 공포를 보여주는 것보다는 상상을 통해 폭넓게 인간 본성을 탐색하는 데 주력하고, 소설의 유해한 영향을 피해 독자에게 "가족애의 다정함과 보편적 미덕의 탁월함"을 보여주는 것이 목적이라고 얘기한다.

시인 셸리가 죽고 난 후 고쳐 쓴 1831년 개정판의 서문에서 작가 메리 셸리는 자기 방어적인 어조로 "어떻게 어린 소녀가 그런 끔찍한 이야기를 생각해내고 전개하게 되었을까?"라는 질문을 던지며 끔찍하고 불경스러운 작품을 쓴 데 대한 변명을 시작한다. 셸리는 바이런이 1816년 스위스 별장에서 유령 이야기를 한 편씩 쓰자고 제안함으로써 이 작품의 집필이 시작되었으며, 자신이 문단에서 이름을 날릴 것을 기대하는 남편의 소망에 자극 받고 격려되어 집필을 계속했다고 얘기한다. 며칠 간 퍼시, 바이런, 바이런의 주치의 폴리도리의 재촉을 받던 셸리는 어느 날 밤에 우연히 전기 자극에 의해서인지 무생물이 생명체처럼 움직이게 되었다는 다윈 박사의 실험에 관한 이야기를 듣게 된다. 그리고 그녀는 상상 속에서 어떤 이미지를 떠올리게 된다. 이 이미지는 창백한 표정의 과학도가 자신이 조합한 어떤 물체 앞에 무릎을 꿇고 있는 장면이다. 그 뻗어 있던 끔찍한 형상의 물체가 갑자기 어떤 자극에 의해 뭔가 불편하게 움직이기 시작하고, 공포에 질린 과학도는 도망쳤다가 그 생명의 불꽃이 곧 꺼져버렸을 거라고 믿으면서 돌아와 잠이 든다. 그러나 그는 잠이 깬 순간 그 끔찍한 형상이 자신을 내려다보고 있는 것을 보게 된다. 이러한 신의 창조를 흉내 내는 인간 행위의 기형적 이미지와 공포가 바로 이 작품의 싹이 된다. 이 불경스런 작품을 쓴 것에 대해 셸리는 남성들이 그 기원이며 주체이고, 자신은 그것을 수용하는 매체였을 뿐이라고 주장한다.[5] 그러나 그와 동시에 셸리는 동기와 자극은 남편과 친지에게서 왔지만 작품 자체는 자기 자신의 것임을 분명히 밝히고 싶어 한다. 그녀는 이 작품을 자신의 끔찍한 자식이라고 부르며 성공을 기원한다.

> 나는 내 추악한 자식에게 가서 번성하라고 말했다.[6]

이와 같이 셸리는 남편이 죽은 후 1831년 개정판의 서문을 통해 집필 동기와 주제에 대한 착상에 이르기까지 모두 남성들의 도움에 의한 것임을 강조하여 자신의 역할을 더욱 낮추는 한편, 비록 괴물 같은 형상을 하고 있으나 이 작품은 자신이 창조한 애정 어린 자식이라고 조심스럽고 여성스럽게 얘기하며 자신도 부친, 모친, 남편과 마찬가지로 당당한 저자임을 밝히고 있다.

---

5) 셸리의 자신의 역할을 낮추는 주장에 대해, 대체로 남성 비평가들은 액면 그대로 받아들여 이 작품은 셸리 자신의 것이라기보다는 남성들의 사상, 또는 당대의 분위기를 수용한 것이라고 주장하고, 반면 여성 비평가들은 가부장 사회에서 여성 작가가 취하는 전략의 일환으로 설명한다.

6) Hunter, 173. 텍스트는 1818년의 초간본에 의거하여 폴 헌터(Paul Hunter)가 편집한 노튼판을 사용하기로 한다.

『프랑켄슈타인』은 1818년 서문과 1831년 개정판의 서문, 그리고 밀턴의 『실락원』에서 발췌된 권두언, 부친에게 보내는 헌사로 겹겹이 둘러싸여 있다. 『프랑켄슈타인 또는 현대의 프로메테우스』라는 제목은 시인 셸리의 영향이 엿보이며, 권두언은 밀턴에게서 인용한 것으로 창조에 대한 도전, 창조와 존재의 이유에 대한 강한 의문으로 가득차 있는 아담의 절규이다. 이는 작품 속에서 프랑켄슈타인에게 보내는 그의 피조물의 절규로 변형되어 계속 메아리치게 된다

> 창조주여, 제가 당신께 진흙에서
> 저를 인간으로 만들어달라고 부탁하더이까?
> 제가 당신께 어둠에서 끌어내 달라고 간청하더이까?
> (*Paradise Lost* X 743-45)

셸리는 이 작품을 자신을 저버린 부친 고드윈에게 헌정하고 있다. 비록 자신을 부친과 마찬가지로 저자라고 칭함으로써 부친과 대등하게 글을 쓴다는 자부심을 보이기는 하지만, 그녀는 부친에게 자신의 저서를 바침으로써 그의 권위에 순종하고 있음을 보이고 싶어 하는 것이다.[7]

---

7) 길버트와 구바는 18세기 말부터 19세기에 걸쳐 눈먼 밀턴에게 책을 읽어주거나 밀턴이 구술하는 것을 받아 적는 딸의 모습을 그린 그림이 유행했다고 말하면서, 이 그림의 이미지는 가부장 사회의 여성 작가의 위상을 요약하고 있다고 설명한다. 그들은 셸리가 순종적인 태도로 부친(남성)에게 도움이 되고자 봉사하는 딸 역할을 하면서, 한편으로는 부친(남성)과 대등해지고 싶어 하는 욕망을 지닌 딸(여성), 즉 "밀턴이 딸들"의 대표적 유형이라고 주장한다. 그들은 밀턴이 『실락원』에서 여성혐오적인 신화를 구축하였으며, "밀턴의 딸들"인 여성 작가들은 이에 복종한 채 여성 혐오적 묘사를 모방하면서, 한편 심층에서는 분노한 괴물의 형상을 통해 밀턴의 지식을 흡수하여 그와 대등해지려는 욕망을 표현하고 있다고 설명한다. 길버트와 구바는 이러한 셸리의 모습이 가부장 사회의 여성 작가의 원형이라고 주장하는 것이다(214-20).

『프랑켄슈타인』은 세 겹의 구조로 되어 있으며, 모두 남성 화자의 서술로 되어 있다. 가장 바깥의 구조는 북극 탐험에 나선 월튼이 안정된 사회에서 행복한 가정을 이루고 있는 여동생에게 편지를 보내고 일기를 쓰는 형식으로 되어 있다. 월튼이 미지의 영역을 개척하여 인류에 기여한다는 이상에 사로잡혀 북극으로 다가감에 따라, 불안과 위험한 분위기가 고조되고 얼음에 갇힌 선원들은 점차 선상 반란의 움직임까지도 보인다. 그럼에도 월튼은 북극으로 항해를 계속하다가 괴물을 추적하고 있는 프랑켄슈타인을 만나게 된다. 월튼은 프랑켄슈타인의 절망과 회한에 찬 고백을 듣고 난 후 영웅적 이상의 추구를 포기하고 가정으로 무사히 돌아오는 것을 선택한다. 월튼이 가장 바깥에 위치하여 결국 평범한 사회 질서와 가정의 애정으로 귀환하게 되는 질서 회복의 결말을 제시하며, 그 안에 프랑켄슈타인의 열정적 창조 행위와 그에 따른 파멸과 혼돈의 이야기가 놓여 있고, 가장 안쪽에 끔찍한 외모로 인해 학대받다가 복수의 화신이 된 괴물의 이야기가 놓여 있는 것이다. 이 같은 서술 구조는 제목, 권두언, 헌사, 서문에 나타난 셸리의 여성 작가로서의 자의식과 다시 연관된다. 셸리는 불경스러운 주제인 프랑켄슈타인과 괴물의 이야기를 시작하기 전에, 이 이야기가 독자에게 아무 저항 없이 받아들여지도록 조심스럽게 몇 겹으로 포장하고 감싸고 있는 것이다.

4. 『프랑켄슈타인』에 나타난 남성/여성 이미지

마가렛 호먼즈(Margaret Homans), 베티 런던(Bette London), 멜러 등이 주목했듯이 작품에서 여성은 철저히 배제되고 있다. 어머니 캐롤라인(Caroline)은 아버지의 파산으로 전락한 채 병든 아버지를 간호하다 세상에 혼자 남겨진 상태에서 아버지의 친구인 프랑켄슈타인의 아버지에게 구원된다. 그녀는 결혼한 후에도 남편과 자식들, 가난한 사람을 위해 헌신적 삶을 살다가, 결국 엘리자베스를 간호하다가 병이 전염되어 죽고 만다. 엘리자베스는 작품의 여주인공으로, 당대에 유행한 여성 품행 지침서에 제시되던 여성 덕목을 모두 갖추고 있는 인물이다. 그녀 역시 일찍 어머니를 잃고, 이모부인 프랑켄슈타인의 부친에게 입양되어 캐롤라인에게서 여주인의 역할을 물려받는다. 그녀는 사랑과 희생의 화신으로, 누명을 쓴 하녀 저스틴(Justine)을 위해 법정에서 웅변을 토하는 데서 볼 수 있듯이 고귀한 영혼과 함께 웅변 능력을 갖춘 여성이므로, 독자로 하여금 절망의 심연에서 허덕이는 프랑켄슈타인을 구해주고 악에 의해 파괴되어 가는 가정을 치유해줄 수 있을 유일한 인물이라는 기대를 갖게 한다. 그러나 그녀는 신혼 첫날 밤, 구원은커녕 프랑켄슈타인의 고통에 대해 아무것도 모른 채 신혼의 침대에 누워 있다가 괴물에게 힘없이 희생되고 만다. 괴물의 복수의 도구라는 의미 외에 아무 의미도 없는 엘리자베스의 죽음은 1818년 서문에서 퍼시가 애써 주장한 가족적 가치의 구현이라는 주장을 무색하게 만든다. 이 작품에서 미덕을 갖춘 여성들은 거의 모두 의미 없이 죽고 만다.

물론 사랑과 자유를 찾아 사악하고 억압적인 부친과 감옥 같은 터키 사회로부터 홀로 도망쳐온 사피(Safie)처럼 용기 있는 여성이 있기는 하다. 사피 역시 정신적 지주였던 어머니를 일찍 여의고 아버지 밑에서 고통을 겪다가, 자신의 의지대로 새로운 가정을 찾아 드레이시(De Lacey) 가문에 들어온 여성이다. 그러나 유일하게 적극적인 여성인 사피는 검은 머리에 검은 눈을 가진 동양인으로 이질적 존재이며 작품 중간에서 그냥 사라져 버리고 만다.

마지막으로, 괴물의 요구로 창조되다가 프랑켄슈타인의 발작적 공포로 인해 갈가리 찢겨지는 여성 괴물이 있다. 탄생 직전에 파괴되고 폐기된 이 여성 괴물은 전통적인 남성 중심적 사회에서 여성에게 부여되는 모든 악을 다 구현하고 있는 존재이다. 자신의 목소리로 프랑켄슈타인과 독자들의 가슴에 연민을 희미하게나마 일으키는 남성 괴물과 달리, 여성 괴물은 전혀 자신의 목소리가 없다. 생명이 부여되기도 전에 파괴되어 버림으로써 그것은 프랑켄슈타인에 의해 묘사된 존재로만 남는다. 프랑켄슈타인의 상상의 거울 속에 그려진 여성 괴물은 이성과 자기 의지를 지님으로써 보다 사악하며, 인간 남성을 강간할 수도 있으며 또 그들의 종족을 퍼뜨려 인류를 없앨 만한 과도한 성적 능력이 있는 불결한 공포의 대상이다. 프랑켄슈타인의 상상의 거울에 비친 여성 괴물은 너무나 끔찍해서 프랑켄슈타인이 혐오감에 그 괴물을 난도질해버리자 독자는 함께 안도감을 느낀다.

이 작품에 등장하는 여성은 무력한 천사이거나 사피 같은 동양 여인이거나 기형적 여성 괴물로 작품 속에서 곧 죽거나 사라지고 만다. 메리 제코버스(Mary Jacobus)가 "텍스트 내부에 과연 여성이 있는가?" 하는 의문을 제기했듯이 이 작품은 진행되면서 프랑켄슈타인, 괴물, 그리고 월튼 같은 남성들만 존재하게 된다. 이들은 서로 닮아 있으면서 깊은 사랑 혹은 증오로 엮어진 불가분의 관계이다. 여성이 끼어들 틈이 없다. 무엇보다 출산조차 남성의 영역으로 옮겨갔다.

그런데 이 작품에서 독자에게 가장 강한 인상을 남기는 것은 자연에 위배된 기형적 세계, 절망과 혐오의 어두운 세계, 초자연적인 악의 세계이다. 작가가 서문과 작품의 결말에서 강조하듯 여성들에게 부여된 가족의 사랑이라는 약한 불빛은 하늘거리다 그대로 꺼져버리고 말았다. 이 작품에는 위대한 과업을 꿈꾸며 낭만적 열정으로 과학 또는 탐험의 영역에서 위대한 정복과 위대한 창조를 꿈꾸는 남성들의 세계가 빚어낸 어둠, 절망, 파괴, 죽음만이 남아 있다.

이 분위기를 통해서 셸리가 제시하고자 하는 것은 무엇일까? 월튼은 북극 탐험이라는 낭만적 모험은 무한한 기쁨을 주며 또한 북극에서 파헤치게 될 자기장의 비밀은 인류의 이익에 기여하게 될 것이라고 주장한다. 월튼은 한때 시인이 되고자 했던 이상주의자이며, 항해를 막는 아버지의 유언에도 불구하고 결국 배를 탄 낭만적 모험가이다. 그는 혹독한 추위에 배가 얼어붙고 선원들이 반란의 분위기까지 보이는 가운데 자신에게 공감하고 모험의 열정을 함께 나눌 친구를 갈망하던 중 프랑켄슈타인을 만나게 되자, 그의 영혼에 감탄하며 형제처럼 사랑하게 된다. 코울리지(Samuel Taylor Coleridge)의 『노수부의 이야기』(*The Rime of the Ancient Mariner*, 1798)의 노수부가 결혼식 손님에게 자신의 저주 받은 삶을 이야기하듯이, 조셉 콘래드(Joseph Conrad)의 「은밀한 공유자」("The Secret Sharer," 1910)에서 도피 중인 방랑자가 선장에게 자신의 이야기를 하듯이, 프랑켄슈타인은 월튼에게 자신의 저주 받은 운명을 얘기하기 시작하고 월튼은 그에게 공감한다. 이 두 사람 사이에는 '진정한 친구', '애정', '공감', '형제' 등의 단어들이 오가며 남성끼리의 우애가 부각된다.

월튼의 서술에 삽입된 프랑켄슈타인의 이야기는 프랑켄슈타인과 괴물의 관계에 관한 이야기이다. 프랑켄슈타인은 자신의 가족에 대한 소개로 이야기를 시작하는데, 그에게 가정이란 우월한 남성의 보호와 나약한 여성의 봉사로 요약된다. 그의 어머니는 가족에 대한 사랑과 희생과 봉사를 대변하는 가정의 천사이다. 프랑켄슈타인의 약혼녀인 사촌 엘리자베스 또한 가정의 수호자이다. 희생의 천사인 프랑켄슈타인의 어머니는 엘리자베스에게 자신의 역할을 대물림한다. 프랑켄슈타인에게 엘리자베스의 매력은 바로 가족에 대한 헌신적 사랑이다.

그녀는 나를 위로하고 숙부를 즐겁게 해드리고 동생들을 교육시켰다.

그녀가 자신을 잊고 남들의 행복에 도움이 되고자 끊임없이 애쓰는 이 때만큼 그녀가 매혹적으로 보인 적이 없었다. (25)

프랑켄슈타인은 자연철학에 관심을 갖게 되어 아그리파(Agrippa), 파라켈수스(Paracelsus), 매그너스(Albertus Magnus) 등의 연금술에 몰두하였다가, 부친과 함께 번개와 전기의 실험을 한 후 이들 영향을 벗어나 근대과학에 몰두하게 된다. 최고의 가족애로 둘러싸여 서로의 행복을 갈망하는 프랑켄슈타인의 집안은 어머니의 죽음과 함께 프랑켄슈타인이 대학에 입학하여 과학에 몰두하게 되면서 흔들리기 시작한다. 인골스타트(Ingolstadt) 대학에서 근대과학에 심취한 프랑켄슈타인은 인간의 신체 구조, 생물체의 구조에 관심을 갖고 생명의 기원에 대한 호기심에 이 년간 고향 제네바를 한 번도 방문하지 않은 채 과학적 연구에 몰두한다. 결국 부친과 두 동생, 약혼녀 엘리자베스, 죽마고우 클러벌 모두를 잊은 채, 프랑켄슈타인은 인간의 생명을 창조한다는 광적인 목적을 갖게 되고 이를 위해 인간의 한계를 벗어나는 끔찍한 행동을 시작하게 된다. 프랑켄슈타인은 자신이 새로운 인류의 창시자가 된다는 환상에 자연의 은밀한 곳을 파헤치기 시작한다. 멜러는 인간이 과학의 이름 아래 자연을 훼손하는 행위를 자연을 "강간"하는 것으로 표현함으로써, 과학과 자연을 남성과 여성의 관계로 환원시키기도 한다(281).

결국 프랑켄슈타인은 생명의 창조에 성공한다. 프랑켄슈타인의 과학적 창조는 여성의 출산에 따른 산고의 이미지로 상세히 묘사되어 있다.[8] 프랑켄슈타인은 생명의 창조에 성공하지만, 태어난 생명

8) 모어즈는 괴물이 탄생하는 장면과 프랑켄슈타인이 공포와 혐오감에 휩싸여 도주하는 장면이 이 작품에서 가장 흥미롭고 강렬하면서 가장 여성적인 부분이라고 설명한다. 여기에 갓 태어난 생명에 대해 여성이 느끼는 우울증, 절망

체의 기형적 괴물성에 공포와 혐오를 느끼고, 자신의 자식이나 다름없는 생명체를 유기한 채 도망쳐버린다. 출산 후 산모처럼 프랑켄슈타인은 깊은 잠에 잠시 빠지는데, 잠 속에서 그는 악몽에 시달린다. 꿈속에서 그는 여동생이나 다름없는 엘리자베스와 첫 키스를 한다. 그러자 엘리자베스가 프랑켄슈타인의 어머니로 서서히 변하면서 부패한 시체로 변하고 그는 공포에 휩싸이며 꿈에서 깨어난다. 그런데 악몽에서 깨어나는 순간 프랑켄슈타인은 자신의 얼굴을 들여다보고 있는 흉칙한 모습의 괴물을 보게 된다. 프랑켄슈타인의 꿈 속에서 엘리자베스가 어머니 캐롤라인으로 바뀌는 것은 괴물의 창조가 근친상간과 마찬가지로 인간의 원칙에 벗어나는 기형적 현상임을 암시한다.

> 나는 정말 잠이 들었었다. 하지만 끔찍한 꿈에 시달려 잠을 설쳤다. 나는 인골스타트 거리를 걷고 있는 건강한 모습의 엘리자베스를 보았다고 생각되었다. 기쁘고 놀라워 나는 그녀를 껴안았다. 그러나 그녀의 입술에 첫 키스를 하는 순간 그 입술은 죽음의 색깔처럼 창백해졌다. 그녀의 얼굴이 바뀌는 것 같았다. 나는 내 팔에 죽은 어머니의 시체를 안고 있는 것으로 생각되었다. 어머니의 시체는 수의로 감싸져 있었고 천이 접혀진 틈새로 벌레가 스멀거리고 있는 것이 보였다. 나는 공포에 휩싸여 꿈에서 깨어났다. (34)

감, 죄의식, 공포의 감정이 잘 드러나 있기 때문이다. 이후 영아 유기에 대한 인과응보의 이야기가 소설의 주축이 되므로, 이 작품은 출산이라는 정신적 상흔을 다룬 여성적 작품이라고 분명히 말할 수 있다는 것이다(218). 로버트 키일리(Robert Kiely)는 셸리가 남성의 이상주의에 대비되는 세속적이고 물질적인 면에 초점을 두는 점에서 여성적 특성을 보인다고 설명한다. 괴물의 끔찍한 모습을 꼼꼼하게 구체적으로 묘사하는 것, 불결하다고 금기시되어 온 성적 충동까지도 과감히 묘사하는 것, 그리고 한편 부모와 자식 간의 심리적 갈등까지 꼼꼼히 묘사하는 점에서 여성적이라고 주장한다(Moers 223 재인용).

인간의 한계를 벗어난 생명 창조의 과업은 성공했으나, 태어난 생명체는 그 성공을 쉽게 지옥으로 뒤집어 버리는 끔찍한 괴물이다. 괴물이 그렇게 끔찍한 이유는 우선 생명의 기원이 해부실, 더 정확히는 묘지에서 썩어가는 시체에서 유래되었기 때문이며 물질에 생명을 부여하는 금기시된 행위이기 때문이다. 프로이트(Sigmund Freud)의 "언캐니"(uncanny) 개념에서도 볼 수 있듯이 금기시된 대상을 보는 것은 공포를 조성한다. 신의 창조를 모방한 인간의 생명 창조 행위는 그 흉측스런 괴물의 모습처럼 괴물적인 것이며 기형적인 것으로 초자연적 공포를 초래하는 것이다.

프랑켄슈타인은 공포에 시달리다가 몇 달간 중병을 앓지만, 친구 클러벌의 헌신적 간호로 회복되어 봄의 도래와 함께 잊고 있던 가족의 사랑을 되찾게 된다. 그러나 프랑켄슈타인의 귀향을 앞두고 비극이 전개된다. 동생 윌리엄(William)이 살해되고, 가족이나 다름없던 하녀 저스틴이 그의 살해범으로 몰려 처형된다. 프랑켄슈타인은 윌리엄의 죽음이 괴물의 소행임을 확신하지만, 엘리자베스가 친자매처럼 아끼는 저스틴이 처형되는데도 괴물의 존재를 고백하지 못한다. 이유는 아무도 생명 창조를 믿지 않을 것이고 오히려 자신이 광인으로 몰릴 것을 우려했기 때문이다. 결국 프랑켄슈타인은 아무에게도 말하지 못하는 고민으로 죽지 않는 벌레가 가슴을 파먹는 고통을 느끼며 외로운 절망의 늪에 빠져들게 된다.

5. 프랑켄슈타인과 괴물의 이야기: 중산층 가족 이데올로기의 전복

2권부터는 프랑켄슈타인이 살아남은 자의 고통을 겪으며 절망의 무게에 짓눌리고 회한에 가슴이 좀먹어 더 이상 잠을 이루지 못하고 악령처럼 방황하는 모습이 전개된다. 그는 인류에 도움이 되려는 자애로운 의도로 창조의 과업을 시작하였는데, 끔찍한 결과가 초래되자 죽고 싶은 유혹도 느끼지만, 악마에 대한 복수심 때문에 살아남는다. 고뇌를 벗고자 몽탕베르 산의 정상에 올라 웅장한 대자연이 주는 낭만적 숭고함에 도취되어 있을 때 그는 괴물과 직면하게 된다.

자신에게 생명을 부여한 존재를 만나게 된 괴물은 뒤얽힌 애증의 감정으로 절망의 심연에서 우러나온 목소리로 자신의 삶과 자아에 대한 고백을 시작한다. 작가는 2권 3장에서 8장까지 여섯 장에 걸쳐 괴물이 자신의 목소리로 출생 이후 성장 과정을 이야기하는 과정을 제시한다. 프랑켄슈타인의 이야기는 자신의 낭만적 모험이 괴물의 탄생을 초래하였으며, 결국 천국과도 같은 가정이 그 괴물로 인해 파괴되었다는 자책과 혐오감, 증오심에 찬 이야기였다. 그런데 괴물의 이야기는 프랑켄슈타인의 이야기를 바깥에서, 가정에 편입되지 못한 채 쫓겨난 괴물의 시각에서 새롭게 다시 조명한다. 가족의 사랑을 최고의 가치로 여기는 프랑켄슈타인은 자기중심적인 이상주의의 열정에 의해 결국 가정을 파괴하기에 이르며, 역시 가족의 사랑을 최고의 가치로 여기는 괴물은 태어나면서부터 이미 타락한 존재로 가정에 편입될 수 없음에 분노하고 절망하며 가정을 파괴하기에 이른다. 이들은 결국 파괴된 가정을 보여줌으로써, 천국으로서의 가정이란 결국 존재하지 않는 신화에 불과함을 보여주는 역할을 한다. 그럼으로써 괴물의 이야기는 프랑켄슈타인으로 대변되는 계몽주의, 당대 중산층 가족 이데올로기를 전복시키는 역할을 한다.

그런데 괴물의 괴물성이 강조되고 프랑켄슈타인의 고뇌와 절망이 부각되기 때문에 괴물의 전복적 이야기는 독자로부터 한 단계 절연되고 있다. 우리는 괴물의 이야기가 프랑켄슈타인의 프레임과 월튼의 프레임으로 감싸지면서 작품의 무의식으로 억압되어, 괴물의 이야기가 갖는 전복적 성향이 경감되고 은닉되고 있음에 유의해야 한다.

자연에 위배되는 기형이며 흉측하고 끔찍스러운 모습으로 인간에게 혐오감과 공포감을 주는 괴물은, 탄생 이후 점차 원시 상태에서 지식을 깨우치며 문명사회로 나아가는 인류의 모습을 재현한다. 괴물은 열매를 따먹고 불의 원리를 깨우치며 자연 속에서 지내면서 모든 인간의 감정을 고루 지닌 채, 외로움을 느끼며 가족과 사회와 같은 공동체로 편입되기를 갈망한다. 드 레이시 가족의 돼지우리에 기거하면서 이들을 훔쳐보며 언어를 습득하고 스스로 이들의 일원이 되기를 꿈꾸던 중 괴물은 물속에 비친 자신의 모습에 깊은 상처를 받는다. 계속 좌절하는 괴물의 자아 추구는 사회의 중심에서 소외된 존재들의 입장을 대변하고 있다.

괴물은 드 레이시 가족에게 자신의 운명을 걸고 인간이 되려는 노력을 기울인다. 드 레이시 노인, 아들인 펠릭스(Felix)와 딸, 그리고 며느리가 되는 아랍 여인인 사피는 비록 사회에서는 소외되어 있으나 사랑으로 뭉쳐져 있으며 가장 바람직한 기본적 공동체를 이루고 있다. 사피는 부유한 터키 상인의 딸로 기독교인인 어머니의 영향을 받아 하렘에 갇힌 채 남성의 성적 노예로서 살아야 하는 아랍 여성의 운명을 거부한 용기 있는 여성이다. 그녀는 아버지를 배신한 채, 아버지 때문에 몰락한 프랑스 귀족의 후예인 펠릭스를 찾아와 드 레이시 가문에 편입되면서 그 사랑을 더욱 공고히 한다. 괴물은 외국인인 사피가 언어를 학습하는 과정을 통해 스스로 언어를 습득하며, 이에 따라 사물과 세계, 그리고 자아에 대한 눈이 뜨이게 된다. 교재로 쓰이는 볼니(Volney)의 『제국의 멸망』(*Ruins of Empires*)에서 괴물은 사회 구조와 계급, 재산 분배, 인간의 양면성 등에 대한 지식을 얻게 되고 이렇게 얻은 지식은 모두 괴물 자신의 자아에 대한 사색으로 수렴된다.

> 책 속의 언어는 내 자신을 돌아보게 만들었다. 나는 인간이 가장 소중히 여기는 것이 부와 결합된 높고 오점 없는 혈통이라는 걸 알게 되었다. . . . 그러면 나는 무엇이란 말인가? . . . 주위를 둘러봐도 나와 같은 존재는 본 적도 들어본 적도 없었다. 그렇다면 나는 괴물이란 말인가? 모든 인간이 피해버리고 저버리는 지상의 오점이란 말인가? . . . 비참하고 불행한 존재! . . . 나는 무엇인가? 대답이라고는 단지 고통의 신음뿐인 이 질문이 계속 되풀이되었다. (80)

괴물은 우연히 구한 『실락원』, 『플루타르크 영웅전』(*Plutarch's Lives*), 『베르테르의 슬픔』(*Sorrows of Werter*, 1774)을 통해 인간에 대한 지식을 더욱 넓히면서 자아에 대한 강한 의문을 갖게 된다. 『베르테르의 슬픔』은 인간의 섬세한 감성과 이타심을 가르치며, 『플루타르크 영웅전』은 고귀한 사상을 지닌 과거 영웅을 찬양함으로써 괴물 자신의 비참한 입장을 벗어나 고양된 영역으로 비상하게 해주며, 『실락원』은 자신과 아담과 사탄의 입장을 비교하는 계기가 되어 준다. 『실락원』을 이브의 이야기로 분석하는 길버트와 구바는 괴물의 기형성과 이름 없음은 사생아와 관련되며, 이브와 신(Sin) 같은 불결한 여성성을 상기시킨다고 주장한다. 그리고 길버트와 구바는 『베르테르의 슬픔』은 일종의 품행 지침서로 여성의 온순함과 자기 부정, 남성의 영웅성을 강조하는 책이고, 『플루타르크 영웅전』은 남성적 역사의 웅장함을 보여주는 것으로 실제 1815년 작가가 즐겨 읽었던 책으로, 이 점에서 더욱 괴물을 여성으로 볼 수 있다고 주장한다. 즉, 괴물은 작가가 느끼는 고뇌를 반영하는 작가 자신의 분신이라는 것이다(238).

길버트와 구바는 프랑켄슈타인 또한 괴물을 출산하는 점에서 여성적이며 여성 작가의 원형이라고 주장한다. 이 작품에는 여성 작가로서의 셸리의 불안이 형상화되어 있는 것이다. 그리고 길버트와 구바는 이 작품을 밀턴의 『실락원』의 수정으로 보면서, 프랑켄슈타인은 곧 창조자이며, 추락한 천사 사탄이자 동시에 이브라고 주장한다. 사탄이 신(Sin)을 출산한 것처럼 프랑켄슈타인이 괴물을 출산한 것은 이브의 천형인 산고와 연관되며, 지식의 열매를 맛본 이브는 곧 남성의 영역인 창작에 침범한 여성 작가의 원형이라는 것이다 (233).

주변에 밀려난 채 사라져버린 자신의 정체성를 추구하던 괴물은 프랑켄슈타인의 일지를 통해 자신의 창조 과정을 알게 된다. 괴물은 자신이 규범에서 벗어난 기형적 존재이기 때문에 버려졌다는 사실에 더욱 절망한다. 절망하던 괴물은 평온하고 행복한 드 레이시 가족의 사랑과 기쁨을 부러워하며 그들로부터 친절과 공감을 받기를 갈망하게 된다. 괴물은 오랫동안 보이지 않는 봉사를 하면서 드 레이시 가족이 자신을 동등한 존재로 인정하고 받아들여주기만을 기다린다. 그러나 드 레이시 가족에게서 또다시 무자비한 대우를 받고 버림받게 되자, 순진하고 온화한 성품을 지녔던 괴물은 고독에 몸부림치던 상태에서 분노와 복수의 화신으로 돌변하게 된다.

자신의 창조자이자 아버지인 프랑켄슈타인을 찾아 나선 괴물은 인간의 외모에 대한 편견 때문에 자신이 베푼 은혜가 배신으로 돌아오자 인류에 대한 복수심에 사로잡히고, 프랑켄슈타인의 동생인 윌리엄이 자신의 아버지를 자랑하자 그를 살해하고 만다. 윌리엄은 바로 자신에게 거부된 아버지의 총애를 받는 복수의 대상이기 때문이다. 그리고 저스틴 역시 괴물에게는 배제된 사랑의 기쁨을 다른 남성에게 줄 것이기 때문에 복수의 대상이 된다. 괴물은 인류에게서 쫓겨난 존재로서 절망과 고독 속에서 복수를 위해 프랑켄슈타인 주변을 맴돌면서 방황하던 끝에, 유일한 해결 방법으로 배우자를 만들어 가정을 이루게 해달라고 요구한다. 괴물은 자신을 거부하지 않도록 자신과 같은 끔찍한 외모를 지닌 배우자를 만들어 주면, 스스로를 괴물로 규정 짓고 인류로부터 멀리 사라지겠다고 약속한다.

피조물로서 최소한의 권리를 요구하는 괴물에 대한 동정과 혐오감에 갈등하던 프랑켄슈타인은 괴물에게 배우자를 만들어주겠다는 약속을 하게 되고, 이는 흉물스런 생명체를 만들었다는 첫 번째 저주와 아울러, 노수부의 알바트로스 시체처럼 그의 목에 매달린 또 다른 저주가 된다. 프랑켄슈타인은 부친과 엘리자베스, 그리고 클러벌에게 저주의 영향이 퍼지는데도 불구하고 그들에게 괴물의 존재를 고백하지 않는다. 이 같은 프랑켄슈타인의 자기중심적 태도는 그가 아끼는 이들을 괴물의 복수에 아무 방어도 없이 그대로 노출시키는 결과를 가져온다. 프랑켄슈타인은 열정으로 가득 찼던 첫 실험과 달리 스코틀랜드 북쪽의 작은 섬에서 공포와 혐오감으로 점철된 위험한 실험을 행하게 된다.

거의 완성 단계에 이른 프랑켄슈타인은 여성 괴물을 보고 더 큰 혐오감과 공포에 휩싸여 출생 직전의 여성 괴물을 갈가리 찢고 만다. 프랑켄슈타인은 여성 괴물을 파괴하는 이유를 다음과 같이 대략 네 가지 정도로 제시한다. 첫째, 여성 괴물은 남성 괴물보다 더 포악하고 악마 같은 심성을 갖고 살인과 파괴를 일삼을 수 있다. 둘째, 여성 괴물은 사고하는 이성적 존재로 태어나 배우자에게 복종하지 않고 도전하면서 괴물과 자신이 맺어 놓은 인류로부터 멀리 떠나겠다는 계약을 거부할지 모른다. 셋째, 배우자인 괴물을 경멸하고 아름다운 신체를 지닌 인간 남성에게 눈을 돌려 인간을 강간할 수 있고, 이에 버림받은 괴물은 더욱 포악해질지도 모른다. 넷째, 괴물의 종족이 지구상에 퍼져 인류의 생존을 위협할 수 있다. 프랑켄슈타인이 여성 괴물에게 보이는 혐오감에 대해 여성 비평가들은 남성이 여성성에 대해 갖는 무의식적 공포라고 설명한다. 예를 들어 멜러는 여성 괴물에 대해 보이는 프랑켄슈타인의 공포를 "여성의 성에 대한 남성의 공포"라 부르면서 통제되지 않는 여성의 성은 가부장적 권위에 위협적이며 부계 혈통의 상속 문제 자체를 위협하는 것이므로 더욱 금기시되었다고 지적한다(279).

프랑켄슈타인은 결국 여성 괴물을 도살하듯이 파괴해버리고, 이때부터 프랑켄슈타인과 괴물은 서로 주인과 노예임을 주장하며, 쫓고 쫓기는 관계가 된다. 배우자를 잃은 괴물은 클러벌을 죽이고 프랑켄슈타인을 그 살인 용의자로 몰리게 하며, 또 결혼식 날 밤, 이상적 여인의 화신인 엘리자베스를 살해하기에 이른다. 이어서 이 충격으로 아들에 대한 끝없는 애정과 배려를 보이던 부친마저 숨을 거둔다. 사랑하는 이들을 모두 잃은 프랑켄슈타인은 살아남은 자신을 저주하며, 자신의 유일한 존재 이유는 복수라고 외친다. 이제 단 둘만이 남게 되자 프랑켄슈타인과 괴물은 서로 도주하고 추적하면서 서로에게 없어서는 안 될 존재가 된다.[9] 남성만의 관계는 프랑켄슈타인과 월튼의 관계에서도 볼 수 있다. 그들의 관계 역시 여성이 굳이 필요하지 않으며, 그들은 서로 공감하고 이해하며 흠모하는 사이가 된다. 추적 끝에 결국 북극 근처까지 오게 된 프랑켄슈타인은 자신이 결국 신에게 도전했다가 영원한 지옥으로 떨어진 사탄이라는 사실을 깨달았다고 월튼에게 고백한다. 그러자 노수부의 알바트로스 시체처럼 그의 목에 매달려 있던 저주가 모두 풀리고 그는 조용히 숨을 거둔다. 인류에게 기여하려다가 영원한 형벌을 받았다는 점에

---

9) 이에 대해 여성 비평가들의 해석이 다양하다. 제코버스는 여성이 부재한 텍스트라 부르며, 여성이 아예 모두 제거되어 프랑켄슈타인과 괴물 사이는 부자 관계, 나아가 연인 관계로까지 조명된다고 주장한다. 베티는 프랑켄슈타인의 시체 위에 몸을 굽혀 애도하는 괴물의 모습에서 성애적 분위기를 찾아내기도 하며, 멜러는 엘리자베스와의 이성애적 관계가 괴물과의 동성애적 관계로 대체되었다고 지적한다.

서 그는 프로메테우스이며, 생명을 창조하는 신의 영역에 도전하려다가 지옥의 나락에 떨어졌다는 점에서 그는 사탄이다.

> 전능한 신이 되고자한 대천사처럼 나는 영원한 지옥에 사슬로 묶여 있다. . . . 나는 머릿속으로 천국에 와 있었다. 때로 내가 갖게 된 힘에 환호하면서, 또 때로 그것이 가져올 결과에 열광하면서. 어릴 때부터 나는 위대한 희망과 고귀한 야망에 젖어 있었다. 그러나 지금 나는 얼마나 타락했는가! (147)

그 후 월튼은 일지에 자신이 목격한 프랑켄슈타인의 죽음과 괴물의 애도 장면을 묘사한다. 프랑켄슈타인은 유언에서 자신이 열정적 광기 속에서 창조한 괴물에 대해 최소한의 의무가 있었지만, 인류에 대한 더 큰 의무 때문에 괴물을 저버릴 수밖에 없었다고 얘기한다. 그리고 괴물은 프랑켄슈타인에게 용서를 빌며 사랑과 이해를 갈망하던 자신이 인간에게 버림받음으로써 타락한 천사처럼 사악한 악마로 변해 버렸다고 절규한다. 괴물은 자신을 존재하게 한 프랑켄슈타인이 죽은 지금, 존재 이유가 사라져 버렸으므로 스스로 장작더미에 올라 불꽃의 고통 속에서 재가 되겠다고 얘기한다. 괴물은 이제 자신을 괴롭혔던 길고 긴 고통이 끝나 평화를 느끼게 될 것이며, 자신과 프랑켄슈타인의 흔적은 자신을 불 속에 정화함으로써 완전히 사라질 것이라고 덧붙인다.

결국 월튼은 프랑켄슈타인과 괴물의 이야기를 통해 인류에 기여하겠다는 위대한 과업이 인류에게 오히려 저주를 초래할 수 있음을 깨닫고 배를 돌려 선원들을 데리고 가족의 사랑이 기다리는 고향으로 돌아오게 된다. 이렇게 해서 괴물과 프랑켄슈타인의 이야기는 이상주의자의 열정에 내포된 위험을 깨닫고 낭만적인 모험을 포기한 채 가정의 따스함으로 복귀하는 월튼의 이야기에 한 겹 싸이게 된다. 그럼으로써 활활 타오르는 불길 같은 파괴와 공포와 절망의 심연에서 절규하는 인간의 고통, 초자연적이고 어두운 현상이, 가족애의 따스한 부드러운 빛 속에 묻히면서 작품이 끝난다.

6. 나오며

남성 인물들의 모험이 부각된 이 작품은 한편 "여성"이 부각된 작품이다. 프랑켄슈타인은 괴물을 창조해내는 점에서 여성 작가의 원형이며 금단의 열매를 따먹어 천형을 받게 된 이브이기도 하다. 괴물은 남성 중심 사회에서 억압되고 주변으로 밀려난 타자로서의 여성을 상징한다. 프랑켄슈타인과 괴물 모두 남성으로 제시되어 있지만 여성인 셸리 자신의 분신들이다.

한편 셸리는 이 작품에서 영웅적인 남성적 자아가 지나치게 확대되었을 때 초래될 수 있는 두려운 결과를 괴물이라는 기형적 존재의 탄생과 그로 인한 인간의 공포와 극도의 절망과 분노라는 고딕적 분위기로 형상화하고 있다. 작가는 동시에 남성 중심 사회에서 깊이 억압되어 있다가 언제 분출될지 모르는 위험을 바로 괴물의 존재로 응축시키고 있다. 프랑켄슈타인과 괴물은 창조자와 피조물, 주인과 노예이지만, 역할이 뒤집히는 때가 있다. 오히려 프랑켄슈타인보다 괴물이 권력을 갖고 더 웅변적 힘을 휘두르며 더 창의적인 힘을 보이는 순간이 있는 것이다. 이는 안정되어 보이는 기존의 질서가 쉽게 전복될 수 있으며, 그 힘은 엄청난 파괴력을 가진다는 것을 암시하는 작가의 경고라고 할 수 있다.

작품 한가운데서 형식적 리얼리즘의 근본 사상인 가족의 가치가 쉽게 무너져버린다. 괴물은 순수한 아담의 상태에서 자신이 정상이 아닌 괴물인 혐오스러운 존재라는 사실을 알게 되자 추락해서 악의 화신이 되어 버린다. 태어나면서부터 이미 괴물은 영원히 가정이라는 낙원에서 추방된 존재, 주변으로 밀려나버린 소외된 존재이다. 이상주의자인 남성이 창조한 괴물은, 남성의 영웅적 이상과 열정이 초래한 혼돈과 절망, 죄의식과 공포의 화신이며, 이성 중심의 계몽주의, 중산층의 가족 이데올로기에 의해 소외되고 억압된 채 그 이면에 놓여 있는 무의식이며, 또한 여성의 성에 대해 남성 중심사회가 갖고 있는 불결, 혼돈, 물질, 죽음 등과 연관된 무의식적 공포이다.

아무리 월튼의 서술로 감싸져 있기는 해도, 프랑켄슈타인의 신성모독적 행위와 괴물의 파괴 행위는 셸리 자신도 놀라 이 작품을 '추악한 자식'이라고 부를 정도로 인간 윤리, 가족 제도, 사회 질서에 위협적이다. 결국 괴물은 억압된 것의 회귀, 무의식의 분출, 악몽을 의미한다. 이 작품은 지나친 이상의 추구는 물론 이성에 수용되지 않는 것의 무조건적인 억압과 추방은 결국 악과 파괴로 끝나며 혼돈을 초래한다는 경고를 비이성적이고 초자연적 분위기로 제시하고 있는 것이다.

그러나 시인 셸리가 써주었던 1818년 초간본의 서문과 메리 푸비(Mary Poovey)가 작가가 성숙한 후 숙녀로서의 예의를 의식하고 썼다고 주장하는 자기방어적인 1831년 개정판의 서문을 포함하여, 권두언, 헌사, 초자연적 공포가 사라지고 안정된 사회로 귀환하는 결말, 세 겹의 서술구조 등은 어두운 악으로 가득한 고딕적 세계를 감싸고 은닉하는 역할을 한다.

시인 퍼시 셸리가 애써 서문을 통해 유령 이야기를 쓰게 된 배경을 얘기하고, 가족의 가치, 보편적 미덕을 강조하는 작품이라고 얘기하는 것, 셸리가 창작 동기부터 주제까지 자신의 것이라기보다는 모두 남성들의 생각이나 주장, 부모나 남편의 영향, 꿈 등을 그대로 수동적으로 받아들인 것이라고 자기방어적 태도를 취하는 것은, 바로 이 같은 놀라운 전복적 위력을 지닌 악몽의 고딕적 세계를 애써 중산층의 가족 이데올로기와 형식적 리얼리즘의 온건하고 안전한 보호막으로 감싸려는 노력의 일환이다. 『프랑켄슈타인』은 고딕 로맨스로서 중산층 남성의 계몽주의와 형식적 리얼리즘 아래 억압된 것의 회귀, 그것의 무시무시한 복수를 조심스럽게 안전장치를 하면서 작품으로 형상화하여 보여주는 작품인 것이다.

참고 문헌

Anderson, Walter E. "From Northanger to Woodston: Catherine's Education to Common Life." *Philological Quarterly* 63.4 (Fall 1984): 493-509.

Austen, Jane. *Northanger Abbey*. New York: Bantam Books, 1989.

Bloom, Harold, ed. *Mary Shelley's Frankenstein.* New York: Chelsea House Publishers, 1987.

Carson, James P. "Enlightenment, Popular Culture, and Gothic Fiction." *Cambridge Companion to the Eighteenth Century Novel*. Ed. John Richetti. Cambridge: Cambridge UP, 1996. 252-276.

Ellis, Kate Ferguson. *The Contested Castle: Gothic Novels and the Subversion of Domestic Ideology.* Urbana: U of Illinois P, 1989.

Gilbert. Sandra and Susan Gubar. *The Madwoman in the Attic*. New Haven: Yale UP, 1979.

Homans, Margaret. "Bearing Demons: Frankenstein's Circumvention of the Maternal." *Mary Shelley's Frankenstein.* Harold Bloom. New York: Chelsea House Publishers, 1987. 133-53.

Jacobus, Mary. "Is There a Woman in this Text?" *New Literary History* 14 (1982): 117-41.

Johnson, Barbara. "My Monster/My Self." *Mary Shelley's Frankenstein*. Ed. Harold Bloom. New York: Chelsea House Publishers, 1987. 54-66.

Kelly, Gary. *English Fiction of the Romantic Period 1789-1830*. London: Longman, 1989.

Kilgour, Maggie. *The Rise of the Gothic Novel*. London and New York: Routledge, 1995.

Lennox, Charlotte. *The Female Quixote: The Adventures of Arabella.* Oxford: Oxford UP, 1989.

Levine, George. "*Frankenstein* and the Tradition of Realism." *Frankenstein.* Ed. J. Paul Hunter. New York: Norton, 1996. 208-14.

London, Bette. "Mary Shelley, *Frankenstein,* and the Spectacle of masculinity." *PMLA* 108.2 (March 1993): 253-67.

Lovell, Terry. *Consuming Fiction.* London: Verso, 1987.

Mellor, Anne K. "Possessing Nature: The Female in *Frankenstein.*" *Frankenstein.* Ed. J. Paul Hunter. New York: Norton, 1996. 274-86.

Moers, Ellen. "Female Gothic: The Monster's Mother." *Frankenstein.* Ed. J. Paul Hunter. New York: Norton, 1996. 214-24.

Poovey, Mary. "'My Hideous Progeny': The Lady and the Monster." *Mary Shelley's Frankenstein.* Ed. Harold Bloom. New York: Chelsea House Publishers, 1987. 81-106.

Richter, David H. "Gothic Fantasia: The Monsters and the Myths" *The Eighteenth Century: Theory and Interpretation.* 28.2 (1987): 149-69.

Shelley, Mary. *Frankenstein.* Ed. J. Paul Hunter. New York: Norton, 1996.

Spencer, Jane. *The Rise of the Woman Novelist: From Aphra Behn to Jane Austen.* Oxford: Basil Blackwell, 1986.

Storey, John. *Cultural Theory and Popular Culture.* Athens, Georgia: U of Georgia P, 1993.

Watt, Ian. *The Rise of the Novel: Studies in Defoe, Richardson and Fielding.* London: Chatto and Windus, 1957.

고딕과 디스토피아적 상상력 속의 생명윤리: 『프랑켄슈타인』과 『멋진 신세계』

추재욱 _ 중앙대학교

고딕과 디스토피아적 상상력 속의 생명윤리: 『프랑켄슈타인』과 『멋진 신세계』*

I

작가 소개

근대 계몽주의 시대에 영국을 비롯한 유럽 전역에서 의학과 과학의 발전이 급격하게 이루어졌다. 특히 19세기에 들어오면서 화학, 생물학, 생리학, 물리학 등과 더불어 생명과학 분야에 많은 새로운 업적들이 나오게 되었다. 그 결과 서로의 상호영향 관계 속에서 의학과 과학이 전반적으로 눈부신 발전을 이루게 되었고, 자연스럽게 생명과학과 연관된 인물과 사건들을 다루는 과학소설이 탄생하게 되었다.

메리 셸리(Mary Shelley 1797-1851)는 21세인 1818년에 『프랑켄슈타인』(*Frankenstein*)을 출간하였다. 셸리는 정식 교육을 받지는 않았지만, 엄청난 독서광으로서, 소설 속에 다양한 과학적 이야기를 담아내고 있다. 『메리 셸리의 일기』(*Mary Shelley's Journal*, 1947)에는 그녀가 읽은 과학관련 도서 목록이 자세히 기록되어 있어, 작가가 당시 과학계에서 논의되던 많은 정보들을 접하고 있음을 알 수 있게 한다. 그런데 우리가 『프랑켄슈타인』을 논할 때 꼭 빠지지 않는 이야기는 남편 시인 셸리(Percy Bysshe Shelley)와의 첫 만남이

* 이 글은 2009년에 발간된 『현대영미소설』 16권 2호에 발표한 논문을 고쳐 쓴 것이다.

다. 그녀의 아버지는 프랑스혁명 사상의 영향을 받아 『정치적 정의에 관한 탐구』(*An Enquiry Concerning Political Justice*, 1793)를 출간한 유명한 사상가로 코울리지(Samuel Taylor Coleridge), 홀크로프트(Thomas Holcroft), 램(Charles Lamb)과 해즐릿(William Hazlitt)를 비롯한 많은 문인들의 방문을 받았다. 그 가운데 미래의 남편 셸리도 포함되어 있었다. 소설가 셸리가 16세 때 시인 셸리를 처음 만났으며, 그 후 1814년 둘은 눈이 맞아 유럽으로 도망쳤고, 시인 셸리의 전처가 죽자 1816년 12월에 결혼한다. 격정적인 시를 썼던 남편 셸리만큼이나 그녀 역시 열정적인 성격의 소유자였다. 하지만 불행하게도 둘 사이에 낳은 4명의 자녀를 잃고, 남편 셸리도 이른 나이에 사망하는 등 그녀의 삶은 그리 행복하지만은 않았다.

이 소설의 집필에는 일화가 얽혀있다. 그녀는 결혼 전 1816년 여름 이복동생 클레어, 시인 셸리와 바이런, 그리고 바이런의 주치의인 폴리도리와 같이 스위스 제네바로 여행을 간다. 비가 내려 외출이 어려워지자 제네바 호숫가 숙소에서 모닥불을 피워놓고 돌아가며 독일귀신 이야기를 하다가 자신들도 짧은 이야기를 하나씩 만들기로 하고 다양한 이야기를 나누게 된다. 그 때 듣게 된 당시 생명에 관한 실제 실험 이야기가 소설 『프랑켄슈타인』의 바탕이 되었다. 그 밖에도 『메리 셸리의 일기』에 따르면 그녀는 1815년 3월 19일 몸이 차갑게 식어있는 죽은 딸의 전신을 불 앞에서 비벼주었을 때 딸이 다시 살아나는 꿈을 꾼 바 있다. 그리고 1831년판에 발행한 수정본 『프랑켄슈타인』의 서문에서 밝힌 바와 같이 1816년 제네바 호숫가에서 시체가 살아나는 과학 실험 이야기를 나눈 그 날 밤에 꾸게 되었던 또 다른 기이한 꿈, 즉 젊은 과학자가 자신이 만든 기괴한 생명체 앞에서 무릎을 꿇고 흐느끼고 있는 끔찍한 꿈은 결국 이 소설을 완성하는 중요한 원천이 되었다고 한다.

이 글에서 『프랑켄슈타인』과 함께 다루게 될 『멋진 신세계』(*Brave New World*)는 앨더스 헉슬리(Aldous Huxley 1894-1963)가 1932년에 발표한 작품이다. 그는 조부인 T. H. 헉슬리(Thomas Henry Huxley)의 영향을 많이 물려받아 옥스포드 대학에 진학하여 과학자가 되고자 한다. 하지만 시력이 좋지 못해 영문과로 전과를 하여 작가의 길을 걷게 된다. 그럼에도 불구하고 그의 지속적인 과학에 대한 관심은 인간의 환경과 과학발전에 대한 우려에서 떠나지 않았다. 당시대 서구 문명에서 일어나고 있는 중요한 변화들에 관심을 두고, 『멋진 신세계』에서와 같이 20세기 초반의 과학기술 발전에 따른 심각한 위협과 관련된 소설이나 『가자에서 눈이 멀어』(*Eyeless in Gaza*, 1936)와 같이 전쟁이나 민족주의에 반대하는 소설들을 출간하였다. 그밖에도 『문학과 과학』(*Literature and Science*, 1963)에서 문학과 과학 사이의 관계 및 각 학문의 상호 영향 관계를 발견하려는 시도를 하기도 하였다. 그는 1937년에 미국으로 건너가 영화 대본을 쓰고, 소설을 집필하며 중년 이후를 미국에서 보냈다. 그는 47권의 책을 출간하고 1963년에 미국 로스앤젤레스에서 생을 마감하였다.

헉슬리는 다소 과장되고 풍자적인 『멋진 신세계』를 통해 근대 문명의 모순을 지적하며, 원시 자연으로 상징되는 '완전성'과 과학주의의 '전문성' 사이의 상호 대위법적 관계의 유용성을 주장하며 합리성에 기반을 둔 과학발전을 강조한다. 그는 1958년에 한 방송국 인터뷰에서 전체주의, 군비 경쟁, 그리고 반생태적인 자연의 파괴 등이 합리적 과학 사회로 가는 걸림돌로 작용하고 있음을 시사한다.[1] 따라서 그는 과학과 문화의 논쟁에 있어서 균형적 중재점을 제공하는

---

1) Wallace, Mike. "Interview with Aldous Huxley." 1958. October 14, 2014 http://www.youtube.com/watch?v=AzgqWTJkZlU

소설가이자 사상가이기도 하다. 만약 조부 T. H. 헉슬리와 외종조부인 매튜 아놀드(Matthew Arnold) 사이의 과학과 문화에 대한 논쟁에 있었더라면, 헉슬리는 그 누구 편에도 들지 않고 두 주장의 절충적 입장에 섰을 것이다. 말하자면 T. H. 헉슬리는 과학기술을 추구하더라도 종교, 예술, 문화를 존중해야 했고, 아놀드는 전통적 문화 속에 새로운 과학기술을 합리적으로 수용할 수 있어야만 했다. 이러한 두 수용적 자세가 작가 헉슬리가 주장하고 있는 문학/문화와 과학 사이의 균형적 세계관이다.

한 예로 헉슬리는 생명의 원시성을 상징하는 뉴멕시코의 인디언 문화를 『멋진 신세계』에 과잉의 과학문명과 대립된 공간으로 상정하고 과학 발전에 따른 인류의 인간성 상실에 대한 우려를 표명하며 과학의 혁명적 발전과 인류의 인간적 가치의 공진화를 강조한다. 곧 헉슬리는 『멋진 신세계』에서 과학기술 시대의 지나친 근대성이 인간을 구원할 수 있는 마지막 수단이자 가치인 인간성마저도 말살시키고 있다는 사실에 대한 우려(McClay 35)와 더불어 그 인간성의 회복과 치유에 대한 방법론을 제시하고 있는 것이라 할 수 있다.

II

작품 소개

셸리가 과학적 정보가 풍부하게 담긴 『프랑켄슈타인』을 완성해 낼 수 있던 것은 그녀가 가졌던 독서에 대한 열정과 과학에 대한 관심에 기인한다. 소설 앞부분에 언급된 월튼(Walton) 선장의 지구 자기장 원리에 대한 탐구는 물리학자 패러데이(Michael Faraday)의 중력, 자기장, 전기 연구를 연상케 한다. 특히 소설 속에 프랑켄슈타인이 주검의 신체와 기관을 조합해 괴물 생명체를 만들어 낸 이야기는 자연과학자 부퐁(Georges-Louis Leclerc, Comte de Buffon), 생리학자 에라스무스 다윈(Erasmus Darwin), 화학자 라부아지에(Antoine Laurent Lavoisier)에 의한 18세기와 19세기 초 과학 발전에 대한 작가의 이해가 전제된 것이다. 프랑켄슈타인은 소년 시절에 코르넬리우스 아그리파(Cornelius Agrippa), 파라셀서스(Paracelsus), 그리고 앨버투스 마그누스(Albertus Magnus)의 연금술 서적에 빠져 '불로장생수'과 '현자의 돌'를 추구하거나, '귀신과 악마를 불러내는 일'을 시도하기도 하였고, 17세에 이르러서 잉골슈타트(Ingolstadt) 대학에 진학하며 화학을 비롯한 근대과학 연구에 빠져든다. 궁극적으로 그는 과거 연금술사들이 혈액과 정액을 이용하여 만들 수 있다고 믿었던 작은 인간, 다름 아닌 호문쿨루스(homunculus)를 신과학을 통해 새롭게 구현해 내려한다. 예컨대 그 생명체의 탄생은 동물과 인간의 신체에 전기 자극을 주자 기관이 움직인다는 생각에 착안하여 생명의 원천을 전기라고 주장한 이태리 과학자인 갤버니(Luigi Galvani)의 이론에 바탕을 두고 있다. 또한 소설 속에 분명하게 명시되어 있지는 않더라도 프랑켄슈타인이 마치 당시 유명한 화학자인 데이비 험프리(Davy Humphrey)의 강연을 들은 바 있는 것처럼 묘사되는 대목도 눈에 띈다. 특히 근대과학에 대한 발트만(M. Waldman) 교수의 사사는 프랑켄슈타인의 학문적 성장에 지대한 영향을 미친다. 이미 과학자의 일반적인 연구 태도와 역할은 발트만 교수의 "철학자들은 흙속에 손을 넣고, 눈은 현미경 혹은 도가니를 뚫어지게 살피면서 참으로 기적들을 행했다. 그들은 자연의 후면으로 파고들어 드러나지 않는 곳에서 자연이 어떻게 작동되고 있는지를 보여준다. 그들은 신의 경지에 이르러, 피가 어떻게 순환하는지를 발견하였고, 우리가 숨 쉬는 공기의 성질을 알아내었다. 그들은 새롭고 그리고 거의 무한한 힘을 획득했다. 즉 그들은 하늘의 천둥을 호령하고 지진을 모방하고 심지어 어둠 속에 보이지 않는 세계를 흉내낼 수 있다"(30-31)와 같은 말 속에 잘 제시되고 있다.

프랑켄슈타인은 몇 년간의 개인적인 연구와 실험을 거듭하며 마침내 대학 내 최고의 학자가 된다. 특히 그의 관심을 끌게 된 것은 인간과 동물의 신체구조이다. 이는 곧 신비한 "생명의 원리"와 "생명의 원인"(33)을 알고자하는 프랑켄슈타인의 과학적 호기심과 탐구심을 반영한다. 그는 과학자로서 생명의 원리를 밝히려는 야망을 성취하기 위해 시체들의 여러 기관들을 연결시켜 이름 없는 인간괴물을 완성한다. 이 때 프랑켄슈타인은 갤버니 이론에 따라 생명의 근원으로 간주된 전기를 몸에 흐르게 함으로써 육체가 살아 움직이게 한다. 하지만 문제는 그 괴물의 몸이 완성되고 난 후 프랑켄슈타인이 그 괴물의 기형적인 생김새로 인해 극도의 혐오감을 느끼며, 그 괴물로부터 도망친다는 점이다. 이 순간을 기점으로 괴물은 인간의 세계로 진입하게 된다. 이 진입은 과학적 실험을 통해 탄생한 괴물의 자연 세계에서 인간 세계로의 이동을 의미한다. 이러한 이동에는 과학적 실험을 통한 육체의 탄생뿐 아니라 언어와 문화의 습득을 전제로 한다.

프랑켄슈타인 괴물은 물웅덩이에 비친 자기의 모습을 보고 스스로 놀랄 정도로 흉측하고 8피트에 이르는 거구의 몸집을 지녔다. 그를 대면하게 되는 사람들은 한결같이 죽음의 공포감을 느낀다. 이러한 이유로 그의 뛰어난 언어 능력과 지적 능력에도 불구하고 사람들과 친해질 수 있는 방법을 찾지 못한다. 그는 인간들 사이에 교류되는 감정과 사랑도 충분히 공감하고 나눌 수 있기를 갈망한다. 산속 오두막의 드 레이시(De Lacey) 가족과의 만남과 사건을 통해서 알 수 있듯이 인간으로서의 자신의 존재를 증명하려는 그의 몸부림은 매우 처절하기까지 하다. 드 레이시 가족으로부터도 버림을 받게 되고, 자기를 극도로 혐오하는 인간들로부터 인정받을 길이 없자, 괴물은 프랑켄슈타인을 찾아가 수사학적 웅변으로 하나님이 아담에게 이브를 만들어 주었듯이 자기에게도 여성 동반자를 만들어 달라고 요청한다. 그의 언변에 감복해 프랑켄슈타인은 동의할 수밖에 없게 된다. 그렇지만 여성 동반자를 거의 다 완성했을 무렵 혹시 그 한 쌍이 새로운 종으로 발전하여 인간세계를 위협할지 모른다는 염려로 그 여성 생명체를 파기해 버린다. 그러자 그 괴물은 자신을 창조한 프랑켄슈타인의 아내와 가족들을 하나씩 죽여 나감으로써 복수를 감행한다. 최종적으로 과학자이자 자신의 창조자인 프랑켄슈타인을 북극의 원시자연으로 유인하여 둘 다 죽어가는 이야기로 소설이 종결된다.

한편 괴물은 과학실험을 통해 자연으로부터 탄생된 인간 생명체로 부분적으로 인간, 자연, 과학의 모든 특성을 공유하고 있다. 곧 인간과 자연, 혹은 과학과 자연의 중간자로서 이분법의 경계에 서 있다. 이러한 이분화된 관계가 프랑켄슈타인과 괴물 사이의 애증관계를 낳게 하였고, 결국 그 둘이 자연의 품속에서 죽음을 맞이하는 순간에 화해에 이른다. 인간, 자연, 과학이라는 삼자의 관계는 생태학 연구의 구성주체이자 객체들이다. 사실 이 삼자를 넘어서는 모든 사물들이 올바른 생태학적 자리매김을 이룰 때 곧 모든 존재물이 건강하고 온전한 균형적 생태성을 유지할 수 있게 된다.

인간을 인위적으로 탄생시키는 작업은 『멋진 신세계』에도 잘 나타난다. 런던에 위치한 '중앙 런던 부화 조건 센터'는 신세계의 가장 상징적인 장소이다. "공동체, 동일성, 안정성"(3)의 절대적 모토를 가진 이곳은 보카노브스키 방식으로 사회의 역할에 맞게 정신과 신체가 조건화된 알파, 베타, 감마, 델타, 엡실론 계급의 인간을 대량생산 하는 공장이다. 알파는 최상의 지도계급이고 엡실론은 가장 비천하고 단순한 일을 맡게 되는 하층계급이다. 철저한 계급주의의 사회이지만 구성원 모두는 자신의 신분과 직업에 만족하도록 유아 시부터 철저히 세뇌되고 조건화 된다.

이 신세계는 다음의 몇 가지 선언적 명제로 특징화 되어 있다. "문명이란 불임/살균을 의미한다"(110, 121). 그리고 이 세계에서는 "버리는 것이 고치는 것보다 낫다"(49)와 "더 꿰맬수록 부가 더 줄어든다"(121)라는 말과 의식을 유아에 주입시킴으로써 절약보다는 소비를 권장한다. 또한 이 세계에서는 "모든 이가 모든 다른 이에게 속해 있다"(40)에서 알 수 있듯이 결혼제도가 없어 자유로운 성생활을 추구한다. 이러한 방식은 인간의 기본적인 본능과 욕구를 쉽게 충족시키게 함으로써 불만이 없는 안정된 사회를 만들기 위한 신세계 전략이다. 이 신세계 사람들에게 있어서 마약과도 같은 '소마'는 불필요하게 발생될 수 있는 인간적 감정 및 정서를 해소하는 마지막 수단이다.

이러한 런던을 중심으로 한 신세계와 대조적 문화 공간으로 제시된 곳이 야만인 보호구역이라 불리는 '뉴멕시코 보호구역'이다. 이 보호구역은 과거 그리고 현재에도 존재하고 있는 인디언 보호구역의 기능과 역할을 수행하고 있다. 그곳의 인디언들은 푸에블로 노인들이 말하는 "아워나윌로나 신이 인간과 모든 창조물들의 씨앗, 태양과 지구, 그리고 하늘의 씨앗을 성장의 안개로부터 만들어 냈다"(130)는 전통적 믿음을 그대로 지니고 있다. 소설 속 신세계인들의 관점에서 바라볼 때 이러한 믿음을 지닌 이곳은 지구상 "넌센스로 가득한"(131) 가장 비문명화된 지역이다. 이 지역은 "6만 볼트 전류가 흐르는 5천 킬로미터 담이 둘러 처진"(101) 고립된 곳으로 "그 담을 건드리면 바로 즉사" 하는 곳으로 "탈출이 불가능"(102)할 정도로 차단되어 있다. 이는 마치 아프리카 정글과 평야 속에 동물들을 고립시켜 보존하고 있는 아프리카 국립공원과도 같다.

알파 계급이지만 아주 왜소한 체격에 항상 자격지심을 지니고 있던 버나드 막스(Bernard Marx)는 야만의 세계로부터 존(John the Savage)을 신세계로 데리고 온 후 우쭐해 하며 존을 통해 여러 혜택을 누리게 된다. 그는 존이 자신을 해고하려는 중앙 런던 부화 조건 센터장인 토마킨(Tomakin)의 아들이라는 사실을 알고, 그와 그의 어머니 린다(Linda)를 신세계에 데려와 그 센터 직원들이 보는 앞에서 센터장과 대면시킨다. 신세계에서 금기시되는 실제 자식을 낳았다는 사실에 극도의 수치심을 느끼게 된 센터장은 결국 그 자리를 사임하고 어디론가 사라져 버린다. 반면 버나드는 항상 존을 동행하며 세계감독관 무스타파 몬드(Mustapha Mond)를 비롯해 다른 사회적 저명인사들을 만나는 기회를 통해 "상당히 중요한 인물"(156)로 변신하고 여성들로부터도 많은 인기를 얻게 된다. 그는 곧 "성공의 도취"(178) 상황 속에 빠져든다.

존은 고릴라와 같은 존재로 새로운 문명에 소개되어지고, 동시에 관찰 대상이 된다. 존은 자신이 불합리한 모순과 갈등 상황 속에 처하게 될 때 어려서 읽어 익숙해진 셰익스피어 작품 속의 인물들의 정신세계에 몰입한다. 그리고는 마치 극의 주인공과 같이 대사를 쏟아 내며 신세계가 상실한 도덕성, 윤리성, 생명의 존엄성 등을 일깨우려 한다. 그럼에도 불구하고 맥키어(Jerome MecKier)는 "헉슬리가 야만인을 통해 웰즈(H. G. Wells)를 비판하지만 또 역시 야만인을 종종 풍자함으로써 셰익스피어의 세계가 얼마나 철저히 현시대와 동떨어져 있는지도 제시하고 있다"(131)고 밝히고 있다.

III

1. 들어가며

오늘날 과학기술의 발전은 과학자들로 하여금 이전에 신의 영역으로만 여겨졌던 생명 창조의 영역을 넘나드는 것을 가능하게 만들었다. 곧 과학기술은 세포 및 유전자 조작을 통해 새로운 생명체를 생산하는 단계에 도달한 것이다. 이러한 발전은 생명의 신비와 생명체 탄생과정에 대한 인간의 과학적 호기심의 놀라운 결실이다. 예컨대, 1978년 영국 올드햄 병원에서 제왕절개를 통해 첫 시험관 아기 루이스 브라운(Louis Brown)이 태어났고, 이 성공은 많은 불임부부에게 희망을 가져다주었다. 더 나아가 1996년 영국 에든버러 로슬린연구소(Roslin Institute) 윌멋 박사(Dr. Wilmot)팀에 의해 이루어진 복제양 돌리(Dolly)의 탄생은 생명공학기술이 생명의 경외감을 범하는 수준에 이르렀음을 알리는 세계적 사건이었다. 그리고 최근 많은 생명공학자들이 줄기세포를 통한 인체기관 복제 연구에 전념하고 있고 적지 않은 결실을 내고 있다. 이 시점에 이르자 종교계 및 생명윤리학계 관계자들은 가장 존엄하고 귀중해야 할 생명을 상업화하려는 의도에 대해 심각한 우려를 표명하기에 이르렀고, 1970년대 이후 뉴욕주 헤이스팅스 센터와 워싱턴 D. C.의 조지타운대학교 부설 케네디 윤리연구소와 같은 생명윤리 연구소가 본격적으로 설립되기 시작했다. 1990년대에는 세계 도처에 100개가 넘는 생명윤리학 기구가 설립되었고, 우리나라에서도 1998년에 이르러 한국생명의료학회와 한국의료윤리교육학회가 창립되었고(구영모 5), 정부는 2006년 이후 국가생명정책연구원을 설립, 운영하며 생명윤리와 관련된 연구 및 학술 활동을 진행시켜 나가고 있다. 이러한 학회 및 연구기관이 설립된 것은 과학기술의 발달로 생명윤리를 상실하게 될 경우

인간의 존엄성과 가치가 무너져 이 사회가 혼란에 빠질 수 있다는 우려로 인해 생명윤리학의 확립이 절실히 요구되었기 때문이다.

생명윤리학은 인간이 생명을 다루는 행위 혹은 그와 관련된 일에 있어서 도덕적 가치관과 도덕적 원칙에 바탕을 둔 인간의 윤리적 행위에 대한 학문이라고 할 수 있다. 더 나아가 생명공학기술은 이미 유성생식이 아닌 무성생식 및 복제를 통해 생명체 혹은 인간을 생산해낼 수 있는 단계에 이르렀다. 그 결과 생명윤리학은 유전공학, 생명공학, 그리고 의학연구에 있어서 절대적으로 필요한 윤리 연구로 이해되어질 수 있다. 생명윤리 연구는 곧 포괄적으로는 전체 생명체를, 그리고 제한적으로는 인간의 생명을 다루고 탐구하는 방법을 제시하는 것이고, 인간존재론에 대한 새로운 성찰의 계기를 제공하고 있다.

인간의 생명과 삶이 작위적인 형태로 조작되고 통제되는 모습을 셸리의 『프랑켄슈타인』과 앨더스 헉슬리의 『멋진 신세계』를 통해 좀 더 구체적으로 살펴볼 수 있다. 시대와 배경이 다르지만 두 작품이 지니고 있는 공통점은 과학기술의 발전에 힘입어 새로운 생명을 창조해낸다는 사실이다. 실제로 인간복제가 기술적으로 거의 가능한 현 시점에 이르러 과거의 소설들에 나타난 생명의 창조/생산 과정과 그 결과를 살피는 것은 생명공학이 발달한 오늘날 우리에게 생명윤리적 측면에서 많은 시사점을 제시한다. 본 글에서는 우선 생명윤리에 관한 논의를 하기 위해 각기 다른 시대의 두 작가가 어떠한 방식으로 자연과학의 발달의 양상을 작품에 담아내고 있는가에 대해 살펴볼 계획이다. 그런 다음 학문적으로 생명윤리의 개념을 가장 먼저 제기했고 현재 이 분야에 있어서 가장 괄목할만한 연구자이자 『생명윤리학』(*Bioethics*, 1999)의 편집자, 『동물 해방』(*Animal Liberation*, 1975), 『실천적 윤리학』(*Practical Ethics*, 1980)과 『생명과 죽음에 대한 재고』(*Rethinking Life and Death*, 1994)의 저자인 프린스턴 대학의 싱어(Peter Singer) 교수가 제시하는 생명윤리학의 목적과 방향에 기대어 두 작품 속에 나타난 사회 및 인물의 생명윤리 의식을 고찰함으로써 과학연구에 있어서 요구되는 생명윤리의식의 생태학적인 균형에 대해 논의하고자 한다.

2. 자연과학의 발달과 생명윤리

셸리가 『프랑켄슈타인』을 발간하게 된 1818년경은 영국 산업혁명 이후 의학, 생물학을 비롯한 자연과학이 눈부시게 발전한 시기이다. 셸리는 전문적인 의사수련을 받은 바 있는 남편 셸리의 영향을 많이 받았다. 셸리는 남편과 함께 자연과학과 관련된 많은 독서를 할 수 있었다. 특히 부부는 남편의 주치의이자 과학자인 로렌스(William Lawrence)와의 교분과 그의 지도로 당시 유행하는 전기, 자기장, 현미경, 태양계 등과 관련된 지식을 얻게 되었다(Butler xv, xvii). 당시 과학자들은 생명의 근원이 전기와 관계가 있다는 갤버니 이론에 근거하여 많은 실험을 행하고 있었다. 따라서 『프랑켄슈타인』이 전기를 이용하여 기괴한 방식으로 인간창조를 다루고 있지만, 전기를 생명의 원천으로 보는 갤버니 이론을 바탕으로 실험을 진행시킨 점에서 이 작품을 단순히 공포의 고딕소설로 치부할 이유는 없다. 자연과학에 많은 관심을 보였던 셸리는 프랑켄슈타인의 입을 빌어 당시 "과학과 기술에 있어서 매일 일어나고 있는 발전"(35)에 대해 언급한다. 18세기와 19세기 계몽주의의 시대에 영국을 비롯한 유럽전역에서 과학기술의 발전이 급격히 이루어지고 있음을 짐작케 한다. 프랑스 화학자이자 생물학자 라부아지에, 이태리 물리학자로 동물전기를 통해 갤버니 이론을 확립한 갤버니, 미국 과학자이자 발명가인 프랭클린(Benjamin Franklin), 화학자이자 물리학자인 달튼(John

Dalton), 전지를 발명한 이태리 물리학자 볼타(Alessandro Volta), 자연철학자이자 생리학자인 에라스무스 다윈, 완두콩의 유전법칙을 발견한 성직자이자 생물학자인 멘델(Gregor Johann Mendel), 다윈의 불독이라 일컫는 생물학자 T. H. 헉슬리, 그리고 진화론을 확립한 다윈(Charles Darwin) 등 많은 자연과학자들이 다양한 실험을 통하여 자연에 내재된 원리와 비밀을 밝혀내는 작업에 몰두했다.

스위스 제네바에서 어린 소년 시절을 보낸 프랑켄슈타인은 중세의 연금술을 다룬 연금술사들의 서적들을 읽고 과학에 대해 관심을 갖게 된다. 이후 독일 남부에 위치한 잉콜슈타트 대학을 다니며 근대과학에 대해 눈을 뜨게 되고 수년 간 발트만과 크렘페(M. Krempe) 교수의 사사 후 최고의 과학연구자가 된다. 누구보다도 생명의 비밀에 대한 강한 호기심을 지닌 과학자로서 프랑켄슈타인은 자연의 후미진 속으로 파고들어 생명의 원리를 알아내고 질병과 죽음으로부터 인간을 자유롭게 하는 것을 연구의 목표로 한다. 이러한 프랑켄슈타인의 도전적 연구는 아마도 독일 생태철학자이자 생명윤리학자인 요나스(Hans Jonas)의 말처럼 "자연 안으로 적극적 개입을 통하여 진리를 자연으로부터 억지로 빼앗겠다는 결심, 즉 인식대상 안으로 간섭해 들어가겠다는 결심"(96)에서 비롯된다. 따라서 "프랑켄슈타인은 지식 추구를 도용한 많은 문학적 인물들의 전형적인 한 예"(Guinan 307)로 여겨지기도 한다. 마찬가지로 고대 이래로 많은 과학자들이 생명의 비밀에 대한 과학적 탐구를 시도해왔으나 여전히 그 숙제는 거의 규명 불가능한 일로 간주되어 왔다. 이러한 가운데 19세기 초 셸리는 신비적인 중세 연금술 방식이 아닌 당시 과학자들이 이룩한 근대 과학적 발견에 기초해 생명 창조를 시도하는 젊은 프랑켄슈타인을 상상해 낸다.

프랑켄슈타인은 비과학적인 연금술 방식을 버리고 생명의 원천으로 간주된 '전기'를 통해 생명창조의 꿈을 실현하고자 한다. 특히 "생명을 회생시킨다"(36)는 프랑켄슈타인의 꿈은 생명의 연장, 더 나아가 생명의 재생을 추구하고 있는 오늘날의 유전공학과 인간복제의 기술 문제와 직결된다. 이 점은 『멋진 신세계』에서 더욱 분명하게 드러난다. 이 작품에서 언급되고 있는 인간생산 방식은 '런던 부화세뇌센터'에서 시행되고 있는 보카노브스키 공정으로 하나의 배아를 수백 개로 "가지분화"(6)시켜 그 만큼의 맞춤형 아기를 대량 생산해내는 식이다. 이 사회의 모토가 "공동체, 동일성, 안정성"인 것을 고려하면 인간은 그 사회 공동체 유지와 안정을 위해 기계로부터 생산된 동일한 제품이자 소모품일 뿐이다. 따라서 포드(Henry Ford)의 "대량생산 방식을 생물학에 응용해"(7) 아기를 생산하는 보카노브스키 공정은 그 사회에서 일컫는 소위 '행복'이라는 것을 가져다주는 기본적인 토대가 된다.

런던에서의 이러한 아기생산 방식과 원시세계라고 일컬어지는 야만인 보호구역에서의 전통적인 아기생산방식과의 비교는 『멋진 신세계』의 생명윤리 의식을 극명하게 보여준다. "문명은 곧 멸균"(121)이라고 여기는 런던인들에게는 야만인 보호구역에서와 같이 부모에 의한 전통적인 아기 생산은 비위생적이고 혐오스러운 일로 간주된다. 또한 프로이트(Sigmund Freud)를 "가족생활의 엄청난 위험성을 처음으로 폭로한 사람"(39)이라고 이야기함으로써 가족에 대한 부조리성을, 특히 아버지로 가득한 곳이라는 개념을 통해 아버지 중심의 현대사회와 가정을 비판한다. 결국 이 세계에는 가정의 근간을 이루는 '가족'과 '부모'의 개념이 존재하지 않으며, 그 용어들도 금기시된다. 그 사회는 심지어 아기조차도 과학기술을 통해 인공생산됨으로써 전통적인 가정 개념이 붕괴되어버린 곳이다.

끊임없는 인간의 과학적 지식 욕구는 인간애와 인간성 상실을 가져온 반면 오늘날 과학기술 수준이 과학기술혁명, 정보통신혁명, 유전자혁명 단계, 그리고 모든 것이 통합 발전된 유전공학, 나노기술, 로봇공학의 GNR 혁명단계에 까지 이를 수 있는 큰 동력이 되기도 하였다. 『멋진 신세계』는 이 최종적인 단계의 일면을 잘 보여준다. 이 작품과 『프랑켄슈타인』 사이에는 시대적으로, 인식론적으로 거대한 격차가 존재한다. 『프랑켄슈타인』이 보여주는 세계는 철저히 인간중심주의 기반의 사회로서 인간에 우선의 가치를 두고 있다. 따라서 프랑켄슈타인의 창조적 실험의 결과로 생산된 인간 괴물은 인간이 아닌 열등한 타자적 존재자로 인식되고 또 그렇게 다루어진다. 반면 기술중심주의 사회를 그리고 있는 『멋진 신세계』에서 대부분의 인간은 사회체제의 안정적 유지를 위해 생산되는 "사회체의 하나의 세포"(90)이자 그 사회의 기능적인 도구로 전락한다. 바로 오늘날 생명공학은 유전자 조작 및 인간의 배아줄기세포 처리를 통해 미래의 세계를 '멋진 신세계'와 유사한 세계로 전락시킬 수 있는 가능성을 내포하고 있다. 현재의 과학발전의 수준과 속도를 고려할 때 미래의 사회는 지금과는 완전히 다른 패러다임의 세계가 될 가능성이 높다. 따라서 기본적인 인간의 존엄성을 유지하면서도 생태학적인 비전에 부합하는 과학발전을 이루기 위해 우선 요구되는 것은 과학연구의 지침이 될 올바른 생명윤리를 마련하는 일이다.

일반적으로 생명윤리의 역사는 임상치료에 필요한 윤리적 사항들을 명시한 함무라비법전이나 히포크라테스의 선서에서 시작되었다고 알려져 있다. 이러한 생명윤리는 칸트가 말하는 '모든 행위자가 무조건 절대적으로 지켜야할 도덕률'인 '정언명령'에 기초하고 있다. 더 나아가 오늘날 생명윤리는 더 광범위하게 "의학, 생의학연구와 생명과학기술에 의해 제기되는 도덕적, 법률적, 정치적, 사회적 문제들과 연관된다"(Singer and Viens 1). 단어의 의미 그대로 생명윤리는 생명 그 자체의 탄생과 관련된 여러 가지 윤리적 함의를 지니고 있을 뿐 아니라 완성된 하나의 생명체를 어떻게 윤리적으로 규정하느냐에 대한 기준을 제공한다.

국내외적으로 생명윤리에 대한 논의에 있어 의견이 엇갈리고 있다. 보수적 성향의 계열에서는 유전자 및 세포 조작 실험에 대해 반대의 의견을 개진하고 있는 반면, 다른 측에서는 불치병 치료를 위해 최소한의 범위 내에서 배아줄기세포 연구 및 개발을 허용해야 한다는 의견을 끊임없이 제기하고 있다. 미래의 인간 가치 및 존엄성을 변화시킬 수 있는 이 중대한 사안에 대해 바람직한 방향을 제시하기 위해 미국을 비롯한 각 나라에서는 대통령 직속 하에 생명윤리 자문위원을 운영하고 있다. 미국의 전 대통령 조지 부시는 생명윤리학자 카스(Leon R. Kass)를 자문위원 의장으로 임명하였는데, 그는 보수주의자이자 극단적인 생명공학 반대론자이다. 카스는 무분별한 과학기술의 추구로 인해 헉슬리의 『멋진 신세계』의 디스토피아가 이루어질 수 있다고 믿었다. 더 나아가 그는 생명공학기술을 근친상간, 카니발리즘, 노예제도화에 비유하며 과학기술의 유혹을 뿌리치고, 미덕의 세계를 이루어야 한다고 주장하였다(Morgan, Shanahan, Welsh 127-28). 부시는 그의 의견에 따라서 미국 내 배아줄기 세포 실험을 법으로 금지하는 법령을 유지하였다. 반면 현 미국 대통령 오바마(Barack Hussein Obama)는 배아줄기 세포연구의 중요성을 강조하며 의회에 연구지원을 위한 재정지원 안을 제출하였다.

우리정부도 대통령 직속 하에 의학, 법학, 생명과학, 신학, 철학, 생명공학 분야의 교수 14인 그리고 교육과학기술부, 지식경제부, 보건복지부, 여성부 정관과 법제처장 6인, 총 20명의 위원으로 구성된 국가생명윤리심의위원회를 두고 있으며, 보건복지부 주관 하에 시행되는 생명윤리관련 활동에 대한 심의를 수행하도록 하고 있다. 기본적인 심의내용은 생명윤리, 안전정책, 인공수정, 배아연구, 유전자, 생명윤리 교육, 평가 등과 관련되어 있다. 이렇게 국가 및 연구기관의 생명윤리 규제가 있다하더라도 분명한 것은 첨단 생명공학 분야가 미래 성장 주도산업이 될 것이라는 전망으로 인해 각국의 많은 과학자들이 줄기세포 개발 및 상품화를 위해 연구개발 경쟁에 돌입해 있는 실정이다. 이러한 복잡한 상황 속에서 각 나라의 사정에 따라 생명공학, 생명의학 분야에 관련한 생명윤리의 지침은 약간씩 차이가 있을 수 있다. 그럼에도 불구하고 생명윤리학자 싱어가 쿠쉬(Helga Kushe)와 공동 편집한 『생명윤리학 안내서』(*A Companion to Bioethics*, 1998)에서 제시하고 있는 생명윤리학의 목적은 생명윤리 연구의 기본적인 방향을 제시하고 있다.

> 첫째, 생명윤리학의 목적은 행동규범이나 교훈을 발전시키거나 지키자는 것이 아니라, 그런 문제에 대해 더 잘 이해하자는 것이다. 둘째, 그것은 윤리학의 본질, 생명의 가치, 인간됨이란 무엇인가, 그리고 인간의 의미에 대해 심오한 철학적인 질문을 던지고 있다. 셋째, 그것은 공공정책의 쟁점들과 과학의 방향과 통제 문제를 포함한다. (4)

싱어가 언급하고 있는 생명윤리학의 목적의 관점에서 『프랑켄슈타인』과 『멋진 신세계』를 분석하는 것은 흥미로운 작업이다. 『프랑켄슈타인』 작품 초기에 프랑켄슈타인이 성급하게 괴물을 탄생시키는 과정에서 노출된 생명윤리의 문제점, 탄생 이후 그 존재를 다루는 프랑켄슈타인의 태도 혹은 그가 괴물에 대해 지닌 편견에서 비롯된 반생명윤리적인 행위, 그리고 『멋진 신세계』에서의 아기생산과 그들이 탄생한 이후 속하게 되는 반생명윤리적인 사회체제 등은 과학자 중심 혹은 과학 중심 사회가 지닌 생명윤리 문제를 극명하게 보여준다. 흥미롭게도 이처럼 셸리는 『프랑켄슈타인』에서 그리고 헉슬리는 『멋진 신세계』에서 개별 인물의 행위와 그로 인해 발생되는 사건들을 통해 자연과학의 발달이 양산하고 있는 반생명윤리적인 제 문제들을 다룸으로써 오히려 현대 우리사회가 필요로 하는 생명윤리적 지침을 제시하고 있다.

3. 생명윤리의 부재와 과제: 『프랑켄슈타인』과 『멋진 신세계』

과학자의 사명이란 생명의 원리, 삶의 원리, 그리고 우리 주변에 존재하고 있는 유무형의 사물에 대한 생태적인 상태 및 상호작용을 알아내는 것이다. 그러므로 프랑켄슈타인의 과학자적인 탐구행위는 충분히 납득될만한 것이며, 그의 과학실험의 처음 의도와 취지는 바람직하다. 그는 "좋은 의도를 가지고 생명실험을 시작하였고 그 의도를 실행에 옮겨 나 자신 스스로가 인류에게 유익하게 될 수 있는 순간을 갈구해왔다"(69)고 말한다. 하지만 그는 자신이 창조한 기형의 혐오스런 "존재의 모습을 보자마자 . . . 참지 못하고 그 실험실로부터 뛰쳐나가고 만다"(39). 오히려 자신이 만든 그 존재로부터 생명의 위협을 느끼며 괴로워한다. 그리고 괴물로부터 멀리 벗어나자 "이제 드디어 자유롭게 되었다"(42)라 표현하는데, 이를 통해 프랑켄슈타인이 자신이 성취한 결과에 대해서 과학자로서의 책임을 다하고 있지 않음을 알 수 있다. 괴물을 방치한 결과는 인간세계에 소동을 불러 일으켰고, 주변의 여러 가족들이 죽는 비극까지 초래한다. 결과적으로 생명의 문제에 영향을 줄 수 있는 과학자가 모든 연구에 있어 지켜야할 행동 및 윤리 규범은 생명윤리에 기초한 철저한 책임의식을 갖는 것이다. 자신이 시행한 실험과 그 실험의 결과가 본인의 지적 호기심을 충족시키는 단계에 그치는 것이 아니라 그 최종적인 결과와 관련한 사후처리 문제에 있어서도 책임을 다하는 윤리 의식이 필요하다. 하지만 과학자로서 프랑켄슈타인은 실험 결과라 할 수 있는 생명체를 방기함으로써 유무해의 검증절차 없이 실험실 밖의 세상에 그 생명체를 노출시키는 직무유기를 범하였고, 그 결과 사회에 혼란과 혼돈을 야기한다. 이러한 결과는 싱어가 생명윤리학의 목적에서 제시하고 있는 과학자가 지켜야 할 행동규범에 어긋나고 있는 모습을 보여주고 있는 것이다. 이는 곧 아직 자신의 반생명윤리적 행위에 대한 올바른 자각에 이르지 못하고 있는 프랑켄슈타인의 초기 모습을 보여주는 부분이기도 하다.

책임성 그 이상으로 더 강조되어야할 점은 과학적 행위가 지나친 사적인 욕망보다는 마음의 평정 혹은 이성적 사고에 바탕을 두어야 한다는 점이다. 프랑켄슈타인 자신 스스로가 밝히고 있듯이 과학자는 연구에 임함에 있어 반드시 지켜야할 마음의 평정심을 잃지 않아야 한다. 프랑켄슈타인은 "열정 혹은 일시적인 욕망이 결코 평정심을 뒤흔들게 해서는 안 된다"고 말하며, "지식의 추구도 이 법칙의 예외는 아니다"(37)라고 고백한다. 이에 그치지 않고 그는 "전념하고 있는 연구가 애정을 약화시키고, 어떤 불순물도 섞여있지 않은 순박한 기쁨에 대한 기호를 파괴하는 성향이 있다면, 그때 그 연구는 분명 불법적이다"(37)라고 단정하고 있다. 특히 과학자가 "고요하고 평화로운 마음"(37)을 유지하지 못하고 마음의 평정을 얻지 못하면 판단의 오류를 범하게 됨을 다음의 예를 통해 설명한다. "마음의 평정을 깨는 지나친 욕망추구가 허용되지 않았더라면, 그리스가 노예화되지 않았을 것이고, 시저가 자신의 나라를 멸망에서 구했었을 수도 있을 것이며, 미국이 좀 더 천천히 발견되어 멕시코와 페루 제국들도 멸망하지 않았을 것이다"(38). 이러한 그의 고백은 인간의 과도한 지식추구가 인류의 불행을 가져올 수 있으며, 또한 과학자의 지나친 욕망이 과학자가 지녀야할 윤리적이고 도덕적인 판단을 해친다는 점을 지적한 것이다. 곧 이러한 고백은 과학자란 자신의 지나친 일시적 열망이나 욕망을 버리고 진지한 합리성에 기초하여 실험에 임해야함을 강조하고 있다. 궁극적으로 셸리는 프랑켄슈타인의 입을 통해 "비록 과학과 발견에 있어 공로를 세우려는 아주 순진한 야망이라 할지라도 평정심 속에서 행복을 추구하고 그 야망을 피하라"(186)라고 설파함으로써 과학자가 지녀야할 연구태도를 재차 강조한다.

프랑켄슈타인이 창조해낸 생명체가 인간으로서의 존엄성과 생명가치를 인정받지 못하는 이유는 프랑켄슈타인을 비롯한 다른 모든 사람들이 인간이 만물의 영장이자 생각하는 유일한 주체라는 전통적인 인간중심주의적 세계관을 가지고 있기 때문이다. 인간과 동물을 구분하는 일반적인 기준을 언어능력과 사고능력이라 간주할 때 프랑켄슈타인의 생명체는 분명 인간임에도 불구하고 그를 창조한 프랑켄슈타인은 그 생명체를 인간이 아닌 열등한 비인간적 존재로 간주함으로 인해 그 생명체와 인간들 사이에 갈등을 유발시킨다. 『동물 해방』에서 싱어가 지적하고 있듯이 이러한 편견을 기존의 관행적인 성차별과 인종차별의 맥락에서도 찾는 것은 어렵지 않다. "한 사람이 흑인 혹은 여성이라는 단순한 사실로부터 우리가 그 사람의 지적인 혹은 도덕적 능력에 대해 어떠한 것도 추론할 수 없는" 것처럼 프랑켄슈타인의 생명체가 인간이하의 동물로 간주될 충분한 이유가 있는 것은 아니다(Singer 3). 심지어 "한 때 인간과 다른 종사이를 구분하던 명확한 기준은 이제 침팬치가 언어를 배울 수 있다는 사실로 인해 위험에 직면하게 되었다"(13-14)라고 말하는 싱어의 입장은 정도의 차이는 있을지라도 동물들도 나름대로의 사고능력과 언어능력을 지니고 있다는 사실을 말하고 있는 것이다. 따라서 이제는 인간과 비인간을 나누는 기준이 달라져야하고 인간의 인간다움에 대한 정의도 달라져야 한다. 그러한 맥락에서 근본적인 "평등의 원칙"이 "흑인이건 백인이건, 남성이건 여성이건, 인간이건 비인간이건 모든 생명체에까지 확대되어야 한다"(5)는 싱어의 주장은 인간과 동물 사이의 차별은 곧 성차별주의와 인종차별주의와 다를 바 없는 '종차별주의'로서 철폐되어야할 악이며 이러한 "무자비한 종의 착취를 종식시킴으로써 진정한 우리의 이타주의 능력"(248)을 보여주는 것이 곧 진정한 인간다움을 보이는 것이라는 메시지를 전달하고 있다.

프랑켄슈타인의 생명체가 인간세계 밖의 타자적 존재인 것과 마찬가지로 '멋진 신세계'의 인간들도 사회를 구성하고 그 사회를 안정되게 유지시키기 위해 존재하는 단순한 수단이자 물질에 불과하다. 아이러니한 것은 '멋진 신세계'의 인간들은 비록 보카노브스키의 기계적인 방식을 이용하긴 하였더라도 인간의 수정란 배양을 통해 탄생하였다는 점에 있어서 전통적 의미의 인간임에도 불구하고 실제로는 인간의 자율적 기능을 상실한 사람들이라는 사실이다. 프랑켄슈타인의 생명체는 '멋진 신세계'의 인간들과는 다른 방식으로 생명을 부여받긴 하였지만 모든 인성적, 기능적 측면에서 완전한 인간임에도 불구하고 이름을 부여받지 못했고 단순히 '악마', '괴물', 그리고 '피조물'로만 지칭되는 흉악한 동물 그 이상 그 이하도 아닌 것으로 간주될 뿐이다. 따라서 두 작품 세계에서 생산되고 있는 생명체는 인간의 존엄성, 더 나아가 생명의 존엄성을 박탈당한 존재들이다.

특히 『멋진 신세계』에서 모든 사회의 구성원들이 죽은 후 그 시체가 "허물 화장터"(73)에서 화장됨으로써 비료의 생산원료로 소비된다는 사실은 인간의 존엄성과 생명가치의 상실을 다시 확인시켜주고 있다. 그 사회에서의 신이 대량생산의 시조인 포드라는 점 역시 그 사회에서 인간 역시 대량생산되어 사회 안정을 위해 소비되는 소비재에 불과한 존재로서 그 사회가 인간의 존엄성에 전혀 가치를 두고 있지 않고 있음을 알 수 있게 한다. 이러한 맥락에서 프랑켄슈타인의 괴물이 프랑켄슈타인에게 "당신은 나를 죽이려 한다. 어떻게 생명을 가지고 그렇게 놀이를 할 수 있는가? 나에 대한 당신의 책임을 다하라. 난 나대로 당신에게 그리고 나머지 인류에게 책임을 다하겠소"(77)라고 언급하는 것은 인간의 존엄성과 생명에 대한 소중성을 훼손하고 있는 프랑켄슈타인에게 각성을 요구하고 있는 대목이다. 과학자가 연구자로서 자신의 욕망을 충족시키기 위해 생명체를 창조하려는 도전적 실험에 성공한다 하더라도, 궁극적으로 책임의식이 부재하다면 그 실험은 그 생명을 가지고 유희의 놀음을 한 것에 불과한 것임을 지적하고 있는 것이다.

프랑켄슈타인의 생명 연구에서 반생명윤리적 문제가 발생하게 된 또 다른 이유는 그가 실험에서 취해야 하는 사전 "모든 단계들"(34)을 생략한 채 결과에만 집착하였기 때문이다. 한 예로 생명체를 만들기 위해 무덤과 시체 저장소에서 인간 신체의 부위들을 채집한 것은 법적으로, 윤리적으로 어긋난 일이다. 하지만 프랑켄슈타인은 그 어긋난 행위를 인류를 질병으로부터 해방시키려 한 조치로 정당화시킴으로써 죄책감을 면하려 한다. 또한 자신이 고백하고 있듯이 처음에 자신의 "계획의 거대함과 복잡함"(35) 자체가 자신의 계획의 실행에 있어 큰 문제가 되지 않을 것이라고 생각했음에도 불구하고 그의 성급한 욕망으로 인해 실험 "속도에 커다란 장애"(35)로 여겨지는 것들을 무시하고 만다. 따라서 그는 인간과 동일한 생명체 창조를 위해 요구되는 신체부위의 채집과정에서 세심한 관심을 기울이지 못하고 일을 너무 서둘러 진행시키게 된다. 그 결과 보통 인간과 동일한 외형의 생명체를 만들려했던 "자신의 원래 의도와는 달리"(35) 대략 8피트에 이르는 혐오스런 거대한 인간괴물을 만들어내게 된다. 이 문제는 곧 실험 대상 혹은 재료의 선정과 관련된 문제이기도 하다. 프랑켄슈타인의 실험에서 나타나는 문제점은 오늘날에도 여전히 중요한 해결과제로 남아있으며, 수정란 및 체세포 실험에 있어서의 돌연변이 생명체 발생에 대한 염려는 프랑켄슈타인의 괴물인간 창조에서 발생된 두려움과 별반 다르지 않다. 현재 당장 자녀의 치명적인 질병을 치료하기 위해 부모가 그 자녀와 동일하거나 혹은 가장 유사한 형질의 다른 아이를 생산하여 그 형제 치료를 위해 동생의 혈액 및 신체 일부분을 사용하게 되는데, 이 때 이 아이를 일컬어 '치료용 맞춤 아기'라 한다. 이러한 맞춤 아기 생산의 문제를 포함하여 오늘날 수백 개의 수정란을 희생해야만 가능한 체세포 생산 및 복제의 문제는 생명윤리 논쟁에 있어 중요한 쟁점 사항 중 하나이다. 종교계 및 생명윤리학계는 수정된 난자 혹은 이미 성체로 성장한 아기가 실험 혹은 질병치료를 위해 사용되는 것이 어떠한 이유로도 정당화될 수 없으며, 그러한 오용은 생명의 가치와 존엄성을 최고 우선시 하는 생명윤리를 크게 훼손하는 것이라고 주장하고 있다.

마지막으로 생명윤리 실천에 있어 지켜져야 할 것은 생명공학의 엄정한 중립성이다. 이 중립성은 싱어가 강조한 세 번째 생명윤리의 목표를 실현하는데 가장 중요한 것 중에 하나이다. 그 중요성에도 불구하고 현재 자본과 권력의 영향력 하에 다양한 생명공학 프로젝트가 진행되고 있다는 점에서 우려의 목소리가 높다. 사실 과학자들이 추구하는 것은 『프랑켄슈타인』에 나타난 바처럼 인간을 질병과 갑작스런 죽음으로부터 보호하는 것이지만, 다른 한편 부를 얻기 위해 "불로장생수"과 "현자의 돌"(23)을 발명하는 것이기도 하다. 『멋진 신세계』는 과학이 이미 자본과 권력과 일원화된 모습을 보여준다. 그 세계는 "버리는 것이 고치는 것보다 더 낫다"(49), "수선이 많을수록 재물이 줄어든다"(121)는 생각을 일반소비자에게 주입할 정도로 생산과 소비가 강조되는 자본주의 사회이다. 보카노브스키 방식의 아이생산 역시 오늘날 동식물을 복제하려는 주된 이유라 할 수 있는 "탁월함의 영구화와 대량화"(요나스 178)의 범주에서 크게 벗어나지 않는다. 자본주의는 미래사회에도 여전히 유효할 것이다. 그러므로 결국 "생명공학 발달과 관련된 의사결정은 민주적으로 선출된 정부라기보다는 현재 다국적 기업에 의해 결정되고 있는 것이 사실이라"(Häyry 152)는 해이리의 주장은 미래 사회에 생명공학 및 유전공학의 발전방향이 거대자본에 영향을 받을 것임을 예시한다. 근본적으로 자연과학 자체는 삶과 자연의 생성, 작용원리를 밝히는 순수학문임에 틀림없으나 그 순수성이 상실되어가고 있으며, 응용과학 역시 오늘날 상품화, 기업화, 자본화에 봉사하고 있는 실정이다. 예컨대, 인간 IVF(인공체외수정) 수정란에 대한 연구를 통해 상업적인 목적과 시대적 요구에 따라 맞춤형 아기, 혹은 복제아기, 혹은 사이보그 혹은 다른 상상의 존재가 생산될 수 있다는 우려를 피할 수 없다. 해이리는 이러한 상황을 헉슬리의 『멋진 신세계』에 비유하여 그의 우려를 표명한다.

> 과학자들은 일반인들에게 아주 위험하거나 혹은 아주 지루한 일들을 해줄 특수한 하류층 인간을 디자인해달라는 요청을 받게 될 것이다. 생명공학을 반대하는 측의 주장처럼, 그 결과는 앨더스 헉슬리의 '멋진 신세계'와 같은 것이 될 것이다. (Häyry 148)

자연과학 그 자체가 중립적이라는 사실을 고려할 때, 요나스의 "일반적으로 모든 능력은 '그 자체로' 혹은 '즉자적으로' 선하며, 악은 그것을 잘못 사용함으로써 발생한다"(42)는 지적은 인간이 어떠한 생명윤리 의식을 지니고 어떻게 그 과학을 사용하느냐에 따라 미래사회의 운명이 결정될 수 있음을 말한다. 이러한 요나스의 지적과 싱어가 제기한 과학의 공공성의 문제를 상기한다면 과학자 및 일반인 모두는 인간 생명윤리의 문제에 신중하게 접근하지 않을 수 없다. 더 나아가 새로운 생명공학의 성공은 곧 사회의 법과 질서에도 커다란 영향을 미칠 수밖에 없다. 한 예로 영국에서의 시험관 아이의 탄생은 "정부나 사법부로 하여금 필연적으로 당면하게 될 법률적, 실무적, 인간적 문제를 분명하게 처리할 수 있는 기본원칙을 서둘러 마련하도록 하게 하였다"(Harris 216). 이는 새롭게 추진되고 있는 생명공학적 실험이 성공할 경우 뒤 따를 다양한 분야에 있어서의 새로운 제도개혁의 필요성을 말해줄 뿐 아니라 포스트휴먼 시대에 요구될 사회와 인간에 대한 존재론적, 인식론적 변화를 예고하는 것이기도 한다.

4. 포스트휴먼 시대의 생명윤리학의 생태학적 균형

『프랑켄슈타인』이 과학적 실험을 통해 생명체를 창조하는 젊은 과학자 프랑켄슈타인의 모습을 그리고 있다하더라도 그가 행한 실험은 오늘날 일반화된 과학이론과 실천에 비교하면 그 이론적 토대가 빈약하고 생명창조에 있어서의 구체적인 과학적 실천이 상당히 추상적으로 묘사되었다. 그럼에도 불구하고 그 실험 내용이 현재 포스트휴먼 시대에 통용되고 있는 신체기관 이식과 같은 의학적 개념들을 선보이고 있다는 사실은 흥미롭다. 환자 자신의 신체가 아닌 타인으로부터 신체의 일부 혹은 기관을 이식받아 생명을 회생시키거나 생명을 연장하는 방법은 현재에도 유효하기 때문이다. 과학적으로 훨씬 진일보한 세계의 모습을 담고 있는 『멋진 신세계』는 탄생시부터 특수한 목적을 가지고 인간의 지능과 신체의 기능을 조절, 통제하고 있는 사회를 묘사하고 있다는 측면에서 오늘날 인간을 정보화, 기계화 관점에서 보는 포스트휴먼 세계의 모습을 나타내고 있다.

『종의 기원』(*The Origin of Species,* 1859)에서 "중력의 고정된 법

칙에 따라 이 행성이 돌고 있는 동안, 단 하나의 단순한 시작으로부터 가장 아름답고 경이로운 무수한 것들이 진화해가고 있다"(267)는 다윈의 지적은 21세기 포스트휴먼 시대에도 여전히 유효하다. 21세기 생명과학기술의 발달은 과거 다윈의 진화론이 그랬던 것과 마찬가지로 인간의 존재론적인 성격을 변화시키고 있다. 특히 GNR 혁명의 발전은 인간을 "우연한 역사적 사건"이자 그 결과인 생물학적 신체를 소유한 "의식"의 존재라기보다는 오히려 "사고하는 기계"로서의 "인간존재"(2-3)를 강조하고 있는 헤일즈(Katherine Hayles)의 포스트휴먼 개념과 인간을 "기계와 유기체의 혼성물"로 간주하며 "우리는 사이보그이다"(149-50)라고 주장하는 해러웨이(Donna Haraway)의 사이보그 개념을 공고히 함과 동시에 포스트휴먼 시대가 도래했음을 알리고 있다. 이미 GNR 혁명 단계에 들어선 과학기술은 스스로 작동하기 시작했다. 선 마이크로시스템의 창업자인 빌 조이(Bill Joy)는 20세기는 핵, 생물, 화학에 기반한 대량살상무기가 인류에 커다란 위협이었다면, 21세기는 GNR 관련 기술이 인류에 커다란 위협이 될 수 있음을 다음과 같이 지적한다.

> 우리를 멈칫하게 하는 것은 무엇보다도 유전학, 나노기술, 그리고 로봇학이다. 자기 복제는 유전공학의 전형적인 방식이며 . . . 나노기술에 있어 불쾌한 큰 잠재 위험이다. 창조자들이 자신들에게 부과하는 윤리적 규제들을 피하기 위해 복제나 변이를 하는 사이보그와 같이 막 나가는 로봇의 이야기는 과학소설이나 영화에 잘 알려져 있다. 자기복제가 생각보다도 더 원초적이기에 통제하기가 더 어렵거나 혹은 불가능하다는 말이 맞을 수 있다. (Joy 6)

빌 조이는 인터넷 잡지인 『와이어드 매거진』(*Wired Magazine*)에서 "왜 미래는 우리를 필요로 하지 않는가"라는 제목과 "우리의 가장 강력한 21세기의 기술인 로봇학, 유전공학, 나노기술이 오히려 인류를 위협하며 그들을 위험에 처한 종으로 만들고 있다"라는 부제를 통해 GNR 혁명에 대한 자신의 입장을 표명하고 있다. 특히 그의 입장은 GNR 혁명으로 인해 현재 인류가 보유한 정보의 양은 약 18개월 단위로 2배씩 증가하고 있으며, 그 정보의 효율적 관리로 인해 2030-40년경에는 인간의 지능을 능가하는 A.I.의 생산이 가능해진다고 예견하고 있는 레이 커즈와일(Ray Kurzweil)의 주장과 통한다(459-62). 스스로 지식과 정보를 증식하여 자체 운용이 가능한 GNR 기반의 과학기술의 위험성을 지적한 빌 조이의 언급은 "과학과 기술이 계속 진화해서 인간을 포스트휴먼으로 만들어 새로운 역사의 장으로 안내할 것"(Abrams 252)이라는 것을 암시하고 있다.

급격한 사회적 변화는 과학자와 사회의 구성원들의 급격한 인식변화를 요구한다. 프랑켄슈타인이 인간 괴물을 만들고 겪게 되는 고통은 미래에 새로운 인류 혹은 사이보그를 만들게 됨으로서 동반될 인류의 고통과 괴로움을 상징한다. 또한 그의 고통은 오늘날 과학자가 자신의 과학적인 작업에서 경험하게 될 생명윤리적 고민과 번뇌를 말해주고 있다. 왜냐하면 프랑켄슈타인이 괴물이라는 새로운 생명체를 탄생시킨 것은 곧 인류의 미래 사회를 『멋진 신세계』에 나타난 새로운 사회로 변질시킬 수 있는 최초의 가능성을 이 세계에 제공한 것일 수 있기 때문이다.

오늘날의 생명윤리 논쟁이 벌어지는 이유는 아마도 과학발전의 갈림길에서 올바른 선택을 하지 못할 경우 닥칠지 모를 재앙에 대해 염려하기 때문이다. 이러한 우려는 미래세계의 인류가 『멋진 신세계』의 존이 '자유', '감정', '정열', '사랑' 등을 상실한 '멋진 신세계'의 인간들을 보고 일컫는 "이 인간이하의 괴물들"(212)로 전락할 것에 대한 우려이다. 아이러니하게도 『멋진 신세계』에서 그 사회의 도덕과 윤리체제를 관장하고 있는 세계통제관 몬드는 "새로운 생물학 이론"이란 논문에 대해 "작가가 목적개념을 수학적으로 처리한 것은 기발하고 아주 창의적이다. 하지만 이단적이다. 현 사회질서에 관한 한 위험하고 잠재적인 전복성을 지니고 있다"(177)고 말하며 그 논문의 발간을 금한다. 또한 직접적으로 "과학은 위험한 것이라 매우 주의를 기울여 구속하고 제한해야 한다"(225)라고 잘라 말한다. 몬드는 사회의 혼란을 야기하는 전복적인 요소를 지닌 과학적 실험이나 사업은 제한 받는 것이 필요하다는 입장을 취한다. 이러한 몬드의 태도는 오늘날 무분별한 생물학 혹은 생명공학 실험의 위험성을 직접 말해주고 있는 대목이다.

후쿠야마의 '역사의 종언'에 비추어 인류의 미래를 고려할 때 최근 많은 생명윤리적 논란을 불러일으킨 배아줄기세포, 그리고 다른 대안으로 제시되고 있는 성체줄기세포나 태아줄기세포의 연구를 통해 인간치료를 위한 약물생산 및 장기복제를 허용하느냐 마느냐의 문제는 당장의 필요성과 요구에 의해 결정될 일은 아닌 듯하다. 우선 인간의 오랜 역사 속에 축적된 경험을 바탕으로 이윤을 추구하는 인간의 보편적인 행동방식을 고려해 보면 복제 및 복제 산업이 인류와 인간의 삶에 미칠 파장을 쉽게 짐작할 수 있다. 만약 과학적 실천에 있어 신중한 주의를 기울이지 않게 된다면 인류의 미래가 국가와 인종을 떠나 헉슬리가 상상한 '멋진 신세계'로 전락될 수도 있다. 이러한 우려는 이미 『프랑켄슈타인』의 젊은 과학자의 무분별한 실험을 통해 나타난 바 있다. 그 작품에서 드러난 완전한 의미에 있어서의 생명체 창조의 실패는 인간의 지식 추구가 인간의 "자연적 한계를 넘어선 것에 대한 대가"이며, 그것은 또한 "산업혁명의 시작에 있어서" 인류가 직면한 "딜레마"인 것이다(Back 329). 그리고 『멋진 신세계』의 세계 통제관 몬드가 과학과 관련하여 "우리는 과학이 그 스스로가 이룩한 좋은 업적을 망치게 나둘 수 없다. 그것이 우리가 그토록 주의를 기울여 그 연구의 범주를 제한하고 있는 이유이다" (227-28)라고 말하는 부분은 헉슬리가 왜 이 작품을 구상하였는가를 생각해볼 수 있게 하는 대목이다. 다시 말해 『프랑켄슈타인』과 『멋진 신세계』는 현재 우리사회가 생명공학 등의 과학에 대해 가지고 있는 우려를 각기 다른 방식으로 나타내주고 있는 것이며 동시에 우리 사회에 생명윤리와 관련된 경고의 메시지를 전달하고 있는 것이다.

싱어의 생명윤리학의 목적의 관점에서 분석해본 『프랑켄슈타인』과 『멋진 신세계』에서 알 수 있듯이, 바람직한 생명공학 연구를 위해 연구자의 책임의식과 이성적인 판단, 생명가치와 인간의 존엄성의 존중, 연구의 공익성에 대한 연구자의 의식은 중요하다. 그리고 그 의식에 기반한 개별연구가 전체 내외적 자연환경과의 상호관계에 있어 생태학적인 문제는 없는지 신중히 검토하는 것 역시 필요하다. 전지구적 혹은 더 나아가 우주적 생태균형의 파괴가 인간의 생존과 인류의 파멸을 초래할 수 있다는 측면을 고려할 때 오늘날 생명공학 연구에서 다루어지고 있는 사소한 생명체도 인간과 동일한 생명 존재자라는 생태학적인 생명윤리 의식이 요구된다. 예컨대, 프랑켄슈타인의 생명체를 단순히 악마, 괴물 혹은 동물 등으로 칭하며, 타자화시키는 것이 아니라 동일한 인간생명체로 접근하여 해석하는 것이 필요하고, 거북스럽기는 하지만 만약 혹시라도 복제방식을 통해 인간이 탄생하는 일이 발생하게 된다하더라도 그 복제인간 역시 동일한 인간일 수밖에 없다는 사실을 유념하지 않을 수 없다. 그렇지 않으면 오늘날의 과학자들도 프랑켄슈타인이 자신이 만든 생명체에 대한 혐오감으로 인해 시작된 제반 문제들에 대한 책임을 회피한 채 오직 그 생명체를 악마화시킨 것과 동일한 우를 범할 수 있기 때문이다. 그러한 까닭에 올바로 정립된 생태학적 생명윤리는 과학 혹은 생명공학 연구의 운명과 방향이 신중하게 결정되어질 수 있도록 하는 주요한 안내 역할을 수행할 것이다.

『프랑켄슈타인』은 고딕 요소와 과학 담론의 주제를 잘 접목시켜 기괴한 생명체 탄생의 이야기를 잘 담아냄으로써 생명현상에 대한 그 시대의 사회인식을 효과적으로 보여주고 있다. "디스토피아 소설에서의 공포가 계속되는 것은 18세기 후반과 19세기 초의 고딕소설과 긴밀히 연관된 서사라는 점을 말한다. 그런 소설에서의 서사 구조는 주인공이 경험하는 공포가 핵심적 요소이다"(Cartwright 17)라는 말에서처럼 『멋진 신세계』 역시 과학기술의 무분별한 발전에 대해 혹은 미래 삶에 대해 공포를 주고 있다는 측면에서 이전의 고딕적 요소를 그대로 지니고 있다 할 수 있다. 현대 디스토피아 과학소설은 특히 과학의 발전과 더불어 조명되는 생명공학의 발전에 크게 주목한다. 말하자면 두 작품에 대한 분석에서 살펴본 바와 같이 인간의 생명은 인간생명에 대한 신비주의적인 태도에서 벗어나 인간과 생명을 과학적 연구의 대상으로 분석하며 응용, 발전해 나가고 있다. 바람직한 연구를 위해 생명윤리가 『프랑켄슈타인』에 나타난 바와 같이 인간을 우주의 중심에 두고 있는 지나친 인간중심주의로부터 벗어나야 하며 동시에 『멋진 신세계』에서 보이고 있는 것처럼 인간을 하찮은 부품으로 만들 위험성을 지닌 기술중심주의에서 벗어나야함은 자명하다. 한 주체로서 인간은 과학기술을 더 이상 외면할 수는 없는 포스트휴먼 시대에 살고 있다. 오히려 이러한 과학기술 시대에 인간은 자신이 우주와 지구에 존재하는 다양한 생명체 가운데 하나라는 인식을 하게 될 가능성이 많다. 따라서 앞으로의 포스트휴먼 사회는 과학기술의 발전과 비례하여 생명윤리의 중요성이 더욱 부각될 것이므로 넓은 의미에서 과학은 철저한 "과학의 자기검열"(요나스 77)이 요구되며, 동시에 과학기술과 우주/자연, 그리고 인간 사이의 생태학적 균형을 강조하는 생태중심주의가 생명윤리 형성에 중요한 작용을 하여야 하리라 여겨진다.

참고 문헌

구영모. 『생명의료윤리』. 동녘. 1999.

요나스, 한스. 『기술, 의학, 윤리』. 이유택 옮김. 솔출판사. 2005

커즈와일, 레이. 『특이점이 온다』. 김명남, 장시형 옮김. 김영사. 2007

Abrams, Jerold J. "Pragmatism, Artificial Intelligence, and Posthuman Bioethics: Shusterman, Roty, Foucault." *Human Studies* 27 (2004): 241-58.

Back, Kurt W. "*Frankenstein* and *Brave New World*: Two Cautionary Myths on the Boundaries of Science." *History of European Idea* 20. 1-3 (1995): 327-32.

Butler, Marilyn. "Introduction." *Frankenstein*(1818). Oxford: Oxford UP, 1998. ix-li.

Cartwright, Amy. *The Future is Gothic: Elements of Gothic in Dystopian Novels*. Dissertation. University of Glasgow. 2005.

Darwin, Charles. "Charles Darwin from *The Origin of Species*." *Literature and Science in the Nineteenth Century: Anthology*. Ed. Laura Otis. Oxford: Oxford UP, 2002. 258-67.

Guinan, Patrick. "Bioterrorism, Embryonic Stem Cells, and Frankenstein." *Journal of Religion and Health* 41.4 (2002): 305-9.

Haraway. Donna J. "A Cyborg Manifesto: Science, Technology, and Socialist-Feminism in the Late Twentieth Century." *Simians, Cyborgs and Women: The Reinvention of Nature*. New York: Routledge, 1991. 149-81.

Harris, John. "Biotechnology, Friend or Foe? Ethics and Controls." *Ethics and Biotechnology*. Eds. Anthony Dyson and John Harris. London: Routledge, 1994. 216-29.

Hayles, N. Katherine. "Toward Embodied Virtuality." *How We Became Posthuman?: Virtual Bodies in Cybernetics, Literature, and Informatics*. Chicago: The U of Chicago P, 1999. 1-24

Häyry, Heta. "How to Assess the Consequences of Genetic Engineering." *Ethics and Biotechnology*. Eds. Anthony Dyson and John Harris. London: Routledge, 1994. 144-56.

Huxley, Aldous. *Brave New World.* New York: Harperperennial, 2006.

Joy, Bill. "Why the future doesn't need us: our most powerful 21st-century technologies - robotics, genetic engineering, and nanotech - are threatening to make humans an endangered species." *Wired Magazine.* 8.04. 2000. October 5, 2015.

http://www.wired.com/wired/archive/8.04/joy_pr.html.

Kushe, Helga, and Peter Singer. "What is Bioethics?: A Historical Introduction." *A Companion to Bioethics*. Eds. Helga Kushe and Peter Singer. Malden: Blackwell, 2001. 3-11.

McClay, Wilfred. M. "The Burden and Beauty of the Humanities." *Arts Education Policy Review* 111 (2010): 33-35.

MecKier, Jerome. "Shakespeare and Aldous Huxley." *Shakespeare Quarterly* 22.2 (1971): 129-35.

Morgan, S. Philip, Suzanne Shanahan, and Whitney Welsh. "Brave New Worlds: Philosophy and Science in Human Biotechnology." *Population and Development Review* 31.1 (2005): 127-44.

Shapiro, Harold Tafler. "The Appointment of Professor Peter Singer." *Princeton Weekly Bulletin.* December 7, 1998. http://www.princeton.edu/pr/hts/bio.html.

Shelley, Mary, *Frankenstein or The Modern Prometheus* (1818). Ed. Marilyn Butler. Oxford: Oxford UP, 1998.

_______. *Frankenstein or The Modern Prometheus* (1831). Ed. M. K. Joseph. Oxford: Oxford UP, 2008.

_______. *Mary Shelley's Journal.* Ed. Fredrick L. Jones. Norman: U of Oklahoma P, 1947.

Singer, Peter A. and A. M. Viens. *The Cambridge Textbook of Bioethics.* Cambridge: Cambridge UP, 2008.

_______. *Animal Liberation.* New York: A New York Review Book, 1990.

Sion, Ronald T. "Preface." *Aldous Huxley and the Search for Meaning: A Study of the Eleven Novels*. London: McFarland, 2010. 1-5.

윌키 콜린즈의 『월장석』: 제국주의 고딕과 기이한 낯섦의 서사

권영희 _ 서울시립대학교

윌키 콜린즈의 『월장석』: 제국주의 고딕과 기이한 낯섦의 서사*

I

작가 소개

윌키 콜린즈(Wilkie Collins)는 빅토리아조 후반 대중문학계에서 큰 인기를 끌었던 소설 장르들인 선정소설과 추리소설을 발명한 작가이다. 전성기인 1860년대 대표작들인 『흰옷을 입은 여인』(*The Woman in White*, 1860)과 『월장석』(*The Moonstone*, 1868)으로 그는 동업자이자 멘토였던 디킨즈(Charles Dickens)에 버금가는 엄청난 상업적 성공을 거뒀다. 한 순간도 주의를 놓지 못한 채 끝까지 몰입하게 만드는 플롯 구성과 예측 불허의 반전이 콜린즈 소설의 보증수표라면, 그의 인물됨이나 삶 역시 도덕적 반듯함과 자제심, 체면을 중시했던 빅토리아조 영국 중산층 계급의 가치관과는 동떨어진 흥미로운 면면들을 담고 있다.

콜린즈는 1824년 런던에서 출생하였다. 부친 윌리엄 콜린즈(William Collins)는 당대의 손꼽히는 풍경화가로서, 실패한 화상(畵商)이자 복원화가로 곤궁하게 살다가 삶을 마감한 부친을 반면교사 삼아 젊은 시절부터 착실하게 실력을 쌓았다. 조지4세를 비롯하여 다수의 유력한 귀족들과 상류계급 후원자들을 두었던 그는 도덕적

* 이 글은 2007년에 발간된 『영미문학연구』 12호에 발표한 논문을 고쳐 쓴 것이다.

으로도 흠결 없는 사생활을 유지하였고 자녀 양육에서 신앙을 강조했다. 부친 덕분에 콜린즈는 어린 시절부터 화가와 예술가들을 접촉할 기회가 많았으며, 12세 되던 해에는 가족과 함께 프랑스와 이탈리아에서 2년 간 체류했다. 콜린즈는 이탈리아의 풍경과 회화, 사람들로부터 학교에서보다 훨씬 많은 것을 배웠노라고 회고한 바 있는데, 이처럼 예민한 성장기에 유럽 문화를 경험함으로써 보헤미안적인 관점을 자아정체성의 핵심적 일부로 삼게 되었다. 당시 영국사회가 성을 비롯한 일체의 감각적인 쾌락을 억제하는 일을 모범적인 삶의 전제로 간주했던 반면, 프랑스와 이탈리아에서 체험한 내용들은 그로 하여금 욕망을 거리낌 없이 인정하는 삶을 살게끔 유도했던 것이다.

유럽에서 돌아온 후 콜린즈는 아들이 상류계급 자제들과 인맥을 쌓기를 바랐던 아버지에 뜻에 따라 콜즈 기숙학교(Cole's Boarding School)에 입학하게 된다. 유약하고 외모도 볼품없었던 콜린즈는 자신보다 크고 힘센 또래 아이들에게 괴롭힘을 당하지 않기 위해 재미있는 이야기를 꾸며서 들려주곤 했다. 타고난 이야기꾼으로서 경력이 시작된 셈이다. 졸업 후에는 부친이 원하는 대로 5년 간 차(茶) 무역상의 수습직원으로 근무했고, 1845년에는 링컨즈 인(Lincoln's Inn)에서 법률공부를 시작하여 법정 변호사 자격을 취득하기도 했다. 하지만 이 무렵 두 가지 중요한 사건이 그를 작가의 길로 인도한다. 하나는 1847년 사망한 아버지의 전기를 이듬 해 출판한 일이고, 나머지는 콜린즈 인생에서 가장 중요한 사건이라고 부를 만한, 당대의 대작가 디킨즈와의 만남이었다. 1851년 당시 27세 청년이었던 콜린즈에세 첫 눈에 호감을 느낀 디킨즈는 자신이 기획하고 주인공 역을 맡기로 한 아마추어 연극 『보이는 것처럼 그렇게 나쁘지는 않아』(*Not So Bad As It Seems*)에 시종 역을 제의하고 콜린즈는 이를 수락한다. 이후 디킨즈의 주간지 『세간에 떠도는 말들』(*Household*

Words, 1850-1859)에 콜린즈의 단편들이 실려 좋은 반응을 얻게 되면서 이를 계기로 두 사람의 관계는 절친한 벗이자 동업자로 발전한다.

1859년 디킨즈는 새롭게 시작한 주간지 『일 년 내내』(*All the Year Round*, 1859-1870)에 『두 도시 이야기』(*A Tale of Two Cities*, 1859) 연재를 마치고 차기작의 저자로 콜린즈를 선택한다. 그 결과물로 나온 『흰옷 입은 여인』이 선풍적인 인기를 끌면서 이 잡지의 판매부수를 기록적인 3백만 부까지 끌어올리게 된다. 한편, 콜린즈는 작품을 집필하기 몇 년 전에 이 소설의 실제 모델인 캐롤라인 그레이브즈(Caroline Graves)를 만나는데, 1858년 무렵부터는 동거하기 시작하여 그녀가 다른 사람과 결혼하여 떠나있던 3년 정도를 제외하면 사망할 때까지 삼십 년 간 공식적으로 결혼하지 않은 상태로 함께 살았다. 더구나 1864년경에는 모친의 집에 하녀로 온 마사 러드(Martha Rudd)와 별도의 살림집을 마련했고 그 집에 머물 때면 주변인들의 시선을 의식하여 윌리엄 도슨(William Dawson)과 도슨 부인(Mrs. Dawson)이라는 가명을 쓰는가 하면, 마사와 낳은 세 아이들에게도 도슨이라는 성을 부여하였다.

이처럼 콜린즈는 사회적 통념과 도덕률을 거스르는 삶을 살았지만 『흰옷 입은 여인』에 이어 『일 년 내내』에 『무명』(*No Name*, 1862)을 연재할 무렵 당대 대중잡지들이 가장 탐내는 작가가 되었고, 1866년에는 거액의 원고료를 제시한 경쟁지 『콘힐』(*Cornhill Magazine*, 1860-1975)로 옮겨 『아마데일』(*Armadale*)을 연재한다. 이후 『일 년 내내』로 복귀하여 1868년 추리소설 장르의 원조에 해당하는 작품이자 그의 문학 세계에서 가장 빛나는 수작인 『월장석』을 연재 출판하면서 작가로서 독창성과 역량이 정점에 이르렀다. 1870년대 이후에도 중단 없이 다수의 소설과 희곡을 창작하였으나, 1850년대부터 그를 괴롭혀온 류마티스성 통풍이 악화되고 그로 인해 시력도 거의 상실할 지경이 되었다. 진통제로 오랜 기간 복용해온 음용 아편(laudanum)에 점점 더 많이 의존하면서 부작용이 심해지고 환영에 시달리기도 하였다. 1860년대에 나온 대표작 4편을 비롯하여 무려 25편이나 되는 장편소설과 50편 이상의 단편, 15편 이상의 희곡과 100편 이상의 에세이를 남긴 그는 1889년 교통사고 합병증과 기관지염이 발병하여 65세를 일기로 사망했다.

II

작품 소개

엘리엇(T. S. Eliot)은 『월장석』이 "영국 최초의 추리소설로서 가장 훌륭한 작품이다"라고 평한 바 있다(413). 600면에 달하는 분량이지만 한번 손에 쥐면 절대 내려놓을 수 없을 정도로 강력한 흡입력을 지닌 이 소설은 월장석이라는 이름의 인도산 대형 다이아몬드가 영국 어느 시골 저택에서 한밤중에 도난당하는 사건을 중심으로 보석의 행방을 추적하는 이야기다. 콜린즈는 여러 인물들이 개입하여 사건의 전말을 밝히는 본 이야기 앞뒤에 서문과 결문을 두는 한편, 본 이야기를 첫 번째 기간(1848)과 두 번째 기간(1848-49)으로 나누어 풀어놓는다. "어느 가문의 기록에서 발췌한 내용"이라는 부제가 붙은 서문은 1799년 영국군인 존 헌캐슬(John Herncastle)이 인도 세링거파탐(Seringapatam) 포위공격에서 월장석이라는 이름의 다이아몬드를 약탈했다는 사실을, 함께 참전한 헌캐슬의 사촌이 남긴 기록의 형태로 들려준다. 이어지는 본 이야기는 프랭클린 블레이크(Franklin Blake)라는 인물이 월장석의 행방을 둘러싸고 자신과 레이철 베린더(Rachel Verinder)에게 씌워진 혐의를 벗고 실추된 명예를 회복하기 위해 관련자 8인의 진술과 증언을 수합한 결과물로 제시된다. 이 기록들의 서술자들이 각각 고유한 시점과 제한된 지식에 근거하여 들려주는 이야기들을 이어가면서 사건의 인과 관계가 구성되고 추리 플롯의 퍼즐들을 하나씩 맞춰간다.

지금부터 이 소설의 줄거리를 소개할 텐데, 아직 읽지 않은 독자라면 반드시 작품을 먼저 읽을 것을 권한다. 추리 플롯의 흥미진진함을 놓치는 것도 아쉬운 일이지만, 요약으로는 서문과 결문, 그 사이에 놓인 본 이야기에 등장하는 1인칭 시점의 다양한 서술자들과 그들의 개성에 맞춰진 담론 형태들이 선사하는 작품의 재미를 맛볼 수 없기 때문이다. 가령 블레이크가 수집하는 첫 번째 기록의 작성자로서 본 이야기를 여는 서술자인 가브리엘 베터레지(Gabriel Betteredge)는 베린더가 가문의 충직한 집사이며 『로빈슨 크루소』(*Robinson Crusoe*)를 예언서처럼 신봉하며 거의 암송하는 인물이다. 그는 블레이크의 부탁으로 월장석이 베린더가에 도착한 경위와 분실된 경위를 증언하게 되었음을 밝히면서 이야기를 시작한다.

서문에 나오는 것처럼 존 헌캐슬이 세링거파탐 공격에서 월장석을 약탈해간 후 50여 년이 흐른 19세기 중반 존은 질녀인 레이철 베린더에게 월장석을 유산으로 물려주고 사망한다. 그의 유언에 따라 집행자로 지정된 블레이크가 사촌인 레이철의 스무 살 생일에 맞춰 하루 전날 월장석을 들고 베린더가 저택으로 온다. 레이철을 흠모하는 블레이크는 존 헌캐슬이 가문의 이단아이자 배덕자로 취급되어 거의 추방당하다시피한 상태에서 보석에 연루된 모종의 저주를 전가하려는 속셈으로 레이철에게 월장석을 물려준 게 아닐까 꺼림칙해한다. 한편 축하연에 참석한 레이철의 또 다른 사촌 갓프리 에이블화이트(Godfrey Ablewhite)는 레이철에게 청혼하지만 블레이크를 사랑하는 그녀는 그를 거절한다. 축하연이 끝난 후 레이철은 월장석을 자신의 거실에 두고 잠드는데, 이튿날 아침 일어나보니 보석이 감쪽같이 사라지고 없다. 경찰소장 씨그레이브(Seagrave)가 당도하여 사건을 조사하는데, 무슨 이유에서인지 레이철은 수사에 협력하지 않으며 특히 블레이크에게 눈에 띄게 차갑게 대한다. 씨그레이브의 수사가 수포로 돌아가자 블레이크는 유능한 수사관으로 명성을 떨치던 런던의 커프(Cuff) 경감에게 도움을 청한다. 커프 경감은 절도 전과가 있는 하녀 로재너 스피어만(Rosanna Spearman)을 범인으로 지목하는 한편, 레이철이 빚을 갚으려고 로재너와 짜고 보석을 분실한 것처럼 꾸몄을 거라고 추정한다. 그러나 얼마 뒤 로재너가 어떤 꾸러미를 어딘가에 힘들게 숨긴 다음 스스로 목숨을 끊었다는 사실이 밝혀진다. 커프 경감이 의심한 내용과 로재너의 죽음을 접한 베린더 부인은 경악을 금치 못하고 커프 경감을 해고하며, 딸이 받은 충격을 덜어주기 위해 런던으로 떠난다.

다음 이야기의 서술자는 갓프리를 흠모하는 위선적인 광신도 클랙양(Miss Clack)이다. 그녀는 베린더가가 런던에 머무는 동안 레이철이 갓프리와 결혼하기로 했다가 약혼이 파기되는 과정을 들려준다. 이어 등장하는 서술자인 베린더가 변호사 브러프(Bruff)는 갓프리가 자신의 상속 재산을 노리고 청혼했다는 사실을 알게 된 레이철이 약혼을 파기했다는 내막을 전한다. 이에 더해 브러프는 애초에 블레이크가 베린더가에 월장석을 가지고 왔을 때 저택 주변에 나타났던 세 인도인들이 런던에서 지속적으로 목격되었고 그들이 셉티머스 루커(Septimus Luker)라는 대부업자에게 월장석이 저당 잡혀있음을 알아냈다는 사실을 들려준다. 다음 기록의 작성자는 블레이크 본인으로, 그는 로재너의 사망을 둘러싼 수수께끼를 풀어놓는다. 블레이크를 남몰래 흠모하고 있던 로재너는 월장석을 훔친 장본인이 바로 블레이크라는 사실을 알게 되자, 결정적인 증거물이 될 수 있는 그의 속옷을 은닉했지만 이후 계속해서 그에게 무시를 당하자 자살을 감행했다는 것이다. 범인이 다름 아닌 바로 자신이라는 사실에 깜짝 놀라는 블레이크는 사망한 로재너뿐만 아니라 레이철 역시 그의 범행 장면을 직접 목격했다는 증언을 듣고 당혹감에 휩싸인다.

블레이크가 전혀 기억하지 못하는 절도 행위의 비밀은 결국 아편으로 인한 환각 효과였음이 밝혀진다. 블레이크는 이 사실을 베린더가 주치의 닥터 캔디(Candy)의 조수인 에즈라 제닝스(Ezra Jennings)로부터 듣는다. 레이철을 위한 축하연이 열리던 밤 그는 닥터 캔디와 현대 의약의 효과에 대해 언쟁을 벌이는데, 기분이 상한 주치의가 그에게 몰래 음용 아편을 먹였고, 존 헌캐슬의 진의를 의심하며 레이철을 걱정하던 블레이크는 자신도 모르는 사이 한밤중에 그녀의 침소로 들어가 월장석을 꺼내갔던 것이다. 제닝스는 그 당시 사건을 재연하는 실험을 하여 블레이크를 납득시키고, 이렇게 혐의가 벗겨진 그는 레이철과 약혼한다. 한편 브러프는 어두운 피부색을 한 어떤 선원이 저당 잡혀있던 월장석을 찾아갔다는 첩보를 접한다. 블레이크와 커프 경감이 그 선원의 뒤를 쫓는데, 결국 죽은 상태로 발견된 그는 다름 아닌 에이블화이트였다. 자선사업에 열성적인 독실한 기독교도의 가면 뒤에 방종하고 문란한 삶을 숨기는 위선자였던 그는 아편에 취한 상태에서 블레이크가 자기에게 맡겼던 월장석을 담보로 잡혀 빌린 돈으로 사치스런 생활을 하고 있었다. 월장석을 국외로 반출하여 여러 조각으로 나눠 팔 계획이었으나 영국을 빠져 나가기 직전에 줄곧 보석의 행방을 좇던 인도인들에게 덜미가 잡혀 결국 살해된 것이다. 이렇게 본 이야기가 끝나고 결문에서 마지막 증언자이자 기록자로 나서는 인물은 레이철의 생일 축하연에 초대되었던 또 하나의 손님 인류학자 머쓰웨이트(Murthwaite)이다. 그는 월장석이 마침내 원래 그것의 자리였던 월신의 신전으로 옮겨져 수만 명이 운집한 가운데 성스러운 의식을 통해 무사히 복원되었다는 사실을 증언한다.

이상의 줄거리를 통해서도 알 수 있는 사실이지만 보석의 행방을 추적하는 추리 플롯에만 초점을 맞출 경우 『월장석』은 고딕소설 전통과는 완전히 동떨어진 작품으로 보일 수 있다. 콜린즈의 다른 장편들, 특히 『흰옷을 입은 여인』과 같은 작품이 고딕소설의 서사 장치들을 훨씬 더 뚜렷하게 차용하는 까닭에 『월장석』의 고딕 요소들이 가려지는 측면도 있다. 빅토리아조 고딕소설의 맥락을 살피면서 펀터(David Punter)가 설명하는 것처럼 『흰옷을 입은 여인』은 이탈리아 귀족계급 출신의 악당 주인공과 그에게 수난을 당하는 비운의 여주인공, 유령의 등장 등 고딕서사의 익숙한 관례들을 십분 활용하는 한편 추리 플롯을 중심으로 긴장감 넘치는 이야기를 빠르게 풀어놓으며 여성적인 남성 인물과 강인하고 이성적인 신여성 인물 등 기존 고딕소설의 성별 특징들을 뒤집기도 한다. 이처럼 고딕 서사를 선정소설로 새롭게 원용한 이 작품은 소설의 주요 독자층이 중하층계급으로 광범위하게 확장되는 빅토리아조 중반의 현실에서 고딕소설이 변용되고 계승되는 양상을 이해하는 데 필수불가결한 텍스트로 주목받아왔다.

서사의 표층에서는 고딕 요소가 부재하는 것처럼 보이지만, 사실 『월장석』은 빅토리아 중후기 영제국의 깊은 공포를 서사의 심층에 반영한다는 점에서 고딕소설의 전통과 닿아있다. 이와 관련하여, 브랜틀링거(Patrick Brantlinger)가 고안한 개념 "제국주의 고딕"(imperial gothic)이 특히 유용하다. 그는 제국주의 로맨스 장르의 전개 과정과 그 의미를 탐색하면서 고딕서사의 요소들이 제국의 역사적 현실과 만나는 경위를 분석하는데, 제국주의 고딕의 예로서 해거드(H. Rider Haggard)의 『솔로몬 왕의 광산』(*King Solomon's Mines*, 1885)과 『그녀』(*She*, 1887), 존 뷰캔(John Buchan)의 『그린 맨틀』(*Greenmantle*, 1916) 등을 들고 있다.[1)]『월장석』의 추리서사도 기본적으로 제국의 변방에서 영국 본토로 건너 온 물건이나 인물이 평화로운 영국의 공간을 오염시키거나 혼란에 빠뜨린다는 점에서 제국주의 고딕 서사의 틀을 차용한다고 할 수 있다. 이 글에서는 『월장석』의 제국주의 고딕 요소를 프로이트의 '기이한 낯섦'(das Unheimlich)[2)] 개념을 통해 우회적으로 살펴보고자 한다. 콜린즈의 대표작은 가정소설과 제국주의 로맨스의 장르적 관례들이 상호 침투하는 양상을 보여주는 텍스트로서 그로 인해 발생하는 기이한 낯섦의 서사적 효과는 제국주의적 주체 구성이 실패하는 지점을 드러냄으로써 고딕소설의 서사적 작용과 궤를 같이한다.

III

1. 들어가면서: 가정소설과 제국주의 로맨스 양식의 교차

빅토리아조와 20세기 초에 이르는 시기 가정소설과 제국주의 로맨스는 각기 영국 사회와 식민지, 즉 제국의 중심과 주변부라는 두 영역을 서사의 공간으로 나눠맡고 있었다. 그러나 탈식민주의의 이

---

1) 고딕과 식민주의의 상호관련성에 대한 브랜틀링거의 선구적인 분석에 이어, 고딕문학의 맥락에서 제국소설과 탈식민주의 소설을 다시 읽는 작업들이 이루어졌고(Paravisini-Gebert, Gelder), 제국과 고딕소설의 연관성을 탈식민주의 비평의 관점에서 폭넓게 조망한 논문 모음집도 출간되었다(Smith and Hughes).

2) 독일어 'unheimlich'의 통상적인 영어 번역인 'uncanny'의 경우에 unheimlich의 핵심인 '안식처(heim)'의 중요성을 희석하는 문제점이 있어서 가령 호미 K. 바바의 경우 'unhomely'를 쓰기도 한다. 갑작스런 두려움이라는 정의적인 측면을 넘어 형용사 unheimlich가 지니는 다층적이고 다면적인 복잡한 함의를 살리기 위해 이 말을 '기이(奇異)한 낯설음'으로 옮기고자 하며, 소설 장르의 본원적인 기능과 관련해 하나의 이론적 틀로서 활용하고자 하기 때문에 'Heim'의 역어로 '집' 대신에 '안식처' 혹은 '거처'라는 표현을 쓰기로 한다.

론적 전제들에 근거한 최근 연구들에서도 그러한 두 장르 간의 영토 분할 혹은 분업 양상 자체를 문제적인 현상으로 보는 경우는 드물다. 가령, 제국주의 문화가 19세기 영국소설 독해에 필수적인 요소임을 주장하고 다수 작품에 대한 실제 비평을 통해 이를 입증하는 『문화와 제국주의』(*Culture and Imperialism*, 1993)에서 에드워드 싸이드(Edward W. Said)는 키플링의 대표작 『킴』(*Kim*, 1901)과 관련하여 하디의 『무명의 주드』(*Jude the Obscure*, 1985)를 논의하는데, 이러한 접근법은 소설과 제국주의 로맨스 두 양식의 교차라는 견지에서 볼 때 특히 주목할 만하다. 싸이드에 따르면, 킴 오하라(Kim O'Hara)는 주드 파울리(Jude Fawley)와 마찬가지로 『소설의 이론』(*Theory of the Novel*, 1920)에서 루카치(Georg Lukács)가 정의한 소설 양식의 전형적인 주인공에 해당한다. 하지만 주인공을 중심으로 한 이러한 비교를 넘어 싸이드의 논의에서 다뤄지지 않은 질문, 즉 분리된 두 공간인 식민지와 영국 본토가 제국주의 로맨스와 소설이라는 분리된 서사 영역으로 재편되는 과정이 무엇을 의미하는지, 또한 장르상의 표면적 분리 이면에 좀 더 심층적인 차원에서 키플링과 하디의 두 작품이 어떻게 서로 중첩되고 교차한다고 볼 수 있는지 질문을 던져볼 필요가 있다. 어린 나이에 아일랜드 출신 부모를 인도에서 잃고 거리의 부랑아로 자라난 킴 오하라의 계급적 · 민족적 정체성은 킴의 제국주의 주체 형성이라는 주제와 관련해서 중요한 의미를 띤다. 이 글에서 본격적으로 다룰 수는 없으나, 소설 장르들의 '교차'라는 문제와 관련하여 킴과 주드의 공통된 노동계급 배경 및 킴의 아일랜드 배경과 아라벨라(Arabella)의 호주 이민 체험이 각각 제국의 중심부와 주변부에서 갖는 의미를 탐구해볼 만하다.

빅토리아조 소설에 대한 이러한 관점은 실은 소설과 제국주의 로맨스가 언제나 서로를 요구하는 변증법적인 보완 관계에 놓여있다는 점을 전제로 한다. 그런데, 빅토리아 후기 일련의 문제작들에서는 그러한 보완 관계를 안으로부터 잠식하는 침투와 간섭 현상이 일어난다. 이 현상을 우리는 제국주의 고딕 서사로서 『월장석』에서도 찾아볼 수 있으며, 앞서 언급한 대로 프로이트의 기이한 낯섦 개념을 통해 그 현상의 역사적 의미를 생각해보고자 한다. 프로이트의 이 개념이 쓸모 있는 까닭은 소설의 기능이 주체를 형성하고 공고화하는 데에 있다고 할 때, 비유적으로 말해 이는 독자(대중)에게 일종의 상징적인 안식처 혹은 영혼의 거처를 제공하는 일에 해당하기 때문이다. 기이한 낯섦은 이러한 소설 장르 본래의 상징적 기능이라는 측면에서 서사가 의미심장하게 실패하는 지점, 다시 말해 주체의 형성과 공고화라는 기능을 무난하게 달성하지 못하는 지점들을 포착하는 데 특히 유용하다. 가정소설과 제국주의 로맨스의 상호 침투와 간섭이 발생한다는 점에서 『월장석』을 제국주의 고딕의 문제작으로 볼 수 있는 이유 역시 이 소설의 서사가 상징적인 안식처가 되지 못하게 만드는 요소들이 일련의 흐름을 만들어내기 때문이다. 그 의미를 살펴보기 위해 먼저 가정소설과 제국주의 로맨스의 상관관계를 짚어보고 기이한 낯섦의 대항담론적인 흐름이라는 개념을 이론적 차원에서 간략히 고찰해보자.

먼저, 가정소설과 제국주의 로맨스가 영국 본토와 식민지를 처리하는 방식에서 흥미로운 대칭 구조를 발견할 수 있다. 영국 본토를 배경으로 삼는 가정소설에서 식민지나 제국의 변방은 대부분 소설의 도입부나 종결부에서 스쳐지나가는 방식으로 등장하거나 중간부에 주인공들을 잠시 떠나보내는 장소로 이용된다. 예를 들어, 『리틀 도릿』(*Little Dorrit*, 1857) 도입부에서 아써 클레넘(Arthur Clennam)은 지난 이십 년 간 중국에서 사업가로 일한 후 영국으로 돌아온다. 소설이 진행되면서 중국으로 떠나기 전 영국에서 불행한 어린 시절을 보냈다는 사실이 드러나긴 하나, 그의 중국 시절이 어땠고 제국의 경험이 현재의 클레넘에게 어떤 영향을 끼쳤는지에 대해서는 알 길이 없다. 『위대한 유산』(*The Great Expectations*, 1862)에서도 주인공 핍(Pip)이 이집트로 떠났다가 다시 영국으로 돌아오고, 매그위치(Magwitch)가 호주에서 축적한 재산이 사건 전개의 중심적인 계기로 작용하지만, 한두 구절의 설명을 제외하면 두 사람의 제국 체험은 거의 완전히 괄호 속에 놓인다. 제국주의 로맨스의 경우, 정반대의 공식을 보여준다. 영국을 떠난 주인공이 이국적인 식민 공간에 도착하여 온갖 사건에 휘말리다가 마지막에는 영국으로 귀환하는 것이다. 바로 이 때문에 제국주의 로맨스에서는 계급 갈등과 같은 영국 사회 내부의 쟁점들이 완전히 부재하거나, 혹은 존재하더라도 영국인 주인공들과 식민지인들 간의 대결 양상에 가려지는 경향이 있으며, 이렇게 선명하게 구분된 '그들' 대 '우리'의 구도에서 영국은 '미개한' 부족들을 계몽해야 하는 문명의 요새가 된다. 중산 계급적 주체성을 형성하는 데 주로 기여하는 가정소설이 식민 관계의 측면을 희석하는 것과 비슷하게 상당수 제국주의 모험담은 영국을 일종의 영원한 '고향'으로 이상화함으로써 계급투쟁의 문제를 비롯한 다른 영국 내 사회적 갈등들을 영웅주의와 개인주의라는 탈역사화된 소설 공간 속에서 지워버리는 경향을 보여주는 것이다. 이러한 두 장르의 대칭적 서사 구조는 사실 두 양식이 언제나 서로를 필요로 하며 변증법적으로 보충하는 관계에 놓여있음을 시사한다.

이 글의 주장과 같이 『월장석』과 같은 텍스트에서 두 양식 간의 충돌과 교차라는 현상이 심각한 수준에서 일어난다면, 이러한 넘나듦 자체가 어떤 친밀한 대상이 갑자기 이상하게 느껴지거나 혹은 처음 접하는 대상이 기묘한 방식으로 익숙하게 여겨질 때 환기되는 기이한 낯섦의 영역에 닿아있다고 보아도 무리가 아닐 것이다. 구체적인 논의에 앞서 먼저 기이한 낯섦의 이론적인 지평을 간략히 살펴보도록 하자. 프로이트가 1919년 발표한 글에서 이 용어의 복잡 미묘한 의미를 최초로 탐구한 이래 기이한 낯섦은 주로 소재 및 내용 차원에서 유령이나 죽은 자의 부활, 도플갱어 등 초자연적이거나 기이한 현상이 문학 작품에서 재현되는 방식에 대한 탐구라는 형태로 활용되어왔다. 하지만, 베버(Samuel Weber)와 씩쑤(Hélène Cixous) 등은 프로이트의 에세이를 새롭게 해석하면서, 정의(情義)적이고 내용적인 측면을 배제하지 않으면서도 서사 구조 및 언어의 비유적 사용처럼 텍스트를 문학 작품으로 만들어주는 형식상의 요건들이 기이한 낯섦을 생성시키고 작동하게 하는 방식에 주목할 필요를 역설했다. 이들 평자들의 해체적 독해에 의하면, 기이한 낯섦의 핵심은 그것이 하나의 개념으로 정의되거나 포착, 고정될 수 없다는 데 있다. 따라서 개별 텍스트에서 어떤 방식으로 기이한 낯섦이 구현되는가에 대한 논의는 해당 텍스트의 고유한 형식적 요건에 맞게 이뤄져야 한다는 것이다.

한편 구하(Ranajit Guha)와 바바(Homi K. Bhabha)를 비롯한 탈식민주의 이론가들은 제국의 중심과 변방, 백인 지배자 대 유색인 피지배민, 문명 대 미개라는 제국주의의 주요한 이분법적 전제들이 무너지면서 식민주의 담론의 근본적인 취약성이 드러나는 순간을 포착하기 위해 기이한 낯섦을 원용하곤 한다. 가령 구하는 오웰(George Orwell)의 널리 알려진 에세이 「코끼리를 총살하며」("Shooting an Elephant")에 대한 해석에서 '백인의 사명'이라는 제국주의 이념의 허구성이 예기치 못하게 드러나는 순간을 기이한 낯섦의 견지에서 설명한다. 오웰은 코끼리를 총살해야 하는 상황에서 그 장면을 구경하느라 몰려든 버마인들과 대영제국의 행정관인 자신의 관계가 기묘하게 역전되는 것을 경험한다. 코끼리를 죽이고 싶지 않지만 총을 들고 서있는 자신을 뚫어져라 응시하는 그들 때문에 어쩔 수 없이 쏠 수밖에 없는 상황에 처하는 그는 자신이 제국의 권력을 대표하지만 동시에 식민지인들의 의지와 욕망에 지배당하고 있다는 점에서 제국주의의 수인(囚人)이기도 함을 불현듯 깨닫는다. 구하는 이를 기이한 낯섦의 순간으로 읽으며 그 순간이 오웰 자신과 그 글의 독자들에게 일종의 "질적인 도약"으로서 제국의 안에서 동시에 제국의 밖을 상상할 수 있는 가능성이라는 점에서 중요한 함의를 갖는다고 본다(492).

이러한 탈식민주의 이론 및 해체비평의 관점을 염두에 두면서 기이한 낯섦을 『월장석』을 읽는 이론적 렌즈로 삼는 가장 근본적인 이유는 가정소설로서 『월장석』의 결말이 '인도 플롯'[3]의 종착 지점에서 그것에 완전히 압도당하는 상황이야말로 기이한 낯섦의 어원적 핵심, 즉 안식처로 알던 곳이 어느 순간 형언할 수 없는 기이한 공포와 위협의 공간으로 변하는 것과 일치하기 때문이다. 이는 그 장면 자체에서 비롯하거나, 월장석을 달의 신의 신전에 복원하는 일이 소설의 마지막 부분에 놓여서라기보다는 오히려 『월장석』의 가정소설 플롯이 인도 플롯과 맺는 구조적인 관계에서 발생한다. 이 소설의 결말이 어떤 형태로든 상징적 안식처를 확보하는 데 실패한다면, 결말부에 앞서 이미 그러한 결말을 예고하는 지점들이 존재하며, 일종의 서사적 기제로서 '기이한 낯섦'은 그 지점들이 하나의 대항담론적인 흐름을 형성하고 있음을 볼 수 있게 해준다. 표면적으로는 기이한 낯섦의 순간들이 완벽하게 짜인 추리 플롯에 종속되는 것

3) 이 작품에서 인도 플롯은 두 가지 의미를 지닌다. 일차적으로 그것은 세 명의 힌두교도들이 월장석을 되찾아가기 위해 꾸민 음모를 뜻하지만, 또한 레이철과 블레이크 등 영국인 주인공들의 명예 실추와 복권을 중심으로 한 가정소설의 플롯과 복잡하게 얽히며 인도를 둘러싸고 전개되는 플롯의 흐름을 가리킨다.

처럼 보이지만 그 지배적 서사 흐름을 사실상 잠식하고 교란하는 경향이 존재하는 것이다. 가정소설의 결말이 인도 플롯의 결말에 의해 압도당하는 마지막 순간은 바로 이러한 뜻에서 대항담론적인 기이한 낯섦의 흐름이 완성되는 지점이며, 제국주의 고딕서사로서 『월장석』이 제국의 이념에서 궁극적으로 벗어나는 지점이기도 하다.

2. "길들여진, 그러나 여전히 야성적인": 기이한 낯섦의 순간들

『월장석』을 1868년 1월부터 8월까지 『일 년 내내』에 연재하기 전인 1867년 6월 윌즈(W. H. Wills)에게 쓴 편지에서 디킨즈는 인물 묘사와 미스테리의 형상화 면에서 『월장석』의 탁월함에 찬사를 보내면서도 이 소설이 "매우 기묘한 종류의, 거칠지만 길들여진 이야기"라는 흥미로운 논평을 남겼다(169). 디킨즈의 직감에 가까운 평은 야성과 순치됨이라는 두 상반된 요소가 공존하는 것처럼 『월장석』에서 내용뿐 아니라 서사구조의 차원에서도 제국의 중심과 주변 간 상호침투가 일어남을 시사한다. 그러나 필자가 보기에는 디킨즈의 평을 뒤집어 '길들여진, 그러나 여전히 야성적인' 이야기로 읽는 편이 작품의 실감에 더 부합한다. 특히 가정소설과 제국주의 로맨스 간의 장르적 교차와 기이한 낯섦의 서사라는 측면에서 볼 때 그러하다.

먼저, 어떤 이유에서 『월장석』이 빅토리아조 가정소설과 제국주의 로맨스 양식 간의 교차와 충돌을 통해 두 장르의 숨겨진 이데올로기적 상호보완성을 드러내는 작품인지 살펴보도록 하자. 『월장석』은 중심 사건이 베린더 가문을 둘러싸고 일어나며, 레이철과 블레이크의 결혼 플롯이 우여곡절을 거치면서 시종일관 추리 서사 이면의 주요 흐름을 구성한다는 점에서 빅토리아 가정소설의 범주에 속한다. 이 소설의 여러 대목에서 "가문의 이야기"라는 표현이 나오는데, 가령 블레이크는 베터레지에게 "우리 가문의 이 기이한 이야기를 우리는 반드시 서술해야만 하네"라고 말한다(39). 귀족 대 중산층, 노동계급 대 유한계급의 갈등 구도가 작품 곳곳에 스며있고 사건 전개에 중대한 의미를 지니며, 클랙의 서술과 에이블화이트의 이중생활을 통해 기독교 자선 사업에 대한 통렬한 풍자가 행해지는 것 역시 『월장석』이 가정소설의 장르적 관례들에 기대고 있음을 시사한다.

앞서 언급한 것처럼, 대부분의 빅토리아조 소설들은 식민지나 제국 주변부를 서사의 도입부와 결말부 혹은 중간에서 스쳐지나가는 방식으로 이용한다. 그에 비해 『월장석』은 별도의 서사 공간을 할애하여 대영제국 치하 인도에서 벌어지는 두 사건을 상세하게 묘사함으로써, 통상적으로 괄호 안에 놓이는 식민지에서의 사건을 전면에 드러내는 차이를 보인다. 이와 동시에, 서문 및 결문의 대부분이 각기 한 가문의 기록과 편지의 일부로서 본 이야기와는 다른 서사 층위를 지닌다는 사실에도 주목할 필요가 있다. 다시 말해, 수백 년 전과 수십 년 전 인도에서 일어난 일종의 전사(前史)에 해당하는 서문 및 후일담의 의미를 띠는 결문은 요크셔와 런던을 배경으로 하는 본 이야기와는 배경 공간 면에서 차이가 날 뿐 아니라 각기 제국주의 로맨스와 가정소설이라는 상이한 담론 영역에 닿아있다. 이처럼 『월장석』을, 특히 이 소설의 시작과 끝을 제국주의 로맨스의 견지에서 볼 수 있는 가장 큰 이유는 무엇보다도 그 모든 복잡다단한 사건의 시작과 끝이 월장석의 탈취와 재발견에 있으며, 이는 식민지로부터 진귀한 물품이나 거기에 상응하는 대상을 찾아내서 일련의 흥미진진한 모험 끝에 손에 넣게 되는 제국주의 로맨스 서사의 기본 줄기와 상통하기 때문이다. 프리(Melissa Free)가 지적한 것처럼, 가령 G. A. 헨티(Henty)의 『쏜다이크 대령의 비밀』(*Colonel Thorndyke's Secret*, 1898)과 같은 작품에서 『월장석』의 플롯과 매우 흡사한 이야기를 찾아볼 수 있다. 영국인 군인이 힌두교 신전에서 팔찌를 탈취하여 영국으로 가져간 다음 신전을 지키던 브라만이 보석의 복원을 꾀하지만 실패로 끝나고 영국인 주인공들은 해피엔딩을 맞이하는데, 결말의 차이점에도 불구하고 헨티의 작품이 의미하는 것은 『월장석』이 제국주의 로맨스 장르를 부분적으로 차용하고 있다는 사실이다.

그런데 콜린즈가 『월장석』에서 활용하는 제국주의 로맨스 서사는 그 장르의 고전적인 양식보다는 반모험담의 양식에 가깝다. 이 장르의 변천사를 간단히 살펴보면, 딱히 빅토리아조 전기, 중기, 후기로 선명하게 나눌 수 있는 것은 아니지만 대략 1850년대 전후, 1870년 이후, 세기 말 전환기에 상응하는 세 가지 다른 종류들로 분류할 수 있다. 첫 번째 양식은 매리엇(Frederick Marryat)과 밸런타인(R. M. Ballantine)의 고전적인 빅토리아조 모험담들로서 이 이야기들은 제국의 팽창을 드러내놓고 지지하고 제국주의 남성성을 이상화함으로써 마틴 그린(Martin Green)의 정곡을 찌르는 표현처럼, "영제국주의의 동력이 된 신화"들이다(3). 두 번째는 1870년 대 이른바 '로맨스 부활'로 통칭되는 해거드와 R. L. 스티븐슨(Stevenson)의 작품들에서 관찰된다. 널리 알려진 바와 같이 이 두 번째 양식은 점증하는 제국 간 경쟁과 식민지인들의 투쟁에 따른 자신감의 상실 및 그에 따른 불안을 반영한다. 제국주의 로맨스의 세 번째 그리고 마지막 양식은 스티븐슨의 후기작, 키플링, 그리고 콘래드의 반모험담에서 찾을 수 있다. 주인공들의 모험 이야기는 더 이상 본국과 식민 공간의 선명한 구분에 기반을 두지 않는다. 제국의 변방에서 어떤 형태로든 주인공이 추구한 모험에 실패하거나, 성공하더라도 본국으로 귀환할 희망이 없이 방황하는 이야기가 대부분이며, 영국은 이제 막연한 향수 내지는 상실한 꿈의 대상이 된다. 이처럼 제국주의 로맨스 장르의 변전이라는 맥락에서 『월장석』을 보면, 헌캐슬이라는 인물 자체가 제국주의 이념을 구현하기보다는 탐욕에 눈이 먼 무뢰한으로 일종의 반영웅의 속성을 지닌다. 더구나, 이 소설이 에이블화이트를 처벌하고 블레이크와 레이철을 결혼시키는 해피엔딩에서 끝나지 않고, 다시 식민 공간으로 돌아가서 머쓰웨이트의 눈과 입을 빌려 인산인해를 이룬 힌두교도들이 월장석의 복원을 지켜보는 장면으로 끝난다는 사실, 즉 영국이 아닌 인도가 소설의 대미를 장식한다는 사실의 함의는 매우 중대하다. 뒤에서 좀 더 상세히 살펴보겠지만, 이는 『월장석』이 제국 변방에서의 모험 이야기를 영국으로의 성공적인 귀환으로 마무리하는 고전적인 제국주의 로맨스 양식의 서사구조에 반하는 반모험담 구조를 취하고 있음을 뜻한다.

한편, 『월장석』에서 제국주의 로맨스가 가정소설의 기본 틀에 침투하는 양상을 더욱 복잡하고 흥미롭게 만드는 것은 본 이야기에서 인도 플롯이 작동하는 방식이다. 요크셔의 베린더가 저택으로 블레이크가 가져오는 월장석과 함께 이미 도입부에서 정체불명의 힌두교도 세 명이 나타나며, 이들은 반전에 반전을 거듭하면서 조금씩 퍼즐이 맞춰져나가는 추리 서사 내내 표면에 떠올랐다 사라지기를 반복한다. 이들 중 누구도 주요 인물로 형상화되거나 화자 역할을 담당하지 않으며 월장석의 절도 및 수사 과정에서 결정적인 역할을 하지도 않는다. 하지만 이들이 영국에 온 이유가 월장석을 되찾기 위해서라는 사실은 처음부터 분명하며, 소설 말미에 이르러서는 바로 이 세 명의 인도인들이 헌캐슬의 약탈 당시 월장석이 장식된 단검이 보관되어 있던 술탄 티푸(Tipu)의 무기고를 지키다 살해당한 브라만들의 후계자들이라는 점도 밝혀진다. 이들이 결국 에이블화이트를 죽임으로써, 월장석을 네덜란드로 빼돌려 크기가 작은 여러 개의 다이아몬드로 가공하려한 그의 시도를 좌절시킨다. 블레이크가 주축이 된 영국인 주인공들은 월장석이 베린더 저택에서 사라지게 된 경위를 낱낱이 밝히는 데 성공하나 보석 자체를 되찾지는 못하는 반면, 그 세 브라만들이 월장석을 원래의 신전으로 복원하는 것이다.

이 소설의 제국주의 맥락을 중시하는 평자들 가운데 하나인 메타(Jaha Mehta)가 언급한 것처럼, 『월장석』은 1857년 세포이 반란으로 촉발된 항쟁과 진압 사태가 발생한 지 불과 십일 년 후에 발표되었으며 여러 측면에서 영제국사에서 중요한 상징적 의미를 띤 1857년 사태에 대한 일종의 문학적 해석 내지는 반응이라 할 만하다. 월장석을 따라 요크셔의 베린더 저택으로 갑자기 출현하는 세 힌두교도들이 그들의 성물을 되찾기 위해 월장석의 궤적을 따라 계속 나타났다 사라지기를 반복한다면, 이는 19세기 후반 식민지 곳곳에서 저항이 증폭되면서 식민지인들의 역침입에 대한 당대 영국 사회의 막연한 불안이 고조된 상황을 반영한다. 특히 이 세 브라만들에 대한 개별적인 형상화가 전무하다는 점, 그리고 동양학자이며 인도 탐험가인 머쓰웨이트가 그들에 대해 언급하는 두 가지 사항, 즉 그들과 같은 '광신도들'은 월장석을 되찾기 위해서라면 수단방법을 가리지 않으며 천 명을 죽여도 눈 하나 깜박하지 않을 것이라고 말하는 점, 또한 그들이 런던 내 이민자들로 조직화된 네트워크를 통해서 활동한다는 점은 '우리' 안에 이미 침투한 '그들'에 대한 공포를 뜻한다고 할 수 있다. 이렇게 볼 때, 그 세 브라만 가운데 한 명이 결국 에이블화이트를 찾아내서 죽이는 장면은 권선징악적 가정소설 서사의 통념적인 수순에 따르는 것뿐만 아니라 식민지 타자의 역습에 대한 불안이 분명하게 드러나는 지점으로 생각할 만하다. 이처럼 본 이야기 속에서 작동하는 인도 플롯이 역침입에 대한 막연한 공포에 기반하고 있다면, 본 이야기를 에워싸는 서문과 결문은 그 공포의 허구성을 드러내는 기능을 한다. 리드(John Reed)가 선구적으로 지적한 것처럼 서문의 경우는 헌캐슬이 월장석을 탈취하는 경위를 소개함으로써 세 브라만들에게 도덕적인 정당성을 부여하며, 결문 마지막 부분은 월장석을 되찾으려는 그들의 노력이 개인적인 복수의 차원을 넘어 공동체 전체의 복권이라는 상징적 의미를 지니기 때문이다.

그렇다면 이렇게 반모험담이 『월장석』의 가정소설 서사의 흐름에 개입한다는 관점은 이 작품을 읽는 데 어떤 새로운 통찰을 제공하는 것일까? 앞서 말한 것처럼 인도 플롯의 결말에 『월장석』의 가정소설 결말이 완전히 압도당하는 현상이야말로 기이한 낯섦의 차원에서 이 소설을 해석할 수 있게 하는 가장 뚜렷한 근거에 해당한다. 일단 가장 기초적인 질문부터 제기하자면, 이 소설이 가정소설의 결말, 즉 악인에 대한 징벌이나 무고함이 입증된 두 남녀 주인공의 결혼에서 끝나지 않고 월장석의 최후 행방에 대한 묘사로 끝난다는 사실은 무엇을 의미하는 것일까? 물론 『월장석』의 서사가 세링거파탐 포위공격이라는 제국주의 실제 역사의 문맥에서 출발한 이상, 그 서사의 종착점 역시 동일한 제국의 공간이 되는 것이 자연스럽기는 하다. 그런데 두 겹의 서사구조라는 관점에서 이 문제를 좀 더 자세히 생각해 보면, 요크셔의 베린더가 저택과 런던을 배경으로 일어나는 일련의 사건들이 추리소설 서사의 안쪽 겹에 해당하고, 이를 에워싸는 또 하나의 겹에 서문과 결문에서 펼쳐지는 사건들이 놓임으로써 이들이 본 이야기를 영국 국내라는 범주보다 더 확장된 차원, 즉 영국의 인도 지배라는 제국주의 역사의 맥락에 위치시키고 있음을 알 수 있다.

여기서 유념할 점은, 세링거파탐 포위공격이라는 실제 역사적 사건에 기반을 둔 도입부에 비해서 마지막 장면은 일종의 초역사적인 로맨스의 공간으로 생각될 소지가 많다는 것이다. 던컨(Ian Duncan)

이 지적한 것처럼, 흰 옷을 입은 수십만의 힌두교도 순례자들이 거대한 하얀 물결을 이루며 운집한 모습이 가운데 월장석이 원래 있었던 월신(月神)의 신전에 되돌려지는 제의 장면에서는 성스러움과 숭고함의 분위기가 압도하는 가운데(317), 식민 타자에 대한 낭만적 이상화의 충동 역시 두드러진다. 좀 더 구체적으로 보면, 월장석을 되찾기 위해 영국으로 왔던 세 브라만들은 어쩔 수 없이 힌두교 율법을 어긴 대가를 치르기 위해 수행의 길을 떠나고, 이어 새로운 음악이 연주되면서 순례자들 앞에 커튼이 열리고 월장석이 나타나는 극적인 장면이 펼쳐진다.

> 나무 사이에 쳐놓은 커튼이 젖혀지면서 신전이 모습을 드러냈다. 거기 우리 머리 위로 하늘 높은 곳에 천국의 신비로운 빛 속에서 어둡고 경이로운 모습을 한 월신이 옥좌 높이 영양의 뿔 위에 지구의 네 방향으로 네 팔을 뻗치고 앉아 있었다. 바로 거기 그 신의 이마에는 지난 번 영국에서 한 여인이 입고 있던 옷의 가슴께에서 나를 향해 빛을 내뿜은 적 있던 그 노란 다이아몬드가 빛나고 있었다.
>
> 그렇다! 무려 팔백 년이나 지난 후에 월장석은 자기의 이야기가 처음 시작된 그 신성한 도시의 성벽 너머로 다시 광채를 발하고 있었다. 어찌하여 그것이 자기의 거친 고향 땅으로 돌아오게 되었는지, 어떤 사건을 거쳐, 어떤 범죄도 불사하며 그 인도인들이 자기들의 신성한 보석을 되찾았는지 아마도 당신들은 알고 있겠지만 나로선 알지 못한다. 하지만 당신들이 그것을 영국에서 이제 더 이상 볼 수 없다면 (내가 이 사람들에 대해 조금이라도 제대로 아는 것이 있다면) 당신들은 이제 앞으로 다시는 그것을 보지 못할 것이다. (526)

위 인용문에서 영국의 "한 여인"은 물론 레이철로서, 유랑 마술사들로 변장한 그 세 브라만들은 요크셔 베린더가 저택에서 그녀가 생일 선물로 받은 월장석을 장신구처럼 가슴에 달고 있는 모습을 직접 목격한 적이 있다. 이처럼 수만 명의 순례자들에게 경외감을 일으키는 그 성물이 불과 얼마 전에 한 여성의 장신구로 사용되었다는 사실이 언급됨으로써 월장석을 통해서 상반된 두 공간, 즉 제의적 공간으로 신성화된 인도와 "한 여성이 입고 있던 옷의 가슴께"로 환치되는 영국이 선명한 대조를 이루며 병치된다.

그렇다면, 이렇게 두 공간이 나란히 놓임으로써 어떤 효과가 발생하는 걸까? 앞서 주장한 것처럼 가정소설이 식민지를 처리하는 방식과 제국주의 로맨스가 영국 본토를 처리하는 방식이 두 장르 간의 '숨겨진' 상호보완 관계를 암시한다면, 그러한 장르상의 분업과 그 분업의 이데올로기적 기능이 제대로 작동하기 위해서는 우선 영국과 식민 공간이 이분법적으로 분리되어야한다. 말하자면, 두 장르가 서사 구조상 식민 공간과 영국 본토를 분할 점유함으로써, 즉 두 공간이 특정 국면의 제국주의 세계 체제 속에서 서로 맞물려있다는 사실을 '숨김'으로써만 둘의 이데올로기적 보완성이 성립하는 것이다. 『월장석』의 경우 추리 플롯 자체가 월장석이라는 성물-보석이 두 공간을 넘나드는 데 기초하고 있기 때문에, 위 인용문에서처럼 가정소설의 장르적 공간이 신비화된 식민공간에 기묘한 방식으로 갑작스럽게 떠오르는 현상이 발생한다. 바로 이처럼 두 분리된 공간이 예기치 못하게 병치됨으로써 이 장면은 기이한 낯섦의 효과를 생성한다.

이러한 관점에서 볼 때, "영국에서"라는 대목이 "한 여인이 입고 있던 옷의 가슴께에서"라는 대목과 병렬 관계를 이룸으로써 상징적인 차원에서는 후자가 영국을 대체하는 양상이 벌어진다는 점이 특히 흥미롭다. 리드를 비롯한 여러 비평가들이 지적하듯이 콜린즈가 이 소설에서 월장석의 복원이 일어난 해로 설정한 1850년은 바로 동인도 회사가 코이누어(Koh-i-Noor)라는 진귀한 다이아몬드를 빅토리아 여왕에게 바친 해이기도 하다. 위 구절에서 월장석을 걸치고 있던 주체를 레이철 베린더라는 고유명사 대신에 "한 여인"으로 처리함으로써, 빅토리아 여왕 자신이 바로 그 여인에 해당할 수도 있는 해석의 실마리가 마련된다. 부연하자면, 머쓰웨이트의 회상을 통해, '보석을 걸친 한 여인'이라는 이미지는 위 장면에서 같은 보석을 이마에 단 전적으로 다른 차원의 존재, 즉 세 브라만들로 하여금 죽음도 불사하며 대를 이어 월장석을 되찾아오게 한 경외의 대상 월신과 극명한 대조를 이룸으로써 잠재적으로는 영제국의 상징적 대표인 빅토리아 여왕이 값비싼 장신구를 걸친 한 여인으로 축소되는 효과를 빚어낸다. 나아가, 위에서 인용한 구절의 마지막 단락에서 "월장석"을 지시하는 중성 대명사가 소유격 형태로 빈번하게 등장하는 데 유의할 만하다. "그것의 이야기," "그것의 길," "그것의 거친 고향땅"이라는 표현이 연이어 등장하는 것은 우발적이라기보다는, 사실은 "한 여인"에 불과한 빅토리아 여왕이 아니라 월장석이야말로 상징적인 차원에서 진정한 제국의 주인일지 모른다는 점을 시사한다. 특히, "그것의 이야기"라는 표현은 외양상으로는 『월장석』의 전체 서사가 영국인 주인공들의 명예 회복을 위해 수집된 증거물이자 그들 가문의 소유물일 수 있으나, 그것의 진짜 주인은 또한 역시 월장석일 가능성을 암시한다.

다시 말해, 블레이크는 "우리 가문의 이 기이한 이야기"가 반드시 서술되어야 한다고 하지만, 여덟 명이나 되는 증인-화자들이 동원된 『월장석』 서사 전체의 주인은 사실상 월장석일 수 있다. 이런 관점에서, 이어지는 머쓰웨이트의 예언, 즉 일단 월장석이 본래 자리로 돌아온 이상 그것의 행방을 추적하는 일은 더 이상 불가능할 것이라는 말은 추리소설의 플롯이 완성되고 사건의 모든 전말이 샅샅이 밝혀졌음에도 불구하고 궁극적으로는 월장석에 대한 앎의 소유 혹은 인식론적인 통제가 불가능함을 의미한다. 1870년 대 이후 영국 문화사라는 확장된 지평에서, 『월장석』의 결말부는 물리적 힘에 의한 지배만큼이나 중요한 의미를 지닌 문화적 지배, 즉 담론의 힘에 의한 헤게모니의 구축이라는 제국주의 문화 프로젝트가 개별 텍스트 수준에서부터 여러 문제적 측면들을 드러내는 것과 궤를 같이 한다. 가정소설의 장르적 공식에 충실한 첫 번째 결말이 마지막 제국주의 로맨스 양식의 장르적 요건과 상통하는 두 번째 결말에 의해 심각하게 잠식당하는 『월장석』의 독특한 서사구조는 바로 이런 함의를 띤다고 볼 수 있다.

이와 관련해, 소설의 주된 문화적 기능이 주체를 형성하고 공고하게 하는 일, 즉 일종의 상징적 거처를 마련하는 데 있다는 점을 다시 떠올릴 필요가 있겠다. 머리말에서 필자는 『월장석』에 나타나는 대항담론적인 기이한 낯섦의 저류(低流)에 주목할 것을 제안했다. 뒤집어 말해, 두 겹의 서사를 갈무리하는 『월장석』의 결말부를 기이한 낯섦의 관점에서 생각할 수 있다는 것은, 가정소설의 영역에 제국주의 로맨스 장르의 서사 흐름이 침투하고 전자를 잠식하는 상황이 벌어짐으로써 중산계급-제국주의적 주체의 형성 혹은 상징적인 안식처의 제공이라는 기능을 『월장석』이 제대로 수행하지 못함을 뜻한다. 이를 토대로 이 소설 전체를 되짚어보면, 결말부에 선행하여 각기 독특한 방식으로 기이한 낯섦을 환기하고 생성하면서 하나의 흐름을 형성하는 여러 지점들을 포착할 수 있다. 그 첫 번째 지점이 소설의 도입부에서 로재너와 베터리지가 쉬버링 샌드(Shivering Sand)를 보며 이야기를 나누는 장면이다.

> 로재너가 가리키는 쪽으로 눈길을 돌렸지요. 조수가 들어차는 중이라 그 괴기스런 모래가 으슬으슬 떨기 시작하더군요. 모래의 널찍한 갈색 표면이 천천히 들썩이더니 이어서 보조개처럼 패고 여기 저기 죄다 떨고 있었지요. "저 모래가 제 눈에는 어떻게 보이는지 아세요?" 로재너가 제

어깨에 손을 올려놓으며 물었답니다. 그러고는 말하더군요. “마치 모래 밑에 수백 명의 사람들이 숨을 몰아쉬며 위로 올라오려고 무진 애를 쓰지만 자꾸만 더 깊이 저 끔찍한 바다 아래로 가라앉고 있는 것 같아요!” (58)

일단, 베터리지나 이어지는 다른 인물들에 의한 서술도 추리 플롯의 진행과는 무관하게 상세한 묘사나 설명을 제공하는 경우가 있기 때문에 이 대화 자체가 특이하다고 할 수는 없다. 마치 살아있는 괴물과도 같은 유사(流砂)의 괴기스런 움직임 역시 보는 사람들에게 이미 익숙해진 광경이라서 특별히 기이한 낯섦을 유발한다고 하기는 어렵다. 그러나 적어도 로재너에게 쉬버링 샌드가 환기하는 이미지는 익숙하고 평범한 대상이 예기치 못하게 환기하는, 형언할 수 없는 종류의 기이한 낯섦의 영역에 해당한다. 먼저 이 대목과 관련해서 향후 이야기 전개에서 중요한 사항부터 확인하자면, 인용한 장면에 곧이어 블레이크가 처음으로 등장하고 로재너가 그에게 첫 눈에 반한다는 점이다. 그러나 수수한 용모에 한쪽 어깨마저 기형인 하녀 로재너가 레이철에게 청혼할 생각인 블레이크의 시야에 제대로 들어올 리 만무하다. 한 가지 더 기억할 대목은 수백 면을 지나 소설 중반부로 가서, 쉬버링 샌드와 로재너가 사건 해결의 중대한 실마리를 쥐고 있다는 사실이 밝혀지는 부분이다. 블레이크가 월장석을 훔쳤다는 사실을 결정적으로 입증하는 증거물은 레이철의 생일날 오후에 새로 페인트칠을 한 방문의 페인트 자국이 묻어있고 블레이크가 범행 당시 입고 있었던, 그의 이름이 수놓인 잠옷이다. 그 문제의 잠옷을 블레이크를 짝사랑한 로재너가 발견해서 쉬버링 샌드에 은닉한 것이다.

아편에 취해서 범행을 저질렀기 때문에 다름 아닌 자기 자신이 다이아몬드를 훔친 범인임을 전혀 알지 못하는 블레이크는 잠옷이 자신의 것이라는 사실을 예상하지 못한 채 로재너의 친구인 절름발이 루씨의 도움을 받아 그 증거물을 발굴하는 데 성공한다. 하지만, 놀랍게도 그가 대면하는 것은 바로 자기 자신의 이름이다. 바로 이 지점이 『월장석』의 추리 플롯이 도달하는 첫 번째 클라이맥스이자, 위에서 인용한 대목과는 조금 다른 의미에서 또 하나의 기이한 낯섦의 순간이라 할 만하다.

> 난 모래에서 그걸 꺼내서 이름 표시해놓은 곳을 찾았다. 표시를 찾아서 읽었더니,
> 바로 나 자신의 이름.
> 거기엔 그 잠옷이 내 것임을 알려주는 익숙한 글자들이 있었다. 그 글자들로부터 나는 고개를 들고 하늘을 보았다. 해가 떠 있었고, 햇빛에 반짝이며 일렁이는 바닷물도 보였다. 그리고 나를 향해 베터리지 영감이 다가오고 있었다. 난 다시 그 글자들을 보았다. 나 자신의 이름. 내게 정면으로 맞서고 있는 바로 나 자신의 이름을. (359)

잠옷에 새겨진 자신의 이름이 자기 자신의 범죄 사실을 입증한다는 점에서 그것이 블레이크 본인에게 낯설고 위협적인 대상으로 바뀌는 것 자체가 그리 놀라운 일은 아닐지 모른다. 잠시 주변 사물들, 즉 태양과 바다, 그리고 자신에게 다가오는 베터리지를 둘러보는 것 역시 꿈인지 생시인지 헷갈리는 지경에 처한 블레이크가 취할 만한 동작이다. 그런데 이 장면을 굳이 기이한 낯섦의 차원에서 봐야 하는 이유는, 다른 무엇보다도 마지막 구절에서 블레이크가 자신의 이름이 자신에게 맞서고 있는 것 같은 느낌, 즉 일종의 존재론적인 분리(splitting)를 경험한다는 데 있다. 프로이트에 따르면 이러한 자기분열은 더블의 출현(doubling)과 함께 기이한 낯섦을 생성하는 주요한 계기이다.

위에서 인용한 두 장면처럼 직접 제시되지는 않지만 사건의 실체

적 진실을 구성하는 핵심, 즉 블레이크가 아편에 취해 무의식 상태로 레이철의 방에 들어가서 월장석을 훔치는 것도 역시 기이한 낯섦의 관점에서 볼 수 있다. 아편이 제국주의 문맥에서 갖는 함의는 식민지인들의 역침입에 대한 막연한 불안과 같은 선상에서 이해되어야 한다. 따라서 블레이크가 자신도 모르는 사이 아편에 취해 월장석을 훔친다는 설정은 제국의 팽창과 더불어 전지구적 규모의 교역이 일어나고 식민지인들과 수입품들이 영국 내로 반입됨으로써 도덕적, 정신적, 신체적 타락을 초래하고 심화시킨다는 당대의 불안심리와 깊은 관련이 있다. 이런 맥락에서 이 소설이 제2차 아편전쟁(1856-1860)이 일어난 지 불과 6년 후인 1868년에 발표되었다는 사실을 기억할 필요가 있다. 던컨이 지적한 바와 같이, 월장석과 비슷한 방식으로 이 소설에서 아편은 일종의 기이한 주체성(agency)을 지니는 것이다(314-15). 블레이크 자신 아편 중독자는 아니지만 일찍 영국을 떠나 유럽 각지에서 교육을 받고 여전히 여러 곳을 여행하며 살아가는 코즈모폴리탄적인 인물로 낭비벽 탓에 거액의 빚을 진 상태이다. 따라서 『월장석』의 전체 서사를 블레이크의 영국성을 복원하는 과정으로 읽을 수 있다는 점에서 아편이 블레이크의 주체성을 대체하고 그의 분열을 촉발하는 것은 참으로 의미심장하다. 블레이크의 부친은 공작 작위 계승권을 둘러싸고 소송을 벌이다 결국 패해서 영국 사회에 반감을 품고 자신의 장자인 블레이크를 독일, 프랑스, 이탈리아에서 교육시킨 것으로 제시된다. 『로빈슨 크루소』를 성경처럼 신봉하는 베터리지는 블레이크의 이러한 코즈모폴리탄적인 특징에 대해 불평하면서, 정직과 헌신, 고결함 등 영국적인 가치의 수호자 역을 자임한다. 이와 비슷하게 레이철 베린더 역시 이국적인 면모와 전형적인 영국성이 복잡하게 교차하는 인물로 베린더라는 이름 자체가 인도에서 유래된 베란다와 유사한 점, 검은 머리와 가무잡잡한 안색의 소유자로 그려지는 점도 흥미롭다. 이런 맥락에서 볼 때, 인도로부터 유입된 월장석 때문에 발생하는 위기와 그 위기의 해소는 블레이크와 레이철 두 인물이 영국성을 상실하고 회복하는 문제와 맞닿아있는 것이다.

그렇다면, 추리 플롯의 핵심에 해당하는 그 장면, 즉 아편의 효과로 인해 블레이크가 자신도 모르게 월장석을 레이철의 방에서 꺼내오는 그 장면이 목격자의 진술을 통해서라든가 다른 어떤 방식으로 직접 제시되는 대신에, 블레이크의 무죄를 입증하기 위한 실험적 재연을 통해서 형상화되는 것을 어떻게 보아야 할까? 즉, 블레이크가 월장석을 훔치는 그 문제의 대목은 누군가의 진술이나, 혹은 완벽히 맞춰진 퍼즐의 결과물로서 최종적으로 드러나는 것이 아니라, 베린더가의 의사인 캔디가 반의식 상태로 한 말들을 조합해서 해독한 그의 조수 에즈라 제닝스가 사건의 내막을 추리하고 이를 입증하기 위해 모든 상황을 사건 당시처럼 연출하는 방식으로 재연된다. 레이철과 다른 증인들이 참관한 상태에서 아편에 취한 블레이크는 레이철의 방에 놓인 가짜 월장석을 꺼내와 복도에서 떨어뜨린 후 잠에 곯아떨어진다. 연극적 측면(theatricality)이 두드러지는 이 실험 장면을 우리는 위에서 인용한 바 쉬버링 샌드에서 블레이크가 경험하는 의미심장한 분리의 순간과 같은 선상에서 생각할 필요가 있다. 제닝스의 실험은 아편이 사건의 배후에 있음을 입증함으로써 블레이크에게 일어난 치명적인 분리를 극복하도록 해준다. 말하자면, 그 실험을 통해서 블레이크의 이름과 그 자신이 다시 하나로 합쳐짐으로써 기이한 낯섦의 요소는 제거되고, 블레이크의 무죄를 증명하는 추리소설 플롯은 완성 되는 것이다.

특이한 점은 이처럼 '진실'을 완성하는 데 결정적인 역할을 하는 사람이 하필이면 혼혈로서 빅토리아 영국 사회의 영원한 아웃사이

더이자 일종의 추방자이며 불치병에 걸려 아편에 의지해 살아가는 에즈라 제닝스라는 사실이다. 프레드릭 제임슨(Fredric Jameson)의 등장인물 체제(Character System)와 같은 구조주의적인 관점에서 볼 때 그는 로재너 스피어맨이 사라진 자리를 대신하는 인물, 즉 로재너의 더블로 생각될 수 있으며, 또한 세 힌두교도들로 대표되는 식민 타자의 낯설음이 상당한 정도로 제거되고 순치된 인물이라는 점에서 미자레스(Loretta M. Mijares)가 개념화한 '근접한 타자'(proximate other)이기도 하다. 배터리지 영감이 묘사하는 에즈라 제닝스의 외모는 혼혈인 점을 감안하더라도 도드라지게 독특하다. 특히 그의 머리는 중앙부가 하얗게 세었고 검은머리가 양쪽으로 선명하게 분리된 것으로 그려지는데, 이는 그가 기이한 낯섦의 요소를 지녔다는 점을 암시한다. 이러한 외양상의 기형적인 특이함은 그가 한쪽 어깨가 불구인 로재너의 더블임을 뒷받침하며, 제닝스의 부친이 영국인이고 모친이 타인종이라는 점 역시 로재너의 아버지가 신사인 반면 그에게 버림받은 어머니는 매춘부로 전락한 하층계급 여성이라는 사실과 연결된다. 혼혈의 요소가 식민 타자의 역침입에 대한 불안과 연결되는 것은 두말할 필요도 없을 것이다. 제닝스는 블레이크를 돕는 이유가 단 한 번도 다른 영국인들에게서 얻지 못한 신뢰와 우정을 그에게서 얻었기 때문이라고 말한다. 계급적 타자인 로재너의 죽음에 대해 블레이크가 져야하는 일정 정도의 책임과 외숙부인 헌캐슬이 월장석을 약탈하는 과정에서 저지른 식민 타자에 대한 범행의 여파가 두 층위의 구조적인 모순, 즉 계급 관계 및 제국주의 지배에 따르는 문제들을 의미한다면, 제닝스와 블레이크의 관계는 그러한 구조적인 모순들을 개인의 차원에서 감상적인 방식으로 해소하려는 움직임으로 볼 여지도 있다.

여하튼 추리 플롯의 완성과 더불어 블레이크가 명예를 회복하면서 그를 둘러싼 기이한 낯섦의 요소는 사라지는 반면, 로재너가 상상한 장면, 즉 쉬버링 샌드 아래로 익사하는 수백 명의 모습에서 생성되는 기이한 낯섦은 추리 플롯의 완성에도 불구하고 어떤 방식으로든 제거된다고 보기 어렵다. 물론 베터리지처럼 그 장면을 로재너의 병적인 상상력의 산물로 치부하거나 혹은 그녀의 소외감과 절망을 반영한 것에 불과하다고 여길 수도 있다. 하지만, 『월장석』에서 기이한 낯섦의 저류라고 명명할 만한 지속적인 움직임이 있다고 한다면, 이 장면의 수수께끼를 푸는 단서로 소설의 결말부에서 군중 모티프가 한 번 더 나타난다는 점에 유념할 만하다. 결문의 마지막 장면에서는 앞서 언급한 것처럼 머쓰웨이트의 눈을 통해, 월장석의 복원을 보기 위해 운집한 수만 명의 힌두교 순례자들이 일종의 거대한 하얀 흐름처럼 묘사된다. 그렇다면, 로재너의 상상 속에서 쉬버링 샌드 아래 마치 익사하는 것처럼 보이는 수백 명의 사람들과 소설 말미의 힌두교도 순례자 무리는 어떤 내적 연관성을 갖는 걸까? 이에 대해 특별히 주목한 평자는 프리로서, 그녀는 쉬버링 샌드에서 연상되는 익사자의 무리를 유사 자체에 대한 묘사에서 나오는 표현 가운데 하나인 "갈색 얼굴"과 연결시켜 베린더가의 영지로 대표되는 영국 내부 및 가정적 평온의 허구적인 기반을 드러내는 "갈색의 몸들" 즉, 식민지인들로 볼 것을 제안한 바 있다(362).

이에 반해 필자는 그 두 장면에 공통적으로 나타나는 군중 모티프를 연결하는 고리는 다름 아닌 1857년 항쟁과 그 여파로 일어난 사건들에 있다고 생각한다. 좀 더 구체적으로 보면, 숨을 몰아쉬면서 유사 밑으로 가라앉는 수백 명의 사람들이라는 이미지는 영국인들의 의식에 가장 충격적인 세포이 반란의 장면으로 남게 된 컨포어(Cawnpore) 학살, 즉 나나 사히브(Nana Sahib)가 이끄는 반란군들에 의해 부녀자와 아이들이 대다수인 영국인 포로들이 무참히 살해당하고 그들의 시체가 우물 속으로 던져졌던 사건과 겹쳐지는 부분이 있다. 이처럼 쉬버링 샌드에서 로재너의 '병적인' 상상력을 매개로 하여 서사 표면에 떠오르는 기이한 낯섦의 이미지는 일종의 증후로서 영제국 역사의 대표적인 트라우마 사건을 가리키는 것으로 해석할 수 있으며, 이러한 관점에서 볼 때 이 문제적 장면은 『월장석』 결말부의 힌두교 순례자 무리들과 깊은 관련성을 띠게 된다.

이처럼 억압의 형식으로 쉬버링 샌드가 역사적 함의를 띠고 있다고 할 때, 같은 장소에서 두 번째 기이한 낯섦의 순간, 즉 블레이크의 이름과 그 자신 간의 존재론적인 분리가 일어난다는 것을 다시 한 번 돌아볼 필요가 있다. 블레이크가 자기 자신이 월장석을 훔친 범인일지도 모른다는 것을 알게 되는 대목, 즉 자신의 이름이 자신을 적대적으로 대면하는 지점은 블레이크 개인의 존재 기반 자체가 무너지는 것에서 나아가 그가 상징적으로 대표하는 바 제국의 구심으로서 영국이 도덕적 기반을 상실한다는 확장된 의미를 가진다. 이 때문에 블레이크의 이름이 범죄자의 이름으로 바뀌는 바로 그 자가당착적인 순간을 우리는 영제국이 자신의 범죄를 인정할 수밖에 없는, 하지만 동시에 결코 그것을 사실로 인정할 수는 없는, 중대한 역사적 의미를 띠는 분열의 순간으로 읽을 수 있다. 소설 『월장석』이 화해 불가능한 두 개의 결말을 가질 수밖에 없는 것도 바로 이러한 이유에서이다.

3. 나오면서: 『월장석』의 문학사적 의의

『월장석』에서 추리 플롯의 재미를 배가하는 이국적인 요소로 도입된 측면이 있는 인도 플롯과 그것이 끌고 들어오는 제국주의 문맥은 반모험담 양식의 제국주의 로맨스가 가정소설의 담론 영역에 침투하는 현상으로 볼 수 있고, 그 결과 상징적 안식처를 제공하여 주체를 형성하고 공고화하는 두 양식에 공통된 소설 장르의 기능이 온전히 달성된다고 보기 어렵다. 『월장석』에 대한 이러한 해석은 앞서 언급한 디킨즈의 평, 즉 이 소설이 "거친, 하지만 길들여진 이야기"라는 관점을 뒤집어서, "길들여진, 그러나 거친" 이야기로 읽는 일에 해당한다. 이를 문학사의 확장된 차원에서 생각해보자면, 영국소설사 최초의 추리소설로 평가되는 『월장석』의 완벽하게 구성된 가정소설 플롯이 반모험담으로의 변이가 임박한 제국주의 로맨스 양식에 의존한다는 사실, 그리고 바로 그 때문에 가정소설의 담론적인 기반에 균열이 생긴다는 두 가지 측면이 중요하다. 이러한 관점에서 『월장석』은 식민 타자의 타자성 혹은 식민지의 역침입에 대한 불안을 형상화한다는 해석이나, 이 작품을 제국주의에 대한 비판으로 볼 것이냐 혹은 공조로 볼 것이냐는 평면적인 논점을 넘어서, 주목할 만한 문학사적 의의를 지닌다고 할 수 있다. 『월장석』은 중산계급-제국주의 (남성)주체 형성이나 공고화라는 장르 본연의 기능을 제대로 달성하는 경우가 거의 없고 그럼으로써 독자에게도 상징적인 안식처를 제공하지 못하는 (혹은 제공하기를 거부하는) 빅토리아 말기 소설 문학의 특성을 선구적으로 구현한다. 영국 고딕소설의 전통에서 『월장석』의 이러한 특징은 제국의 확장에 따른 타자성의 요소들이 소설 장르의 보수적 기능 자체를 무너뜨리는 방향으로 작용함으로써 콘래드의 『어둠의 한 가운데』를 시작으로 20세기 이후 현대 고딕서사들이 이전 시대와는 완연히 다른 정치적 효과를 갖게 되는 현상을 일찌감치 예고한다고 볼 수 있다.

19세기 후반에서 20세기 초반에 이르기까지 영제국의 전지구적 팽창을 가능하게 한 결정적인 원인은 운송 및 통신 기술상의 비약적인 발전이었다. 그로 인해 지리상으로 동떨어진 영국 본토와 식민지 및 제국의 주변부 지역들은 서로 긴밀하게 연결되었고, 중심으로부터 주변부로의 일방적인 흐름이 아닌 서로 영향을 주고받는 관계에 놓이게 되었다. 빅토리아조 후기와 말기에 제국의 여러 식민지들로부터 다수의 이민자들이 영국 본토로 흘러들어왔다는 사실은 바로 이러한 교류의 측면에서 가장 두드러지는 사항 가운데 하나일 것이다. 앞서 언급한 것처럼 식민지인들의 역침입에 대한 불안을 반영하는 디테일로서, 『월장석』에서 단지 스쳐지나가는 방식으로 언급되지만 런던에 형성된 인도 이민자들의 네트워크 역시 이러한 측면에서 볼 때 의미심장하다. 한편, 빅토리아조 소설과 제국주의 로맨스 두 양식에서 영국 및 식민지와 제국의 주변부라는 두 공간이 상이한 서사 공간들에 분할되는 양상은 제국의 중심과 주변부라는 이분법을 성립, 영속시키는 것이야말로 제국주의 문화적 프로젝트의 핵심임을 시사한다. 다시 말해, 젠더갈등, 계급투쟁, 그리고 다른 종류의 사회적 모순들이라는 가정소설의 담론 영역들에 해당하는 쟁점들은 그 자체들로서는 제국주의 맥락과는 무관하게 보일 수 있다. 하지만, 영국이라는 한 나라의 문화적 테두리를 넘어선 차원에서 본다면, (더구나, 제국의 팽창으로 인해 일국의 문화적 범주라는 개념 자체가 점점 더 불가능해지고 있었으므로) 가정소설의 담론 영역들은 식민지나 제국의 주변부를 다루는 제국주의 로맨스, 여행기 및 식민지 문학과 같은 장르들과 맺는 '구조적인' 관계를 통해서 제국주의 문화적 프로젝트 안에 위치한다. 가정소설과 반모험담 양식의 흥미로운 교차를 보여주는 제국주의 고딕서사로서 『월장석』과 같은 텍스트가 갖는 중요성도 바로 여기에 있다.

참고 문헌

Bhabha, Homi. *The Location of Culture*. New York: Routledge, 1994.

Cixous, Hélène. "Fiction and Its Phantoms: A Reading of Freud's *Das Unheimliche*." *New Literary History* 7.3 (1976): 525-48.

Collins, Wilkie. *The Moonstone: A Romance*. 1868. Harmondsworth: Penguin, 1966.

Dickens, Charles. "Letters to W. H. Wills." *Wilkie Collins: The Critical Heritage*. Ed. Norman Page. London and New York: Routledge, 1974. 169.

Duncan, Ian. "*The Moonstone*, the Victorian Novel, and Imperialist Panic." *Modern Language Quarterly* 55.3 (Fall 1994): 298-319.

Eliot, T. S. "Wilkie Collins and Dickens." *Selected Essays*. New York: Harcourt, 1950. 409-418.

Free, Melissa. "Dirty Linen: Legacies of Empire in Wilkie Collins's *The Moonstone*." *Texas Studies in Language and Literature* 48.4 (Winter 2006): 340-71.

Freud, Sigmund. "The Uncanny." 1919. *Writings on Art and Literature*. Ed. Neil Hertz. Stanford: Stanford UP, 1997. 193-233.

Gelder, Ken. "The Postcolonial Gothic." *Cambridge Companion to the Modern Gothic*. Ed. Jerrold E. Hogle. 191-207.

Green, Martin. *Dreams of Adventure, Deeds of Empire*. New York: Basic Books, 1979.

Guha, Ranajit. "Not at Home in Empire." *Critical Inquiry* 23 (Spring 1997): 482-93.

Jameson, Fredric. *The Political Unconscious: Narrative as a Socially Symbolic Act.* Ithaca: Cornell UP, 1981.

Mijares, Loretta M. "Distancing the Proximate Other: Hybridity and Maud Diva's *Candles in the Wind*." *Twentieth Century Literature* 50.2 (Summer 2004): 107-40.

Paravisini-Gebert, Lizabeth. "Colonial and Postcolonial Gothic: the Caribbean." *The Cambridge Companion to Gothic Fiction*. Ed. Jerrold E. Hogle. Cambridge: Cambridge UP, 2002. 229-58.

Punter, David. *The Literature of Terror: A History of Gothic Fictions from 1765 to the Present Day*. Vol. I London: Routledge, 1996.

Said, Edward. *Culture and Imperialism*. New York: Vintage Books, 1994.

Smith, Andrew and William Hughes, eds. *Empire and the Gothic: the Politics of Genre*. Basingstoke: Palgrave, 2003.

Weber, Samuel. "The Sideshow, or: Remarks on a Canny Moment." *MLN* 88 (1973): 1102-33.

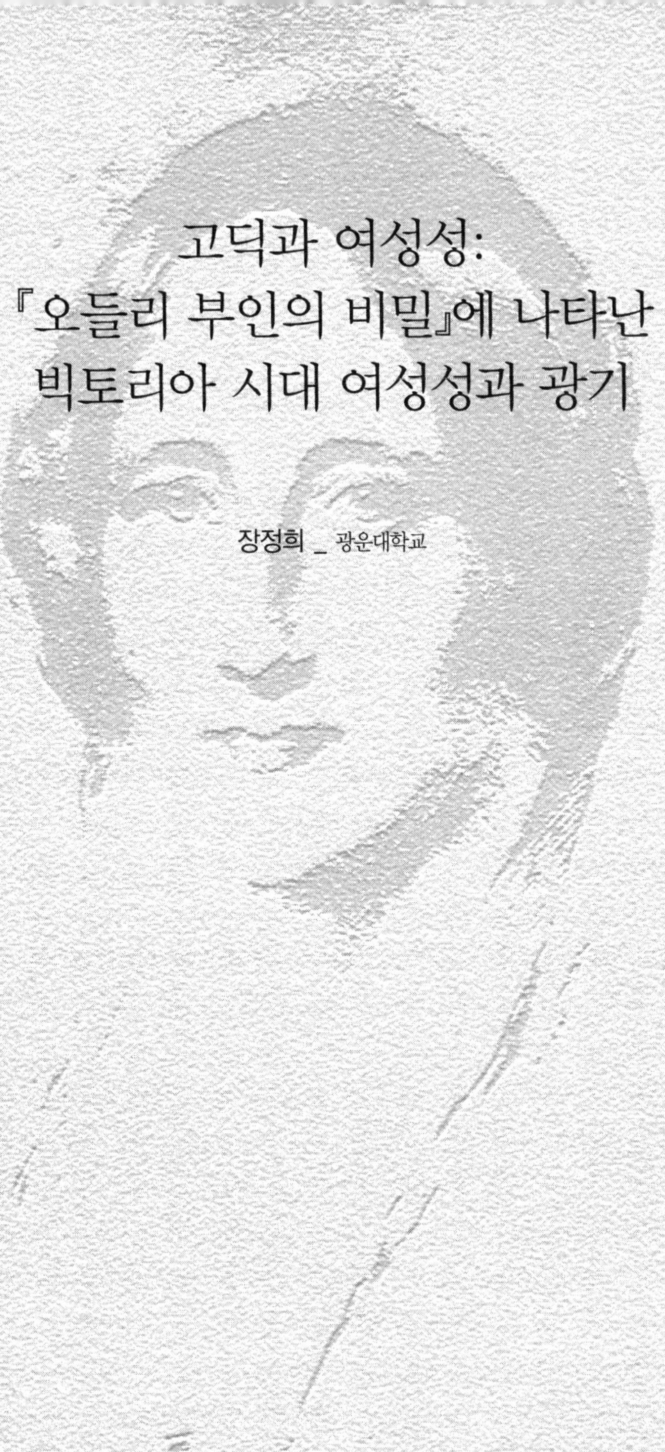

고딕과 여성성:
『오들리 부인의 비밀』에 나타난
빅토리아 시대 여성성과 광기

장정희 _ 광운대학교

고딕과 여성성: 『오들리 부인의 비밀』에 나타난 빅토리아 시대 여성성과 광기*

I

작가 소개

영국의 1860년대 인기 선정소설가로 명성을 날린 메리 엘리자베스 브래던(Mary Elizabeth Braddon)은 대중들에게 해로운 중독성을 야기하는 작가로 혹평을 받았지만 빅토리아 시대 문화코드와 소설 양식의 변화를 초래할 정도로 영향력이 컸다. 브래던이 잡지에 연재했던 흥미 위주의 이야기들에서 반복되는 범죄, 배신, 살인, 이중혼 등의 모티브들은 선정소설 구성의 기반을 마련하였고, 브래던의 소설들은 폭발적인 인기를 끌었다. 브래던은 당시 그녀의 명성에 걸맞게 80여편이 넘는 장편소설과 5편의 극뿐만 아니라 시와 단편소설도 집필하였으며 『벨그래비어』(*Belgravia*)의 편집장을 역임할 정도로 다양한 문학 경력을 지닌 작가였다.

브래던은 1835년 런던에서 아버지 헨리 브래던 2세(Henry Braddon Jr.)와 어머니 패니(Fanny) 사이에서 셋째로 태어났다. 브래던의 부모는 경제적으로 궁핍한 생활을 꾸려나갔는데 아버지는 늘 파산 지경에 있던 사무변호사로서 『피트먼즈 스포팅』(*Pitman's*

---

* 이 글은 2002년에 발간된 『근대영미소설』 9권 2호에 발표한 논문과 2005년에 발간된 『19세기 영어권 문학』 9권 1호에 발표한 논문을 고쳐 쓴 것이다.

Sporting Magazine)지 같은 잡지들에 기사를 써서 가계를 보조하였다. 가계의 어려움과 아버지의 혼외 부정 등 여러 사정으로 브래던이 다섯 살 되던 해인 1840년에 부모가 별거에 들어갔고 브래던은 어머니와 함께 살게 되었다. 브래던은 스카스데일(Scarsdale)에 있는 학교와 다트머스 로지(Darthmouth Lodge)의 기숙학교를 다녔으며 이 기숙학교에서 비교적 교육을 잘 받았다.

1850년도에 브래던의 아버지는 완전히 파산 상태가 되었고 브래던은 가계를 부양하게 위해 배우의 길을 택하게 되었다. 사소한 조연을 맡으며 시작한 배우생활은 주연을 맡는 단계까지 8년간 이어졌으며 이는 당시 여성이 걷기에는 험난한 길이었지만 먹고살기 위해 브래던이 택한 길이었다. 브래던은 집안의 체면을 고려하여 메리 세이턴(Mary Seyton)이라는 가명으로 활동하였으며 1852년부터 1860년대 초반까지 극단단원으로 여러 지역으로 순회공연을 다녔다. 이 시기에 극과 시도 썼으며 희곡 『아카디아의 사랑』(*The Loves of Arcadia,* 1860)은 런던의 스트랜드(Strand) 극장에서 성공적으로 공연되기도 하였다.

브래던은 배우 생활을 하는 동안 평생의 문학 스승인 존 길비(John Gilby)와 에드워드 불워 리튼(Edward Bulwer Lytton)을 만나게 된다. 브래던이 본격적으로 작가의 길로 들어서게 된 것은 1860년에 길비가 그녀에게 가리발디에 관한 장시를 써보도록 맡긴 일이 계기가 되었다고 볼 수 있다. 브래던은 시를 쓰는 여가시간에 『세 번 죽다』(*Three Times Dead,* 1860)라는 일종의 스릴러 소설을 집필하였다. 이 책이 처음 출판되었을 때 얼마 팔리지 않았지만 출판인이자 나중에 그녀의 남편이 된 존 맥스웰(John Maxwell)의 지도아래 작품을 개작하여 『뱀의 자취』(*The Trail of the Serpent,* 1860)라는 제목으로 다시 출판하였다. 이는 발간 일주일 만에 천부가 팔릴 정도로 인기를 끌게 되었다. 이 책을 집필함으로써 그녀는 출판 산업과 연재에 대한 실질적 지식을 얻게 되었고 이러한 지식은 런던에서 작가 경력을 형성하는 데 도움을 주었다.

브래던은 맥스웰이 주도하던 『반페니 저널』(*Halfpenny Journal*)에 여러 가명들을 써서 고딕적 요소와 멜로드라마적 요소가 가득한 선정소설들을 연재하였다. 예를 들면 여기 연재된 『검은 무리』(*The Black Band,* 1861)는 살인과 비밀, 음모, 범죄, 배신 등에 관련된 것이다. 이러한 습작 과정을 거쳐 본격적인 선정소설가로 인정받게 된 것은 『오들리 부인의 비밀』(*Lady Audley's Secret,* 1862)을 출판하고부터이다. 이 소설은 1861년 『로빈 굿펠로우』(*Robin Goolfellow*)에 연재되었는데 이 잡지가 폐간되자 1862년 『식스 페니』(*The Six Penny Magazine*) 지로 옮겨서 연재되었다. 이중혼, 살인, 광기에 연루된 미모의 여주인공을 다룬 이야기는 즉각 베스트셀러가 되었고 발간 3주 만에 9판까지 찍게 되었다. 『오들리 부인의 비밀』과 더불어 브래던의 선정소설가로서의 본격적 경력이 시작되었는데 이 소설은 비평가들로부터 부도덕하고 해로운 도서라는 혹평을 받았다. 그러나 이러한 평들은 오히려 이 소설의 판매부수를 올리는 데 기여하였다. 브래던은 이어서 1862년에서 1863년에 걸쳐 『오로라 플로이드』(*Aurora Floyd,* 1863)를 발표하였고 이 소설에서 여주인공 오로라가 남자 하인을 채찍질하는 장면 때문에 비평가들의 많은 비난을 받았다. 『오로라 플로이드』도 베스트셀러가 되었으며 브래던은 이후 많은 선정소설들을 양산하였다. 대부분의 비평가들은 브래던의 소설들에 대해 독자의 건전한 판단력 대신 말초신경을 자극하고 중독성을 지닌 작품이라는 부정적 평가를 내렸다.

브래던은 자신이 출판시장에서 자리 잡도록 도와준 맥스웰과 1861년부터 동거를 시작하였다. 맥스웰은 당시 아내가 정신 이상으로 정신병자 수용소에 있다고 밝혔지만 브래던과 맥스웰의 동거에 대해 세간의 많은 비난이 가해졌다. 브래던의 배우 경력, 유부남과의 동거 등을 달갑게 여기지 않았던 문단과 평론계에서는 『마스크』(*The Mask*)지에 서커스단원으로 희화화된 브래던의 모습을 싣기도 하였다. 그러나 모두 브래던의 작품을 싸구려나 저급한 것으로 몰아붙였던 것은 아니었다. 브래던의 작품세계에 호의를 보였던 빅토리아 시대 문인들도 많았으며 알프레드 테니슨(Alfred Lord Tennyson), 차알즈 디킨즈(Charles Dickens), 윌리엄 새커리(William Makepeace Thackeray), 헨리 제임즈(Henry James) 등의 대가들이 브래던의 작품 세계를 인정했다. 윌리엄 글래드스톤(William Gladstone) 수상도 브래던의 작품에 호감을 표했다. 브래던은 1866년부터 맥스웰이 창간했던 『벨그래비어』의 편집장 역할을 10여 년간 수행하면서 출판시장에 대한 명석한 분석으로 소설가와 편집장이라는 두 역할을 성공적으로 수행하였다. 『벨그래비어』는 여성이 편집함으로써 전문평론가들의 글이 최선의 기준이 아니라는 것을 보여주는 데 주력하면서 선정주의도 고급문화 전통과 연관된 것임을 설득력 있게 개진하였다.

1874년 브래던은 맥스웰의 아내가 사망한 이후 맥스웰과 정식 결혼했다. 맥스웰은 첫 결혼에서 이미 다섯 명의 자녀를 두었는데 브래던은 맥스웰과의 사이에 여섯 명의 자녀를 낳아 길렀다 (그중 한 명은 어릴 때 사망하였다). 결국 브래던은 열 명의 자녀를 양육하며 작품 활동과 편집장 활동을 했던 것이며 말년에도 잡지에서 신문으로 지면을 옮겨 계속 작품 활동을 하였다. 브래던은 영화가 서서히 부상하는 것을 보게 되었고 1913년 자신의 소설 『오로라 플로이드』가 무성영화로 제작된 것을 보기도 하였다. 브래던은 노년에도 글쓰기를 멈추지 않다가 1915년 뇌의 혈관이 점차 망가지는 증세로 사망하였다. 사망이후 브래던의 인기는 줄었지만 브래던의 작품은 여전히 대출도서관에서 인기 있는 작품 목록에 올랐다. 더구나 1990년대와 2000년대 대중문학과 대중문화에 대한 관심과 더불어 브래던의 명성도 부활하였다.

브래던은 빅토리아 시대의 계급과 젠더, 결혼과 가족의 문제, 범죄와 질병 문제 등을 고딕적 요소와 멜로드라마적 요소를 혼합한 선정소설을 통해 다루었다. 이를 통해 빅토리아 중반에서 말엽까지의 주요한 사회 문제들을 흥미롭게 당시 독자들에게 부각시켰음을 볼 수 있다. 고딕의 전통이 근대 영국 사회의 여러 문제들과 얽힘을 보여주는 브래던의 소설들은 중세 성 대신 근대 가정 영역을 배경으로 어두운 비밀들을 파헤쳤다. 이러한 비밀의 탐색과정은 독자들을 매료시켰으며 대중지 뿐만 아니라 중산층 가족 잡지에 연재되던 브래던 소설들의 핵심이 되었다. 브래던의 선정소설에서 특히 고딕적 배경과 요소들은 대중문화가 중산계급 문화에 흡수되는 빅토리아 시대 문화 형성의 한 방향을 보여준다. 즉 브래던은 당시 사회의 논란이 되었던 쟁점들을 흥미롭게 부각시키는 동시에 대중문화와 고급문화의 경계선이 허물어지고 노동계급과 중산계급의 가치관이 뒤섞이는 과정에 매우 주요한 역할을 담당했다고 볼 수 있다.

II

작품 소개

브래던의 대표작 『오들리 부인의 비밀』은 이중혼, 위장, 광기, 비밀 등의 고딕적 요소와 멜로드라마적 요소를 가미한 선정소설로 당시 가장 인기를 끌었던 소설들 중 하나였다. 이 소설은 『로빈 굿펠로우』지에 1861년 7월에서 9월까지 연재되다가 『식스 페니』지로 지면을 바꾸어 1862년 1월에서 12월까지 연재되었으며 1862년 세 권으로 윌리엄 틴즐리(William Tinsley)에 의해 출판되었다.

주인공 오들리 부인은 루시 그레이엄(Lucy Graham)이란 이름으로 처음 등장하는데 아름다운 금발의 고수머리를 지닌 미모의 가정교사로서 가난한 이웃을 방문하고 위로하는 집안의 천사(Angel in the house)와 같은 존재이다. 그녀는 오들리 저택의 이웃에서 가정교사 일을 하고 있으며 누가 봐도 아름답고 마음씨 착한 그녀에게 끌리지 않을 수 없다. 천사와 같은 루시에게 반한 마이클 오들리(Michael Audley) 경이 나이와 신분의 격차에도 불구하고 그녀에게 청혼하게 된다. 루시는 이 청혼을 받아들여 오들리 장원의 안주인, 즉 오들리 부인이 된다. 화려한 의상과 아름다운 장신구들로 치장한 오들리 부인은 오들리 저택의 안주인으로서 집안의 천사 역할을 충실히 해낸다.

이 무렵 오들리 경의 조카이자 법정 변호사인 로버트 오들리(Robert Audley)는 호주로 한 재산 모으려고 갔다가 3년 만에 돌아오는 자신의 친한 친구 조지 탈보이즈(George Talboys)를 맞이하게 된다. 조지는 자신의 아내 헬렌(Helen)과 아들을 곤궁한 상태로 남겨두고 떠났으므로 헬렌의 안부를 궁금해 하며 그녀를 찾게 된다. 조지는 신문에서 헬렌이 죽었다는 소식을 접하게 되고 그녀의 집을 방문해서 이 사실을 확인하며 절망에 빠진다. 로버트는 친구를 위로하고 슬픔을 함께 하게 되는데 친구의 기분전환을 위해 삼촌인 오들리 경의 저택으로 친구를 데려간다.

오들리 장원에서 오들리 부인은 여러 가지 구실을 내면서 로버트의 친구 조지와 대면하는 자리를 피한다. 로버트와 조지는 로버트의 사촌 앨리시어 오들리(Alicia Audley)의 안내로 오들리 부인이 출타하고 없는 사이 몰래 그녀의 침소로 들어간다. 여기서 오들리 부인의 초상화를 보게 되며 초상화에서 발산되는 강렬한 매력에 두 사람 다 이끌린다. 특히 조지는 오들리 부인의 초상화를 보고 크게 놀라지만 친구 로버트에게 왜 그토록 놀랐는지에 대해서는 해명하지 않는다.

오들리 장원 방문이 있은 얼마 후 조지는 실종되는데, 로버트는 친구의 실종에 몹시 낙망하여 그를 찾기로 결심한다. 그리하여 그의 실종에 관련된 여러 가지 증거를 모으기 시작한다. 로버트는 없어진 친구를 찾기 위해 탐색을 시작하는 단계에서 조지의 집을 방문하는데, 조지의 여동생 클라라(Clara)에게 매료된다. 로버트는 클라라가 오빠를 찾고자 하는 열정에 공감하여 어떻게 해서라도 조지를 찾아내기로 결심한다. 결국 탐색과정에서 로버트는 조지의 아내 헬렌이 스스로를 죽은 것으로 위장 처리한 후 루시 그레이엄으로 행세하였으며, 마이클 오들리 경과 결혼하게 되었음을 알아내게 된다. 로버트는 이러한 정보를 알아낸 후 오들리 부인과 대면하여 그녀를 심문하지만 그녀는 증거가 없는 사실이라고 부인한다. 한편 오들리 부인은 이런 대면이 있은 후 증거를 없애기 위해 로버트가 묵고 있는 여관에 불을 내서 로버트를 죽이려고 한다. 그러나 로버트는 불이 난 여관을 가까스로 빠져나와 죽음을 면한다.

결국 오들리 부인과 로버트, 오들리 경이 대면한 자리에서 오들리 부인은 자신의 정체를 밝히게 된다. 그녀는 자신의 삶에 대해 회상하면서 생계를 유지하고 아이를 돌보기 위해 위장의 삶을 살 수 밖에 없었음을 술회한다. 조지와의 첫 결혼에 대해 설명하면서 첫 남편인 조지가 가족을 무력한 상태로 남겨둔 채 떠났다고 말한다. 그러므로 자신도 먹고 살기 위해 친정아버지에게 아이를 맡기고 자신의 길을 찾을 수밖에 없었다고 고백한다. 또한 자신의 어머니도 광기가 있는 것으로 진단받아 정신병자 수용소에 있었던 사실을 술회하면서 이런 어머니가 실제 얼마나 천사 같은 존재였나를 회상한다. 로버트는 의사인 모스그로브(Dr. Mosgrove)를 불러 오들리 부인을 진단하도록 의뢰하고 이를 자신에게 유리하게 이용하여 오들리 부인에게 광기가 있는 것으로 규정짓는다. 로버트는 오들리 부인의 이름을 숨기고 테일러(Taylor) 부인이라는 가명으로 벨지움(Belgium)에 있는 정신병자 수용소에 오들리 부인을 가두게 된다. 이런 사실들에 충격을 받은 오들리 경도 앨리시어와 함께 유럽으로 떠나 버린다.

로버트는 오들리 부인이 고백한 대로 그녀가 조지를 오들리 저택 정원의 우물에 빠트려 죽게 한 것으로 생각하고 슬퍼한다. 그러나 오들리 부인이 불을 질렀던 여관주인 루크 막스(Luke Marks)가 죽기 전에 조지가 살아있음을 로버트에게 알려준다. 루크는 조지가 우물에서 구조되었고 다시 호주로 건너갈 생각으로 떠났음을 로버트에게 알려준다. 로버트는 조지의 여동생 클라라에게 구혼하며 결혼하여 함께 조지를 찾으러 호주로 가자고 제안한다. 클라라는 이를 받아들이는데, 출발하기 전에 조지가 돌아오며 조지는 자신이 잠시 뉴욕에 머물렀다 돌아온 것임을 밝힌다. 클라라와 로버트는 결혼하여 행복한 가정을 꾸리게 되고 조지도 자신의 아들을 찾아서 모두 함께 살게 된다. 앨리시어도 과거 자신의 구혼자였던 해리 타워즈 경(Sir Harry Towers)과 결혼하여 행복하게 살게 된다. 오들리 부인만이 국외의 정신병자 수용소에서 홀로 죽음을 맞게 된다.

『오들리 부인의 비밀』은 선정소설의 최고봉으로서 독자에게 강렬한 반응을 불러일으킨 소설이다. 오들리 부인의 비밀을 탐색해가는 과정에서 브래던은 중세 성과 같은 고딕적 배경을 근대 가정으로 설정하여 빅토리아 시대 가정 영역에 내재한 문제점들을 독자에게 제시한다. 비밀 탐색에서 로버트나 독자가 느끼는 공포심은 고딕적 요소들을 사용함으로써 더욱 실감나게 전달된다. 특히 오들리 부인의 초상화에서 풍기는 분위기와 여러 통로를 거쳐서 들어가게 되어있는 부인의 침실, 저택의 분위기, 살인미수, 이중혼, 비밀과 같은 고딕적 요소들은 빅토리아 시대 가정과 여성 담론에 내재한 문제점들을 독자에게 제시하는 데 매우 강렬한 효과를 발휘한다. 오들리 부인의 광기는 이러한 비밀의 절정으로서 성에 갇힌 여성의 고딕적 이미지는 정신병자 수용소에 갇힌 여성의 이미지로 대치되어 제시된다. 영국고딕 소설사에서 『오들리 부인의 비밀』은 고딕소설의 전통이 1860년대의 문화코드에 적합하게 변형된 예로서 독자로 하여금 근대 가정과 결혼, 의학 담론, 여성성의 실체를 재조명하도록 유도하고 있다.

III

1. 들어가는 말

빅토리아 시대 여성작가들은 대다수가 저널리스트이자 소설가로서 자신의 문단 경력을 쌓았는데 당시 출판시장에서 자신들의 입지를 다지기 위해 1860년대에는 고딕의 전통이 계승된 흥미로운 선정소설의 시장성을 잘 파악했던 것으로 보인다. 특히 여성작가들이 남성작가들보다 선정소설 장르에 더 관심을 가지고 종사했던 이유는 출판시장에서 이 장르가 대중의 인기를 끌면서 소비를 촉진했던 사실 외에 그들에게 가해진 제약을 벗어나 더 자유롭게 자신의 관점을 개진하고 상상력을 발휘할 수 있는 데 적합했기 때문이었다. 대중문학 성격을 지닌 선정소설은 당시의 문학 정전에 대한 비판 혹은 대안이 되는 성격을 지녔기에 당시 사회나 가정을 지탱해주던 가치관들의 균열을 보여준다. 이는 여성작가들에게 자신의 글쓰기 영역을 확장할 수 있었던 주요한 기회를 제공하였고 당시 문화 형성의 역학

관계, 즉 대중문화가 고급문화와 뒤섞이는 과정을 보여준다고 할 수 있다. 소설가로서, 저널리스트로서 특히 1860년대 선정소설을 주로 집필했던 여성작가들은 기존 질서나 이데올로기 안에 포괄될 수 없는 일탈의 영역이나 저항의 영역을 생성해낼 수 있었다.

어두운 비밀과 공포감과 같은 고딕적 요소들은 빅토리아 시대 계급, 젠더, 식민주의, 제국주의 등의 문제를 드러내 보이는 데 적절하게 사용되었다. 로런스 탈라이라크 비엘마스(Laurence Talairach-Vielmas)는 고딕소설에서 볼 수 있는 성(castle)의 미로 같은 내부구조들 뒤에 숨은 공포감이 19세기에 이르러 고딕이 재생산되는 동안 변형된 형태로 나타남을 지적한다. 즉 여성을 성에 가두는 전형적 이야기 구조 대신 육체에 대한 침범이나 폭력과 연관된 공포심이 나타났으며 성적인 매력이 부여된 여성의 육체를 새로운 고딕의 성으로 형성하였다는 것이다. 따라서 선정소설 작가들은 고딕 로맨스에서 볼 수 있었던 전형적 표현들 대신 육체의 부분들이나 육체 기관들을 자주 사용하였다고 본다(23). 특히 선정소설에서 비밀의 탐색 과정은 주로 여성의 숨겨진 심층비밀을 탐색하는 것을 함축하며 숨겨진 시신의 발굴이라는 고딕소설의 이미지들을 개조하여 19세기의 의학 담론을 이용한 탐색 과정을 제시하기도 한다. 비엘마스는 선정소설이라는 대중적 문학 양식의 가장 선정적 특징이 바로 이러한 비밀의 탐색에 독자들이 매료되는 것이라고 주장한다(22).

『오들리 부인의 비밀』은 1860년대의 가장 인기 있는 선정소설로서 오들리 부인은 어느 한 범주로 분류될 수 없는 다양한 특성들을 지니고 있으며 계속 변화하는 그녀의 정체성은 범죄와 관련된 비밀과 깊이 연루되어 있다. 브래던은 오들리 부인을 둘러싼 비밀의 탐색 과정에서 다중적 정체성, 위장된 죽음, 살인 계획 등 다양한 고딕의 전통들을 빅토리아 시대 가정과 여성을 통해 재생산하고 있다.

비밀을 점진적으로 풀어나가는 이야기는 독자들로 하여금 천사같이 아름다운 여성이라는 인공적 가면 아래 숨어있는 것이 무엇인지 지속적인 궁금증을 가지도록 유도하고 있다. 즉 브래던은 오들리 부인의 가면에 걸맞은 이미지인 풍요한 금발, 멋있게 그려진 눈썹, 화려한 벨벳 드레스 아래 숨겨진 광기에 대한 공포로 독자들을 이끌어가는 것이다. 특히 오들리 부인의 위장과 지속적인 변화과정은 그녀의 비밀을 캐가는 로버트를 공포에 사로잡히게 한다. 열차 표식들이 붙어있는 그녀의 모자 박스, 그녀가 아버지에게 집을 나간다는 걸 알리는 편지, 여러 헌사로 주인이 계속 바뀜을 보여주는 그녀의 책 등 비밀과 관련된 그녀의 소품들은 탐색의 과정에서 로버트가 공포를 느끼게 만드는 적절한 장치로 사용되고 있다.

이러한 공포심은 고딕적 배경과 연관되어 비밀의 핵심에 대한 독자의 호기심을 더욱 증대시키는 효과를 낳는다. 즉 오들리 부인은 이야기가 진행될수록 점점 더 고딕적 배경과 더불어 등장하게 되는데, 부인을 그린 초상화의 색채, 침소의 주변 배경, 조지가 빠져있는 정원의 우물 분위기 등, 고딕적 요소들이 지속적으로 오들리 부인의 범죄에 대한 공포감을 증대시킨다. 그녀의 범죄가 무엇인지 점점 더 초점을 좁혀가는 과정에 독자들이 함께 빠져들도록 만드는 것이다. 오들리 부인의 비밀에 대한 공포감은 위장과 이중혼, 살인미수의 폭로에 이어 광기에서 절정에 이르도록 구성되어 있다. 어머니처럼 정신병자 수용소에서 생을 마감하는 오들리 부인에게 과거의 반복, 즉 어머니의 운명이 딸에게 다시 반복되는 방식은 당시 여성 질병의 의미를 부각시킨다. 이러한 과정들은 래드클리프(Radcliffe)적 고딕에서 찾아볼 수 있는 감금된 여성의 이미지를 근대에 맞게 새로이 구성한 것이다(Talairach-Vielmas 21). 실제로 마지막에 오들리 부인이 감금되는 상황은 여성의 감금이라는 전통적 고딕 구조와 빅토리아 시대의 의학적 통제라는 시나리오의 통합을 보여준다. 오들리 부인의 경우처럼 여성인물들이 빅토리아 시대 가정이나 사회의 안정을 위협할 경우 산 채로 감금되는 것이다. 이러한 이야기들에서 빅토리아 시대 의학 담론은 불법적으로 은폐된 비밀들을 밝히고 여성 육체를 정화하는 기제임을 볼 수 있다. 그런데 여성 선정소설작가들은 이러한 기제가 과연 정당한 것인가 의문을 제기한다. 이들은 고딕적 전통을 지닌 선배작가들의 발자취를 따라서 고딕적 요소를 계승· 변용하여 빅토리아 사회와 가정의 숨겨진 공포와 불안감을 탐색한다. 이러한 맥락에서 이 글은 선정소설에서 고딕적 요소의 계승과 변용이 빅토리아 시대 여성성과 여성 질병, 가정의 문제들에 어떻게 적용되는지, 빅토리아 시대 여성 육체 및 광기 담론에 대한 브래던의 입장은 어떠한지, 『오들리 부인의 비밀』을 통해 검토해본다.

2. 이중적 여성성: 천사/악녀의 매혹과 공포

오들리 부인은 원래 이름이 헬렌 몰던(Helen Maldon)으로서 조지 탈보이즈와 결혼했지만 자신의 부고를 신문에 게재함으로써 죽은 것으로 위장한다. 그녀는 루시 그레이엄이라는 가명으로 가정교사를 하던 중 오들리 경과 결혼함으로써 이중혼의 상태에 있게 된다. 이러한 오들리 부인의 이중혼이라는 비밀과 유전으로 물려받은 광기는 작품의 핵심에 자리하면서 독자들의 강렬한 흥미를 불러일으킨다. 로버트에 의해 오들리 부인의 비밀이 밝혀지면서 마지막에 테일러 부인이라는 가명으로 정신병자 수용소에서 삶을 마감하는 것은 전형적인 선정소설 여주인공의 행로를 보여준다. 이와 대조적으로 오들리 부인의 비밀을 밝히는 로버트의 이야기는 그의 성장 과정에 초점이 두어져있다. 이 두 이야기를 연결시키고 있는 탐정소설의 플롯과 두 인물이 얽혀있는 서술 구조는 고딕적 배경과 요소들을 활용하면서도 빅토리아 시대 가정과 여성성, 여성의 질병, 남성의 권력 등 다양한 문제들을 함축하고 있다. 이처럼 로버트와 오들리 부인 중심의 두 서술 구조를 취하고 있어 텍스트를 남성의 관점에서 읽을 때와 여성의 관점에서 읽을 때 서로 다른 의미를 도출해낼 수 있다. 비밀의 중심에 자리한 오들리 부인의 육체도 이중적 관점에서 조명될 수 있다. 앤 크베코비치(Anne Cvetkovich)도 이러한 이중적 읽기의 중요성에 주목하면서 텍스트의 의미를 단선적으로 파악할 수 없는 사실에 주목한다(55). 『오들리 부인의 비밀』을 남성의 관점에서 볼 때는 통제·감시·권력의 판타지가 될 수 있는데 이러한 구도 하에서는 오들리 부인의 육체는 위험한 존재, 가두고 제거해야할 존재이다. 이 이야기를 오들리 부인이나 여성의 관점에서 읽을 때면 반항의 판타지, 즉 여성을 억압하는 가부장제에 대한 저항과 복수의 이야기로 읽을 수 있으며, 오들리 부인의 광기를 여성 육체와 관련된 반항의 판타지로 읽을 수 있다. 패밀러 길버트(Pamela K Gilbert)도 『오들리 부인의 비밀』은 오들리 부인과 그녀의 비밀이 이야기의 초점인 동시에 로버트의 성장과정도 동일하게 강조된 것으로 본다. 즉 오들리 부인의 저항의 이야기와 동시에 가부장적 사회질서로의 귀환 구조를 보여준다는 것이다(93).

실상 1860년대 선정소설의 인기는 독자들의 기대를 만족시키는데 있었고, 독자들의 기대는 여주인공의 일탈적 행위를 대리 경험하는 것이었다. 그런데 이러한 여주인공의 처벌이 필요한 이유는 가부장적 질서의 유지를 위해 위험스러운 요소를 제거해야 한다는 당시의 도덕 기준 때문이었다. 브래던은 독자들의 인기를 끌면서도 당시의 검열이나 성 이데올로기에 부합하는 방향으로 연재를 꾸려나가야 했을 것이다. 순회도서관은 중산층 도덕의 수호자였고 브래던은 이를 존중하여 소설을 썼으므로 사악한 여주인공은 처벌받아야하는 것으로 마무리했던 것이다.

그러나 오들리 부인은 다양한 정체성을 취함으로써 당시의 젠더와 계급 문제들을 부각시키면서 당대 여성에 대한 담론들을 전복시키는 특성이 있다. 브래던은 오들리 부인의 육체에 천사/악녀의 이중적 수사 장치를 적용한다. 브래던은 어린 아이같이 순수하고 아름다운 천사의 모습과 강력히 자기 이익을 추구하는 여성이라는 두 가지 상반된 모습을 오들리 부인에게 부여하고 있다. 독자는 그녀의 외모에서 도저히 사악함을 짐작키 힘든데, 이러한 특성은 역설적으로 다른 사람들을 매혹시키고 위협하는 힘을 더해주고 있다.

오들리 부인은 집안의 천사 이미지를 가면으로 사용한다. 금발머리에 아름답고 부드러운 얼굴과 음성을 지닌 어린 아이 같이 순수한 모습은 누가 보아도 사악함과는 거리가 먼 모습이다. 특히 텍스트의 초반에 가난한 이웃집들을 방문했을 때나 집안을 돌아다닐 때의 이미지는 천사와 같은 이미지로 제시된다.

> 바로 그 어린 아이 같은 속성에는 누구도 뿌리칠 수 없는 매력이 있었다. 어린 아이가 지닌 순수함과 솔직함이 오들리 부인의 아름다운 얼굴에서 빛났고 크고 맑고 푸른 눈에서 빛났다. 장밋빛 입술, 섬세한 코, 풍요한 고수머리는 모두 그녀의 아름다움이 극도로 어리고 싱싱한 특성을 갖도록 해주었다. 그녀는 당연히 스무 살의 나이인데도 열일곱 넘어 보인다고는 믿기 어려웠다. 그녀는 연약한 몸매를 무거운 벨벳 옷이나 뻣뻣하고 살랑거리는 비단옷으로 치장하길 좋아했는데 마치 가면극에 나가려고 치장한 어린아이 같았으며 어린 아이 방을 갓 벗어난 상태처럼 천진한 티가 흘렀다. (35)

벨벳이나 비단옷을 휘감고 집안을 돌아다니는 모습은 마치 인형 같은 모습으로 강조되어 앨리시어는 이러한 인형의 모습에서 남성을 유혹하기 위한 책략을 읽어낸다. 특히 "언제나 그녀의 얼굴로부터 흘러내려, 햇살이 비치면 그녀 머리주변에 희미한 후광을 만들어내는 부드럽고 깃털 같은 풍요한 고수머리는 . . . 세상에서 제일 멋진 것"(6)이며 남성들을 사로잡는 힘인 것이다. 브래던은 이처럼 과장법에 가까운 수사로 오들리 부인을 독자의 응시의 대상으로 만들고 있다. 오들리 부인이 마치 배우 같은 역할을 하고 있다는 린 피켓(Lynn Pykett)의 지적에서 알 수 있듯이 오들리 부인은 어린 아이같이 순수한 면모를 자신의 처세로 삼고 있다(89). 이처럼 선정소설에서 여주인공이 강렬한 응시의 대상으로 재현되는 방식은 영화에서 배우의 이미지가 생성되는 것과 유사하다. 피켓이 지적했듯이 브래던의 주요 여주인공들은 오들리 부인이나 오로라 플로이드의 경우처럼 숨겨야할 비밀을 가지고 있으며 위장을 감추기 위해 연기를 하는 배우와 같다(89). 오들리 부인에서 『오로라 플로이드』의 오로라 플로이드, 『엘리너의 승리』(*Eleanor's Victory*, 1863)의 엘리너 배인(Eleanor Vane), 『잃어버린 낙원』(*A Lost Eden*, 1904)의 플로라 샌드포드(Flora Sandford), 『우리의 적수』(*Our Adversary,* 1909)의 케이트 러건(Kate Lurgan), 『운명의 인질』(*Hostages to Fortune*, 1875)의 마이라 브랜드리스(Myra Brandreth)에 이르기까지 주요한 여주인공들의 모습에서 일관되게 배우의 모습을 볼 수 있다. 또한 마이라나 플로라, 케이트는 텍스트에서 실제로 직업이 배우이기도 하다.

이러한 이중적 수사 장치는 당시 여성의 육체 담론과 가정 이데올로기 이면에 내재한 문제점을 제시하는 데 효과적이다. 엘리자베스 렁랜드(Elizabeth Langland)는 오들리 부인에 대한 천사의 이미지를 계급과 성의 문제와 관련시켜 논의하는데, 빅토리아 시대 여성 육체의 재현은 계급 문제와 연관되어있다고 본다(11). 렁랜드의 논의에 따르면 귀족계급 여성의 육체가 성적인 것과 연관이 없거나 성적으로 미성숙한 상태로 재현되어야했던 점은 오들리 저택의 성격과도

통한다는 것이다. 즉 텍스트에서 오들리 부인의 어린 아이 같은 이미지와 이상적인 귀부인상의 관계, 어린아이 같은 순수함과 광기의 관계는 오들리 장원과 정신병자 수용소 사이의 유추관계를 보여주며, 이러한 두 공간의 병치를 통해 후자의 공간이 전자의 공간에서의 자유에 대해 의문을 던지고 있다는 것이다(12). 오들리 장원과 정신병자 수용소는 외관상 상관이 없는 영역이지만 여성 육체의 감금과 통제라는 측면에서 유추관계가 성립할 수 있다는 렁랜드의 논의는 당시 지배 문화에서 귀족계급 여성의 육체에 부여한 의미를 비판적으로 검토해내고 있다.

일레인 쇼왈터(Elaine Showalter)는 살인까지 저지를 뻔한 여자를 연약한 금발머리의 천사로 만들고 있는 브래던의 방식을 높이 산다. 쇼왈터는 오들리 부인이 겉으로는 순수한 모습이지만 중혼과 살인과 방화를 시도하는 인물인데, 실제 오들리 부인은 범죄자도 아니고 미치지도 않은 인물이며 자신의 생계를 꾸려가려는 동기에 의해 움직였던 것으로 본다. 쇼왈터는 당대의 관습을 거부하는 오들리 부인의 면모에 초점을 두어 브래던을 전복적 소설가라고 부르고 있다(1977, 166). 쇼왈터는 오들리 부인을 정상적인 인물이라고 주장하며, 여성작가가 쓴 대중소설의 잠재적 가치를 강조하는 데 초점을 둔다.

니나 아우어바흐(Nina Auerbach)도 오들리 부인은 겉으로는 순수한 이미지이지만 그녀를 가두려고 위협하는 성적·사회적 힘의 원천들을 공격함으로써 악마가 되고 있다고 지적한다(108). 오들리 부인이 주변 인물들에게 각인되는 방식에서 볼 수 있듯이 배우 이미지의 가장 큰 역할은 여주인공의 이중성을 드러내는 것이다. 오들리 부인의 육체는 천사의 이미지와 동시에 마술, 유혹녀, 뱀의 이미지와 연관된다. 또한 육체의 통합적인 이미지보다 육체의 부분들이 강조된다. 즉 오들리 부인의 이야기에서는 여성을 성에 가두는 전형적 고딕 구조 대신 육체에 대한 침범이나 폭력과 연관된 공포심을 볼 수 있으며 성적인 매력이 부여된 여성의 육체를 새로운 고딕의 성으로 형성하여 육체의 부분들이나 육체 기관들을 강조하는 특징을 볼 수 있다.

다시 말해 선정소설 같은 대중소설에서는 여성의 육체와 연관된 공포심들을 보여주기 위해 고딕적 요소들을 효과적으로 사용하고 있다. 이러한 방식은 여성 육체의 부분들에 대한 당시 문화 코드의 특질을 반영하고 있다. 특히 오들리 부인의 육체 중 머리 부분은 여러 차례 천사/악녀의 이중적 이미저리로 재현된다. 그녀의 아름다운 금발머리는 초반부에서 천사와 연관되지만 로버트의 꿈을 통해 뱀으로 변해서 천천히 그녀의 목에서 기어 내려오는 것으로 형상화된다. 이렇게 오들리 부인에게 적용된 여성 괴물(female monster)의 이미지는 오들리 부인이 빅토리아 사회의 합리적 남성 세계에 대치되는 존재이자 화해될 수 없는 존재임을 보여준다. 또한 고딕의 공포감이 여성의 육체에 적용된 것으로 볼 수 있다.

천사/악녀의 이중적 모습이 절정에 달한 부분은 로버트와 조지가 몰래 그녀의 처소로 잠입할 때이다. 이 장면은 관습적인 고딕적 모티프들을 활성화시키고 있다, 미로같은 복도들, 위협적이며 유령같은 가족의 초상화들, 여성의 사적 공간에 대한 남성의 침입에 이르기까지 고딕적 배경이 오들리 부인의 이미지를 절정으로 이끄는 데 기여하고 있다. 이들이 오들리 부인의 처소로 들어가는 것은 여성 육체의 탐색이라는 의미를 지니고 있다. 피켓의 지적처럼 각종 여성 장신구들은 자리를 비운 여성 육체의 기호이자 여성 육체가 택하는 사회적 위장의 기호로 작용한다(91). 꽃향기나 각종 여성 소품들을 통해 여성성의 의미가 강조되는데 초상화는 이러한 여성성의 의미가 절정에 달한 것으로 제시되고 있다. 초상화의 묘사는 아름다운 악마의 모습으로 제시되는데 여성답지 못해서가 아니라 여성성의 특질들이 과장되었기 때문이다. 즉 여성성의 강조가 악마의 모습과 연관되어 있음을 볼 수 있다.

> 라파엘 전파가 아니면 황금빛 안색에다 불타는 듯한 밝음을 더하며 깊고 푸른 눈에 사악한 빛을 가미할 정도로 섬세한 얼굴의 모든 특징을 이토록 과장되이 표현하지 못했을 것이다. . . . 그것은 마치 부인의 얼굴 앞에 이상한 색채의 불을 놓은 것 같았고 그 불 때문에 결코 보지 못했던 새로운 선과 표정이 생겨난 듯했다. 완벽한 생김새와 화려한 색채가 있었다. 그러나 내 생각엔 화가가 중세의 이상한 괴물들을 모사하다가 머리가 이상해진 것 같았다. 왜냐하면 그가 그린 초상화에서 부인은 아름다운 악마의 면모를 보였기 때문이었다. 그녀의 주홍빛 드레스는 이 이상한 그림 속의 나머지와 마찬가지로 과장되어, 그녀 주변에 불꽃처럼 접혀 흘러내리고 있었고 그녀의 아름다운 머리는 마치 이글거리는 용광로에서 나온 것처럼 불타는 색채 덩어리에서 나온 것 같았다. (47)

이처럼 오들리 부인의 아름다움을 과장하여 표현한 초상화는 남성 관찰자에게 더욱 놀랍고 매혹적인 이미지로 각인된다. 이 장면에서 여성의 육체는 남성에게 강렬한 응시의 대상이 되고 있으며, 독자에게도 강렬한 시각적 효과를 발휘한다. 그러므로 초상화는 단순히 그려진 그림 이상의 의미를 지니며 이야기의 가장 중심축인 숨겨진 비밀의 깊이를 표현해준다. 특히 오들리 부인의 금발은 숨겨진 어린 아이, 위장된 죽음, 이중혼과 연결되며 자신의 정체성을 자유로이 변형시킬 수 있는 힘과 밀집하게 연관된다. 실상 초상화는 그녀의 정체성을 읽어낼 수 있는 가능성과 그녀의 정체성을 파악하기 불가능하다는 사실을 동시에 보여주어 독자를 유혹하고 있다. 오들리 부인의 범죄 때문에 생기는 거부감과 아울러 아름다움으로 생기는 매혹적 힘은 구분될 수 없는 것으로서 선정성은 이 두 감정이 구분될 수 없는 데서 발생한다.

이러한 초상화의 선정적 힘은 비밀이 파헤쳐지는 과정과 더불어 사라지는 것이 아니다. 크베코비치는 이러한 선정적 힘이 이야기 내내 지속적으로 존재함을 지적하면서 이 힘을 범죄와 유전, 여성성보다는 소비문화나 당대 도시 삶과 연관시킨 자본주의의 논리로 파악한다. 즉 아름답고 반항적인 여성을 소비자의 욕망의 대상으로 설정한 자본주의의 속성과 선정적 감정이 관련될 수 있다는 맥락에서 초상화의 성격을 읽을 수 있다고 본다(Cvetkovich 68). 이처럼 고딕적 전통은 1860년대의 문화코드에 적합하게 변형되어 독자로 하여금 여성성의 실체를 재조명하도록 만든다.

초상화 장면은 오들리 부인의 비밀이 점진적으로 폭로되는 과정에 대한 복선이기도 한다. 점진적인 폭로의 과정을 통해 그녀의 정체는 집안의 천사에서 출발했지만 집안의 악마로 드러난다. 오들리 부인의 정체뿐만 아니라 가정의 천사가 지배하는 듯 보이는 오들리 가정은 공허한 위장의 영역임이 텍스트 초반부터 암시되고 있다. 즉 안전해 보이는 오들리 저택이 실제 범죄의 영역과 연루된 것이라는 사실은 텍스트 초반부에 오들리 저택을 둘러싼 전원의 평화로운 이미지와 살인과 같은 사악한 행위를 연결시키는 화자의 말에서 이미 암시되고 있는 것이다. 말린 트롬프(Marelene Tromp)는 당시 안정적으로 보이는 가정 공간을 불안으로 가득한 영역으로 재현한 브래던의 전복성에 주목하면서 가정 공간과 폭력의 연관성에 대해 지적한다(105). 즉 빅토리아 시대의 가정 공간, 가정적 여성, 천사와 같은 여성의 안전한 생산은 역설적으로 폭력과 위험의 개념이 이 영역에 포함되어 있고 실상 이 영역은 불안정한 영역임을 당시 문화 담론이 이미 제시하고 있다는 것이다. 이러한 생각들은 로버트의 꿈을 통해 상징적으로 구체화된다.

> 그를 혼란스럽게 하는 꿈들 속에서 그는 오들리 장원이 에식스의 초록빛 목초지와 그늘진 생울타리 가운데서 뿌리째 뽑혀 황량한 북부해변에서 휑뎅그렁한 무방비상태로 노출되어 재빨리 솟구쳐 오르는 거친 바다의 물결에 위협당하는 것을 보았다. 그는 이 거친 바다의 파도가 위로 모아졌다가 내려오면서 자신이 사랑하는 집을 무너뜨리는 것을 보았다. 급히 쳐들어오는 파도가 장중한 저택으로 가까이 다가올수록 잠든 그는 은빛 포말에서 내다보고 있는 창백한 별 같은 얼굴을 보았는데 그 얼굴은 바로 인어로 변신한 오들리 부인이었으며 그의 삼촌에게 파멸의 손짓을 하고 있는 걸 알아보았다. (246)

이 꿈에서 오들리 부인의 변신인 인어 이미지는 당시의 위협적인 여성성과 연루되고 있다. 로버트에게 인어의 이미지는 구체적으로 귀족계급의 거주공간인 오들리 저택을 붕괴시키는 힘으로 간주되고 있다. 이는 당시 남성들이 여성성에 대해 지녔던 위협과 공포를 보여주고 있다. 이 꿈은 빅토리아 시대 가정의 오염을 정화시키기 위해서 이러한 위험한 여성성의 처벌과 제거가 필요하다는 로버트의 인식을 더 강화시키는 꿈인 것이다. 가정의 정화를 위해 당시의 의학 담론과 법 담론이 동원되며 위험한 여성성에 대한 감금과 통제의 기제가 작동하는 것이다. 특히 오들리 부인의 불안정한 육체와 관련된 광기라는 질병은 그러한 감금과 통제를 정당화시키는 근거와 명분을 제공하게 된다. 이처럼 전통적 고딕에서 볼 수 있는 고딕의 성에 잠재한 비밀과 공포감은 여성의 육체와 질병에 적용되면서 독자들에게 빅토리아 시대의 여성성과 가정 이데올로기의 실체가 무엇인지 짚어보게 만든다.

3. 고딕적 비밀의 핵심: 오들리 부인의 광기

오들리 부인의 질병인 광기는 비밀의 핵심에 자리하고 있는 극적인 장치로서 이야기의 종결을 위한 도구로 쓰이기도 한다. 오들리 부인의 육체에 잠재한 광기는 그녀의 육체를 감금시켜야한다는 단서를 제공해주는 것이다. 즉 텍스트에서 여성 육체와 연관된 위협과 공포는 감금과 통제의 기제로 해결된다. 브래던은 텍스트에서 여성 육체나 여성 질병에 대한 당시의 의학 담론과 과학 지식을 제공하지만 광기에 대해 명확히 규정하기를 유보한다. 브래던은 오들리 부인의 이미지를 천사/악녀의 이중적 수사로 제시하듯 광기와 폭력을 조용하고 침착한 외양, 이상화된 이미지와 연결시킴으로써 광기의 속성에 대해 다시 생각하게 만든다.

오들리 부인의 삶에서 중요한 점은 광기의 실재 유무보다 오들리 부인의 육체가 광기에 오염된 육체로 취급되고 제거될 수밖에 없다는 점이다. 브래던은 광기에 오염된 육체를 재현할 때도 전형적인 악녀와 같은 광녀의 모습과는 구분되는 면을 강조한다. 오들리 부인이 자신의 어머니를 회상하면서 전형적인 광녀의 이미지를 떠올리는데, 끔찍한 옷을 입고 가까이 가면 자기에게 덤벼들 것 같은 생각에 시달리며, 자신의 목을 잡는 얼음같은 감촉을 느끼고 귀에서 그녀의 소리를 듣는 꿈을 꾸기도 한다. 그러나 오들리 부인이 어렸을 적에 본 어머니의 실제 모습은 빅토리아 시대 가부장제 사회에서 이상화된 여성의 모습—푸른 눈, 곱슬머리, 어린 아이 같은 천사의 이미지로 제시된다. 즉 오들리 부인의 어머니는 정신병자 수용소에 갇혀있지만 『제인 에어』의 광녀인 버사(Bertha)와 다른 이미지로서 『데이비드 커퍼필드』(*David Copperfield*, 1850)의 도라 스펜로우(Dora Spenrow) 같이 순수하고 아름다운 집안의 천사의 모습을 하고 있다. 브래던은 광기에 오염된 육체를 이처럼 순수한 이미지로 제시함으로써 당시 여성의 광기를 진단하던 기준이 과연 무엇인가 생각하게 만든다. 이런 과정을 통해 여성 육체에 적용되던 광기를 당시 지배문화와 관련하여 새로이 인식하도록 유도하는 것이다.

브래던은 텍스트에서 소상하게 여성의 육체에 대한 당시의 의학 담론, 특히 생리학적 관점에서 여성 육체의 불안정성을 강조했던 당대의 의학 담론의 영향을 추적하고 있다. 출산 이후 여성 육체의 불안정한 상태와 관련된 광기는 오들리 부인의 육체에 중요한 의미를 지닌다. 당시 모성과 관련된 광기는 어머니에서 딸에게로 이어지는 광기뿐만 아니라 어머니가 됨으로써 발생하는 광기까지 포함하는 용어였다(Matus 189). 출산의 시기는 의존과 연약함이 특징인 시기이자 자신의 이전 자아가 도전받고 새로운 주체가 개발되는 시기로 생각되었으며, 모성은 오직 여성의 정체성이 어머니가 됨으로써 이어지는 복제의 과정으로 생각되었다. 광기의 담론은 경제적·사회적 지위나 계급과 관련된 문제를 여성 육체의 불안정성 문제로 간주하도록 유도하였던 것이다. 이처럼 여성의 이상행위나 탈선을 여성의 생리적·병리학적 기능의 이상으로 구성했던 당시의 의학 담론이나 법 담론은 여성문제의 사회적 요인에 대한 논의들을 침묵시키는 하나의 방법이었다. 브래던은 이러한 의학 담론이나 법 담론들이 당시 여성의 삶에 내재한 복합적 문제들을 제대로 규명하지 못했던 것으로 제시한다.

오들리 부인의 모계 유전 문제는 오들리 부인의 비밀 중 가장 극적인 것으로서 오들리 부인의 어머니나 오들리 부인 자신도 어머니가 되는 지점에서 모두 광기가 생긴 것으로 진술되고 있다. 어머니는 자신을 낳기까지 정상이었으며, 자신이 유일하게 어머니에게 물려받은 것은 광기였다고 진술한다. 그리하여 자신도 출산 후 남편이 그녀를 버리고 떠났을 때 광기가 생겼다고 주장한다.

> 저는 남편이 떠난 사실을 제가 버림받은 것으로 생각했고 몹시 분개했습니다. 저는 어떤 보호자도 없이 나약한 술주정뱅이 아버지와 부양할 아이를 남기고 떠난 그 남자를 증오하면서 버림받은 사실에 분개했습니다. . . . 저는 아이를 사랑하지 않았는데 그 애는 제 손에 짐으로 떠넘겨졌기 때문이에요. 제 핏속에 있던 유전적 흔적은 이 지점까지는 어떤 표식이나 징후도 나타나지 않았습니다, 그러나 이때 격렬한 감정과 절망의 발작에 시달렸고, 저는 처음으로 이성과 광기를 가르는 보이지 않는 선을 넘었습니다. (352-53)

이처럼 텍스트에서 브래던이 출산과 더불어 어머니가 되는 경험을 불안정의 시기로 설정한 것은 당시 의학 담론의 영향을 받았음을 보여주는 것이다. 그러나 브래던은 이러한 정상과 광기의 선을 넘는 상황이 불안정한 여성 육체의 특성에서 유래한 것이라기보다, 당시 여성의 경제적 현실이나 문화적 여건에서 유래했을 가능성이 더 크다고 보고 있다. 오들리 부인이 어머니의 광기를 지속적으로 남에게 의존해야하는 단조롭고 힘든 삶, 가난과 연관시키고 있는 점도 이를 입증해주는 것이다. 오들리 부인 자신도 역시 마찬가지로 힘든 삶을 살고 광기의 증상을 경험하지만 새로운 삶, 더 나은 삶을 위하여 행동을 취하는 것이다. 이러한 행동은 선정소설 특유의 위험한 여주인공의 경로를 보여주는데, 아들을 돌보기를 포기하고 이름을 바꾸어 가정교사로 변신하며, 이중혼을 저지르고 살인을 시도하거나 방화를 꾸미는 과정으로 구성된다.

브래던은 모성과 광기의 관계를 생물학적 구성이나 육체적 기능의 문제라기보다 법적·사회적·경제적 관점에서 규명해야 한다는 인식을 보여주고 있다. 이는 오들리 부인의 삶을 통해 강조되는데, 그녀의 삶에서도 첫 남편 조지와 마찬가지로 자신의 삶을 개척하고자 하는 의지가 중요하다. 의사인 모스그로브도 처음 오들리 부인의 이야기, 오들리 경과의 이중혼에 관련된 부분만을 들었을 때는 오들리 부인의 삶의 과정을 광기에 기인한 것이라기보다 더 나은 삶을 찾으려는 의지에서 이루어진 것으로 진단한다.

> 그녀는 자신의 가정이 즐겁지 않아서 집을 뛰쳐나간 것이고, 더 나은 가정을 찾으려는 희망에서 집을 떠난 것입니다. 거기에 광기는 없습니다. 이중혼의 범죄를 저지른 것도 재산과 지위를 얻었기 때문입니다, 거기에도 광기는 없습니다. 절망적인 위치에 처했을 때 그녀는 절망하지 않았습니다. 그녀는 총명한 수단을 썼고 실천시 냉정함과 신중함을 요하는 음모를 실행하였습니다. 거기에도 광기는 없습니다. (377)

모스그로브의 이러한 진단은 로버트의 관점과 대조를 이룬다. 여성성에 대한 로버트의 관점은 모스그로브보다 더 관습적이고 계급 문제와 연관되어 있다. 로버트가 오들리 부인의 광기를 입증하고자 하는 표면적 이유는 자기 친구를 구하고 삼촌의 가문이 스캔들에 휩싸이는 것을 막기 위한다는 것이다. 근본적으로 로버트는 범죄와 연상되는 오들리 부인의 행위를 건강한 여성성이라는 개념과 융화시킬 수 없다.

로버트와 모스그로브의 견해는 서로 상충과정을 거치는데 결국 모스그로브가 로버트에게 동조하여 그에게 유리하게 오들리 부인의 광기를 입증한다. 즉 가문이 추문에 휘말리는 것을 막기 위해 재판없이 오들리 부인을 정신병자 수용소에 감금하는 것으로 결정되는 것이다. 모스그로브가 진단과정에서 로버트와 공모하는 과정은 객관성과 공정성을 지향하는 의사의 주장이 문제가 있다는 것을 보여준다. 의학과 법에 종사하는 두 남성에 의해 오들리 부인은 위험한 존재로 규정된다.

잠재적 광기가 있습니다!. 결코 나타나지 않을 광기, 혹은 평생 한두 번 나타날 수 있는 광기 . . . 부인은 미치지 않았으며 핏속에 유전적 기미를 지니고 있습니다. 그녀는 신중한 지성과 더불어 교활한 광기를 지니고 있습니다. 그녀의 상태를 말씀드리죠. 오들리씨, 그녀는 위험합니다! (379)

모스그로브와 로버트는 오들리 부인을 당시의 이상적 여성성과 대치되는 위험한 존재로 규정하는 것이다. 모스그로브의 진단은 당시 여성의 광기를 어떻게 규정하고 있는가를 보여주는 방식인데, 브래던은 『존 마치몬트의 유산』(*John Marchmont's Legacy*, 1863)에서도 마찬가지 방식이 적용되고 있음을 보여준다. 즉 『존 마치몬트의 유산』에서도 광기는 위험하고 부적절한 여성성에 붙이는 표식역할을 하는 것으로 제시되고 있다. 그러나 브래던은 오들리 부인의 육체 감금을 "산 채로 매장된다"(382)는 소제목을 씀으로써 여성 육체의 통제 장치에 대해 의문과 저항의 목소리를 내고 있다. 브래던은 오들리 부인의 육체의 질병, 즉 환부의 제거로 중산계급 중심의 건강한 사회가 구성된다는 결말 이면을 읽어내도록 독자들을 유도한다. 여성 육체/모성/광기에 대한 당대의 담론들이 당시 중산층 사회의 유지와 젠더 이데올로기 형성에 어떻게 작용했는가를 보도록 유도하는 것이다.

오들리 부인을 감금한 직후 로버트의 심리상태를 전달하면서 브래던은 광기와 정상의 기준이 모호하다는 사실을 강조한다 .

친구가 죽었다는 끔찍한 이야기를 들은 후 우울증에 빠졌다고 불쌍한 로버트를 비웃지 말아라 . . . 보이지 않는 균형위에서 항상 정신이 흔들리고 있으며 이 균형만큼 섬세하고 연약한 것이 없다 . . . 오늘은 미쳤고 내일은 멀쩡하고 . . . 외로운 삶의 순간들에 미쳤거나 미치지 않을 자가 있을까? 누가 이 균형이 흔들리는 상태로부터 완벽하게 안전할 수 있단 말인가? (403-4)

누구도 정신의 균형이 깨어질 수 있다는 화자의 견해는 브래던 자신의 목소리로 볼 수 있으며 오들리 부인의 감금을 주도한 로버트 역시 예외일 수 없다는 것을 독자에게 주지시킨다. 로버트도 정신적으로 이상한 점이 있었던 아버지로부터 광기라 불릴만한 성향을 물려받았으며 친구 조지에 대한 열정이나 그를 탐색하는 과정에서 보이는 심리 상황은 광기라 부를 수 있는 것이다. 조지에 대한 그의 집착은 화자의 견해뿐만 아니라 오들리 부인의 관점에서도 광기의 일종으로 진단된다.

> "로버트 오들리는 미쳤어요." 그녀가 말했다. "광기의 가장 강한 징후는 무엇입니까? 정신적인 이상의 가장 첫 끔찍한 징후가 무엇일까요. 정신이 정지되고 머리가 침체되는 것이지요. 정신의 고른 흐름이 방해를 받고, 두뇌의 사고력이 단조롭게 굳어집니다. 마치 움직이지 않는 웅덩이의 물이 침체되면 썩어 들어가듯 마음은 움직임이 부족하여 흐려지고 썩게 됩니다. 하나의 주제에 대해 지속적으로 생각하면 그것이 편집증으로 되어버리죠. 로버트 오들리는 편집광이예요." (287)

브래던은 이처럼 로버트도 광기라 불릴만한 기질이 있음을 제시하며 서로 다른 사회적 여건 때문에 한 사람은 광기를 지닌 것으로, 한 사람은 성공적으로 사회에 재편입되는 사실을 강조한다. 이러한 현상의 배경에는 당시 의학 담론이 자리 잡고 있는데 당시 의학 담론에서는 아버지에게서 아들로 가는 것보다 어머니에게서 딸로 가는 광기가 두 배나 강하다는 것이 일반적인 생각이었다(Matus 202-3). 결과적으로 로버트는 아버지로부터 광기보다는 지위·소득·특권만 물려받은 셈이 된다. 로버트도 오들리 부인과 마찬가지로 주변적 존재가 되어 광기에 휩싸이지만 로버트의 주변성은 오들리 부인과는 다른 방향으로 진전된다. 그의 욕망, 동성애 성향, 사회성의 부족 등은 가문과 가족을 유지하는 데 집중된다. 길버트는 로버트의 광기에 대해 상세히 언급하면서 그의 광기는 오들리 부인과 같은 기질에 속하지만 계급과 성의 특권적 위치로 인해 문제시 되지 않고 오히려 사회유지의 중심역할을 하는 것으로 간주된다고 보았다(101-2). 로버트의 증거수집과 기록의 과정에서, 그의 인식론적 힘이나 모든 사항들을 다 기록하는 능력은 법의 힘이 되며 범인을 판단하는 근거가 된다. 그는 오들리 부인에게 범인이 잊기 쉬운 수천의 정황 증거를 수집하고 이를 사슬로 이을 수 있다는 사실로 위협한다. 사슬의 비유는 법의 힘과 과학적 증거의 힘으로 작용하면서 로버트의 사회정의 수호자 역할에 정당성을 부여해준다.

오들리 부인이 감금되는 과정은 빅토리아 시대의 여성에게 적용되던 도덕과 광기의 담론과 중산계급 중심의 지배 문화의 관계를 보여준다. 여성 육체/모성/광기에 대한 빅토리아조의 대표적인 의학 담론과 법 담론들이 당대 계급과 권력의 재분배 과정과 어떻게 연관되는지, 즉 이러한 담론들이 계급 경계를 견고히 하는 데 어떠한 역할을 했는지 생생하게 제시해준다. 사회정의의 수호자로서 로버트는 정신병자 수용소를 회개와 정화를 가져다주는 참회소라고 생각하는데, 정신병자 수용소의 기능에 대한 로버트의 생각이나 신앙심이 두터운 척하는 그의 태도는 여성의 광기를 비도덕과 연관시키는 당대의 광기 담론과 상통한다.

한편 텍스트의 마지막 부분에서 브래던은 독자의 주의를 한 번 더 초상화로 향하게 하는데 초상화는 호기심 많은 방문객들에게 공개되지 않고 가려진 채 제시된다. 피켓은 초상화를 가린 장막의 의미를 설명하면서 이는 부적절한 여성성을 사회로부터 숨기고 있는 수의인 동시에 부적절한 여성성의 신비를 유지하기 위한 베일이기도 하다고 지적한다(1992, 93). 그러므로 오들리 부인의 죽음으로 초상화의 의미가 종결되는 것이 아니라 그녀는 지속적으로 존재하면서 당대 사회의 여성성 담론에 의문과 도전을 제기하고 있다고 보아야 할 것이다.

브래던은 빅토리아 시대 여성 육체에 관한 담론, 특히 육체의 질병인 여성의 광기를 진단하던 당대 의학 담론들의 모호성을 오들리 부인의 진단과 감금, 죽음의 과정을 통해 상세히 짚어내고 있다. 그 과정에서 브래던은 모계로 유전되는 여성의 광기를 생물학적이나 병리학적 관점보다는 여성의 법적·경제적·사회적 위치라는 관점에서 읽어야한다는 주장을 담아낸다. 이처럼 선정소설에서 볼 수 있는 여성 육체의 재현 방식은 단지 선정적 효과를 위한 장치가 아니라 당대의 여성 담론에 내재한 모순을 폭로하고 여성 질병에 대한 당대 담론의 문제점을 지적해내는 역할을 했다고 볼 수 있다

텍스트에서 오들리 부인의 삶의 역전 과정은 연민을 자아낸다. 화자는 외견상 꼭 그녀의 생각과 행위를 검열하듯이, 신앙심 깊은 어조로 서술하고 있다. 그러나 매터스의 지적처럼 화자는 종종 사회적으로 용인된 침착한 행동 아래 진행되고 있는 위험한 동기들이나 생각들을 암시하면서 자주 신앙심이 약화된 어조를 보이거나 자족적인 독자를 놀리기도 한다(194). 화자는 때로는 로버트를 선호하고 그의 결혼과 직업적 성공을 승인하는 듯하며 로버트와 클라라의 결합을 축복하기도 한다. 그러나 로버트와 클라라, 조지가 이루는 행복한 가정의 목가는 상류계급이 이제 중산계급의 덕목들을 취하게 될 수밖에 없는 현실을 보여준다. 로버트가 무기력하고 의미 없는 방황의 상태에서 보범적인 남편이자 가장으로 진진하는 과정은 중산계급의 미덕을 습득한 것으로 볼 수 있다. 그는 상류계급의 무기력한 쾌락 추구의 삶으로부터 일과 의무에 충실한 삶을 추구하는 쪽으로 성장한다. 즉 오들리 부인을 축출하고 클라라를 얻는 과정은

그가 즐기던 고급 파이프와 프랑스 소설을 치우는 과정과 병행되고 있다. 궁극적으로 로버트는 점잖은 영국 사회를 상징하게 되며 오들리 부인은 이러한 사회 유지를 위해 제거되어야할 존재인 것이다.

4. 맺는 말

브래던의 선정소설에서 당대 여성성 담론과 상치되는 여주인공의 목표가 없다면 많은 독자들을 유인하기 힘들었을 것이다. 오들리 부인은 여성의 성 문제와 이중혼, 가정 범죄 등에 연루되었기 때문에 독자들의 강렬한 반응을 불러일으켰던 것이다. 오들리 부인의 비밀에 관련된 결말이 표면적으로는 당시 중산계급 이데올로기에 맞추는 쪽으로 진전되었지만 여성성의 문제는 단순히 규명될 수 없다. 여성의 성 문제와 이중혼, 가정의 관계는 텍스트의 결말에서 보이는 것처럼 단순히 중산계급 가정으로의 복귀나 위험한 여성성의 제거에 그치지 않는다. 브래던은 가부장적 질서에 순응하는 구성에도 불구하고 고딕소설이나 멜로드라마 등의 여러 장치들을 차용한 서술 전략을 통해 여성성과 당시 가정성의 관계, 여성에 대한 담론들의 문제점들을 텍스트의 이면에 배치하고 있다. 그 가운데 오들리 부인의 어두운 비밀을 중심으로 한 고딕적 장치는 이야기 전체에 흥미와 서스펜스를 더해주고 있다. 이러한 전략을 통해 브래던은 더욱 효율적으로 당시 여성 담론을 둘러싼 문화적 갈등의 실체를 독자에게 제시하고 있으며 이상적 여성성의 의미를 새로이 읽어내도록 유도한다.

브래던은 이상적 가정의 이데올로기로 여성의 정체성을 조절했던 빅토리아 시대 중반의 소설적·사회적 담론에 의문을 던지고 있다. 오들리 부인의 육체는 여성의 욕망을 감금하는 당시의 여러 담론에도 불구하고 텍스트 전반에 걸쳐 지속적으로 구체화되면서 강렬한 응시의 대상이 되고 있다. 브래던은 이중적 여성성을 시각적 장치를 통해 재현함으로써 당시 여성 담론에 내재한 모순을 폭로하고 이중혼 및 범죄와 연루된 가정을 통해 영국 귀족계급이나 중산계급 가정의 영역이 안전한 피난처의 역할을 하지 못하는 실상을 보여준다.

결국 브래던의 성공은 중산계급 여성독자들이 느끼던 불만과 관심사들을 표현해줄 수 있는 능력과 연관된 것이다. 케이트 플린트(Kate Flint)가 지적하듯이 선정소설이 기존 질서나 이데올로기에 대한 저항과 전복의 가능성을 지닌 것은 여성독자로 하여금 자신의 위치를 짚어보게 만드는 점이다(97). 『오들리 부인의 비밀』에서 여성의 정체성이나 오들리 부인과 남성들과의 관계는 당시 여성이나 가정 이데올로기에 합당치 못한 패턴을 취하고 있다. 당시의 이상적 여성인 클라라와 비교하여 오들리 부인은 빅토리아 시대의 이상적 가정에 대한 소설적·사회적 담론과 상충되는 면이 있다. 브래던은 '위험한 여성'을 텍스트의 주요한 존재로 각인시킴으로써 독자들로 하여금 당시 영국사회를 지탱해주던 가정 및 결혼, 여성성의 실체를 읽어내도록 한다. 이 과정에서 브래던은 육체, 죽음, 폭력, 방화, 성애 등 고딕적 요소의 차용을 통해 독자들에게 동시대의 안정된 사회나 가정 이면에 여러 문제들이 잠재하고 있음을 깨닫도록 유도한다. 이처럼 고딕적 장치들을 효과적으로 선정소설에 혼합시킴으로써 브래던은 당시 여성성 담론을 둘러싼 문화적 갈등을 탐색하고 여성 담론이나 가정 담론이 재조명될 필요성을 독자들에게 인식시키는 데 기여하였다.

참고 문헌

장정희.「선정소설과 여성의 육체: 메리 엘리자베스 브래던의『오들리 부인의 비밀』」.『근대영미소설』9.2 (2002): 87-108.

_______.「빅토리아 시대 대중텍스트와 여성성-메리 엘리자베스 브래던의 선정소설을 중심으로」.『19세기영어권문학』9.1 (2005): 143-168.

Auerbach, Nina. *Woman and the Demon: The Life of a Victorian Myth.* Cambridge: Harvard UP, 1982.

Boyle, Thomas. *Black Swine in the Sewers of Hampstead: Beneath the Surface of Victorian Sensationalism.* New York: Viking, 1989.

Braddon, Mary Elizabeth. *Lady Audley's Secret.* New York: Oxford UP, 1987.

_______. *Aurora Floyd.* New York: Oxford UP, 1996.

Cvetkovich, Ann. *Mixed Feelings: Feminism, Mass Culture and Victorian Sensationalism.* New Brunswick: Rutgers UP, 1992.

Gilbert, Pamela. K. *Disease, Desire and the Body in Victorian Women's Popular Novels.* Cambridge: Cambridge UP, 1997.

Hughs, Winifred. *The Maniac in the Cellar: Sensation Novels of the 1860s.* New Jersey: Princeton UP, 1980.

Langland, Elizabeth. "Framing Women's Bodies in Braddon's *Lady Audley's Secret.*" *Beyond Sensation: Mary Elizabeth. Braddon in Context.* Eds. Marlene Tromp, Pamela Gilbert, and Aeron Haynie. State U of New York P, 1999.

Liggins Emma and Daniel Duffy, eds. *Feminist Readings of Victorian Popular Texts.* Aldershot: Ashgate, 2001.

Matus, Jill. *Unstable Bodies: Victorian Representation of Sexuality and Maternity.* Manchester: Manchester UP, 1995.

Michie, Helena. *The Flesh Made Word: Female Figures and Women's Bodies.* New York: Oxford UP. 1987

_______. "Under Victorian Skins: The Bodies Beneath." *A Companion to Victorian Literature and Culture.* Ed. Herbert F. Tucker. Oxford: Blackwell, 1999.

Montwieler, Katherine. "Marketing Sensation: *Lady Audley's Secret* and Consumer

Culture." *Beyond Sensation: Mary Elizabeth Braddon in Context.* Eds. Marlene Tromp, Pamela Gilbert, and Aeron Haynie. State U of New York P, 1999.

Pykett, Lyn. *The "Improper" Feminine: The Women's Sensation Novel and the New Woman Writing*. London: Routledge, 1992.

Showalter, Elaine. *A Literature of Their Own: British Women Novelists from Brontë to Lessing*. Princeton: Princeton UP, 1977.

_______. *The Female Malady: Women, Madness, and English Culture,1830-1980.* New York: Penguin Books, 1987.

Talairach-Vielmas, Laurence. "Sensation Fiction and Gothic." *The Cambridge Companion to Sensation Fiction*. Ed. Andrew Mangham. Cambridge: Cambridege UP, 2013. 21-33.

Tromp, Marlene. *The Private Rod: Marital Violence, Senation, and the Law in Victorian Britain.* Virginia: UP of Virginia, 2000.

Vrettos, Athena. *Somatic Fictions: Imagining Illness in Victorian Culture.* Stanford: Stanford UP, 1995.

Wynne, Deborah. *The Sensation Novel and the Victorian Family Magazine.* New York: Palgrave, 2001.

『지킬박사와 하이드씨의 기이한 사례』: 고딕의 현대화와 가능성

송승철 _ 강원도립대학교

『지킬박사와 하이드씨의 기이한 사례』: 고딕의 현대화와 가능성*

I

작가 소개

로버트 루이스 스티븐슨은 1850년 11월 13일 스코틀랜드 에딘버러에서 태어났다. 친가는 대대로 등대설계 및 토목건설로 전국적 명성을 누린 집안으로 아버지 토머스 스티븐슨(Thomas Stevenson) 역시 토목기술자였다. 할아버지도 동명의 로버트 스티븐슨인데, 그가 1810년 완공한 벨 로크(Bell Rock) 등대는 200년이 지난 오늘날까지도 영국에서 가장 아름답고 튼실한 등대로 회자되고 있다. 이에 반해 외가는 신앙심이 독실한 법률가 가문인데, 어머니 마거릿 이사벨라 발포(Margaret Isabella Balfour)는 스코틀랜드 장로교파 목사의 딸이었다. 스티븐슨은 어린 시절부터 민감한 감수성과 풍부한 상상력을 보였으나 폐질환으로 잦은 병치레를 겪었다. 1867년 에딘버러 대학에 진학할 때 자신도 처음에는 가업을 이어받기 위해 토목공학을 전공하나 흥미를 느끼지 못했다. 대신 문학에 끌려 작가가 되려고 결심하는데 집안의 반대가 심해 일종의 타협책으로 법학으로 전환한다. 그러나 문학에 대한 미련을 버리지 못하고, 습작을 하면

---

* 이 글은 2012년에 발간된 『영미문학연구』 23호에 실린 논문과 2013년에 나온 『지킬박사와 하이드씨의 기이한 사례』의 끝에 실린 작품해설을 저본으로 하여 본 저작의 의도와 일반독자의 편의를 고려하여 수정하였다.

서 에딘버러의 선술집과 사창가를 누비는 보헤미안적 생활에 탐닉했다고 한다. 이때 케임브리지 대학에서 미술을 강의하는 씨드니 콜빈(Sidney Colvin) 교수를 만나게 되는데, 그는 스티븐슨이 죽을 때까지 친구이자 정신적 지주 역할을 한다. 1873년 그는 스티븐슨에게 프랜시스 시트웰 여사(Mrs Frances Sitwell) — 이후 한동안 스티븐슨과 애인 관계였다 — 를 소개했고, 이후 두 사람은 작가의 길을 소망하던 스티븐슨에게 큰 격려가 되었다. 스티븐슨은 콜빈의 소개를 통해 유명 잡지에 여행기와 수필을 발표하게 되고, 1875년 변호사자격시험을 통과하지만 법정에 네 번 출석한 후 개업을 포기하고 마침내 전업작가의 길로 들어선다. 이듬해 친구와 함께 벨기에와 프랑스로 카누 여행을 떠나는데, 프랑스에서 장차 부인이 될 패니 오스번(Fanny Osbourne)을 만나게 된다. 미국 국적으로 10년 연상의 유부녀였던 패니는 남편과의 불화로 두 아들을 데리고 프랑스로 건너와 살고 있었으며, 그녀 역시 작가가 되려는 소망을 가지고 있었다. 이때의 경험을 바탕으로 1878년 첫 번째 장편 『내륙 항해』(*An Inland Voyage*)를 출간한다. 패니가 미국으로 돌아가자, 스티븐슨은 가족과 친구의 만류에도 불구하고 이민선을 타고 뉴욕에 도착한 후 기차로 대륙을 횡단하여 캘리포니아 몬트레이에 도착한다. 집안의 도움 없이 작가 수입만으로 홀로서기를 결심하나, 무리한 여행과 과로로 사경에 처하게 되는데, 마침 남편과 이혼한 패니의 헌신적 간호로 건강을 회복하고 결혼을 한 다음 고향 스코틀랜드로 함께 돌아온다.

1881년 연재를 시작한 『보물섬』(*Treasure Island*)이 1883년 단행본으로 출간되면서 스티븐슨은 일약 문단의 총아로 떠오른다. 만성 폐질환 및 출혈로 인해 여름에는 스코틀랜드의 고원 지역, 겨울에는 따뜻한 남쪽으로 거주지를 옮겨 생활을 하면서도 왕성한 창작활동을 계속한다. 1886년 『지킬박사와 하이드씨의 기인한 사례』(*Strange*

Case of Dr Jekyll and Mr Hyde)를 발표하는데, 고딕적 소재를 다룬 공포소설이란 상업적 형식에도 불구하고 진지한 작품으로 문학적 성과를 인정받는 한편, 출간 6개월만에 영국에서만 4만부가 판매되는 등 대중적으로도 큰 성공을 거둔다. 이후 『납치』(*Kidnapped,* 1886), 단편선 『즐거운 사람들 외』(*The Merry Men and Other Fables,* 1887), 『납치』의 속편인 『카트리어나』(*Catriona*: 미국에서는 『데이빗 발포』 *David Balfour*란 제명으로 출간, 1893) 등을 발표한다. 1888년 패니와 함께 유람선을 타고 남태평양을 여행하는데 따뜻한 기후로 인해 건강이 호전되자 1890년 사모아에 영구 정착하기로 결심한다. 사모아 추장으로부터 "이야기꾼"(Tusitala) 칭호를 받는 등, 작품활동을 계속하는 한편 사모아의 지역 정치에도 관여하다가 1894년 12월에 뇌출혈로 쓰러진 후 바로 사망했다. 생전에 그가 원한 바대로 근처의 배아 산(Mt Vaea) 정상에 묻혔다.

II

작품 소개

『지킬박사와 하이드씨의 기인한 사례』(*Strange Case of Dr Jekyll and Mr Hyde*)는 그동안 끊임없이 대중장르로 각색되었기 때문에 성적 억압을 다룬 멜로드라마 정도로 이해하는 독자도 적지 않은 것 같다. 그러나, 원작은 인간 심리의 분열적 구조에 대한 깊은 이해, 스티븐슨이 글을 쓰던 빅토리아조 영국의 도덕적 위선에 대한 반발, 그리고 당대 여론주도층의 자기기만성 노정 등 철학적 깊이도 녹녹치 않은 작품이다. 이 작품은 기이한 살인사건을 다루는 선정적, 엽기적 추리소설이면서, 동시에 인간 내면에서 욕망과 윤리의 충동을 다루는 기인한 사례를 다루는 진지한 심리소설이다.

이 작품은 고딕소설의 전통과 추리소설 형식을 절묘하게 결합한 성공작이다. 작가는 추리소설적 기법을 이용하여 두 인물의 동일성을 감추고 작품 마지막에 가서야 고매한 과학자와 추악한 살인자가 동일인이란 엽기적 사실을 폭로함으로써 독자에게 주는 심적 충격을 극대화하는데, 이처럼 독자들을 끝까지 긴장을 유지하며 읽도록 만드는 장치를 높이 평가받았다.

그런데, 이 작품의 진정한 장점은 인간 내부에 우리가 의식하지 못하는 욕망이 있다는 프로이트적인 통찰보다 당대를 대표하는 도덕적 인물이 하이드와 같은 타락과 죄악을 저지르고 있다고 고발하고 있는 점이다. 그러므로, 고딕적 전통을 이어받은 공포소설 장르를 채택한 것은 작가가 상업적 이익을 최대한 얻기 위한 전략이지만, 텍스트의 구조는 대중적 형식 속에 당대의 진지한 사회적 문제, 예를 들면 당대 지배계층의 위선, 성적 가부장적 억압, 19세기 과학의 문제점 등과 씨름했고, 그 결과, 고전급 작품이 되었다.

그럼에도 불구하고, 이 작품은 비슷한 시기에 발표되어 고전의 반열에 오른 토마스 하디의 『테스』나 『어둠의 속』에 비하면 이무래도 2급의 고전이라 해야 할 것이다. 당대의 사회적 문제점을 제대로 제기해 놓고도 자신이 제기한 문제와 정면대면을 감당하지 못하고 회피하는 면마저 있기 때문이다. 지킬은 자신의 야심과 당대의 편협한 도덕률 간의 간극으로 고민하며, 이 과정에서 인간은 "진실로 하나가 아니라 진실로 둘이라는 사실"을 발견하지만, 이 발견은 당대 사회의 주류계급의 이중성을 통렬하게 비판하는 계기로 이어지지 못한다. 지킬의 대응은 오히려 정반대인데, 자신의 분신을 자신의 일부로 인정하지 않고 '남'으로 밀어내는 이 과정을 요약한다면 요즘 유행하는 전문용어인 '타자화'가 딱 여기에 해당한다. 지킬은 자신이 저지른 행위에 대해 자신이 만든 존재를 증오하고 미워하는 것으로 책임을 지는 — 정확하게 말하면, 책임을 회피하는 — 것이다.

이 작품은 예를 들면, 『어둠의 속』과 비교하면 두 가지가 부족해 보인다. 하나는 커츠를 만나 그의 진실을 밝히려는, 그러니까 자신의 본모습을 보려는 말로우에 비해, 어터슨은 상식적 인간에 그친다는 점이다. 변호사로서의 '가치중립적' 직업윤리와 친구에 대한 개인적 의리를 앞세운 탓에 하이드의 정체를 놓친다. 또 하나 부족한 점은 하이드가 모든 사람으로부터 혐오의 대상이 되고, 살인자로 사회로부터 추격을 당하고, 마침내 생명체로서의 권리까지 박탈당하지만, 단 한 번도 발언기회를 얻지 못하는 '왕따'로 설정된 점이다.

III

1. 크리스마스 공포소설: "파산 직전까지 몰린 상태"

1880년대 중반 무렵 책이 가장 잘 팔리는 때는 크리스마스 전후였는데, 출판계에는 크리스마스 시장을 겨냥해서 소름끼치는 내용을 담은 공포소설을 출시하는 관행이 있었다. 『지킬박사와 하이드씨의 기인한 사례』를 쓸 당시, 스티븐슨은 청소년 문학의 고전인 『보물섬』으로 작가적 명성을 획득했지만 생활은 그다지 안정되지 않았다. 아버지 로버트 스티븐슨은 병약한 아들을 위해 결혼선물로 상대적으로 따뜻한 잉글랜드 남부 해안가 번머스 시에 저택을 구입해 주었다. 택호로는 삼촌이 등대를 건설한 섬의 이름을 따 '스케리보어'(Skerryvore)로 정했지만, 새집살이로 인해 재정적 압박을 크게 받고 있었다.

그가 1884년 발표한 "시체도굴꾼"("The Body Snatcher")은 크리스마스 특수시장에서 팔리는 작품의 양태를 잘 보여준다. 1820년대에 에딘버러에서 실제로 발생한 버크-헤어 사건을 소재로 채택한 이 작품은 살인, 시체 탈취, 성적 일탈 등의 선정적 소재와 죽은 자의 시체가 바뀌는 괴기와 공포를 적당히 비벼 독자의 관심을 끌려고 한다. 1832년 법 개정 이전에는 오로지 사형수의 시신 같은 특정한 사체만 실습용 재료로 사용할 수 있었기 때문에 사립 의학전문학교에서 합법적으로 구입할 수 있는 해부용 실습재료가 매우 부족했고, 이로 인해 사실상 도굴이나 심지어 살해를 통해 실습용 사체를 공급하는 업자들이 있었다. 그런데, 「시체도굴꾼」은 주제와 형식 모두에서 이처럼 상업적 성공을 위해 괴기와 공포를 이용하고 있지만, 이것이 전부는 아니다. 비록 소재적 차원이지만, 낮에는 착실한 의학도의 생활을 하는 작중인물 페티스가 밤에는 '실습용 재료공급자'로 변신하는 이중성을 지니는데, 불완전하나마 소재의 엽기성을 넘어 자신의 행위에 대해 도덕과 양심의 문제를 제기하는 측면이 있다. 이는 「마크타임」("Marktime") 및 『지킬박사와 하이드씨의 기이한 사례』에서 본격적으로 전개되는 주제이다.

고딕적 소재를 이용하여 심리적 공포를 유발한다는 면에서는 초고는 『지킬박사와 하이드씨의 기인한 사례』보다 앞서지만 발표는 나중인 「마크타임」도 다르지 않다. 이 작품 역시 크리스마스 특수를 겨냥해 출판사의 요청에 따라 쓴 작품이지만 출판사가 요구한 분량을 맞추지 못했기 때문에 개작을 거쳐 나중에 따로 발표하게 된다. 그런데, 개작의 결과 「마크타임」은 소재의 엽기성이 크게 줄어들고, 대신 자아의 진정성을 둘러싼 윤리적 주제가 본격 제기되는 등 「시체도굴꾼」보다 훨씬 진지한 작품이 되었다. 예를 들면, 「시체도굴꾼」에서 페티스의 이중성은 주로 낮과 밤이 다른 생활의 이중성이지만, 「마크타임」에 오면 인간 내면의 선과 악의 윤리적 이중성으로 변주된다. 이런 점에서 마크타임에 의한 골동품 가게 주인 살해는 주제 및 소재 면에서 도스토옙스키(Dostoevsky)의 장편소설 『죄와

벌』(*Crime and Punishment*)에서 라스콜리니코프(Raskolnikov)의 전당포 주인의 살해와 비교되기도 한다.

이미 지적한 대로 『지킬박사와 하이드씨의 기이한 사례』 역시 처음에는 크리스마스 공포소설로 요청받은 작품이었다. 원래는 1885년 연말 시장을 겨냥하여 집필했으나 마침 당시 시장이 과포화 상태라 출간이 연기되고 이듬해 1월에 출시된다. 이 과정에서 다시 내용의 수정이 이루어지는데 이런 출판과정의 흔적은 텍스트 내에 가시적으로 남아있다. 예를 들면, "래년 박사의 진술" 부분에서 지킬이 래년 박사에게 보낸 편지 일자가 1월 10일이 되어야 할 것이 12월 10일로 되어있는데, 이는 출판연기로 인한 사정을 반영하지 못해 오류를 바로잡지 못한 것이다. 스티븐슨은 자신이 "파산 직전까지 몰린 상태"라, 상업성 있는 공포소설을 써 달라는 출판사의 요청을 받아들여 지킬 건에 매진했다고 말한 적이 있다. 이처럼 집필 동기 자체가 상업적이었던 만큼 작품의 길이는 중편(novella)에 불과한데도 대중적 취미에 부응하여 고딕소설, 공포소설, 탐정소설 등 온갖 상업적 장치를 동원하는데, 결국 영국에서만 출간 6 개월만에 4만부가 판매되는 등 상업적으로 큰 성공을 거둔다.

이 작품은 1886년 1월에 출판된 이후 드라마, 영화, 오페라 등 끊임없이 대중장르로 각색된다. 출간 이듬해 미국의 연출가 토마스 썰리번(T. R. Sullivan)은 작가의 공식 허락을 받아 보스톤에서 『지킬박사와 하이드씨』(*Dr Jekyll and Mr Hyde*)란 이름으로 무대에 올렸다. 연극은 큰 성공을 거두었지만, 이 작품을 시발점으로 지금까지 계속 이어지는 공연물 대다수는 스티븐슨의 원작과 상당히 거리가 있는 말 그대로 각색본이다. 각색은 조금씩 내용을 바꾸며 지금도 진행 중인데 대개 일정한 구도를 보여준다. 1997년 제작되어, 2006년 이후 국내에서도 여러 번 공연된 뮤지컬 『지킬 앤 하이드』를 본 독자들은 이 구도를 익히 알 것이다. 거기에서 지킬은 아버지의 정신병을 고치려고 약을 개발하는 동기가 순수한 과학자로 나온다. 원작의 특징 가운데 하나는 작품 내에서 주요한 역할을 맡은 여성이 없다는 것인데, 뮤지컬에서 지킬은 순결한 약혼녀 에마의 약혼자이면서 동시에 창녀 루씨와도 관계를 맺는다. 지킬과 에마가 결혼하는 마지막 장면에서 지킬과 하이드의 동일성이 백일하에 드러나면서 지킬은 친구 어터슨의 칼에 찔려 죽는데 사실상 자살이다. 이처럼 대부분의 각색본이 보여주는 것은 지킬은 의도가 순수한 젊은 과학자이지만, 당대의 성적 억압으로 인해 하이드로 변신하여 억압된 욕망을 해소하려 하고, 한번 유혹에 굴복한 결과 영원한 파멸에 직면하게 된다는 구도이다. 원작과 각색본을 비교해 보면, 변하지 않는 유일한 사실은 지킬과 하이드가 동일인이라는 점이 정도가 아닐까 싶다.

이처럼 각색본이 대중의 인기를 끌었기 때문인지, 대다수 독자들에게 『지킬박사와 하이드씨의 기이한 사례』야말로 읽기도 전에 내용을 안다고 믿고 있는 작품이 아닐까 싶다. 예를 들면, 지킬을 순수한 과학자, 하이드는 악의 화신, 작품은 성적 억압을 다룬 멜로드라마 정도로 이해하는 독자가 많을 것이다. 이는 안타까운 일인데, 원작을 직접 대한 독자보다 아동용 축약본으로 읽거나 영화나 드라마로 각색된 공연물을 통해 이 작품을 접한 독자가 훨씬 많은 탓일 것이다. 실제로 각색본이 보여주는 선과 악의 윤리적 갈등과 엽기적 동일성, 끔찍한 살인사건, 일탈적 성적 관심 등은 원작에 다 있는 것이다. 그렇지만, 당대의 눈썰미 있는 독자들은 출간 당시부터 이 작품이 엽기적 동일성, 끔찍한 살인사건, 그리고 성적 일탈을 그럴싸한 권선징악으로 포장한 장르소설을 넘어서는 진지한 작품임을 인지하고 있었다. 원작은 인간 심리의 분열적 구조에 대한 깊은 이해, 스티븐슨이 글을 쓰던 빅토리아조 영국의 도덕적 위선에 대한 반발,

그리고 당대 여론주도층의 자기기만성 노정 등 철학적 깊이가 녹녹치 않은 작품이다. 따지고 보면, "지킬박사와 하이드씨"가 누리는 상업적 성공과 대중적 인기는 원작이 당대의 사회윤리적 문제에 대한 진지한 대응이란 사실을 망각한 대가이다. 이는 원저의 제목만 봐도 알 수 있다. 흔히 '지킬박사와 하이드씨'로 번역되지만, 정확한 제목은 "*Strange Case of Dr Jekyll and Mr Hyde*"이다. 여기서 '사례'라고 번역했지만, 영어 'case'는 법적인 경우는 '사건'이고, 정신의학의 경우는 '사례'이다. 이 작품은 기이한 살인사건을 다루는 선정적, 엽기적 추리소설이면서, 동시에 인간 내면에서 욕망과 윤리의 충동을 다루는 기인한 사례를 다루는 진지한 심리소설이기도 한 것이다.

2. 추리와 공포: "철학적 깊이보다 뛰어난 형식 때문에"

소설가 헨리 제임스(Henry James)는 이 작품의 미덕으로 철학적 깊이보다 형식의 탁월성을 지적한 적이 있다. 사실, 『지킬박사와 하이드씨의 기이한 사례』의 대중적 인기는 지킬과 하이드가 동일인이라는 놀라운 반전이나 살인의 엽기성 때문만은 아니다. 형식 면에서 보면, 이 작품은 고딕소설의 전통과 추리소설 형식을 절묘하게 결합한 성공작으로, 일반독자가 이 작품을 이해하는 첩경 가운데 하나는 고딕적 전통에 속한 공포소설이나 추리소설로 접근하는 것이다. 로버트 미걸(Robert Mighall)이 지적한 바처럼 스티븐슨은 고딕소설의 전통적 양식을 수용하면서도 그 배경과 주제를 현대화시켰다. 즉, 예전의 고딕장르는 외딴 성이나 먼 나라를 배경으로 과거의 숨겨진 죄악이 격세유전적으로 발현한다는 식으로 생물학적 주제를 다룬다면 이 작품은 현대도시의 한 복판에서 빅토리아조 영국사회의 도덕적 이중성 이란 사회적 윤리적 주제를 다루고 있는 것이다.

독자들은 지킬과 하이드의 동일성으로 대표되는 인간의 이중성에 대한 인식 자체를 작가의 독창적이고 심오한 통찰로 보는 독자들이 적지 않을 것이다. 그러나 생각해보면 인간에게 선악 양면이 있다는 인식은 역사적으로 아주 오랜 것이었다. 오히려 이 작품의 진짜 새로움은 그동안 관념으로만 존재했던 인간의 이중성을 고딕소설의 전통에 힘입어 지킬과 하이드라는 두 인물로 선명하게 분리하여 육화한 사실이다. 나아가, 추리소설적 기법을 이용하여 두 인물의 동일성을 감추고 작품 마지막에 가서야 고매한 과학자와 추악한 살인자가 동일인이란 엽기적 사실을 폭로함으로써 독자에게 주는 심적 충격을 극대화한다. 당대 독자들은 처음부터 지킬과 하이드 관계 그리고 하이드의 정체성에 대해 계속 추리하며 궁금해하다가 작품 끝에 가서 두 작중인물이 서신 형태로 남긴 직접 진술을 읽고 나서야 비로소 사건의 실체에 도달하게 된다. 그러므로, 이 작품을 처음 읽는 독자라면 작가가 텍스트에 심어놓은 추리구조를 면밀히 따라가야 하며, 그것도 19세기 말 작품이 발표된 영국 빅토리아조 후반의 역사적 맥락 속에 넣고 읽어야 제 맛을 느낄 수 있다. 『지킬박사와 하이드씨의 기이한 사례』의 원전 텍스트로 돌아간다는 것은 지금 시점에서 두 가지를 요구한다. 하나는 작품에 대한 상식적 이해를 배제한다는 것이고, 더 중요한 것은 출간 당시 독자의 상황 속으로 우리를 밀어 넣을 필요성이다. 물론 지킬과 하이드의 동일성이 만인의 상식이 되어버린 지금 이 사실을 지우는 것은 불가능하다. 그러나 이 작품은 두 인물의 동일성을 알고 읽는다하더라도 충분히 흥미진진한 추리소설임을 느낄 수 있을 것이며, 모더니즘 계열 소설이 종종 그렇듯 전체 맥락을 알고 다시 읽을 때 오히려 참맛을 느낄 수 있기도 하다. 실제로 작가는 진실을 숨기고 독자에게 단서를 슬금슬금 흘려 사실관계에 대해 독자의 상상력을 최대한 자극하며, 심지어 텍스트가 끝나는 순간에도 독자들에게 사건의 실체를 확실하게 보여주지 않는다. 예를 들면, 책장을 덮고 난 후에도 지킬의 진술서를 쓴 사람이 지킬인지 하이드인지 독자들로 하여금 헷갈리게 플롯을 설정해 놓고 있다. 제임스의 지적도 이처럼 독자들을 끝까지 긴장을 유지하며 읽도록 만드는 장치를 높이 평가한 것이다. 그런데, 전체 구도를 알고 다시 읽으면 저자의 이런 장치들이 새삼스럽게 부각된다. 처음 읽을 때 무심히 지나쳤던 사실들을 눈에 띠면서 '다시 읽는 재미'를 톡톡히 느낄 수 있을 것이다. 이를 염두에 두고 처음부터 몇 대목 읽어보자.

다음은 하이드가 작품 속으로 등장하는 장면이다.

> 그런데, 변호사님, 당연히 둘이 길 모퉁이에서 부딪쳤는데, 그때 끔직한 일이 벌어졌습니다. 그 사람이 아이의 몸을 조용히 밟고는 아이가 땅바닥에서 비명을 지르는데 그냥 두고 가는 겁니다. 말로 들으니 별 것 아닌 것 같지만, 볼 땐 소름 끼치더군요. (15)[1)]

묘사된 그대로만 읽어도 하이드의 잔인성이 잘 드러나는 대목이다. 그런데, 시인 홉킨스(Gerard Manley Hopkins)는 이 대목에 대해 작가가 "소설의 소재로 적합하지 못한 어떤 사건을 생각하고 있다"라고 말한 적이 있다. 실제로 하이드가 어린 소녀의 가족에게 배상으로 지불한 금액이 100 파운드인데 이는 당시 숙련 노동자 1년 임금에 해당하는 액수였다. 이런 사실과 함께 성적 표현이 자유롭지 못한 당대의 사회적 분위기를 생각하면 이 부분은 필시 훨씬 더 심각한 사건을 완곡하게 표현한 것일 가능성이 있으며, 홉킨스 같은 전문 문인이나 당대의 눈치 빠른 독자들은 그렇게 해석했을 것이다.

---

1) 이하 텍스트의 인용은 별도의 표시가 없는 한 『지킬박사와 하이드씨의 기이한 사례』(창비, 2013)에서 인용한다.

그런데, 재미있는 점은 바로 이어지는 엔필드의 발언이다.

> 그런데, 그 돌팔이 말이 애가 다친 것보다 놀랬다고 하더군요. 형님께서는 이쯤해서 일이 끝났다고 생각하시겠지요. (15)

엔필드의 요지는 소녀가 다친 게 아니라 놀랬다는 것이다. 그렇다면, 홉킨스가 상상력이 과도한 것이었을까? 다시 조금 후 엔필드가 하는 말을 들어보자.

> 제 생각엔 협박입니다. 정직한 분인데 젊은 시절의 불장난 때문에 비싼 값을 치르고 있는 거지요. 그래서 전 저 문이 달린 집에 '협박의 집'이라고 이름 붙였습니다. 그렇다 치더라도, 아시다시피, 그것만으론 도저히 설명이 안 됩니다. (17)

『롤리타』(*Lolita*)라는 작품으로 유명한 소설가 나보코프(Vladimir Nabokov)는 이 대목을 두고 지킬과 하이드가 동성애적 관계라고 주장한다. 이 또한 당대적 사정을 알 필요가 있다. 작품이 씌어진 1885년 남성간 모든 형태의 성적 행위를 금지하는 일명 '협박자 특별법'이 의회를 통과했고, 소설가 오스카 와일드(Oscar Wilde)가 바로 이 법에 의해 처벌받기도 했던 만큼, 당대독자들에게 이러한 연상도 부자연스럽지 않다.

독자들이 여기서 주목해야 할 부분은 작가가 독자의 추리를 부추기는 방법이다. 그는 작중인물을 통해 하이드가 강간범이라는 사실을 은근히 흘렸다가, 다시 그런 건 아니고 크게 놀란 정도라고 말하면서 독자의 상상을 제약했다가, 다시 두 사람이 동성애적 관계라고 암시한다. 그러면서도 "그것만으론 도저히 설명이 안 됩니다"라고 작중인물이 다시 자신의 추리를 부정함으로써 독자들에게 새로운 추리를 유도한다.

엔필드가 은근슬쩍 흘리는 또 다른 가능성은 이번에는 어터슨이 이어받아 독자에게 전달한다. 다음은 어터슨과 하이드가 처음으로 대면하는 장면이다.

> "제 부탁 하나 들어주시겠지요?" 어터슨이 말했다.
> "기꺼이," 상대방이 말했다. "그런데 뭡니까?"
> "얼굴 한번 보여 주시죠?" 변호사가 물었다.
> 하이드씨는 주저하는 것 같더니, 무언가 생각이 난 듯 갑자기 빙 돌아대들 기세로 정면을 응시했다. 두 사람은 수 초간 뚫어지게 상대방을 쳐다보았다. "다음에 만나면 당신이란 걸 알 수 있겠습니다." 어터슨씨가 말했다. "이게 도움이 될지도 모르겠군요."
> "그렇습니다," 하이드씨가 대답했다. "오늘 우리가 만난 것 잘된 일입니다. 그런데 제 주소를 가지고 있어야겠지요." 그러고는 소호 지역 거리의 번지수를 내밀었다.
> "맙소사! 이자도 나처럼 유언장을 생각했던 건가?"라고 어터슨은 생각했다. (29)

엔필드가 은근슬쩍 던진 말에 고민하던 어터슨은 하이드의 얼굴을 보고 그의 정체를 판단하려 한다. 즉, 하이드가 지킬의 "젊은 시절 불장난"으로 인한 사생아일 혐의이다. 동시에 자기 주소를 건네는 하이드의 행위는 그가 지킬이 작성한 유언장 존재에 대해 알고 있다는 암시를 어터슨에게 주고 있는 것이다.

이처럼 『지킬박사와 하이드씨의 기이한 사례』을 읽는 일차적 재미는 작가가 의도적으로 설치한 단서를 따라 하이드의 정체를 추리하는 일이다. 더구나, 위 몇 대목의 인용이 보여주듯 작품 초기의 하이드의 정체는 성적 일탈과 긴밀히 연관되어 선정적 관심을 유도하면서, 그렇지만 결코 확정되지 않은 채 독자의 흥미를 자극한다. 하이드는 작품의 진행에 따라 아동강간범, 협박범, 동성애자, 사생아, 지킬의 친구이자 후원자, 커류 경 살해범, 지킬 살해미수범, 매독 환자, 편지 위조범 등 작품 내에서 계속적으로 그 정체가 달라진다. 지킬과 하이드가 동일인인 만큼 지킬의 정체성 또한 하이드의 정체성이 바뀔 때마다 함께 출렁인다. 물론, 이는 독자들이 당대의 분위기를 어느 정도 염두에 두고 꼼꼼하게 읽을 때 찾을 수 있는 재미이다. 이 과정에서 작가는 가끔 필요 이상으로 독자를 자극하기도 한다. 자극성 강한 주제로 독자의 관심을 유인하는 가장 절묘한 예는 어터슨이 하이드의 찌그러진 얼굴을 보고 하는 말이다.

> "풀, 네 주인님은 환자에게 큰 고통을 주고 신체를 변형시키는 그런 병에 걸린 게 확실하다. 내가 아는 바로는, 그래서 목소리가 변한 거다." (71)

지킬의 매독 감염을 시사하는 부분이다. 그러나 곧바로 집사장 푸울로부터 반박을 받으면서 암시의 기능이 끝나버린다. 플롯에서 따로 역할이 없는 일회성 추리에 불과한 대목이니, 작가가 추리적 장치를 미학적 필요 이상 남용한 부분이고, 다른 한편 크리스마스용 상업적 기획이 지워지지 않은 채 남은 여파로 보아야 할 것이다.

이렇게 작가는 추리에 새로운 추리를 더하는 방식으로 독자의 상상력을 자극함으로써, 지킬과 하이드의 정체성에 대한 궁금증을 확대하고, 진실이 드러나는 순간을 작품의 마지막에 배치한 래년과 지킬의 최후진술까지 끌고 나간다. 그러고, 앞서 말한 바대로 지킬과 하이드의 동일성을 알고 있는 지금의 독자들은 텍스트를 꼼꼼하게 읽으면서 작가의 장치를 발견할 수 있을 것이다. 즉, 이 작품을 읽는 묘미 가운데 하나는 둘의 관계를 모른 척 괄호 속에 넣어야만 추리소설적 장치가 원활하게 작동하도록 되어있는 것은 아니라는 사실이다. 게다가, 고전의 위상에 오른 문학작품들이 보여주는 흥미로운 사실은 결말을 아는 것이 반드시 독서의 실감을 떨어뜨리는 것은 아니라는 사실이다. 특히, 난해성이 심화되는 모더니즘 텍스트의 경우에는 처음보다 다시 읽을 때 작품의 진정한 맛을 느끼게 되는 경우도 적지 않다. 제임스 조이스(*James Joyce*)의 『율리시즈』(*Ulysses*)가 대표적인 예인데, 이 작품 역시 모더니즘적 요소를 배태하고 있는 작품이다. 오히려 둘의 동일성을 알기 때문에 지킬과 하이드의 관계를 새롭게 확대하는 길이 독자들에게 열리게 된다. 예를 들자. 어터슨은 지킬에게 하이드와의 관계를 추궁하자, 지킬은 다음과 같이 대답한다.

> 내 친구 어터슨. . . . 나는 자네를 완전히 믿어. 세상 누구보다도, 아니 만일 선택을 할 수 있다면, 나 자신보다 더욱 자네를 믿네. 그러나 이 일은 자네가 뜬금없이 생각한 그런 건 아니네. 그 정도 고약한 건 아닐세. 그리고 자네 마음의 부담을 덜어주려고 하는 말이네만, 이것 하나는 말해주지. 내가 원하는 순간 바로 하이드씨와 관계를 끊을 수 있네. (37)

리처드 듀리(Richard Dury)는 원하기만 하면 바로 끊을 수 있다는 발언이 약물중독자의 전형적 예에 해당한다고 지적한다. 즉, '하이드'는 특정한 존재를 지칭한다기보다 "우리가 두려워하고, 그래서 숨기고 의식에서 배제한 그 모든 것을 의미하는 기표"이며, 따라서 본능적 충동, 비합리적 행위와 동기화, 동성애, 여성성, 육체성, 물질성, 쇠퇴와 죽음, 절멸과 무의미 따위를 포괄하는 비유가 된다. 앤드류 제퍼드(Andrew Jefford)는 한발 더 나아가 하이드는 "사실상 어떤 것도 배제하지 않는 기표"라고까지 주장한다. 하이드의 의미를 이렇게까지 넓히면, 독자 누구나 자신의 내면에 하이드가 있다면 그것은 무엇일까 생각하면서 읽는 새로운 묘미도 있게 된다. 이렇게 읽는다면, 하이드는 마약 탐닉은 물론이고, 독자 스스로 자신의 삶을 돌이켜 볼 때 아버지에 대한 반항이나 심지어 뜬금없이 덤벼들었다 실패한 증권투자의 경험으로 새기더라도 그럴듯하지 않은가?

3. 도덕적 이중성의 비판: "이 역시 나 자신 아닌가"

그런데, 『지킬박사와 하이드씨의 기이한 사례』가 선정적 주제를 감추면서 은근히 부추기는 추리소설에 그친다면 당대의 일시적 인기는 얻을지라도 오늘날까지 읽히는 작품이 될 수는 없을 것이다. 작품의 출발이 대중독자를 겨냥한 상업소설이기 때문에 선정적 암시가 집요하게 달라붙지만, 동시에 이 작품에서 주목할 점 가운데 하나는 작가가 선정성을 축소시키기 위해 노력한 흔적이다. 작가가 성적 암시를 거두지 않으면서도 당대 지식인의 도덕적 위기에 집중하려고 한 사실은 무엇보다 현재 남아있는 원고의 수정과정, 즉 초고, 교정쇄, 최종 출간본의 차이를 보면 보다 명확해진다. 예를 들면, 마지막 장의 첫 부분의 수정과정을 차례로 비교해 보자.

> 아주 어린 시절부터, 그러나, 나는 **남모르게 수치스러운 쾌락의 노예**가 되었다. . . . 다른 한편, 밤이 찾아와서 친구들을 떨쳐버릴 수 있게 되자마자, 곧바로 **완고한 습관의 무쇠 같은 손**이 다시 한 번 나를 악의 구렁텅이로 밀쳐넣었다. 나는 자네에게 이것들이 **법의 관점에서는 범죄적이고 그 자체로서도 혐오스러운 짓**이었다는 것까지만 말하겠다. (필자의 강조)

'완고한 습관의 무쇠 같은 손'이란 표현이 당시로서는 죄악으로 규정되었던 자위행위를 구체화한다면, '법의 관점에서는 범죄적이고 그 자체로서도 혐오스러운 짓'이라는 대목에서 당대의 눈썰미 있는 독자는 동성애를 바로 떠올렸을 것이다. 다음은 초고 수정을 거친 교정쇄이다.

> 아주 어린 시절부터, 그러나, 나는 **남모르게 수치스러운 쾌락의 노예**가 되었다. 정말이지 나의 가장 큰 결점은, 뭐랄까 쾌락에 탐닉하는 기질이었다 . . . . 다른 한편, 밤이 되어 내가 업무에서 벗어나 친구들의 시선으로부터 나를 숨길 수 있게 되자마자 곧바로 **완고한 습관**이 다시 한 번 나를 악의 구렁텅이로 밀쳐넣었다. 나는 자네에게 **그것들이 당시에는 명예롭게 살다 죽은 모든 사람들이 지닌 악덕보다 더 나쁜 것이 아니라는 정도**만 말하겠다. (필자의 강조)

내용은 비슷하지만, '무쇠 같은 손'이 삭제됨으로써 행위의 구체성이 크게 약화되었다. 동시에 자신의 행위가 '명예롭게 살다 죽은 모든 사람들이 지닌 악덕보다 더 나쁜 것이 아니라'는 표현으로 인해 동성애적 암시가 사라지고 일상적 악덕 수준으로 약화된다.

> 그리고 사실 나의 가장 큰 결점은 뭐랄까 쾌락에 탐닉하는 기질이었다.

마침내, 독자의 상상력을 자극할 구체적인 서술 부분이 모두 깎여나갔다.

그런데, 이런 수정과정은 텍스트 밖의 사정이라 독자들이 인식할 수 없는 부분이지만, 텍스트 내에도 작가의 초점이 선정성보다 윤리적 문제로 옮아가고 있는 과정이 남아있다. 작품 전체를 놓고 판단한다면 선정적 주제에 대한 암시는 초반에 집중되어있을 뿐, 커류 경 살인사건부터는 텍스트의 초점이 전적으로 선과 악의 갈등이라는 형이상학적 주제와 지킬의 "초월적 의학"에 내포된 윤리적, 신학적 문제로 옮겨간다. 성적 암시가 크게 약화되고, 엽기적 범행조차 커류 경 살해사건을 제외하면 성냥팔이 여자에 대한 폭력, 편지 위조, 신성모독을 담은 낙서, 지킬 부친의 초상화 태우기 정도로 약화되며, 최소한 성적 함의에서 한참 벗어난 유형의 악행들이다.

이런 점에서 아주 중요한 대목은 마지막 장인「사건 전모에 관한 헨리 지킬의 진술」이다. 애석하게도 이 부분은 다른 부분에 비해 난삽하고 추상적 문체로 서술되었고, 게다가 기존 대다수 번역본의 경우 제대로 번역되지 못했고 또 누락된 경우도 허다해 독자들로부터 응당 받아야 할 관심을 받지 못한 면이 있다. 다음은 앞서 출판과정에서도 비교한 대목인데, 여기서 지킬은 다음과 같이 말한다.

> 그리고 사실 나의 가장 큰 결점은 뭐랄까, 쾌락에 탐닉하는 기질인데, 여러 사람에겐 행복이 원천이지만 나로서는 이 결점을 머리를 높이 치켜들고 대중 앞에서 보통사람보다 진지한 표정을 짓고 싶은 내 오연한 욕망과 병립시키기 어려웠다. 이로 인해 쾌락에 탐닉한 사실을 은폐하는 일이 생겨났고, 자아를 반추할 나이가 되어 주변을 둘러보고 세상 내에서 나의 발전과 위상을 평가하기 시작할 나이가 되었을 때는 이미 매우 표리부동한 인간이 되어 있었다. (96-97)

어린 시절부터 숨겨 온 성적 욕망과 사회적 억압에 대한 기술이다. 그런데, 초점이 완전히 달라졌다. 지킬이 하이드로 변신을 꿈꾸게 된 진짜 이유는 일반적으로 생각하는 것처럼 어쩔 수 없는 성적 욕망 때문이 아니라 —그것도 사회적으로 억압받은 탓만이 아니라 — 오히려 남의 존경을 받고 싶어하는 "사회적 열망"으로 인해 숨기게 되었다는 점이다. 즉, 지킬이 표리부동한 이중인격자가 되고, 나중에 자신의 욕망을 하이드라는 별개의 존재로 분리 · 육화시켜 도덕적 분열을 해결하려 한 가장 큰 이유는 지킬 자신의 '인정 욕구'와 욕망의 솔직한 발현을 허용하지 않는 당대의 '도덕적 편협성' 간의 거리 때문이다. 지킬이 위선자가 된 모든 책임이 그 자신 탓만은 아니며, 지나치게 편협한 당대 부르주아 계급의 위선적 도덕률에 기인하는 바도 적지 않게 된다. 따라서, 자신이 "쾌락에 탐닉하는 기질"과 "사회적 열망" 사이의 괴리로 인해 위선자가 되었다는 지킬의 고백은 그 나름 설득력을 가지게 되고, 배덕자 하이드와 대비를 통해 '희생자' 지킬에 대해 독자의 동정심까지 유발한다.

실제로 19세기 내내 당대 사회의 주류로 부상한 부르주아 계급은 자신들의 권위를 강화하기 위해 스스로 점잖고 진지한 종교적 삶의 태도를 보란 듯이 강조한다. 그러나, 이런 진지함이란 곧잘 인간의 욕망을 죄악시하고 부정하면서 편협하고 위선적 태도로 곧잘 변질되는데, 19세기 후반 영국사회에서 도덕적 이중성은 당대의 가장 심각한 문제 가운데 하나였다. 지킬이 하이드로 변신한 자신의 모습을 처음으로 확인하는 다음 대목을 보자.

> 그런데도 거울 속의 흉측한 형상을 볼 때 나는 혐오감을 전혀 느끼지 못했고 오히려 뛸 듯이 반가웠다. 이 역시 나 자신 아닌가. 그것은 자연스럽고 인간적인 존재로 보였다. 내 눈에는 거울에 비친 영상이 정신적으로 더 활기차고, 지금까지 내가 내 것이라고 습관적으로 부른 불완전하고 분열된 표정에 비해 더욱 완전하고 통일된 재현으로 보였다. (102)

텍스트 내에서 하이드를 만난 인물들은 한결같이 그를 혐오한다. 그렇기 때문에 지킬이 자신의 흉측한 모습을 처음 봤을 때 그것을 자신의 자연스러운 원래의 모습으로 반기는 이 대목이 독자들에게는 의외로 보일 수 있다. 이 환희를 자신의 실험이 성공했기 때문이라고만 볼 수는 없다. 오히려, 밖으로 드러난 허식을 자기 모습으로 착각하고 자신의 진정한 모습을 외면하는 당대의 도덕적 위선에 대한 작가의 은근한 반항 또는 경멸로 보아야 하지 않을까. 자신의 욕망과 사회적 억압 사이에 번민하던 지킬은 "인간은 진실로 하나가 아니라 진실로 둘"이라는 프로이트적 진실을 이미 알고 있었다.

지킬은 의학과 화학을 전공한 과학자이고, 자선적 활동에 적극 참여하며, 신문에 칼럼을 쓰는 당대 여론주도층의 일원이다. 커류 경 살인사건 이후에는 성실한 기독교인으로도 명성을 얻는데, 달리 말하면 그는 빅토리아 후기 영국사회의 사회윤리적 이념을 외면적으로는 가장 잘 구현한 인물이다. 동시에 20세기 초 서구사회의 주도적 계층으로 부상하는 전문경영자 계층의 이념인 전문성, 교양, 봉사, 신앙심 모두를 체현하고 있다. 이 작품의 진정한 장점은 인간 내부에 우리가 의식하지 못하는 욕망이 있다는 프로이트적인 통찰 못지않게, 이렇게 당대를 대표하는 도덕적 인물이 하이드와 같은 타락과 죄악을 저지르고 있다고 고발한 점이다. 우리들은 도덕적 패륜과 위태로운 폭력을 흔히 가난하거나 소외된 자에게 돌리는 버릇이 있지 않는가. 이렇게 이 작품의 겉은 선정적 크리스마스 공포소설이라 할지라도, 그 속살은 당대 전문경영자 계층의 도덕적 위선이 파멸에 처하는 과정이라는 점을 염두에 두고 텍스트를 읽어보면 이 작품은 일반적으로 알려진 상식과 내용이 상당히 다르다는 점을 알 수 있을 것이다. 우선, 지킬과 하이드가 선과 악으로 딱 부러지게 구분되지 않는다. 선악 이분법이 적용될 수 없는 까닭은 궁극적으로 지킬과 하이드가 둘이면서 하나라는 존재론적 차원의 모순 때문일 것이다. 그러므로 지킬은 하이드로 변해서 자신의 사디즘적 욕망을 해결하려 들지만, 하이드 역시 자신의 안전을 위해 다시 지킬로 되돌아가려 한다. 그런데, 그것만이 아니다. 두 사람의 존재론적 동일성은 텍스트 끝에서 밝혀지는 사실일 따름이고, 독자에게 동일성이 폭로되는 시점 이전에도 텍스트는 지킬 자신의 인간관계와 사회생활 자체에 윤리적 문제가 있음을 여러 번 보여준다. 예를 들면, 지킬은 자신의 초월적 연구경향을 이해하지 못한다는 이유로 오랜 친구인 래년을 경멸한다. 그는 공원에서 자신이 의식하지 못한 사이에 하이드로 변신하자(이 부분은 아래에서 자세히 설명하겠다), 다시 지킬로 돌아가기 위해 필요한 물약을 구하기 위해 오랜 친구였던 래녀에게 도움을 요청한다. 지킬은 래녀에게 편지를 써서 이 일을 도와주면 "자네는 내 평생의 은인이 될 걸세"라고 말한다. 약속한 시간에 그는 래녀의 집으로 찾아가고 약을 손에 넣자마자 래녀에게 다음과 같이 말한다.

> 이제부터 일어나는 일에 관해서는 **우리가 의사이니 직분상 비밀을 지켜야 하네**. 그래, 자넨 아주 오랫동안 아주 편협하고 유물론적인 견해에 집착하여, 초자연적 의학의 힘을 부정하였고, **자네보다 뛰어난** 자들을 조롱했었네–보게나! (94, 필자의 강조)

이 대목은 두 가지 면에서 흥미있는 부분이다. 우선, '우리'와 '직분'은 의사들의 윤리인 환자에 대한 비밀준수를 의미한다. 그런데, 지금 발화자는 지킬이 아니라 하이드이다. 그렇다면 이런 혼동은 작가가 잠깐 졸았던 탓으로 볼 수도 있겠고, 하이드가 변신 후에도 지킬을 의식하고 있다고 해석할 수도 있다. 그러나 그보다도 지킬과 하이드의 배타적 이분법이 '원리적으로 불가능'한 점을 보여주는 '텍스트의 존재론적 반란'으로 보는 것이 더 타당할 것이다. 또다른 측면은 지킬의 인간성을 보여주는 대목이다. 소기의 목적인 물약을 손에 넣자마자 자신의 친구에게 자신의 탁월성을 보여주려는 편협성인데, 이런 소갈머리는 결국 래녀을 죽게 만드는 결정적 원인으로 작동한다. 또, 커류 경이 살해되고 난 후, 지킬과 어터슨의 대화를 보자.

> 하이드가 어떻게 되든 난 상관하지 않겠어. 걔하고는 완전히 끝난 관계라니까. 내가 걱정하는 건 이 가증스런 일로 인해 내 평판이 위태로워지는 것일세. (48)

지킬은 살인에도 불구하고 자신의 개인적 명성이 더렵혀질까를 더 걱정하는데, 친한 친구인 어터슨이 보기에도 무책임하고 이기적인 발언이다.

이처럼 원전 텍스트를 읽어 보면, 이 작품은 의도는 순수하나 인간의 본질이 양면적이기 때문에 어쩔 수 없이 파멸한다는 식의 해석과는 상당히 다른 작품임을 알 수 있다. 오히려, 작가는 지킬이 파멸하게 되는 이유가 인간의 본질적 분열 못지않게 당대의 위선적 도덕과 지킬 자신의 도덕적 한계에 있다는 경고를 당대인에게 보내고 있는 셈이다. 아마, 이 작품에서 이런 도덕적 경고는 다음과 같은 장면에서 절정에 이른다.

> 나는 벤치에 앉아 햇볕을 쬐고 있었는데, 내 안의 야수가 기억의 살점을 핥고 있었다. 그러나 나의 영적 분신은 깨어나면 회개하겠다고 약속하고 살짝 잠이 든 상태였으니, 회개는 아직 시작되지 않았다. 결국, 곰곰이 생각해 보면 나도 내 이웃과 다를 바 없었다. 그리고는 나 자신을 남들과 비교하고선, 나의 활발한 선행활동과 타인의 고통을 경시하는 그들의 게으르고 야만적인 나태함을 비교하고선 빙그레 웃었다. 그런데 이렇게 허영심을 느낀 바로 그 순간 현기증과 함께 지독한 구토와 맹렬한 오한이 엄습했다. 증상이 사라지자 정신이 가물가물했다. 이어서 실신 증세가 가라앉았고, 그때 나는 내 성격이 변한 것을, 훨씬 대담해지고, 위험을 경멸하고, 의무의 속박이 사라진 것을 느끼기 시작했다. (114-15)

커류 경 살해 이후 지킬은 자신의 야수적 측면에 경악하고, 회개와 더불어 경건하고 금욕적인 삶으로 돌아간다. 또한, 자신이 저지른 죄악을 보상하기 위해 이웃의 고통을 덜어주는 선행활동에 활발히 참여하는 중이었다. 그런데, 지킬은 공원에서 편안하게 볕을 쬐는 도중에, 자신의 선행에 흡족해하는 순간에, 자신도 의식하지 못하는 사이에 하이드로 변신한다! 즉, 자신이 행한 죄악을 잊고, 도덕적으로 자만하는 순간 하이드로 변신한다는 것은 당대 지배 계층의 위선을 겨냥한 심원하고 준엄한 도덕적 경고가 아닌가. 이제까지 말한 바를 소략하게 요약해보자. 이 작품이 고딕적 전통을 이어받은 공포소설 장르를 채택한 것은 작가가 상업적 이익을 최대한 얻기 위한 전략이지만, 그럼에도 불구하고, 텍스트의 대중적 외피를 벗겨보면 당대의 엄숙한 사회적 문제, 예를 들면 당대 지배계층의 위선, 성적 가부장적 억압, 19세기 과학의 문제점 등을 작품의 속살로 끌어들이고 있다. 그 결과, 『지킬박사와 하이드씨의 기이한 사례』는 이급의 공포소설 차원을 넘는 고전급 작품이 되었던 것이다.

4. 타자화: "죄 지은 자는 하이드이며, 하이드일 따름"

이제 『지킬박사와 하이드씨의 기이한 사례』가 대중적 매력을 듬뿍 담고 있는 추리소설이면서도 동시에 당대의 사회적 문제와 인간 심리구조에 대한 만만치 않은 통찰을 담고 있는 작품이란 점은 어느 정도 설명이 된 듯하다. 그렇다면, 본격문학에서 이 작품의 위상은 어느 정도일까? 오랜 동안 이 작품은 대중적 인기로 인해 오히려 비평가들로부터 대접을 제대로 못 받은 측면이 있다. 특히, 20세기 전반의 모더니즘은 대중과의 소통을 경멸하는 엘리뜨주의로 인해 스티븐슨을 아동문학가 부류로 격하시키기도 했다. 그러다, 1980년대 이후, 영문학에서 대학교재로 가장 널리 쓰이는 노턴 앤쏠러지(*The Norton Anthology of English Literature*) 8판에 오면 소설 장르에서는 조지프 콘래드(Joseph Conrad)의 『어둠의 속』(*Heart of Darkness*)과 『지킬박사와 하이드씨의 기이한 사례』 단 두 편이 실리는데, 이는 (두 작품이 중편에 해당한다는 분량의 문제로 볼 수도 있겠지만) 스티븐슨 문학의 복권을 보여주는 예로 보아야 할 것이다. 리얼리즘에서 모더니즘으로 이행과정에 위치한 문학사적 입지, 다양한 서술기법을 배울 수 있는 교육적 효과, 텍스트 자체의 추리소설적 기법, 탈근대주의 비평이 선호하는 텍스트의 개방성과 중층성, 진화론과 과학주의라는 문화연구적 관심, 무엇보다 수업에서 소화할 수 있는 적절한 분량까지 갖추고 있는 이 작품이 본격 문학으로서의 위상을 갖게 된 사실을 말해주는 사례로 말이다.

이처럼 스티븐슨에 대한 평가는 제자리를 찾아가고 있는 셈인데, 그럼에도 불구하고 이 작품은 비슷한 시기에 발표되어 고전의 반열에 오른 토마스 하디(*Thomas Hardy*)의 『테스』(*Tess of the D'urbervilles*)나 앞서 언급한 『어둠의 속』에 비하면 아무래도 2급의 고전이라 해야 할 것이다. 이 작품이 인간 심리의 분열적 구조에 대한 깊은 이해, 스티븐슨이 글을 쓰던 빅토리아조 영국의 도덕적 위선에 대한 반발, 그리고 당대 여론주도층의 자기기만성 노정 등 깊이가 녹녹치 않음은 이미 말한 바이다. 그러나, 문제는 이렇게 당대 사회의 중요한 도덕적 사회적 쟁점을 끌어왔지만, 작가가 당대 사회에 대한 비판이든 자신에 대한 반성적 통찰이든 『테스』나 『어둠의 속』만큼 치열하지 못하다는 점이다. 즉, 당대의 사회적 문제점을 제대로 제기해 놓고도 자신이 제기한 문제와 정면대면을 감당하지 못하고 회피하는 면마저 있다.

지킬은 자신의 야심과 당대의 편협한 도덕률 간의 간극으로 고민하며, 이 과정에서 인간은 "진실로 하나가 아니라 진실로 둘이라는 사실"을 발견한다. 지킬 스스로는 자신이 진리를 발견한 결과 무참한 파멸에 직면하게 된다고 말하지만, 주체의 분열을 발견하고 그것을 하이드라는 선명한 이미지로 부사한 것은 오히려 지킬—그러니까, 작가—의 공적일 따름이다. 문제는 "화해 불가능한 둘이 하나의 다발로 묶인 것이 인류의 저주"라는 그의 인식이다. 요컨대, 지킬은 분열을 의식하고 반발하지만, 둘을 하나로 통합해서 전체를 보고 문제를 풀려고 하는 것이 아니라, '과학'의 방법을 통해 자신에게서 하이드를 분리시킨다. 그런데, 이렇게 윤리적 차원을 보지 못하고 기술적 차원만 따지는 것이 소위 '과학'의 문제점임은 우리가 누누이 본 바이다. 더구나 여기서 한 발 더 나아가서, 지킬은 하이드가 자신의 일부라는 사실을 부정하는 방향으로 나아간다. 지킬은 하이드의 모습을 처음 본 순간 "이 역시 나 자신 아닌가"라며 분열된 자아를 자신의 진정한 모습으로 수용하였다. 그러나 하이드를 만든 것이 지킬 자신이고, 그 섬뜩한 모습이 바로 자신의 모습임을 인식했음에도 불구하고, 이런 인식은 당대 사회의 주류계급의 이중성을 통렬하게 비판하는 계기로, 동시에 사회적 주도계층으로서 자신도 그 이중성에 책임이 있다는 반성의 계기로 이어지지 못한다.

지킬의 대응은 오히려 정반대인데, 자신의 분신을 자신의 일부로 인정하지 않고 '남'으로 밀어내는 이 과정을 요약한다면 요즘 유행하는 전문용어인 '타자화'가 딱 여기에 해당한다. 지킬은 하이드가 완전히 사악한 존재일 따름이고, 자신은 "모순적 합성물"로 교정과 개량이 불가능한 존재라고 미리 단정한다. 그 결과, "이 역시 나 자신 아닌가"라는 결정적 순간은 섬뜩한 자기인식으로 옮겨가지 못한다. 오히려 하이드로의 변신이 가져다준 '면책특권'의 기회를 이용하여 욕망을 만족시키고, "무미건조한 학자적 삶에 대한 혐오"에서 벗어나는 기회로 이용한다. 이 단계에 오면 작가가 원래 가졌던 도덕적 진지함은 크게 약화된다. 그 결과, 지킬은 자신의 일부로 긍정한 하이드를 점차 자신과 분리하여 '타자'로 만들기 시작한다.

> 헨리 지킬은 가끔 에드워드 하이드의 행위 앞에서 기겁하고 놀랐다. 그러나 일반 법률이 적용되지 않는 상황이었고 따라서 시나브로 양심의 통제가 느슨해졌다. 결국, 죄 지은 자는 하이드이며, 하이드일 따름이었

> 다. 지킬은 예전과 다를 바 없어서, 자고 깨어나면 외관상 아무런 상처 없이 본래의 선량한 자질의 인간으로 돌아갔다. (105)

결국, 사회적 감시에서 벗어난 지킬의 양심은 하이드가 저지르는 죄악에 대해 전적으로 하이드의 책임으로 돌리고, "죄를 지은 자는 하이드이며, 하이드일 따름"이라는 일종의 자기기만에 갇히게 된다. 그는 자신이 선악의 투쟁에서 더 나은 자아를 선택했지만 이를 지키지 못했다고 고백한다. 하지만, 곧 이어서 "절대 다수의 인간들에게 일어나는 이런 일이 나에게도 일어나고 말았다"라고 말하면서, 그런 의미에서 자신 역시 "은밀히 죄짓는 평범한 사람"이라고 주장한다. 겸손한 고백처럼 들리지만, 사실은 자신이 행한 범죄행위에 대해 신학적 면책을 부여하는 것에 불과하다.

19세기 빅토리아조 문학사가인 월터 하우튼(Walter Houghton)은 위선을 순응, 도덕적 허식, 회피의 세 단계로 구분한다. 위선 가운데 가장 심각한 수준은 거짓을 말하는 것보다 문제의 자체가 존재하는 않는 것처럼 의식에서 배제하는 회피이다. 작품의 마지막 단계를 보자.

> 지킬은 하이드가 생명의 활력으로 넘치지만 악마적일뿐만 아니라 심지어 생명체가 아니라고 생각했다. 이것은 충격이었다. 즉, 지옥의 흙덩이가 고래고래 고함치는 것 같았다. (119)

지킬의 또 다른 자아, 또는 자신보다 더 자기다운 존재로 여겨졌던 하이드는 지킬과 관계없는 존재가 되었다가, 여기에 오면 마침내 생명의 영역에서 밀려나 형체없는 티끌로 전락하게 된다. 지킬은 자신이 저지른 행위에 대해 자신이 만든 존재를 증오하고 미워하는 것으로 책임을 지는 — 정확하게 말하면, 책임을 회피하는 — 것이다.

5. 왜 이급의 고전인가: 진실에서 이데올로기로

『지킬박사와 하이드씨의 기이한 사례』는 자아와 사회에 대한 진지한 통찰에서 출발하지만, 그 진지함을 끝까지 유지하지 못하고, 결국은 자신이 제기한 문제를 회피하고 자기기만에 빠지는 지식인의 모습을 보여준다. 물론, 이런 모습을 보여준다는 것 자체가 상당한 성취임이 분명하다. 그러나, 이 작품을, 예를 들면, 앞서 언급한 『어둠의 속』과 비교하면 아쉬운 점이 보다 분명해진다. 『어둠의 속』은 말로우(Marlow)가 커츠(Kurtz)를 찾아 콩고강을 따라 내륙 깊숙이 들어가는 여정을 그린 작품인데, 이 두 인물은 각각 지킬과 하이드와 대비되는 면이 있다. 커츠는 원래 야만적 영토에 문명의 빛을 전파하려는 경건한 본국인인데, 식민지에서 자신이 속한 사회의 통제에서 벗어나게 되자 탐욕적, 전제적 폭군으로 변하게 된다. 이차대전의 아우슈비츠 대학살을 연구했던 정치학자 한나 아렌트(Hannah Arendt)는 『예루살렘의 아이히만』(*Eichmann in Jerusalem*)에서 악의 진부성을 말한 적이 있다. 아우슈비츠 학살에 가담한 사람들은 아주 평범하고 어떤 의미에서 애국심을 느끼면서 엄청난 범죄에 가담했다는 것이다. 『어둠의 속』의 가치는 제국주의 이데올로기 속으로 편입되면, 누구나 자신의 선량함과 관계없이 커츠로 변할 수 있다는 통찰인데, 즉 탐욕적 커츠가 말로우 같은 선량한 서구인의 숨겨진 자아란 점을 보여준 것이다.

앞에서 나는 지킬이 자신의 선행을 반추하며 나른한 오수에 빠지는 순간 하이드로 변신하는 대목을 인용하였다. 이는 당대적 위선에 대한 준엄한 고발이기도 하지만, 비유를 연장하면 이 부분은 식민지로부터의 탈취로 번영을 누리지만, 자신들의 제국적 관행을 '백인의 짐'이라는 근대적 행위로 은폐하려는 본국인의 순진성과 위선에 대한 통렬한 비판으로 발전할 수도 있었다. 아직까지도 우리는 유럽의 아프리카 지배에 대해서는 커츠의 악마적 행위보다 오히려 데이비드 리빙스턴(David Livingstone)의 목숨을 건 지리적 탐구나 앨버트 슈바이처(Albert Schweitzer)의 의학적 선행에 더 노출되어 있지 않은가. 실제로 웨일즈 출신 신문기자 헨리 모턴 스탠리(Henry Morton Stanley)가 나일강의 근원을 찾아 나섰다 6년간 소식이 끊긴 데이비드 리빙스턴(David Livingstone)을 찾아 나섰다 마침내 탕가니카 호수 부근에서 병으로 신음하는 그와 조우하는 1871년 11월의 일화는 지킬과 하이드의 분리, 커츠와 말로우의 만남이라는 텍스트 밖에 실재하는 역사적 배경에 해당한다.

『지킬박사와 하이드씨의 기이한 사례』를 『어둠의 속』과 비교하면 전자에는 후자에 있는 두 가지가 부족해 보인다. 하나는 커츠를 만나 그의 진실을 밝히려는, 그러니까 자신의 본모습을 보려는 말로우와 같은 존재의 결여이다. 스티븐슨의 화자 어터슨은 상식적이고 겸소하고 경건한데다, 호기심 많고 관대한 인물이다. 그러므로, 말로우처럼 비상하거나 기이한 사건을 일반 독자의 눈높이에서 전달할 수 있는 온당한 해설자라는 느낌을 주는데, 실제로는 "건전하고 관습적인" 사고를 넘지 못하는 한계를 노정한다. 텍스트 내에서 그가 감당해야 할 첫 번째 과제는 하이드의 진실을 보여줘야 할 것이다. 그런데 그는 '가치중립적' 직업윤리와 친구에 대한 개인적 의리를 앞세운 탓에 하이드의 정체를 놓치는 것은 물론이고, 개인적으로도 윤리적 한계를 노정한다. 예를 들면, 첫 장에서 어터슨은 엔필드에게 문제의 분이 지킬의 서백과 연결되어 있음을 알고도 말하지 않는다. 특히 그는 하이드가 커류 경을 살해할 때 사용한 도구가 자신이 지킬에게 선물한 단장임을 인지하고도 이 결정적 단서를 수사관에게 전달하지 않는다. 살인이 의리의 차원을 넘지 못하는 것이다. 이처럼 마지막까지 어터슨에게는 커류가 살해당했다는 공익적 진실보다 친구인 지킬의 안위와 명예가 훨씬 중요한 문제로 부각된다. 그런 면에서 어터슨 역시 지킬보다는 훨씬 유연하지만, 지킬의 윤리적 수준을 넘어 앞으로 나아가지 못한다. 결과적으로 어터슨은 관행과 의리의 입장에서 하이드의 정체를 파악하려 노력하는데, 독자들은 그의 '합리적' 추론을 따라갈 수밖에 없다. 하지만, 아마추어 탐정으로서 어터슨의 역할은 하이드의 정체에 대해 헛다리 짚다가 마지막 장의 반전을 독자에게 안겨주는 역할에 머물 따름이다. 이 작품이 보여주는 주요한 시사점은 공적 윤리보다 개인적 의리를 앞세워 끊임없이 진리를 피하려는 어터슨의 한계가 지킬의 파멸에 일부 책임이 있음을 보여주는 점이다. 그런데, 어터슨의 한계는 작품 속에서 어터슨-지킬-엔필드로 이어지는 남성 전문가 계층의 가부장적 동맹의 윤리적 한계이기도 하다. 작품의 첫 머리에서 엔필드는 "나라 밖 외딴 오지에서 귀국하던" 참인데, 이는 그가 식민지 사업과 연관이 있다는 뜻이다. 그러므로 세 사람이 진리에 이르지 못하는 것은 진리를 추구하는 과학자, 시민사회의 공적 질서를 담당하는 변호사, 식민지 사업자 연합세력의 도덕적 실패. 즉 식민지배세력의 도덕적 와해를 암시하고 있다고 할 수 있다.

또 하나 부족한 점은 지킬이 만든 하이드가 지킬로부터 버려지는 동안 하이드는 지킬은 단 한 번도 발언기회를 얻지 못한 점이다. 『어둠의 속』에서 커츠는 죽기 직전 말로우에게 비통하게 "끔찍하다! 끔찍해!"라고 자신의 삶을 요약한다. 제국주의 이데올로기 속에서 자신도 모르게 끔찍한 식민주의자가 된 자신의 모습을 마침내 인식하고, 통렬한 회한을 두 마디 속에 각인시킨다. 이에 비해 하이드는 시종일관 지킬, 어터슨, 엔필드, 래넌 등 타자에 의해서 "말로 표현할 수 없는 존재"로 대상화된다. 그는 타자의 시선에 갇힌 채, 자신의 목소리로 자신을 옹호할 기회를 얻지 못하고 죽음에 이르게 된다. 체코의 정신분석 철학자 지젝은 행복의 조건으로 '비난할 수 있는 타자의 존재'를 지적한 적이 있다. 요즘 우리 사회의 가장 심각한 문제인 '왕따'도 이와 연관이 있을 것이다. 갈등이 많은 사회일수록 특정한 부류의 사람을 왕따로 만들고 싶어 한다. 왕따가 만들어지고, 그에게 모든 갈등의 책임을 묻는 순간, 다른 사람들은 죄의식과 무능하다는 비난에서 벗어나면서 집단 속에서 일종의 행복감을 느끼기 마련이다. 하이드는 모든 사람으로부터 혐오의 대상이 되고, 살인자로 사회로부터 추격을 당하고, 마침내 생명체로서의 권리까지 박탈당하지만, 작가는 그에게 마지막까지 한 번도 발언의 기회를 주지 않는다. 이 과정에서 '과학'조차 하이드의 추방에 일조한다. 하이드는 키가 작고, 털이 부숭부숭하고, 공격적이고, 생김새는 유인원 또는 혈거인 등 문명 이전의 야수로 묘사된다. 19세기 후반의 우생학, 범죄학, 진화유물론, 진화인류학 등의 실증주의 연구가 과학의 탈을 쓴 계급이데올로기임이 이제는 명백해졌다. 지킬이 하이드를 자기의 일부라고 하면서도 자신 밖으로 '뻔뻔스럽게' 배제하는 것도, 그런 지킬의 태도에 대해 작가 자신이 비판하지 않은 것도 작가 자신이 이런 이데올로기를 과학적 '진리'로 받아들였기 때문일 것이다.

참고 문헌

서강목. 『영미명작, 좋은 번역을 찾아서 2』. 창작과 비평, 2007.

추재욱. 「진화론과 생태학의 관점에서 본 과학, 의학과 몸의 상호관계성 연구: 『지킬 박사와 하이드』, 『도리언 그레이의 초상』과 『모로우 박사의 섬』을 중심으로」. 『근대영미소설』 17.3 (2010): 129-51.

로버트 루이스 스티븐슨. 『지킬박사와 하이드씨의 기이한 사례』. 송승철 역. 창비, 2013.

Eagleton, Terry. *Literary Theory: An Introduction*. Oxford: Blackwell, 1983.

Foucault, Michael. *Discipline and Punish: the Birth of Prison*. 2nd Ed. New York: Vintage, 1995.

Garret, Peter K. "Instabilities of Meaning, Morality, and Narration." *Strange Case of Dr. Jekyll and Mr. Hyde*. Ed. Katherine Linehan. New York: W. W. Norton & Company, 2003. 189-197.

Houghton, Walter. *The Victorian Frame of Mind, 1830-1870*. Ithaca: Yale UP, 1957.

Linehan, Katherine. "'Closer Than a Wife': the Strange Case of Dr. Jekyll's Significant Other." *Robert Louis Stevenson Reconsidered: New Critical Perspectives*. Ed. William B. Jones, Jr. London: McFarland & Company, 2003.

_______. Ed. *Strange Case of Dr. Jekyll and Mr. Hyde*. New York: W. W. Norton & Company, 2003.

Morreti, Franco. *Atlas of the European Novel 1800-1900*. New York: Verso, 1998.

고딕적 상상, 초상화의 욕망과 반미학: 오스카 와일드의 『도리언 그레이의 초상』

이혜진 _ 동의대학교

고딕적 상상, 초상화의 욕망과 반미학: 오스카 와일드의 『도리언 그레이의 초상』*

I

작가 소개

오스카 와일드(Oscar Fingal O'Flahertie Wills Wilde, 1854-1900)는 동성애자로만 부각되어 문학적으로는 제대로 평가받지 못한 비운의 작가였다. '예술을 위한 예술'(art for art's sake), 예술 지상주의, 다르게 말하면 오로지 아름다움만을 목표로 삼는 대표적 인물이었으나 상류층과 교제하여 세력을 확장하려고 한다거나 귀족적 취향과 배치되는 문학시장의 주요 고객 중산층의 취향을 따르는 등의 모순적인 모습을 자주 보여주었다. 19세기 후반 프랑스와 유럽 전역에서는 퇴폐적 경향을 띄는 예술 사조로 데카당스가 지배적이었다. 이것은 세기말 퇴폐적 낭만주의의 한 분파로 고전적· 절대적인 미가 붕괴된 시대에 전통을 부정하고 더 나아가 비도덕, 소외, 고독과 같이 무한한 다양성을 내포하고 있음에도 그동안 주변에 놓여있던 가치에 주목하기 시작했다. 와일드는 데카당스주의에 근거한 작품 활동을 하면서도 사회 개혁을 주장하는 극작 활동을 하기도 하였다. 그렇다면 와일드는 잠깐 과대평가된 통속적이고 가벼운 작가였던 것일까? 아니면 19세기와 20세기를 이어주는 시대를 앞선 사상가, 작가, 비평

* 이글은 2009년에 발간된 『19세기영어권문학』 13권 2호에 발표한 논문을 고쳐 쓴 것이다.

가였던 것일까?

와일드는 1854년 더블린(Dublin)에서 저명한 의사 윌리엄 경(Sir William Robert Wills Wilde)과 제인 와일드(Jane Francesca Wilde) 사이 둘째 아들로 태어났다. 그의 어머니는 스페란자(Speranza)라는 필명으로 혁명적 시를 쓰기도 했으며 집안에 문학 살롱을 차려 문학, 지성인들의 사교 모임을 주도하기도 하였다. 와일드는 외모와 성향 면에서 어머니의 영향을 많이 받았다. 그는 트리니티 대학(Trinity)에서 고전 문학(classical studies)을 마친 후 장학생으로 옥스퍼드 맥덜린 칼리지(Magdalen College)로 진학했다. 그 곳에서 예술과 도덕 사이의 관계를 연구하던 교수 존 러스킨(John Ruskin)과 이상적 아름다움을 추구했던 월터 페이터(Walter Pater)의 미학을 접한다. 졸업 후 런던에 정착하여 버나드 쇼(Bernard Shaw)와 윌리엄 버틀러 예이츠(William Butler Yeats)만큼이나 확고한 작가적 입지를 다지면서 화가 프랭크 마일스(Frank Miles), 제임스 애봇 맥네일 휘슬러(James Abbott McNeill Whistler)와 교류하며 런던 사교계에서 입지를 다지게 된다.

그는 당시 수수한 검은색 정장을 탈피하여 찰스 디킨스(Charles Dickens)와 같은 19세기 댄디들(dandies)의 화려한 복장을 선보였다. 댄디즘이란 댄디들이 보여준 우아하고 세련된 몸가짐이나 그들 스스로가 대중들과 다르다고 생각한 정신적 우월감을 은연중에 과시하는 태도 혹은 외모를 잘 꾸민 멋쟁이를 의미하기도 한다. 댄디, 댄디즘은 19세기 초반 영국 사교계에서 출발하여 프랑스 문학계에서 크게 번성하였다. 당시 보들레르(Charles Baudelaire)가 댄디즘을 내적인 충실한 삶으로 구현하여 예술가의 도덕 수준으로 격상시킨 것처럼, 와일드는 초록 카네이션을 이용한 단추장식, 벨벳 반바지, 비단, 에나멜 가죽 등을 이용하여 빅토리아 시대 전형적 남성상이나 젠더 규범을 의식적으로 위반하는 방식으로 댄디즘을 인습타파(iconoclasm)에 적용하였다. 일견 모순적으로 보이기도 하는 그의 행보는 유미주의, 데카당스, 댄디즘으로 스스로 하나의 예술 작품이 되고자 한 삶 자체로 일관적으로 수렴된다. 즉 그의 삶과 예술 활동 전체는 모더니티가 노출하는 문제의 해결책을 헬레니즘, 다시 인간으로의 회귀를 통해 모색한 것일지도 모른다(이순구 34).

1880년 첫 희곡 작품 『베라: 혹은 허무주의자들』(*Vera: Or, The Nihilists*), 1881년 발간한 61편의 시 모음집은 문학적으로는 큰 관심을 이끌어내지는 못한다. 초기에는 그의 작품보다는 행보나 발언면에서 오히려 강한 인상을 남긴다. 1882년 와일드는 "미학적 운동"(aesthetic movement)을 전파하기 위해 장기간 순회강연 차 미국과 캐나다로 떠나게 된다. 27세의 청년이 미국 세관을 통과할 때 신고할 것이 없냐는 질문에 자신의 '천재성'밖에 없다고 대답했다는 일화가 있는데 이것이 사실과 다르다는 설도 있다. 다만 와일드는 확실히 탁월한 외모로 댄디즘을 자신의 방식으로 표현해내는 예술적 통찰력을 가졌다. 시인으로서 그는 크게 성공하지 못했으며 시 대다수는 로버트 브라우닝(Robert Browning), 단테 가브리엘 로제티(D. G. Rossetti), 앨저넌 스번(Algernon Charles Swinburne)과 같은 유명 시인의 시와 유사한 느낌을 준다. 하지만 「매춘부의 집」("The Harlot's House," 1881)과 같은 몇몇 작품들은 엘리엇(T. S. Eliot)의 초기 시를 미리 보여주듯이 도시와 거리에 대한 독특한 시각을 보여주기도 한다. 와일드는 『행복한 왕자와 다른 이야기들』(*The Happy Prince and Other Tales,* 1888), 『아서 사빌 귀족의 범죄와 그 밖의 이야기들』(*Lord Arthur Saville's Crime and Other Stories,* 1891)이라는 단편 묶음집, 『W. H. 씨의 초상』(*The Portrait of Mr. W. H.,* 1889), 『의도들』(*Intentions,* 1891)이라는 에세이 모음집을 발표하기도 했다. 또 유일한 소설인 『도리언 그레이의 초상』(*The Picture of Dorian Gray*, 1891)은 발표 당시에는 혹평을 받았지만 이후 그 어떤 작가도 능가할 수 없는 상상력을 펼쳐 보인 작품으로 재평가되었다. 와일드의 가장 탁월한 성공은 극작가로서 이룬 것이다. 『윈더미어 부인의 부채』(*Lady Windermere's Fan*, 1892), 『살로메』(*Salome*, 1893), 『하찮은 여인』(*A Woman of No Importance*, 1893), 『이상적인 남편』(*An Ideal Husband*, 1898), 『진지함의 중요성』(*The Importance of Being Earnest*, 1898)이 대표작이다.

1895년까지 작가로서의 와일드의 승승장구는 동성애 사건으로 갑자기 체포되고 2년간의 극심한 노역과 징역형을 받으면서 종결된다. 미국에서 강연을 하던 시기에 그는 유명한 아일랜드 변호사의 딸 콘스탄스 메어리 로이드(Constance Mary Lloyd)와 약혼하고 1884년 5월 세인트 제임스 교회(St. James Church)에서 결혼하여 두 아이를 낳아 평범한 삶을 영위하는 것처럼 보인다. 1891년 잘생긴 젊은 시인 알프레드 더글라스(Alfred Douglas)경과의 만남이 그에게는 파멸의 시초이다. 자신의 아들과 별로 사이가 좋지 않았던 더글라스의 아버지가 더글라스와 동성애 관계라며 와일드를 고소하자, 와일드는 더글라스의 아버지를 명예훼손으로 고소하게 된다. 방심한 상태로 와일드와 더글라스와 여행을 떠난 와중에 더글라스의 아버지는 치밀하게 두 사람의 동성애 관련 증거를 법정에 제출하게 되고 와일드는 형사법 개정안 제 11조에 의거 남성 간 부적절한 행위로 형사상 유죄를 선고받게 된다. 이후 영미 내 대중들과 작가들의 와일드에 대한 반감과 혐오는 걷잡을 수 없게 되었고, 그가 이끈 미학적 운동도 더불어 후퇴한다.

산문 고백집 『심연으로부터』(*De Profundis*)는 수감생활 동안 자신을 파멸시킨 더글라스에게 보내는 편지형식의 글이나 점차 세상 사람들과 자신에게 들려주는 이야기로 심화된다. 1905년 초판에서는 이 내용 가운데 일부분만이 1962년에 이르러서야 무삭제판으로 출간되었다. 출소 후 이혼당하고 파산한 채 와일드는 프랑스로 떠나 서배스천 멜모스(Sebastian Melmoth)라는 가명으로 친구들에게 재정적 원조를 구걸하면서 남은 3여년의 여생을 살아간다. 그의 마지막 작품 『레딩 감옥의 발라드』(*The Ballad of Reading Gaol*, 1898)는 운문시이다. 『진지함의 중요성』에서 어니스트 워싱(Ernest Worthing)이 파리에서 죽은 뒤 호텔의 매니저가 그 죽음을 전하는 것처럼 와일드 본인도 작품과 흡사한 죽음을 맞았다. 그의 시신은 처음에 바뇌(Bagneaux)에 묻혔다가 페르 라셰즈(Pere Lachaise) 공동묘지로 옮겨지는 비운을 겪었다.

사후 100년만에 런던 웨스트민스터 사원 문인 구역에 대형 명판이 세워진 계기로 다시 작가로서의 이름을 되찾으며 와일드는 인생과 작품 모두에서 재평가의 기반을 마련하게 된다. 그의 묘비에는 『레딩 감옥의 발라드』 속의 구절이 새겨져 있다. "낯선 이들의 눈물이 그를 위해/오래전에 깨어진 연민의 항아리를 채우리라./ 그의 조문객들은 배척당한 이들일 것이며,/ 배척당한 이들은 언제나 애도하리니." 그의 묘지는 이제 수많은 방문객들의 키스 마크로 뒤덮여 있다. 생전에 동성애자로서 와일드가 겪었던 인간적인 '배척'은 완전히 다른 방식인 '키스마크'로 변형되었으며, 이제는 그의 안식처를 보전하기 위해 키스마크를 자제해 달라는 요청이 있다. 와일드는 우리 모두처럼 때로는 모순적이기도 불완전하기도 했지만 그의 모순과 불완전은 온전한 부족으로만 그치지 않는다. 또한 와일드의 지성, 위트, 도피의 기회를 마다하고 감옥을 선택한 점, 『데일리 크로니클』(*Daily Chronicle*)에 '잔인한 감옥'을 폭로하여 감옥 법령(Prison Act)을 이끌어 낸 점은 너무나 비범하다. 평범한 소시민들이 현실에 안주하며 살아가는 반면 기존의 가치관과 시각에 도전하며 작품으로 삶으로 의문을 던진 와일드는 작가로서 뿐 아니라 개인으로서도 분명 매력적이다.

II

작품 소개

『도리언 그레이의 초상』[1]은 1890년 6월 20일 『리핀코츠 먼슬리 매거진』(*Lippincott's Monthly Magazine*) 7월 판에 최초 발표된 후 수정 확장되고 새로 서문이 더해져 1891년 4월 책으로 출간되었다. 이 작품은 와일드가 남긴 유일한 장편 소설이다. 바질 홀워드(Basil Hallward)가 런던 자신의 집 거실에서 똑똑하지만 추문 제조기인 친구 헨리 워턴 경(Lord Henry Wotton)과 나누는 대화로 시작된다. 헨리 경이 지금까지의 바질의 작품 가운데 '아름다운 청년'을 그린 이 초상화가 으뜸이라고 칭찬하던 차에 초상화의 실제 주인공 도리언이 그 자리에 나타난다. 바질의 우려대로 도리언은 헨리 경을 통해 스스로의 아름다움을 '인식'하게 되고, 헨리 경은 아름다움이 사라질까봐 두려워하는 도리언에게 나쁜 '영향력'을 끼치게 된다. 헨리 경의 악마적 유미주의에 매료되어 도리언은 '자신의 젊음은 그대로 유지하고 대신에 초상화가 늙어가기를' 바란다. 어느 날 도리언은 무명 여배우 시빌 베인(Sybil Vain)에게 매혹되지만 무대 위의 여배우가 아닌 현실의 시빌을 대하게 되자 실망감을 그대로 표현하여 그녀에게 큰 상처를 주고 집으로 돌아온다. 도리언은 바질이 그려준

---

1) 오스카 와일드(Oscar Wilde)의 『도리언 그레이의 초상』(*The Picture of Dorian Gray*)에 대한 이후 작품의 인용은 페이지 수만 표기하기로 한다.

자신 대신 늙어가기를 바란 욕망이 투영된 초상화에서 '전에는 없었던 미묘한 변화', 풀어서 설명하자면 초상화에서 처음 느껴진 추(ugliness)를 목격하고 자신의 행동을 반성하게 된다. 시빌에게 한 행동에 대해 도리언은 진심으로 후회를 하고 시빌과 결혼하기로 결심하지만 그녀는 이미 자살해버린 이후이다. 도리언이 자신의 미를 인식하기 시작한 것, 초상화에 최초로 도리언의 악행이 새겨진 것, 자신의 악행이 초상화에 비치는 것을 감지하는 것은 마치 초상화가 도리언에게는 '거울'의 기능을 하게 되는 것으로 보일 수 있다. 이렇게 초상화와 도리언의 관계는 '시작'되는 것이다. 이후 도리언은 매춘굴을 드나드는 등 타락과 환락으로 점철된 삶을 살아간다. 도리언에 대한 나쁜 소문에 몹시 걱정이 되어 찾아온 바질에게 초상화의 실체를 보여준 후 광기상태로 도리언은 바질을 살해한다. 확실하게 드러나지는 않지만, 바질은 도리언에게 어떤 '사랑'을 주는 방식을 취하지만 도리언은 그것을 폭력적으로 거부하고 범죄를 저지를 뿐이고 화학자 친구 엘런 켐벨(Alan Campbell)은 바질의 시체를 처리해달라는 도리언의 부탁을 마지못해 들어주고는 죄책감으로 결국 죽게 된다. 누이의 복수를 의도했던 시빌의 남동생 제임스 베인(James Vane)의 죽음에도 도리언은 큰 원인을 제공한다. 초상화가 대신 늙어간다면 자신은 영원히 행복하리라 굳게 믿었던 도리언은 자신의 악행을 그대로 새기면서 늙어가는 초상화를 칼로 찢어버리려고 한다. 그것만이 초상화와 도리언의 관계를 단절할 수 있는 유일한 행위일 것이다. 하지만 그 행동은 스스로를 찌르는 것이 되어 도리언은 죽어 노인의 시체로 남게 되고 초상화는 다시 아름다운 그림으로 변형된다.

이 작품은 허구적 사건 중심으로 전개되기 때문에 작품에서는 실제적 연도가 잘 드러나지 않는다. 작품에서 런던이라는 배경이 강조되는 반면에 사건이 연속적으로 서술되지도 않는다. 작품의 서술자는 인물들 각자와 인물들 간의 관계를 드러내는데 집중한다. 이 작품은 '거의 모두가 알고 있는 내용인 듯 하지만 실제로는 매우 소수의 사람들만이 텍스트 자체를 읽은 사례' 중 하나이기도 하다. 이 작품에서 인간(도리언)과 그림(초상화)은 단순히 인간과 그림으로 머무르지 않는다. 그 속에 역사적, 문학적인 다양한 시니피앙을 담고 있을 뿐만 아니라 이 둘 사이의 확실한 경계선은 수시로 생겼다가 무너지기도 한다. 도리언과 그의 초상화는 독자적으로 존재하고 행동하기도 하는 동시에 때로 환상적으로 연결된 한 몸처럼 기능하기도 한다. 작품에서 이 둘은 기발하게 잘 짜여진 도플갱어(Doppelganger)로서 움직이다가 결말에 이르러서는 반전효과의 자살 사건으로 마무리된다. 이 작품에 나오는 세 명의 주요 인물은 각각 조금씩이나마 와일드의 모습을 투영하고 있는 듯하다. 이상주의적 예술가 바질이 동성애 이전 순수했던 와일드이고, 세상 사람들이 생각한 와일드가 스스로 동성애자였지만 사회생활을 하면서 감추어야 했던 댄디 헨리 경, 작품 속에서 실현한 와일드가 되고자 꿈꾼 모습은 『도리언 그레이의 초상』의 도리언일지도 모른다(이순구 53-54). 『도리언 그레이의 초상』은 당시 일반 대중들에게는 때로 시대의 용인을 넘어서는 충격을 전해주기도 했지만 강렬했던 본인의 삶과 시너지 효과를 일으키면서 '경직된 사고체계에 균열을 일으키는 고딕적인 효과'와 맞닿아 지금도 유효한 현대성을 획득한다.

III

1. 들어가는 말

고대 철학자 가운데 신플라톤학파의 일원이었던 철학자 플로티누스(Plotinus)는 초상화의 비현실성에 주목하였다. 하루는 그의 학생이 사람을 불러 스승의 초상화를 그리려고 했는데, 그 때 그는 "내 얼굴은 나의 것이 아니야. 그저 빈껍데기일 뿐이지. 초상화는 이런 빈껍데기의 빈껍데기가 되니 허황된 것이 두 번이나 겹치는 것이 아니겠는가? 그게 무슨 의미가 있겠나?"(샤오춘레이 61-64)라고 말했다고 한다. 레비-스트로스(Claude Levi-Strauss)에 따르면 초상화는 지도처럼 계획된 유사성을 가지는 상징이고 아이콘일 수 있다. 이는 다른 문화적 맥락에 속해 있는 인덱스로서 하나의 도안이라는 형상을 넘어 원본적인 인물을 담아낸다. 초상화는 단순한 사물의 지위를 넘어 새로운 이야기 거리를 다양하게 담을 수 있는 가능성으로 인해 회화에 국한되지 않고 다양한 예술 장르의 출발점이 되기도 하였다.

극작가로 더욱 유명한 와일드의 소설 『도리언 그레이의 초상』의 중심에 바로 초상화가 있다. 이 작품에서 나타나는 환상적인 초상화 한 점은 경계를 허무는 기능을 내재한 시뮬라크라(simulacra)로 주인공과 더블(double)이 된다. 더블을 우리말로는 주로 분신이라고 표기하지만 도플갱어가 그러하듯이 이 단어는 주체와 타자가 갖는 복잡한 상호관계가 가져오는 효과를 잘 설명하지 못하기에 그대로 더블이라고 표기하게 되었다. 초상화의 원본적 인물이 나르시시즘을 경험하게 하는 시초로서 중요한 위치를 점한다. 시뮬라크라로 초상화를 읽는 시도는 원본과의 복잡한 관계를 해석가능하게 하면서 더블의 문제를 다시 정의하게 할 것이다. 사물인 초상화는 작품 속 인물과 더블관계를 형성하면서 그의 더블인 인물을 조종하여 아바타

(avatar)로 삼기에 이른다. 초상화와 아바타는 둘 다 주체와 연관되어 주체의 욕망이 투사되면서 나타난다. 양자는 주체를 대표하면서도 동시에 은폐할 수도 있다는 점에서는 공통적이다. 더불어 아바타는 주체의 의지로 선택되거나 손쉽게 폐기될 수 있는 반면에 초상화와 더블은 주체의 의지를 초월한다는 점에서 구별된다.

초상화가 도리언과 이루는 관계 이외에도 헨리경을 위시한 바질, 시빌과 같은 인물들과 도리언은 서로 영향력을 주고받고 모사하면서 각자를 아바타로 삼아나간다. 종국에 도리언이 그의 초상화를 찌르는 것은 나르시시즘 속에 내재한 불안과 맬랑콜리가 총합되어 극단적 형태로 드러나는 것이다. 불안은 현대의 담론에서 큰 하나의 줄기를 형성하고 있다. 특히 프로이트는 전기에는 리비도가 방출되지 못하고 누적될 때 이것이 불안으로 전환한다고 보았다가 후기에 이르러 불안이 위험 상태의 등장을 예고함으로써 이러한 위험상황을 효과적으로 피하거나 방어할 수 있도록 자아가 보내는 신호라고 자신의 의견을 수정하였다. 라깡은 프로이트가 불안의 대상으로 충동의 요구라고 본 반면에 이 견해를 더욱 확대해서 타자의 욕망 혹은 향유라고 말할 뿐 아니라 대상 a를 불안의 대상으로 볼 수 있다고 언급하기도 했다(김상환 191-98). 초상화와 더블이 된 도리언은 비극적인 운명으로 나아간다. "흥미로운 것과 개성적인 것, 그로테스크한 것에 대한 추구는 비극적인 운명을 향해 무거운 발걸음을 옮기는 흉측한 자들을 상상하도록 우리를 이끌어"(에코, 『추의 역사』 93) 낸다.

이 작품은 그 동안 주로 동성애적 시각이나 유미주의에 기반해서 일차원적이고 피상적으로 접근되고 비평되었다면, 본 논문은 이 작품을 총체성으로 정형화된 주체가 아니라 불안한 주체, 언제나 구성되기에 변형 가능한 주체의 교란에 주목하여 경계를 허무는 기능을 가진 시뮬라크라(simulacre)를 시작으로 해서 다시 논의하고자 하였다. 시뮬라크라는 때로 확장 가능하여, 때로는 물신과 모방이 시뮬라크라일 수도 있다. 초상화와 도리언을 시뮬라크라와 원본의 관계에 위치시킨다면, 초상화의 근원인 도리언은 기존의 나르시시즘적인 주체와는 달리 사물과 자신을 동일시한다. 종래의 나르시시즘을 앓는 주체가 자신은 완벽하며 결점이 없는 존재로서 총체성을 지닌다고 가정했다면 도리언은 자신이 가진 완전함이 세월에 따라 소멸될 것을 염려한다. 이 작품에서 주체에 대한 끊임없는 관심의 동력이 되는 것이 나르시시즘이다. 더불어 영향력의 역학관계로 초상화를 아바타로 연결시키는 것은 '나쁜' 영향력을 다시 읽게 하여 종국에는 긍정적인 변혁의 기능을 하는 더블, 나르시시즘, 아바타를 죽음의 문제로 총합된다.

초상화와 아바타, 더블에 대한 이 모든 논의는 도리언에서 시작되어 도리언으로 나아간다. 증후군(syndrome)이란 용어의 기원이 된 나르키소스(Narcissus) 신화에서처럼 불안하고 완벽하지 않은 정체성으로 인해 도리언은 자신의 초상화와 다층적인 관계를 맺는다. 설명할 수 없는 것이 늘상 주체에 침입하듯이, 도리언의 초상화는 도리언에게 끝까지 고착화되어 인간의 무의식과 몸과 정신 사이의 투쟁을 재현해 낸다. 더불어 주요 인물들은 서로 간 영향력을 주고받으며 서로를 자신의 아바타로 취사선택하고 임의로 폐기하면서 그들의 운명을 결정짓는데 지대한 영향을 미친다. 스스로 불안정한 주체가 파괴되도록 작동되는 이 모든 과정은 결국에 주체에 대한 끝없는 물음의 재현이다. 시뮬라크라로 발현하는 더블, 나르시시즘, 아바타로 이어지는 일관적인 여정에서 먼저 원본과 시뮬라크라의 관계를 먼저 살펴보겠다.

2. 시뮬라크라와 더블

기존의 철학과 문학이 관심을 둔 것이 재현이라면 불어인 시뮬라크라는 실제로는 존재하지 않는 대상을 존재하는 것처럼 만든 인공물이다. 원본과 유사하게 나타내는 것이 재현이고 복제는 원본을 그대로 옮긴 것이다. 복제 가운데 하나인 시뮬라크라에 따르면 때로 일어나는 국가적인 분쟁이나 더 큰 규모의 전쟁의 실상은 실제로 전달되는 것이 아니라 '파편화된 이미지'이며 이것은 언론을 통해 새롭게 편집되어 전해질 뿐이다. 이러한 관점은 과학과 기술, 미디어의 문제를 넘어 주체와 세계에까지 적용될 수 있다. 원본과 복제물의 관계, 그 경계의 모호함의 의미는 쟝 보드리야르(Jean Baudrillard)가 제기하면서 심화되기 시작하였다.

이 이론에 기대면 철학을 위시한 진리의 문제와 가치 판단의 일반과 심지어 주체까지도 시뮬라크라 된 것, 즉 시뮬라시옹(simulation)이 된다. 도리언의 초상화는 작가 바질이 "나는 그 작품 속에 나 자신을 너무 많이 쏟아 부었어"(6)라고 고백하는 복제된 것이다. 이 초상화는 바질이 도리언에 대한 진정한 감정을 가진 채 작업한 작품이기 때문에 주인공을 드러내는 것을 넘어 예술가에 대해서까지 많은 것을 노출시킨다. 도리언이 초상화를 보았을 때 마치 그가 그 자신을 처음으로 보는 듯 상당한 감동을 받은 이유는 바로 여기에 있다. 처음 원본은 도리언이고 도리언의 초상화가 시뮬라크라이다. 도리언의 초상화는 실제와 유사한 채로 원본과의 관계를 잘 유지하고 있다. 보드리야르가 말한 순수하게 시뮬라크라 된 시뮬라시옹과는 조금 차별적이다. 보드리야르가 말하는 시뮬라시옹은 대상물의 재현이나 복사를 의미하며, 이렇게 생겨난 가상 세계는 미디어나 언론을 통해 전해지는 이미지로서 실체와 재현물의 분간하기가 어려울 뿐 아니라 뒤 이어 실체는 사라져버리는 것으로 간주되었다. 통상적으로 시뮬라시옹은 기호개념으로 보아져야 하는데, 보드리야르를 따르자면 기호(초상화)와 실체(도리언 인물)는 동일시되지 않고 서로 어긋나게 된다. 기호가 실체를 완전히 반영하지는 못하기 때문이다. 초상화와 인물 도리언은 원본과 복제물의 위치를 역전시킬 뿐 아니라 동일화의 과정을 거치기 때문에 보드리야르의 개념을 한 차원 넘어 주체를 교란시키는 역할을 하기에 이른다. 바질이 만들어 낸 도리언의 초상화는 보드리야르가 말한 입체 영상처럼 살아 움직이지는 않는 듯 보이지만 도리언의 행동에 따라 초상화의 표정과 얼굴 외양이 변해간다. 초상화는 이제 사물의 영역을 넘어 수행적인 역동체가 된다. 바질이 그와 헨리, 도리언에게 분란을 일으키게 하는 초상화를 없애겠다고 했을 때 도리언은 "그것은 살인이 될 거에요" (29)라며 그를 제지하는 지점에서 도리언은 그림과 자신이 더블 관계라고 밝히고 있다.

> "바질. 이 작품은 나의 더블이에요. 나는 그걸 느낄 수 있어요."
> "그런가. 그러면 자네의 더블이 마르면 바로 니스를 칠하고 액자에 넣어 집으로 보내겠네. 자네의 더블과 무얼 하든지 그건 자네 마음대로 일세." (29)

자신의 더블이 그림의 형태로 산출되었다는 것을 도리언이 감지한 이후, 도리언의 초상화는 무한한 복제과정을 거치듯이 점차 이상화되어 완벽한 모습이었다가 곧 이어 원본인 도리언을 대신해 노화와 추함을 새겨나간다. 메리 셸리(Mary Shelley)의 『프랑켄슈타인』(*Frankenstein*, 1818)에서 출현하는 봉합된 신체의 구성물인 괴물처럼 도리언의 초상화는 그로테스크한 신체조각의 재현인 동시에 시뮬라크라이다. 세월을 비껴서 여전한 아름다움을 간직하는 도리언의 얼굴은 복제된 것과 원본의 구분을 허물어낸다. 원본이 도리언의 초상화가 되고 외부와 무관하게 아름다운 도리언의 얼굴이 반대로 시뮬라크라가 된다. 더블은 신체의 역사를 엮어 나가는 인공신체들 가운데 가장 오래된 것이지만 또한 엄격히 말해 인공적인 신체는 아니다. 그것은 어떤 영혼, 그림자, 거울 속의 이미지와 같이 그의 다른 것으로서 주체를 망령처럼 붙어 다니는 상상적인 형상이며, 주체가 그 자신이면서 동시에 자기 자신과 결코 닮지 않도록 하는 것이고 또 이것은 교묘한 그리고 항상 내쫓긴 죽음처럼 주체에 항상 붙어 다니는 것이다. 그러면서도 항상 그런 것은 아니다(Baudrillard 95). 도리언과 그의 초상화는 피상적이고 단순한 더블 관계에 머무르지 않는다. 각각에게 부여된 위치를 고정시키는 대신에 탈구축에 이어 재구축을 수행하고 있다.

자아가 자기 자신에 대해 낯설면서도 동시에 친밀한 관계를 맺게 되는 더블이 가지는 상상력의 풍부함과 힘은 더블의 비 물질성 위에, 동시에 더블이 환상이고 환상으로 남아있다는 사실 위에 세워진다. 따라서 각자는 평생 동안 자기 존재를 완전한 이중으로 하거나, 여러 개의 복수로 하기를 꿈꿀 수 있고 꿈꿔야만 했다(Baudrillard 95). 도리언이 복수로 존재하게 만드는 그의 초상화는 비물질적인 환상에 근거한다. 그의 초상화는 정지되어 있지 않고 주체를 대리하여 주체의 악행과 심리적인 변화를 표정의 일그러짐과 음흉한 웃음으로 나타내면서 주체의 변화하는 모습을 보여주는 수행하는 도리언의 더블이다. 변형된 시뮬라크라 관계에서 원본과 복제품의 위치를 점하고 있는 두 더블들은 서로 간에 간헐적으로 자리바꿈을 하면서 우리가 주체에 관한 관심을 늦추지 않도록 한다. 다음 장에서는 이러한 더블적 존재로서 도리언이 경험하는 나르시시즘을 고찰하면서 심층적 논의로 나아가기로 한다.

3. 불안과 나르시시즘

자신의 원천 위에서 허리를 수그리고 있던 나르키소스가 그러했듯이, 지속적인 생생함 그대로 수면 위에서 자신의 실제성을 포착하려고 하는 것은 환상일지도 모른다. 당신들은 마치 신이 자신의 창조물 위에서 그렇게 하듯 입체 영상위에서 허리를 구부린다(Baudrillard 105). 도리언은 추를 피하고 언제까지나 미에 머물러 있고자 소망을 품었다. 마치 거울 속 자신의 이미지를 바라보았던 나르키소스가 그러했듯이 도리언이 자신의 초상화를 들여다보는 순간 비극은 시작된다. 신화에서는 강의 신인 케피소스(Cephisus)가 레이리오페(Liriope)를 강간한 결과로 나르시소스가 탄생했다고 한다. 출생 때부터 그는 너무나 아름다워서 그렇게 아름다운 피조물이 오래 살 수 있느냐는 질문을 받을 정도였다. 이 질문에 대해 티레시아스(Tiresias)는 '그가 자신을 알게 되지 않는다면' 그는 오래 살 수 있을 것이라는 심오한 답변을 준다(홈즈 128). 나르키소스처럼 아름다운 존재였지만, 도리언도 바질의 화실에서 헨리경을 만나기 전까지는 자신의 아름다움을 인식하지 못하는 순수한 청년일 뿐이었다. 나르키소스가 필연적인 죽음을 맞이할 수밖에 없었던 일과 유사한 일이 일어날 것을 직감적으로 감지한 바질은 헨리와 도리언의 만남을 제지하려고 한다. 그럼에도 헨리경이 도리언의 아름다움을 일깨우고 젊음이 힘없이 시들어 질 수밖에 없는 덧없는 것임을 각성시키는 순간 아름다운 도리언은 극단적인 파멸로 갈 수 밖에 없는 운명으로 내정된다. 도리언의 출생과정과 유년시절의 경험은 나르키소스와 조금이나마 닮아있다. 무엇보다도 이 둘은 아름다움이라는 공통분모에 의거해 있다.

도리언은 십대 후반의 아름다운 현재를 과거로 흘려보내지 않고 미래의 모습으로 가져오려고 하였다. 자신의 아름다움을 인식한 순간 자신에 대한 나르시시즘으로 빠져버린 도리언에게도 '또 하나의 자신' 또는 생령에 대한 당시의 관심에서 비롯된 나르시시즘의 고전적 형태인 악마와의 계약이 포함되게 된다. 도리언은 자신이 보유한 아름다움이 변화될 수밖에 없다는 것을 지나칠 정도로까지 거부하기 때문에 도리언이 도피하려고 한 부분은 기형적인 초상화로 형상화된다. 계약에 따라 영원히 늙지 않는 젊은이의 얼굴을 세상에 내보이는 대신에 그의 내적 자아는 젊음을 잃을지도 모른다는 불안을 키워내면서 자신의 내부 가장 깊은 곳에 갇힌 채로 기묘한 모습으로 증폭되어 간다. 이렇게 나르시시즘은 도리언을 완전히 잠식하는 듯하다. 하지만 도리언이 가진 나르시시즘의 특성은 여전히 추악한 일부가 자신에게 내재하고 있다는 사실에서마저는 달아나지는 못한다는 것이다.

상징적인 분열 과정에서 잉태 된 초상화 앞에서, 안정된 토대를 구축하려는 서구의 주체가 나르시시즘적인 자신과 대상을 일치시키려는 시도를 하는 순간에 필연적으로 불안이 야기된다. 불안은 모든 인간이 경험하는 탯줄이 잘리는 순간부터 기인하는 것이기 때문에 출생 시에는 현실적 상황으로 존재하고 현재에는 감정 속에서 규칙적으로 재생되는 것이다. 우리의 유전자 속에는 최초의 불안 상태를 반복하려는 기질이 일련의 수많은 세대들을 거쳐서 유기체의 기관에 너무도 철저하게 체화되어 있기 때문에 한 개인이 불안의 감정에서 벗어나기란 어렵다(Freud, *Introductory* 396-97). 도리언이 불안에서 도망치려는 하나의 전략으로 허영과 유흥으로 빠져드는 것은 다락방에 자신의 초상화를 감추는 것으로 시작된다. 본인을 점점 더 압박해가는 초상화를 보면서, 도리언은 본인이 미덕을 갖춘 이가 되어 초상화에 새겨지는 도덕적 타락을 되돌릴 수도 있다고 잠시나마 생각해보기도 하지만 그 불가능성을 스스로 가장 잘 알고 있었다.

아름다운 자신을 담은 초상화는 나르시시즘을 거쳐 더 큰 불안으로 이어진다. 일례로 헨리경이 시빌의 죽음이 사고사로 결론지어졌다고 붉은 색 표시를 한 신문을 도리언에게 보냈을 때, 그는 혹시라도 자신의 집사로 일하는 빅터(Victor)가 의심이라도 할까 노심초사한다. 모든 두려움을 떨치고자 아편굴로 가는 순간에 도리언은 바질의 눈이 자신을 따라다닌다고 생각한다. 시빌의 남동생인 제임스가 자신을 살해하려고 했던 위험을 모면한 이후에는 도리언은 더욱 더 죽음이 별안간 그에게 걸어올지 모른다는 두려움으로 괴로워한다. 제임스가 토끼로 오인되어 사냥터에서 죽게 되고 그의 주검을 확인한 이후에도 죽음에 대해 도리언이 느끼는 두려움은 줄어들지 않는다.

와일드의 『도리언 그레이의 초상』에서 노화나 타락의 외적 징후는 도리언의 신체에 새겨지지 않는다. 반면에 다락에 놓인 자신의 초상화는 그를 대신하여 늙어가고 타락의 흔적을 축적해나간다(Spooner 59). 도리언이 피하고 싶어했던 노화는 우리 모두가 개인에 따라 그 속도를 지연시킬 수는 있을지라도 절대로 피해갈 수 없는 것이다. 도리언이 소망했던 것이 현실화되어, 자신 대신 늙어가는 초상화로 현실과 환상의 경계가 소멸되는 순간 공상적인 차원에서만 머물러 있어야 할 것이 사물의 기능으로 눈앞에 드러나게 된다. 이것과 대면할 때 도리언은 그에게는 거세의 의미가 되는 노화를 피하려고 하면서도 초상화가 짊어진 노화에 대해 두려운 낯설음과 매혹을 느낀다. "슬프고 끔찍하고 심지어 무서운 것이 피하고 싶게 하면서도 동시에 거부할 수 없는 정도의 유혹을 불러일으킨다는 것은 모순적이지만 인간 본성의 한 특성이기도 하다. 우리는 고통스럽고 공포에 질리게 만드는 광경에 혐오를 느끼면서도 동시에 매혹되기" (에코, 『추의 역사』 220) 때문이다.

노화는 너무나 익숙한 표식이고 우리 가까이에 있는 것이지만 가장 익숙한 이러한 것이 내 안에서가 아니라 타자에게서 드러날 때 우리는 섬뜩한 두려움에 직면하게 된다. 도리언이 추구했던 신체적 완벽함은 신체 교체 가능성, 주체의 정체성의 상실, 신체나 자아의 파편화와 같은 온갖 공포와 불안을 끌어들인다. 컨버그(Otto F. Kernberg)에 따르면 노령과 죽음을 두려워하는 사회에서 타인들에 대한 의존을 두려워하고 젊음, 아름다움, 명성을 추구하는 사람들에게 노화는 특별한 공포가 된다(라쉬 61). 이러한 시각에서 "노인은 자신이 몸소 경험하는 존재가 아니라 타자이다. 노년은 노인이 스스로를 주체로서 경험하지 못한 채 자기 외의 인물에 의해서 객체가 되어 경험하는 '믿을 수 없는' 것이다. 노화 경험은 노인이 타자와의 변증법적 관계 속에서 궁극적으로는 자신의 외적인 이미지를 수용해야 하는 과정을 칭하는"(우르술라 201) 것이다. 도리언은 그러한 이미지를 수용하지 않고 대신에 초상화로 전이시키려고 하였다.

자신을 잠식하는 불안을 점차 통제할 수 없는 지경에 이른 후에 그는 점점 인간의 형체를 잃어간다. 결국에 마지막으로 붙들고 있던 인간성의 끈마저 놓치고 완전한 타자 같은 기이하고 짐승 같은 존재로 부각되면서 이제는 오히려 그 자신이 우리에게 끔찍한 두려움을 주는 존재가 된다. 언제든 어떤 방식을 통해 우리도 도리언이 될 수 있다는 불안에 느끼게 하는 메타포를 동시에 전해주는 것이다. 헨리경이 처음으로 도리언을 바질의 작업실에서 우연히 만났을 때, 그는 이렇게 말했다.

> 청춘의 솔직함과 청춘의 열정적인 순수가 거기 있었다. (19)

표면적인 유미주의를 넘어야 할 것이 이 부분에 있다. 대부분의 사람들이 미와 추의 극단적인 방향이 아닌 중도적인 정도로 나이 들어가는 반면에 주인공 도리언은 본인의 악행을 초상화에 그대로 떠넘긴 악의 실체이면서도 본인 스스로는 표면상의 미의 정수로 남아있다. 여기서 "육체의 미는 더 이상 어떠한 정신적 특징도 갖지 않게" (에코, 『미의 역사』 269) 된다. 처음에 도리언은 솔직하고 열정적인 순수한 청년으로서 미를 함의하고 있었지만 그것을 인식하지 못했기 때문에 선의 정신적 특징의 소유자였다. 시간이 흐름에 따라 방부처리를 한 미이라처럼 그가 억지로 붙잡은 젊음은 이전처럼 빛나지 않았을 뿐더러 선과 결탁하지도 못했다.

보팅은 "『도리언 그레이의 초상』와 같은 작품은 초기 근대의 블랙홀의 기능을 작정한 듯 불안을 두려움으로 구체화시키는 다양한 인물과 대상을 제시했다. 하지만 두 세기 동안에 조금씩 변형된 것들을 반복적으로 내어놓으면서 작품 속의 인물과 대상들은 독자에게 지나칠 정도로 친숙해졌고 새로운 충격을 주기에는 역부족이 되었다"고 밝혔다(Botting 298). 좀 더 심하게 말하면 근대의 어두운 이면을 표현했던 고딕스러운 공포는 이제 포스트 모던적 조건이 지닌 어둠의 윤곽을 그리는데 만족해야만 할지도 모른다고 비판받았다. 하지만 와일드의 『도리언 그레이의 초상』은 타자를 향한 자아 리비도의 방향을 정밀하게 드러내고 있다. 도리언은 이렇게 고백한다.

> 나는 모험을 찾아 바깥으로 나가보기로 결심했어요. 나는 이 회색의, 괴물 같은 우리 시대의 도시 런던이 언젠가 당신이 했던 표현을 빌려 그 수많은 사람들, 추악한 죄인들, 화려한 죄악들과 더불어 내게 줄 수 있는 무엇인가를 갖고 있을 거라고 느꼈어요. 나는 수많은 모험을 상상했습니다. 모험에 수반되는 보잘것없는 위험은 기쁨과 흥분을 주었지요. 나는 우리가 처음으로 저녁 식사를 함께 했던 멋진 밤에 당신이 해준 말을 떠올렸어요. 당신은 아름다움을 찾아가는 일이야말로 삶의 진정한

비밀이라고 했지요. (48)

도리언을 나르시시즘적인 주체가 되게 하면서 스스로의 미를 보존하도록 몰아가는 욕동은 헨리경이 도리언에게 알려주는 삶의 실체로서 거리에서 아름다움을 찾아 헤매도록 그를 떠민다. 괴물 같은 도시로 일컬어지는 현실에서 선과 악이 예술과 연계 될 때 이것은 모든 문화적 표현 수단의 하나에 그치는 진부한 하나의 소재에 그칠 수도 있다. 하지만 미와 추가 서로 간에 자유로이 유희할 수 있을 때 출발점은 다르지만 똑같이 숭고함이라는 목적지에 이르는 통로일 수 있다.

바질이 그렸던 도리언의 초상화가 미를 넘어 극단의 추가 되었다가 일시에 본래의 미를 회복한 점은 이러한 변형의 가능성과 경계 허물기를 암시한다. 나르시시즘을 초래하고 불안을 야기하게 하는 극단적인 미와 추를 다 안고 있는 것이 바로 도리언의 초상화이다. 액자에 갇힌 듯한 도리언의 초상화는 나르시시즘을 넘어 불안을 뿜어내는 동시에 이미지라는 공통점에 기반 해서 주체의 본질을 고민하게 만드는 아바타의 논의로 우리를 이끌어간다. 필자는 초상화에서 이제 과학 기술적인 발전 양상이기도 한 아바타로 논의를 옮겨가려고 한다.

4. 영향력으로 아바타 읽기

"'아바타'라는 말은 본래 산스크리트어의 '아바'(ava)와 '타'(terr)라는 두개의 단어로 이루어져 있다. '아바'는 다음 세대로 전해지다와 사라지다를 의미하고, '타'는 아래 또는 땅/이승을 의미하여, 고대 인도에서 '아바타'는 힌두신의 인간/동물로의 형상화 또는 철학적 의미로서의 구체화를 의미했다"(정동훈 111 재인용)고 한다. 이 용어는 닐 스테픈슨(Neal Stephenson)의 과학소설 『스노우 크래쉬』(*Snow Crash*)에서 사용되어 널리 알려지게 되었다. 비록 과학에서 출발하였지만 신성(Holy sprit)이 주로 동식물로 형상화되는 것을 칭하기도 했던 아바타 개념은 인문학과 문학에서는 새로운 주체 개념으로 전유 가능하다. 이 개념은 현대 사회에서 주체와 타자를 이야기하는 도구로서 다소 불완전한 영역에 놓인 논의를 가능하게 한다. 인터넷과 함께 도래한 아바타는 초상화에서 확장된 의미로서 주체를 표현하거나 대리할 수 있는데, 달리 말하면 초상화와 아바타는 문자가 아닌 하나의 상징 기호로 그 안에 의미를 담을 수 있다. 도리언의 더블인 초상화는 처음엔 주체의 의지와 무관한 사물적 존재로 생명체와 상호작용을 하지 않았다. 하지만 나르시시즘에 빠진 도리언이 그림을 자신과 동일시하게 되면서 이 둘은 더블이 되었다. 초상화를 아바타로 확장시키는 논의는 초상화에 담긴 이미지에서 시작된다. 더블이 나와 꼭 닮은 타자이거나 경우에 따라서 나와는 전혀 이질적인 것일 수 있듯이, 아바타도 주체를 오롯이 투영하는 모습이거나 나와는 정반대의 모습으로 나를 대리할 수도 아니면 오히려 나를 은폐할 수도 있다. 더블과 아바타는 이중적인 모순점을 그 안에 담고 있다는 점에서 공통적이다. 그러면서도 더블과 달리 아바타는 주체의 의지를 배반할 수 없다는 차이점도 있다. 아바타는 뒤에서 그를 조종하고 있는 행위자를 전제로 한다. 도리언과 그의 초상화는 서로간 더블로 기능하는 동시에 영향력을 주고받으면서 일견 사물화 된 존재의 위치와 거친 생명력을 가진 주체의 위치를 점하고 남은 존재를 반대의 위치에 있게 한다.

와일드는 예술이 다른 어떤 것에 대해 영향을 미치지 않는다고 설명했다. 하지만 극 중의 인물들 관계 중심에 '영향력'이 있다. 그들은 서로를 바라보고 대화하면서 그들 내에서 역학관계를 만들어 간다.

주체의 자리를 선점하고 있던 도리언은 초상화와의 관계에서 시선을 통해 그 위치를 자리바꿈한다. 영향을 미치는 수단 가운데 하나로서 “시관적 장에서는 시선이 바깥에 있으며 다른 주체가 나를 바라본다는 것을, 즉 내가 그림이 된다는 것을 강조해야겠다. 이것이 바로 가시적인 장속에 주체가 자리 잡을 때 가장 내밀한 수준에서 작용하는 기능이다. 시선을 통해 나는 빛 속으로 들어가며 시선으로부터 빛의 효과를 잃게 된다. 그리하여 시선은 빛을 구현하는 도구가 되며 그 도구를 통해 나는 사진 찍히게 되거나 그려지게 된다” (Lacan 105-106).

시관적 장에 놓인 모든 것은 이율배반적으로 작용하는 두 개의 항 사이에서 분절된다. 이제는 사물들 쪽에 시선이 있다. 다시 말해 사물이 나를 바라본다. 반면에 나는 사물을 본다. 그림 뒤에는 바로 사람들의 보는 것이 존재한다. 배후에는 항상 수많은 시선들이 있다. 이점에서라면 앙드레 말로(Andre Malraux)가 현대라고 구분한 시대, 말로가 ‘비할 데 없는 괴물’이라 부른 것, 즉 자신이 유일한 시선의 주체라고 주장하는 화가의 시선이 지배적이 된 시대도 전혀 새로운 것이 없다. 그림 뒤에도 항상 시선이 있다(Lacan 109, 113-14). 시선은 원초적으로 상대에 대한 영향력의 구현이 될 수 있다. 기존의 시각과 달리 도리언의 초상이 도리언처럼 그를 바라본다. 시선은 때로 극악무도한 폭력의 형태가 될 수 있으며 다른 어떠한 것보다 무시무시한 억압일 수도 있다. 사르트르는 자신이 쓴 희곡인 『출구 없는 방』(*No exit*)에서 타자와 시선을 통해 지옥의 개념을 제시하였다. “우리는 살면서 타자들에 의해, 우리의 추함과 부끄러움을 드러내는 타자의 무자비한 시선에 의해서 규정되지만, 그럼에도 여전히 타인이 자신의 실체를 보지는 않을 거라고 생각하며 스스로를 속일 수는 있다. 그러나 사르트르의 지옥에서는, 전에 한번도 서로 만난 적 없는 세 사람이 영원히 함께 지내야 한다. 그들은 타자의 시선을 벗어날 수 없는 상황에서 오직 그들의 비난만을 받으며 살아가야 한다" (에코, 『미의 역사』 89).

타자를 바라보는 주체의 시각에서 아바타와 그의 조종자가 발견된다. 가령 헨리경은 와일드의 더블이자 그의 아바타처럼 조종자인 와일드의 견해를 피력한다.

> 정신에 독이 되는 책이라. 그런 책은 없네. 예술은 인간의 행동에 아무런 영향도 끼치지 않아. 예술은 행동하고자 하는 욕망을 파괴할 뿐이야. 아름다운 불모성, 그게 예술의 특징이야. 온 세상이 부도덕한 책이라고 비난하는 책이 있다면, 그 책은 세상을 향해 세상의 치욕을 드러내 보여주는 책이야. 그게 다지. (208)

작품에 내재된 영향력의 시작점은 바질이 도리언을 바라보는 것이다. 이어 헨리경이 도리언을 바라보는 것으로 이어진다. 순차적으로 도리언은 헨리경을 바라보고 동시에 초상화를 바라본다. 더불어 초상화는 우리를 바라보게 된다. 대상에 대한 시선에서 발현자의 가치가 개입되고 그 과정에서 가치는 굴절되기 때문에 바라보는 것은 영향력을 미치는 조정의 원천이 된다.

> 이제 내가 하고 싶은 건 삶을 관찰하는 것이야. 자네가 원한다면 나와 함께 삶을 관찰해도 좋겠지. (44)

헨리경이 도리언에게 제안하는 것처럼 시선은 영향력을 전이시키면서 계속적으로 주체와 아바타의 관계를 정립시켜나간다. 부지불식간에 도리언은 헨리경의 아바타로 기능한다. 헨리는 도리언에게 지속적인 영향력을 끼치면서 자신을 도리언에게 투영시켜 대리하도록 하고 동시에 자신을 은폐시키기도 한다. 헨리경이 도리언을 조정하려는 시도는 지속적이며 도리언은 일관적으로 헨리경의 아바타가 된다.

아바타를 바라보는 주체는 자기중심적이다. 뿐만 아니라 주체가 다른 대상을 통해 자신을 나타내고 대리 만족을 얻고 원하는 방향으로 치장하고자 하는 욕구는 지속적이다. 초상화처럼 아바타를 주체와 어느 정도 닮도록 설정할 수도 있다. 이와 달리 주체는 본인이 현실에서 이루기 힘든 방향의 목표치를 다른 대상에 투영시켜 과도하게 아바타를 치장하고자 하기도 한다. 이런 경우에 타인들이 식별할 수 없을 정도로 주체와는 무관하고 주체와는 전혀 다른 아바타가 탄생할 수도 있다. 작품 속에서 영향력은 인물들 간에 산발적으로 얽혀 서로를 더블을 넘어 새로운 그들의 아바타로 만들어 간다. 하지만 두드러지는 것은 헨리경의 아바타로서 도리언은 수동적인 위치에 머물러 있지 않고 타자의 위치를 점유해서 타자를 주체의 일부로 포섭하려는 무자비한 주체적 욕망을 보여준다는 점이다. 도리언은 행위의 조정자인 헨리에게 완전히 조정당하지 않는다. 표면적으로는 도리언의 조정자는 헨리이지만, 실상 도리언은 초상화의 아바타이기 때문이다.

헨리경에게 배운 대로 도리언이 자신의 영향력을 투사하게 되는 여인은 본인만큼이나 아름답지만 헨리경을 만나기전의 도리언처럼 자신의 아름다움을 인식하지 못한 순박하고 때 묻지 않은 시빌이다. 도리언이 실존 인물 그대로의 시빌이 아니라 연극 속 주인공으로서 시빌과 사랑에 빠지고 약혼하기로 하는 것은 앞장에서 논의한 나르시시즘에서 시작되는 것이면서 영향력의 투사로 이어진다. 도리언은 그녀와의 진정한 관계 구축을 원하지 않았다. 대신 그녀를 자신의 의지대로 무대 위의 유명한 배우로 조형하고 싶었을 뿐이었다.

헨리경을 만나기 전의 도리언의 모습은 사랑에 빠져 행복해 하는 시빌의 모습과 흡사하다. 얼굴에 홍조를 띈 채 천진난만하게 자신의 감정을 토로하는 소년과 소녀의 모습은 쌍둥이처럼 겹쳐질 수도 있다. 하지만 헨리경을 만난 이후의 도리언은 소년을 지나 헨리경과 닮아 버리기 때문에 시빌과의 사랑은 어긋날 수밖에 없게 된다. 도리언은 여배우와 사랑에 빠진 것이 아니라 그녀의 연기에 매혹되었기 때문이다.

> 셰익스피어에게서 말하는 것을 배운 바로 그 입술로 내 귀에 비밀을 속삭였어요. 로잘린드의 팔이 나를 감싸 안았고 나는 줄리엣의 입에 키스했어요. (74)

도리언이 헨리경에게 자신의 사랑을 이야기할 때, 그는 셰익스피어(William Shakespeare)의 『로미오와 줄리엣』(*Romeo and Juliet,* 1595)에서 줄리엣으로 등장한 시빌을 보고 반했다고 있는 그대로 고백한다. 이 때 사랑에 빠진 자신의 아바타인 도리언을 조정하려는 헨리의 의도는 더욱 확장될 기세로 나타난다. 이것은 "도리언 그레이가 이 여자를 아내로 삼고, 6개월 동안 열정적으로 그녀를 사랑하고 그런 연후에 갑자기 다른 사람에게 매혹되는 일이 일어난다면 그는 자신에게 더욱 흥미로운 대상이 될 것"(72-73)이라고 언급하는 데서 자명하게 드러난다.

어린 시절의 도리언과 닮은 모습으로 시빌은 열 일곱 나이의 소녀의 모든 이상적인 열정을 보여준다. 언뜻 그녀는 자신의 가족의 생계와 관련된 아이작스(Isaacs)나 돈의 문제에는 무관심한 듯 보인다. 부유하고 매력적인 도리언에게 매혹되어 연기에 대한 열정을 잃는 부분에서는 나르시시즘적인 주체로 변형된 속물적인 도리언과 닮아 있기도 하다. 더불어 그녀는 사랑에 실패한 자신의 어머니를 자신도 모르게 흉내 내고 있다. 베인 부인은 자신과 닮지 않는 아들을 두려워하고 자신의 젊은 시절을 꼭 닮은 시빌에게 자신도 모르게 영향력을 행사한다. 시빌은 어느새 어머니의 영향 아래 비극적 사랑의 주인공으로 분하게 된다.

도리언은 자신의 영향력을 시빌에게 전이시키면서 그녀를 결국 상심의 나락으로 떨어진 상태에서 자살하게 한다. 시빌을 파멸로 이끈 이후에 도리언은 "무한한 호기심, 영원한 청춘, 무한한 열정, 미묘하고 비밀스러운 쾌락, 거리낌 없는 즐거움과 그보다 더 거리낌 없는 죄악을 선택하기로" 주체적으로 결정한다(102). 이어 도리언의 영향력의 발산은 자신을 진정으로 아끼는 바질에게로 향해간다. 바질이 자신을 너무도 경배한다고 고백했을 때 그는 자신이 마치 헨리가 된 듯이 '조종의 기쁨'을 느끼기도 한다. 도리언은 켐벨을 위시한 다른 젊은이들과 여성들에게도 끊임없이 영향력을 미치며 그들을 자신의 아바타로 만들었다가 이어 싫증나면 폐기하는 반복을 행한다. 도리언에게 잠시 선택되었다가 어느새 (상징적인 의미로) 폐기된 아바타들은 본래의 주체성이 변질된 새로운 주체로 변형되어간다.

> 좋은 영향력이라고 부를 수 있는 것은 존재하지 않아. 도리언. 모든 영향은 다 부도덕 한 거니까. 과학적인 견지에서 볼 때 부도덕하다는 거지. (20)

'나쁜' 영향력의 주체인 헨리경이 이야기하듯이 이들 간의 영향력의 상호 관계적 역학은 파멸과 죽음으로 귀결된다. 초상화가 도리언을 대리 (또는/그리고) 은폐한다면 도리언과 헨리경의 관계도 그러하다. 헨리경에게 도리언은 관찰대상이자 더블이면서 조정의 대상이다. 도리언이 스스로 자신이 왜 독설가인 헨리를 좋아하는지 모르겠다고 할 때 "도리언, 자네는 언제나 나를 좋아할 거야. 나는 자네에게, 자네가 저지를 용기가 없어 저지르지 못하는 모든 죄악들을 상징하는 사람이니까"라고 말하듯, 주체간의 표면상의 '나쁜' 영향력은 선점된 주체의 본질을 변형시키기 때문에 긍정적이고 전복적인 힘이다(77).

도리언은 자신이 의도한 적 없었던 시빌의 죽음 앞에서 잠시 당혹감을 느끼지만 헨리의 위로로 시빌은 주체가 아닌 사물의 위치로 옮겨간다. 사실 상 도리언은 시빌의 죽음을 의도하지는 않았다. 순간적인 감정의 폭발로 시빌에게 상처를 주고 집으로 돌아온 밤에 그는 스스로가 그녀에게 너무 심했다고 반성하고 다음날 사과를 하리라 마음을 먹은 후에 편하게 잠자리에 든다. 그의 의도를 벗어난 일이기는 해도 시빌의 죽음에 대한 대처는 자신의 이익 기준에 따라 빠르게 이루어진다.

> 그녀는 결코 진정으로 산적이 없고, 따라서 그녀는 결코 진정으로 죽은 적도 없는 거야. 최소한 자네에게 그녀는 언제나 꿈같은 존재, 셰익스피어의 연극과 연극 사이를 날렵하게 날아다녔던 환영, 그 환영의 존재로 연극들을 더욱 아름답게 한 환영, 셰익스피어의 음악을 더 풍요롭고 더욱 기쁨에 찬 것으로 들리게 해 주었던 피리였다네. 하지만 현실의 삶에 손을 댄 순간 그녀는 현실에 흠집을 냈고, 현실은 그녀에게 흠집을 냈어. 그래서 그녀는 죽은 거야. (100)

시빌의 죽음 앞에서 도리언이 느끼는 감정까지도 헨리는 조정하려고 든다. 그는 도리언에게 플롯도 없고 등장인물이 단 한 사람인 심리학적 연구에 대한 소설책을 보내기도 한다. 이 책을 읽다가 약속장소에 늦은 도리언은 헨리경에게 말한다.

> "해리, 미안해서 어쩌지요. 하지만 이것은 당신 탓이에요. 보내준 책이 어찌나 재미있던지 홀리다시피 읽느라고 시간 가는 줄도 몰랐습니다."

> "그래. 자네가 좋아하리라고 생각했어." 헨리경이 의자에서 일어나며 말했다.
> "그 책이 좋았다고 하지 않았어요. 해리. 홀리다시피 재미있었다고 했지요. 좋은 것과 재미있었다는 것은 큰 차이가 있습니다."
> "아, 자네도 그 차이를 안단 말인가?" 헨리경이 중얼거렸다. (121-22)

우리는 도리언이 소설에 나오는 주인공과 자신을 병치했을 것이라고 짐작할 수 있다. 그것은 이 책을 도리언에게 건넨 헨리의 의도이기도 하다. '좋아한다는 것과 재미있다는 것'의 차이는 자주 회자되는 와일드가 직접 밝히고 있는 작품의 서문에 나타나는 극단의 유미주의로 연결되며, 그 안에는 영향력의 힘이 숨겨져 있다.

> 책은 잘 씌어지거나, 아니면 못 씌어질 뿐이다. 그게 다다. (3)

작품 속에서 인물간의 이루어지는 영향력의 상관관계는 기호(preference)의 차원을 넘어 현대적 의미에서 긍정적인 요소를 가지는 힘으로 아바타를 존재하게 한다. 이렇듯 등장인물들은 서로를 흉내 내고 영향력을 주고받으면서 서로서로를 모사한다. 이 작품에서 아바타는 우리의 주목을 이끌어낸다. 이를테면, 처음에는 헨리경의 아바타로 기능하다가 후에는 자신을 그린 초상의 아바타가 되는 도리언은 결국에 초상화의 조정에 따라 움직이게 된다. 마찬가지로 서로 간에 영향력을 주고받았던 다른 인물들도 조정자의 의도에 따라 변형되어간다. 이들이 겪게 되는 것은 표면적으로는 파멸이나 죽음이지만 심층적으로는 근대적 주체로 이어지는 큰 장을 형성해낸다. 이제 마지막 장에서는 근대적 주체의 완성이 될 도리언의 초상화가 보여주는 죽음을 중심으로 몇 가지 죽음의 의미를 살펴보기로 한다.

5. 죽음(들)

이 작품에 여러 번의 죽음이 있다. 시빌의 무성의한 연기로 관객이 거의 떠나버린 채 지루하게 계속된 연극의 3막 동안에 도리언은 시빌을 사랑하는 마음을 삭제해버린다. 반면에 도리언이 분장실로 찾아갔을 때 시빌은 성취감에 도취되어 무한한 기쁨과 미소를 온 얼굴에 담고 있었다(83). 사랑을 바라보는 다른 시각으로 도리언과 갈등하게 된 상황에서 시빌이 택한 죽음은 충동적이고 의도적이면서도 주체적인 것이었다. 그녀는 도리언의 아바타 역할을 스스로 중단한다.

도리언을 구원해 줄 수 있는 유일한 인물이었던 바질은 도리언에 대해서 떠도는 믿기 힘든 안 좋은 소문들이 거짓이기를 바란 사람이었다. 자신을 피하는 도리언을 오랜만에 만나 자신이 그린 초상화가 도리언의 악행으로 변형된 것을 목격하게 된 바질은 스스로에게 죄책감을 느끼고 도리언이 회개하게 하려고 한다. 기존 가치관의 강요에 봉착한 도리언은 충동적으로 노끈을 자르는 칼로 바질을 찌른다. 바질의 진심어린 걱정에도 도리언은 극단적인 자신의 전능함을 과시하면서 바질에게 마치 자신이 신이라도 된 듯이 초상화를 내어 보여준 뒤에 스스로 파멸감에 젖어들어 바질을 찔러버리는 것이다. 바질의 죽음이 비극적인 것은 자신의 예술적 욕동을 살아나게 해주고 예술가로서의 최고의 걸작을 남기게 해 주었던 주체에 의해 살해되었다는 점이다. 이어 그의 몸은 캠벨이 실행한 '과학적 지식'으로 순간적으로 분쇄되어 흔적조차 남지 않게 된다. 바질의 죽음은 우리의 세계를 움직여 나가는 큰 동력이자 자주 위선적인 기존 가치관의 몰락을 보여준다.

그동안 가려져 있었던 세계의 실상을 도리언을 통해 목격한, 한때 친한 친구였으나 이제는 소원해진 캠벨은 음악연주를 포기하고 우울한 표정을 지닌 과학에만 몰두하는 사람이다. 그는 처음에는 바질의 시체를 처리해달라는 도리언의 끔찍한 제안을 완고하게 거절한다. 설명은 조금씩 생략되거나 지연된다. 켐벨이 도리언의 의지대로 따르게 되는 이유는 독자의 상상력에 놓여 있지만 그가 자신도 모르게 도리언의 아바타가 되었을 가능성이 있다. 바질의 희생이 완전히 은폐되었음에도 모든 사실을 함구한 채 자살을 택한 캠벨의 죽음은 표면적으로 모호한 상태로 놓여있다. 하지만 그는 거짓과 위선으로 가려진 세상에서 탈주할 것을 주체적으로 선택한 셈이다. 누이의 원한을 갚으려던 제임스가 토끼로 오인되어 죽음을 맞게 되는 장면은 처절한데, 그는 의도를 벗어난 우연적이고도 무의미한 죽음을 맞은 것 같다. 그의 죽음은 한 마리 토끼 목숨처럼 가벼운 한 개인의 죽음이다. 와일드가 죽음을 통해 던지는 화두는 표면적이지 않고 심층적이다.

이 가운데에서도 가장 두드러지는 것은 도리언의 죽음이다. 순간적으로 그는 바질을 찌르고 난 후 깨끗하게 씻어둔 바로 그 칼로 "화가가 남긴 작품과 작품이 지닌 모든 의미와 과거의 의미를 죽여서 진정으로 평화를 찾으리라는 각오로 초상화를 찔러" 버린다(212). 앞에서 다루었던 나르시시즘이 단순한 자기 성애적 성도착이 아니라 자기보존 본능을 넘어 죽음본능에까지 그 의미를 확장하는 순간이다. 도리언은 초상화가 자신의 더블이라는 것을 인지하고 있으면서도 자신을 두려움의 새장에 가두는 원천인 초상화를 찔렀고 피를 흘리며 쓰러진 것은 초상화가 아닌 도리언이었다. 고통의 비명소리에 지나던 경찰들과 집안의 하인들이 찾아와 목격하게 되는 것은 주인의 모습처럼 '아름다운 초상화'와 '늙어서 추해진 노인의 시체'였다. 손가락에 낀 반지가 자신의 신분을 증명할 수 없었다면 그동안 아름다운 얼굴을 간직해 온 도리언이 그러한 노구로 죽어있다고는 아무도 믿을 수 없을 지경이었다.

도리언의 아름다웠던 신체는 칼로 찌르는 행위로 노쇠한 신체로 변형되었고 동시에 도리언은 스스로의 칼에 스러졌다. 그의 죽음은 자신의 의도 내에 있었던 것이자, 그를 조정한 초상화가 의도한 운명적인 것이었다. 표면적으로 도리언의 육체가 파멸되는 결론은 장르적 요구에 굴복하는 듯 선악의 가치를 강화시키는 고전적 교훈극으로 보일 위험을 내재하지만 우리는 이를 다르게 보아야 한다. 도리언에게 위협이 되었던 도리언의 초상화는 공포의 희생자가 아니라 공포의 원천으로 읽혀진다. 이 모든 현실은 엄청난 공포감을 주는 것이면서 믿을 수 없는 것이자 기이한 것이다. 도리언과 초상화에서 삶과 죽음, 아름다움과 나르시시즘의 지속과 단절은 교차되고 시뮬라크라 되었던 도리언이 죽는 순간 도리언처럼 초상화도 변형을 겪는다. 표면적으로 초상화는 바질이 완성했던 당시로 회귀하는 것이나, 초상화가 이제 원본이 되고, 원본인 도리언이 시뮬라크라된 이후이므로 이 회귀는 처음과 같은 회귀는 아닐 것이다.

"두 인물이 (여기서는 도리언과 초상화가) 완전하게 동일시되는 바람에 과연 무엇이 진정한 자아인지 더불어 무엇이 원본인지를 물어야 하는 상황이 된"(Freud, *The Uncanny* 141) 것처럼 우리가 문제 삼는 것은 주체가 구성되는 것이지 결코 주어지는 것이 아니라는 점이다. 주체가 어떻게 지속적으로 사회적 규범에 종속되고 사회적 표준화를 통해 형성되는지를 고찰함으로써, 주디스 버틀러(Judith Butler)가 의도한 작업도 선점적이고 도덕적인 철학이 비평적인 견해로 나아가는 관점에서 다시 주체를 생각하려는 것이었다.

버틀러가 주장하기에, 우리는 사회적이고 문화적 관습을 통해 형성되는 것들과는 달리 주체'들'과 몸'들'의 본질을 존재론적으로, 인류학적으로, 생물학적으로 규명할 수 없다. 버틀러의 주체는 안정된 통일체와는 전혀 다른 것이다. 그녀가 주장하는 바는 주체와 몸이 이러한 표준화 과정에 영락되지는 않지만, 사회적 규범이나 규범화의 물질적인 결과로서 주체나 몸이 지속적인 곤경 상태의 틀 외곽으로는 접근할 수 없다는 것이다. 동시에 사회적 규범에 완전히 영락되지 않는 반면에, 이와 똑 같이 욕망과 열정적인 애착은 규범화를 벗어나거나 그 외곽을 넘어서 복원될 수도 없다(Thiem 22).

도리언과 초상화의 더블 관계는 이렇게 죽음으로 완성된다. 홀바인(Hans Holbein)의 『대사들』(*The Ambassadors*) 그림에서 전경에 있는 처음에는 잘 보이지 않는 해골 모양이 거세(castration)라는 마이너스 파이(-Φ)를 형상화한 이미지는 엄격히 말하자면 무화된 주체이다. 우리에게 거세는 욕망이 근본적 충동의 틀로 조직되는 전 과정의 중심축을 이룬다(Lacan 88-89). 철학연구에서 개인이 주체로 완성되는 데 죽음을 매우 중요한 요소로 파악하는 것은 이제 일반적이다. 이전에는 죽음이 삶을 규정하는 지평적인 차원의 지위를 점했다면 이제는 삶에 의해서 지배되어야 하는 타자의 한 전형에 머무르게 되었다. 이 지점에서 타자적인 죽음, 다시 말해 진정한 주체로 다시 태어나게 하는 도리언이 맞는 죽음을 읽을 수 있게 된다.

헨리경과 도리언 사이에서도 이루어지는 나르시시즘적인 상호작용은 상대방에 의해서 이루어진다. 도리언은 헨리경의 금언 때문에 그를 존경하게 되고, 헨리경은 도리언의 젊음과 순진무구함과 그러한 그를 마음대로 조정할 수 있다는 사실에 자극된다. 하지만 도리언의 본래의 모습이 있고 초상화의 본래의 모습이 있는 것처럼, 보이는 것은 다만 현상적인 부분에 그친다. 도리언이 죽게 되면서 양자가 완전한 본래의 모습으로 돌아갈 수 있다고 가정한다면 더블이나 언캐니의 문제는 모두 잠시 동안의 외도에 그칠 뿐일 것이다. 이미 역전된 시뮬라크라는 원본과 닮아갈 수는 있지만 원본으로 회귀할 수 없다. 그 반대도 불가능한 일이다. 따라서 이 작품에서 더블과 아바타가 보여주는 죽음은 그 안에 내재한 무한하고 다층적인 의미를 보여준다.

6. 나가는 말

도리언과 초상화는 주체와 타자이면서 원본과 복제된 것이라는 더블 관계로서 주체에 대한 관심의 시발점이었다. 처음에는 원본이 도리언이고 그의 초상화가 시뮬라크라이다. 생명체와 사물 간의 더블은 서로 시선을 통해 위치를 역전시킨다. 라깡이 『정신분석의 네 가지 근본 개념』(*The Four Fundamental Concepts of Psychoanalysis*)의 한 장을 이루는 「그림이 무엇인가」에서 밝히듯이 주체가 그림을 바라보고, 그림 역시 주체를 바라보는 과정을 거쳐 노화의 표식을 초상화에 전이시킨 도리언의 얼굴이 오히려 시뮬라크라가 된다. 도리언을 변하게 한 나르시시즘은 인간의 원초적 불안을 낳게 하고 불안에서 탈주하기 위한 도리언의 몸부림은 자신의 주체 찾기와 같다. 스스로 자신의 초상화를 찌르게 되는 행동이 오히려 주체가 죽음을 맞게 되는 결과로 귀결되는 것은 도리언과 그의 초상화가 원본과 시뮬라크라를 넘나드는 더블이라는 것을 가장 확실하게 증명해 준다. 19세기 고딕 작품에서 나타나는 고딕적 장치로서의 더블이 이끌어 오는 결말은 불안이 내재된 나르시시즘에서 나온 것이다.

도리언이 헨리경의 각성에 힘입어 젊음을 유지하고 싶다는 욕망을 품지 않았다면 노화에 대해 스스로 불안해하는 수준에 머물러 있었을지도 모를 일이다. 욕망에 경도되어 헨리경이 그러했듯이 시빌을 위시한 타자를 조정하고 싶어 했던 도리언은 초상화의 변화를 주도하고 또한 목격하게 된다. 각종 취미와 아편, 비밀스런 도리언의 행위는 두려움으로 가득한 삶에서 탈주하려는 욕망의 표현이었다. 익숙하면서도 낯선 것, 숨겨져 있어야 할 것이 백일하에 드러나는 것을 막아야 한다는 일념으로 도리언의 초상화는 다락방에 숨겨진다. 흥미로운 것은 자신의 할아버지 켈소경(Kelso)이 어린 시절 자신을 싫어해서 눈에 잘 안 띄는 다락방에 자신을 지내게 했던 바로 그 곳에 자신의 더블인 초상화를 두었다는 점이다. 도리언이 자랐던 다락방에 놓인 초상화는 도리언 대신 늙어가고 추하게 변해간다. 도리언의 젊음에 대한 갈망은 우리의 신체가 교체 가능해서 주체가 정체성을 상실하고 타자에게로 주체적 위치가 전이될 수도 있다는 것을 목격할 수 있게 한다.

시뮬라크라의 위치를 서로 넘나드는 도리언과 그의 초상화는 타인의 시선에 따라 결정되는 미와 추에 기반한 나르시시즘으로 논의의 중심을 옮기게 하였다. 프리드리히 슐레겔(Friedrich von Schlegel)은 고전주의자들의 이상화되고 비개성적인 미에 반대해서 미에 관한 흥미롭고 특징적인 성질들을 요구하면서 실제로 추의 미학에 관한 문제를 제기하기도 하였다. 고대 그리스 3대 비극시인 가운데 한 사람이었던 소프클레스(Sophocles)가 순수한 미를 표현했다면 셰익스피어의 힘은 미와 추를 공존시키면서 그러한 가운데에서 종종 그로테스크가 '동반'된다는 사실에 있다. 현실에 보다 근접하기 위해서는 혐오스러움, 기괴함, 공포에 이르러야 한다. 그로테스크를 숭고의 반명제이자 낭만주의 예술의 새로움으로 제시할 필요성에 이른 것이다(에코, 『미의 역사』 321-22).

그로테스크하게 보이기까지 하는 미에 대한 집착은 도리언을 나르시시즘으로 옮아가게 하고 더 큰 불안의 늪으로 이끌어간다. 나르시시즘의 출발점이 된 초상화는 불안한 주체를 현대의 아바타로 이끌어 와서 영향력으로 인물들이 재현되는 관계를 다시 고찰하게 한다. 더블은 내 안에 있는 현상이었고 나와 영원히 분리 될 수 없는 것으로 시뮬라크라로 발현하고 나르시시즘에 경도된 채 영향력에 기반한 아바타로 옮겨갔다. 결국 도리언은 탈출하고자 했던 노화의 틀 속으로 다시 회귀할 수밖에 없었다. 나르시시즘적인 주체가 결코 피할 수 없었던 죽음의 의미에 대한 연구는 지금까지의 새로운 접근이 그러했듯이 『도리언 그레이의 초상』을 새롭게 읽는 종점이 되었다. 나를 둘러싸고 있는 현상은 나와 무관한 것이 아니면서 한편으로는 다른 나이다. 다시 말하자면 초현상과 타자는 나를 둘러싼 경계선 외부에 있는 것이 아니라 그 경계 안에 걸쳐 있는 나와 비슷한 이미지이다. 내 안에 있지만 나를 뛰어 넘어 내 외곽에 있는 모호한 현상과 주체와 타자를 읽는 독특한 독해방식으로서 더블은 이렇게 다양한 의미를 가진 채 독해되고 아바타로까지 증폭되었다.

지금까지 초상화와 나르시시즘적인 더블이었던 도리언이 아바타로 나아가는 과정으로 살펴 본 『도리언 그레이의 초상』 읽기는 고딕소설의 하나인 이 작품을 19세기에 머물러 있는 것이 아닌 현대에까지 지속적으로 이어지는 위반적 글쓰기의 한 장르로 자리매김하게 한다. 시종일관 이 작품은 주체에 대한 의문을 제기하고 동시에 주체를 변형시켜 나가기 때문이다. 본 글은 더블과 아바타로 『도리언 그레이의 초상』을 읽음으로써 한 두 가지 범주 아래에 텍스트를 구속하는 대신에 열린 방향의 비평으로 나아가고자 하였다. 이러한 시도가 '아름다운 초상화'와 초상화보다 앞서 '아름다웠던 한 청년'의 이야기로 비운의 작가 와일드를 다시금 돌아보게 하는 계기가 될 수 있기를 바란다.

참고 문헌

김상환, 홍준기 편. 『라깡의 재탄생』. 서울: 창작과비평, 2002.

라쉬, 크리스토퍼. 『나르시시즘의 문화』. 최경도 옮김. 서울: 문학과 지성사, 1989.

샤오춘레이. 『욕망과 지혜의 문화사전 몸』. 유소영 옮김. 파주: 푸른숲, 2006.

에코, 움베르토. 『미의 역사』. 이현경 옮김. 파주: 열린책들, 2005.

________. 『추의 역사』. 오숙은 옮김. 파주: 열린책들, 2008.

우르술라, 티드. 『시몬 드 보부아르, 익숙한 타자』. 우수진 옮김. 서울: 앨피, 2007.

이순구. 『오스카 와일드: 데카당스와 섹슈얼러티』. 서울: 동인, 2012.

정동훈. 「아바타 아이템 구매의 심리학적 분석」. 한국언론학회. 48.6 (2004): 110-37.

홈즈, 제레미. 『나르시시즘』. 유원기 옮김. 서울: 이제이북스, 2002.

Baldick, Chris. Rev. of *Making Monstrous: Frankenstein, Criticism, Theory* by Fred Botting. *The review of English Studies*, New Series. 45.179 (1994): 434-35.

Baldick, Chris and Robert Mighall. "Gothic Criticism", *A Companion to the Gothic.* Ed. David Punter. Oxford: Oxford UP, 2000.

Baudrillard, Jean. *Simulacra and Simulation.* Trans. Sheila Faria Glaser. Ann Arbor: UP of Michigan P, 1994.

Botting, Fred. "Aftergothic: Consumption, Machines and Black Holes", *The Cambridge Companion to Gothic Fiction,* Ed. Jerrold E. Hogle. Cambridge, N.Y.: Cambridge UP, 2002. 277-300.

Freud, Sigmund. *Introductory Lectures on Psycho-Analysis. The Standard Edition of the Complete Psychological Works.* Ed. James Strachey. Vol. XVI. London: Hogarth P, 1973.

________. *The Uncanny*, Trans. David Mclintock. N.Y.: Penguin, 2003.

Lacan, Jacques. *The Four Fundamental Concepts of Psychoanalysis*. Ed. Jacqu-Alain Miller. Trans. Alan Sheridan. N.Y.: Norton, 1998.

Paulson, William. "Computers, Minds, and Texts: Preliminary Reflections", *Technology, Models, and Literary Study*, 20.2. 1989, 291-303.

Sartre, Jean-Paul. *Being and Nothingness : An Essay on Phenomenological Ontology.* Ed. Barnes, Hazel E. N.Y.: Citadel P, 2001.

______. *No Exit, and Three Other Plays*, N.Y.: Vintage Books, 1955.

Spooner, Catherine. *Contemporary Gothic*. London: Reaktion, 2006.

Thiem, Annika. *Unbecoming Subjects : Judith Butler, Moral Philosophy, and Critical Responsibility*. N.Y.: Fordham UP, 2008.

Wilde, Oscar. *The Picture of Dorian Gray*. London: Penguin, 2000.

몸과 근대성:
『드라큘라』의 죽지 않는 몸

김종갑 _ 건국대학교

몸과 근대성:
『드라큘라』의 죽지 않는 몸*

I

작가 소개

브램 스토커(Bram Stoker)는 1847년 더블린에서 태어났다. 어린 시절에는 병치레가 잦았지만 나중에 190cm 장신의 청년으로 성장하였다. 그는 더블린의 트리니티 칼리지에 입학해서 과학을 전공하며, 운동선수로 이름을 날리기도 하고 문학이나 철학과 같은 모임에서 활발하게 활동하였지만, 집안 사정으로 학업을 중단하고 공무원이 되었다. 그러나 그는 공무원으로 만족하지 않고 프리랜서 저널리스트와 연극 평론가로 활동을 하였다. 그의 운명이 갑작스레 바뀌게 된 계기는, 당시의 위대한 연극 배우였던 헨리 어빙이 우연히 그의 글을 읽고 식사에 초대한 사건이었다. 이야기를 나누면서 두 사람은 상대의 매력에 흠뻑 빠져들었다. 1878년에 어빙이 라이시엄 극장의 감독으로 임명되자 브램은 공무원직을 때려치우고 프로듀서가 되어서 극장의 2인자로서 군림하게 되었다. 이때 그는 배우 지망생이었던 플로렌스 밸컴(Florence Balcomb)과 결혼하였다. 그녀는 오스카 와일드의 청혼도 받았다고 한다. 아무튼 그는 극장의 프로듀서로서 유명한 문인이었던 오스카 와일드, 코넌 도일, 테니슨과도 친분

* 이 글은 2009년에 발간된 『19세기 영어권 문학』 13권 1호에 발표한 논문과 필자가 번역한 『드라큘라』(지만지, 2008)의 서문을 고쳐 쓴 것이다.

을 쌓았다. 그러나 그는 극장 경영만으로는 만족하지 않았던 듯이 보인다. 소설을 집필하기 시작하였기 때문이다. 그의 데뷔 작품이 『드라큘라』였던 것은 아니었다. 그 이전에 그는 『뱀의 고갯길』(*The Snake's Pass*, 1890)와 『샤스타의 어깨』(*The Shoulder of Shasta*, 1895) 등의 소설을 출간하였다. 이러한 작품이 그에게 성공을 안겨주지는 않았다. 여전히 무명 작가의 신분에서 벗어나지 못하였던 것이다. 그렇지만 그는 실망하지 않고, 국립도서관을 수없이 방문하면서 방대한 자료를 섭렵하고 6년 이상 공을 들인 끝에 『드라큘라』를 집필하였다. 평단은 『드라큘라』에 대해 호의적이었다. 그러나 베스트 셀러 작가가 되었던 것은 아니었다. 이후로도 그는 『칠성의 보석』(*The Jewel of Seven Stars*, 1903)이나 『흰 벌레의 소굴』(*The Lair of the White Worm*, 1911)과 같은 모험소설과 방대한 『헨리 어빙에 대한 개인적 회상』(*Personal Reminiscence of Henry Irving*, 1906)을 비롯해서, 역사적 사실에 상상력을 가미한 『유명한 사기꾼들』(*Famous Impostors*, 1910)과 같은 작품을 발표했다. 『유명한 사기꾼들』에서 그는 엘리자베스여왕이 여장한 남자라는 주장으로 독자들을 놀라게 했다.

만년에 스토커는 행복하지 않았다. 1898년에 라이시엄 극장이 화재로 전소되고 극장이 빚더미에 앉게 된 사건이 일어났다. 어빙과 스토커는 이 사건의 충격을 극복하지 못하였다. 이후로 스토커는 가난에 시달리며 살았는데, 나중에는 작가 후원금에 의존하기도 했다. 1912년에 그가 사망했을 때, 신문은 그가 헨리 어빙의 조력자였다는 사실을 크게 다루었다. "무시무시하고 끔찍한 소설"의 작가였다고 간단한 이력 소개와 함께.

생전에 스토커는 별 볼일 없는 작가였다. 당시 독자는 그의 가장 뛰어난 작품인 『드라큘라』를 흥미위주의 모험소설 정도로 취급하였다. 이 작품이 새삼 주목을 받고 정전의 대열에 들어서게 된 이유는 대중문화가 학문적 조명을 받고 포스트모던적 정서가 확산된 시대 분위기와 무관하지 않다. 이 작품이 <노스페라투>(Nosferatu, 1922)라는 타이틀로 영화화되고, 연극의 무대에 자주 올려지면서 인기가 급상승하기 시작했다. 연극과 영화를 통해서 『드라큘라』가 부활했던 셈이다. 이 작품이 포스트모던적 성향의 비평가와 독자의 취향을 자극하였다는 점도 인기의 한 이유였다. 현실과 환상, 삶과 죽음, 종교와 미신, 서유럽과 동유럽, 중세와 근대 등의 경계를 넘나드는 작품의 세계가 포스트모던적 생리와 맞아떨어졌던 것이다.

II

작품 소개

간단히 『드라큘라』의 내용을 살펴보기로 하자. 이야기는 신참 변호사 조나단 하커가 의뢰인의 일을 처리하기 위해서 동유럽의 트란실바니아에 있는 드라큘라의 성을 방문하는 것으로 시작이 된다. 성에서 그를 기다리고 있는 것은 드라큘라와 3명의 여자 흡혈귀였다. 여기에서 그는 피를 탐내는 흡혈귀의 포로 신세가 되고 말았다. 한편 그의 방문을 계기로 드라큘라는 유럽으로 진출을 꾀하게 된다. 이제 무대는 조나단의 귀국을 손꼽아 기다리는 약혼자 미나(Mina)와 그녀의 친구 루시(Lucy)가 있는 영국 런던으로 바뀐다. 아름답고 매력적인 루시는 행복하게도 세 남자로부터 동시에 청혼을 받았다. 이 세 남자는 정신병원의 원장인 의사 존(John Seward), 미국 텍사스의 부호인 퀸시(Quincy Morris), 귀족의 작위를 가진 아서(Arthur Holmwood)였다. 그녀의 사랑을 독차지한 행운아는 아서였다. 서로 연적 관계이기는 했지만 이 세 남자는 우정으로 똘똘 뭉친다. 나중에 죽음을 무릅쓰고 드라큘라 사냥에 합류하기 때문이다. 그런데 미나가 조나단의 안부를 걱정하는 시점에, 아서와 함께 행복해야 할 루시가 갑자기 몽유병에 시달리고 몸이 허약해지며 안색도 창백해지기 시작하였다. 다행스러운 것은, 유일하게 드라큘라의 정체를 알고 있는 조나단이 천신만고 끝에 성에서 탈출하였다는 것이다. 그러나 루시의 상태는 더욱 악화되기만 했다. 그녀를 치료하지 못해 속수무책이던 존은 대학 은사이던 반 헬싱 교수에게 도움을 청한다. 루시의 병환의 원인이 드라큘라는 사실을 처음으로 발견한 것은 반 헬싱이었다. 그러나 반 헬싱의 노력에도 불구하고 루시는 숨을 거두고 말았다. 이후로 루시의 복수를 다짐하는 반 헬싱 일행과 드라큘라의 숨막히는 추격전이 시작된다. 드라큘라의 공격을 받은 미나가 위험에 처하는 등 몇 차례 위기를 겪기는 하지만, 마침내 이들은 트란실바니아의 성으로 도망한 그를 끝까지 추적해서 제거하는 데 성공한다. 값비싼 성공이었다. 드라큘라의 공격을 피하지 못한 퀸시가 죽었기 때문이었다.

이와 같이 한편으로 황당한 괴담으로서 간단히 무시될 수 있는 작품이 왜 학문적 관심의 대상이 된 것일까? 『드라큘라』는 문명화 과정과 근대 사회의 성격에 대해 심각한 질문을 제기하는 중요한 텍스트이다. 『죽지 않은 자』(*Undead*)라는 원제가 이미 많은 의미를 함축하고 있다. 드라큘라는 죽어야 하는 과거가 죽지 않고 망령처럼 되돌아와 현재를 습격하는 존재이다. 문명화되지 않았던 야만적 원시사회, 호메로스의 『일리어드』처럼 피비린내 나는 전투가 찬양되었던 서사시의 세계는 문명화되는 과정에서 애도되고 매장된 다음에 망각되고 기억의 먼 지평으로 사라져야 했다. 그러나 잔인한 전사였던 드라큘라는 망각을 거부하고 무덤에서 뛰어나와 근대 사회를 기습공격하기 시작한다. 뛰어난 과학과 기술을 자랑하는 근대는 그러나, 그의 침략에 속수무책이다. 근대는 자칫 방심하는 순간에 원시로 퇴행할 수 있다. 근대는 자신이 오래 전에 탈피했다고 믿었던 원시적 타자에 대해서 안심하기에는 너무 이르다. 이 점에서 『드라큘라』는 푸닥거리 텍스트이다. 미완성인 계몽적 프로젝트를 완성하고 증상을 치유하기 위해서 과거의 망령을 이성의 빛으로 처단해야 하는 것이다.

드라큘라를 억압된 과거의 귀환으로 해석하는 시도는 새롭지 않다. 1970년대 이후로 활발해진 『드라큘라』 연구에서 억압의 귀환이나 기괴(uncanny)라는 주제는 연구의 단골 메뉴였다. 신역사주의와 문화연구는 이 구태의연한 주제를 탈제국주의적으로 재해석하였다. 드라큘라는 문명화된 영국이 무지몽매한 고대로 퇴행할 수 있는 격세유전의 공포, 혹은 제국주의를 주도하면서 식민지 확장에 여념이 없었던 대영제국이 피식민지에 의해서 역으로 식민화될 수 있는 불안을 반영하였다는 것이다.[1] 그리고 인종적 타자로서 드라큘라의 신체적 특징에 대한 연구도 활발하게 행해졌다. 이러한 연구들은 텍스트의 다양한 층위를 드러내면서 작품의 이해에 많은 공헌을 하였음은 부인할 수 없는 사실이다. 그럼에도 기존의 연구에서는 문명이 각인되고 기억되며 체화되는 몸, 죽지 않는 드라큘라의 죽지 않는 몸의 의미에 대한 연구가 부재하였다. 이 글에서 필자는 몸이 문명화의 과정에 맞물려서 사회화되고 의미화되는 과정, 혹은 정신으로부터 몸이 소외되고 탈주술화되는 과정과 관련해서 근대인의 몸이

1) 『드라큘라』에 관한 연구의 동향에 대한 훌륭한 요약에 대해 Paul Riquelme, ed. *Dracula* (Boston: Bedford/St. Martin's, 2002): 409-433쪽을 참조하기 바람. 간단하게 소개된 연구 동향에 대해서는 Senf, ed. *The Critical Response to Bram Stoker* (Westport: Greenwood P, 1993)의 103쪽, 각주 57을 참조할 수 있다. 필자가 이 글에서 사용한 텍스트는 Riquelme이 편집한 판본으로, 이 텍스트가 언급될 때마다 별 다른 언급 없이 괄호 안에 쪽수를 표시하였다.

갖는 의미와 증상을 추적하게 될 것이다. 참고로 텍스트에 대해 간단한 설명이 필요하다. 중요 등장인물의 메모와 일기, 편지 등으로 구성된 이 작품은 27장으로 이루어져 있다. 텍스트의 대부분은 날짜와 글의 작성자의 순서, 사건의 성격에 따라서 배열되어 있지만, 예외도 있다. 이런 경우엔 실제로 일어난 사건의 순서와 서사의 순서가 일치하지 않는다. 사건의 첫 기록은, 수어드 박사가 정신병자 렌필드(Renfield)의 사례를 축음기에 녹음한 4월 25일부터 시작되는데, 그의 녹음 내용은 6장에서야 등장한다. 1장은 부동산 매입 건을 처리하기 위해서 트란실바니아의 드라큘라 성을 향해 출발하는 조너선 하커의 5월 3일자 일기와 더불어 시작된다. 그리고 5장에서는 조너선이 영국에 없는 동안 그의 약혼자 미나가 친구 루시와 주고받은 편지의 내용이 소개된다. 아무튼 이렇게 해서 4월 25일에 발단이 된 사건은 드라큘라가 최후를 맞이하는 11월 6일에 막을 내리게 된다. 6개월 남짓한 기간에 모든 사건이 전개되는 것이다.

III

1. 『드라큘라』와 고딕 소설

19세기 후반의 영국에는 과학과 이성에 근거한 계몽적 프로젝트를 완성하려는 노력과 더불어 주술적 과거를 동경하는 낭만주의적 지향이 교차하고 있었다. 영국인들은 공적으로는 창백한 이성의 합리주의적 세계를 살아가면서도 사적으로는 혈색이 도는 감성주의와 신비주의에 탐닉하였다(Punter 23-27). 탈주술적 근대가 앞문으로 내쫓았던 주술적인 요소가 뒷문으로 들어오면서 양자가 같은 공간에서 동거하였던 것이다. 이러한 불편한 동거는 "도시적 고딕"(urban Gothic)의 형식을 통해서 문학적으로 표현되었다(Spencer 198, 200).

고대나 중세의 어두컴컴한 무대에서 전개되는 월폴(Horace Walpole)의 『오트란토 성』(*The Castle of Otranto*, 1764)이나 래드클리프(Ann Radcliffe)의 『우돌포 성의 비밀』(*The Mysteries of Udolpho*, 1794)와 달리 도시적 고딕은 현대의 대도시에 초자연적이며 원시적인 세력이 침투하면서 벌어지는 사건이 플롯을 구성한다.

고딕 소설은 다음과 같은 플롯을 즐겨 활용하였다. 먼저 무미건조한 대도시를 습격한는 무시무시한 초자연적 괴물이 등장한다. 그러자 권태에 찌들어있던 도시인들은 갑작스런 위기감과 공포에 사로잡힌다. 갑작스레 사람들이 미쳐서 길거리를 배회하기도 하고 죽은 시체가 길바닥에 던져지기도 한다. 그러나 그러한 실제 사건보다 더욱 끔찍한 것은 공포가 확산되면서 사람들의 의식을 마비시키는 최악의 상상과 심리적 공포이다. 그러나 너무 걱정할 필요는 없다. 그와 같이 긴장과 공포가 최고로 고조된 순간에 등장한 주인공이 괴물을 성공적으로 격퇴하기 때문이다. 이와 같이 고딕소설은 괴물의 출현에 의한 일상의 일탈과 붕괴, 그리고 회복된 일상으로 구성이 된다.

왜 당시의 독자는 무시무시한 고딕소설을 좋아했는가? 이것은 소설을 읽는 독자가 어떠한 사람인지 살펴보지 않으면 대답할 수 없는 질문이다. 무엇보다도 19세기 말의 영국인 독자들이 대도시에 사는 소시민으로, 시계추처럼 어김없이 똑같은 시간에 직장에 출근하고 똑같은 시간에 퇴근하는 일상에 찌들어있는 직장인들이다. 직장에서 하는 일은 기계처럼 무미건조하고 따분하기만 하다. 옷에 단추를 다는 것처럼 세분화되고 분업화된 일을 기계처럼 반복하기 때문이다. 이러한 무미건조한 반복이 소시민의 삶의 전부라고 말해도 과언이 아니다. 그렇다면 때로 이와 같이 지겨운 일상에서 탈피하고 싶지 않겠는가. 청룡열차라도 타고 싶지 않겠는가. 동물원에 가서 호랑이와 사자라도 보고 싶지 않겠는가. 고딕 소설의 독자는 이와 같이 일상으로부터 벗어나고 싶은 욕망에 사로잡힌 소시민들이다. 그러나 그렇다고 해서 그러한 탈출의 욕망이 일상으로 복귀하지 못할 정도로 너무 궤도에서 벗어나면 안 된다. 우리에 갇힌 사자를 보는 것은 괜찮지만 진짜로 사자와 맞닥치면 큰일이지 않은가. 진짜 공포는 사자처럼 우리를 삼킬 수 있다. 가상 공포이어야 하는 것이다. 다시 말해 독자는 너무나 따분한 일상에서 벗어나 잠시 초자연적 세계로 휴가를 갔다가 스트레스를 풀고, 다시 건강하게 사회로 복귀하고 싶어하는 것이다.

이와 같이 고딕소설의 작가는 일상으로부터 일탈과 일상으로 복귀라는 두 가지 요구를 한꺼번에 만족시키기 위해서는 일탈의 강도를 잘 조절해야 했다. 너무 과도하게 일탈하면 독자가 진짜로 공포감에 사로잡힐 수가 있기 때문이다. 이러한 이유로 일상을 위협하는 초자연적 괴물은 너무 혐오스러워도 안 되지만 그렇다고 너무나 매력적이어서도 안 된다. 괴물의 세계는 문명과 동떨어진 것이어야 하지만 그렇다고 너무나 원시적이거나 너무나 야만적이어서도 안 된다.

이러한 이유로 『드라큘라』에는 전근대와 근대가 합성사진처럼 혼재한다. 한편에는 악령의 존재를 믿는 미신적이며 미개한 트란실바니아의 주민들, 이리와 늑대 떼가 울부짖는 야성적인 자연, 이끼로 무성하게 뒤덮힌 고딕성, 피의 만찬을 즐기는 잔인한 흡혈귀 등이 있다. 그러나 또 다른 한편에는 19세기 후반 영국의 첨단 문명이 있다. 오리엔트 특급 열차와 증기기관, 전보, 병원, 타자기, 속기술, 축음기, 권총 등으로 대변되는 과학 문명의 세계인 것이다. 『드라큘라』는 신비하고 주술적인 고대와 과학적이고 탈주술화된 근대가 공존하고 있다. 소설의 도입부에서 주인공 파커는 "내가 착각하지 않았다면 고대 세계는 그 자체의 생명력을 가지고서 현대에도 여전히 존재하고 있다"고 일기에 적었다.

『드라큘라』에 전근대적 요소와 현대적 요소가 동시에 공존하는 것을 강조하는 이유는, 이 작품이 그러한 질문과 무관하게 논의되거나 이해될 수 없기 때문이다. 그것은 우리가 살고 있는 현대의 의미에 대해 질문하고 성찰하기에 더없이 훌륭한 텍스트이다. 단순히 흥미 위주의 대중적 고딕소설로서 무시하기에는 문명화된 현대인의 심리와 욕망, 갈등이 너무 많이 투영되어 있는 것이다.

『드라큘라』는 여러 화자들의 일기와 서한문, 전보 등으로 구성된 복합적인 텍스트라는 사실에 유의할 필요가 있다. 브램 스토커는 자신의 텍스트를 조너선 하커(Jonathan Harker)를 비롯해서 그의 부인 미나(Wilhelmina Murray), 수어드 박사(John Seward) 등 모든 주요 등장인물의 공동작품으로, 즉 그들의 일기와 편지 등의 자료가 사건과 날짜에 따라서 정돈되고 배열된 종합적 구성물로서 제시했다. 그러한 공동작업의 조건은 물론 각자 작성한 방대한 분량의 글이 있어야 한다는 것이다. 작품 속의 모든 인물들은 무엇인가를 기록하기 위해서 존재하는 것처럼 쓰고 또 쓴다. 가령 조너선 하커는 일촉즉발의 순간에도 아까운 시간을 쪼개서 일기를 쓴다. 강박증 환자처럼 쓰지 못하면 불안해서 견디지 못한다. 미나도 마찬가지다. 잠을 못 이루며 뒤척이는 밤에도 그녀는 '이제 자야겠다'라고 일기장에 쓰지 않으면 잠들지 못하는 것처럼 보인다. 행동하기 전에 미리 공책에 행동의 윤곽을 적어놓아야 한다. 그리고 신기하게도 그들은, 내밀한 마음의 창을 열고 자신과 홀로 대화를 나누는 가장 은밀한 시간에도 타인의 시선을 의식하면서 일기를 쓴다. 예를 들어, 흡혈귀 여자에게 성적으로 매료되었던 하커는 나중에 미나가 그 사실을 읽게 되면 오해하지 않을까 자문하면서도 그것을 일기장에 적어놓는다. 일기는 자신을 위한 기록이면서 동시에 타인에 대한 소통수단이기도 한 것이다.

자신의 경험을 강박적으로 끊임없이 기록하는 태도는 근대성의 가장 중요한 특징이다. 등장인물들은 절대로 사건에 자기 자신을 완전히 내맡기지 않는다. 흥미진진하고 긴장감이 넘치는 사건 속에서도 의식과 검열의 시선을 절대로 놓지 않는다. 그들의 자아는 사건이나 경험과 완벽히 일치하지 않으며, 양자 사이에는 건널 수 없는 단애가 가로놓여 있다. 쓴다는 것은 무엇을 의미하는가? 쓰기 위해서 주체는 자기 자신을 마치 타인처럼 대상으로 세워놓고 멀찌감치 바라봐야 한다. 쓰기 위한 조건은 그러한 관조의 태도, 자기 성찰의 태도, 자신으로부터의 균열과 소외다. 일기를 쓰는 순간 하커와 미나는 자신을 돌이켜보면서 반성하기 시작한다. 여기에서 반성하는 주체로서의 하커와 반성되는 대상으로서의 하커가 있다. 영어 'reflection'은 한편으로는 반성, 다른 한편으로는 거울이나 물 표면에 비친 이미지로서의 반영과 그림자라는 두 가지 의미를 동시에 가지고 있다. 거울에 자신을 비춰보지 않으면 자신의 얼굴 생김새가 어떠한지, 얼굴에 무엇이 묻었는지 알 수가 없다. 그래서 입술에 고춧가루가 묻어 있어도 아무렇지도 않은 듯이 편안하게 일상 활동에 임할 수 있다. 그러나 하커와 미나와 같은 근대인은 이렇게 마음 편하게 살아갈 수 없는 유형이다. 그들은 거울에 끊임없이 자신을 비춰보면서 혹시나 결함이 있는지, 혹시 주름살이 하나 더 늘었는지 마음을 졸인다. 거울을 보지 않을 때에도 내면의 거울에 자신을 비춰보면서 자신을 성찰하고 반성하며 되새김질해야 한다. 관조와 반성의 끈을 놓아버리는 순간에 그들의 정체성은 사라지는 듯이 보인다. 그들이 끊임없이 자신을 기록함으로써 자신의 정체성을 확보하고 확인할 수 있다.

반면에 전근대적인 세계에서 근대로 침입한 드라큘라는 절대로 자신을 반성하거나 후회하지 않으며 뒤를 돌아보지도 않는다. 다만 철저하게 자신의 욕망을 추구할 따름이다. 선이든 악이든, 성공이든 실패든, 상관하지 않으며 장애물에도 아랑곳하지 않고 무조건 자신의 욕망을 끝까지 밀어붙인다. 그는 자신의 욕망을 대상으로 세워놓고 바라보며 관조하지 않는다. 그의 자아는 바라보는 주체로서의 자아, 그리고 보이는 대상으로서의 자아로 이분되어 있지 않기 때문이다. 그는 거울을 보지 않을 뿐 아니라 거울에 비치지도 않으며 그림자도 생기지 않는다. 그러한 무(無)반영성과 무(無)반성성이 그의 정체이며 특징이다. 그의 그림자가 없다는 사실에서 사람들은 그의 정체를 짐작하게 된다.

이와 관련해서 또 하나의 흥미로운 사실이 있다. 무조건 자기 욕망에 탐닉하는 드라큘라와 달리, 하커를 비롯한 근대인들은 의무론적이고 윤리적인 태도를 가지고 있다는 점이다. 드라큘라가 '하고 싶다'는 욕망의 목소리에 따라 행동한다면, 근대인들은 '해야 한다'는 의무의 목소리에 귀를 기울인다. 한동안 의기소침했던 하커는 자신에게 부과된 의무를 수행하는 순간에 삶의 의미와 기쁨과 긍지를 느끼며, 미나도 남편을 보필하고 돕는 헌신적인 행동에서 만족을 찾는다. 루시(Lucy Westenra)에게 구애했지만 실연을 당한 수어드 박사는 그녀와 그녀의 약혼자의 행복을 위해 헌신하면서 만족을 느낀다. 드라큘라 사냥에 나선 다른 사람들도 모두 마찬가지다. 그들의 좌우명은 본능의 즉각적인 만족이 아니라 타인을 위해서 의무를 수행하는 것이다.

이러한 의무론적 세계에서 남녀의 성적인 충동이나 만족은 거부되어야 한다. 도덕적으로 근엄하고 순결을 강조했던 빅토리아 시대 사람들은 남녀의 자유로운 성적 만족을 금기시했다. 『드라큘라』에서 미나와 루시는 물론이고 하커와 수어드 박사를 비롯해서 모든 등장인물들은 성적 욕망을 가지고 있지 않은 듯이 보인다. 결혼한 조너선과 미나도 부부라기보다는 친구로 보일 정도로 애정 표현을 하지 않으며, 성적인 사랑이 아니라 배우자에 대한 배려와 보살핌의 의무가 부부 관계의 전부인 듯이 보인다. 반면에 드라큘라와 흡혈귀는 지극히 성적이며 관능적이고 육감적이다. 그들은 성에 대해 몸을 사리거나 경계의 태도를 보이거나 죄의식을 느끼지 않는다. 성적 만족은 갈증을 달래듯이 너무나 자연적이고 당연한 것으로 간주된다. 그들은 사랑하듯이 먹고, 음식을 먹듯이 사랑하며, 음식을 탐하듯이 성을 탐한다. 흡혈하는 행위가 곧 사랑의 행위이며, 사랑의 표현이 곧 흡혈이기 때문이다. 드라큘라의 성에서 조너선이 마주쳤던 세 명의 여자 흡혈귀는 그를 보면서 관능적으로 입맛을 다시고 성적으로 흥분한다. 루시와 미나의 피를 취했던 드라큘라도 예외가 아니다.

그런데 근대인들의 엄격한 성 윤리는 드라큘라의 등장과 더불어 위협을 받기 시작한다. 그가 빅토리아인들이 물샐 틈 없이 자물쇠로 단단히 채워놓았던 성적 욕망의 창고를 활짝 열어젖혔기 때문이다. 루시의 변모가 단적인 증거다. 백합처럼 순결했던 루시는 드라큘라에게 흡혈을 당한 이후로 점점 관능적이 되고 성적으로 대담한 행동도 서슴지 않게 된다. 나중에 흡혈귀로 변모한 그녀의 모습은 어느 때보다도 육감적이며 성적으로 자극적이다. 순결하고 소극적이어야 했던 여성이 남성들보다 더욱 적극적이며 대담하게 바뀌기 시작하는 것이다. 남자 주인공들에게 여성의 이런 변모는 끔찍한 일이었다. 그들은 성적으로 대담한 여자를 용납할 수도, 용서할 수도 없었기 때문이다. 그러한 여자는 건강한 사회를 위협하는 악성 종양, 요부(femme fatale)로서 제거되어야 마땅했다. 무엇보다도 적극적인 여성은 그렇지 않아도 성적인 강박에 시달리는 남자들을 더욱 위축시키고 무기력하게 만들기 때문이었다. 그래서 『나비부인』(*Madama Butterfly*, 1904)이나 『라 트라비아타』(*La Traviata*, 1853),

『카르멘』(*Carmen*, 1875)과 같이 화류계 여성이 등장하는 오페라나 『나나』(*Nana*, 1880)와 같은 소설은 여주인공의 죽음으로 막을 내리도록 플롯을 짜야 했다. 그래야 남성 관객들은 불안을 털고 안심할 수 있기 때문이다. 반 헬싱(Abraham Van Helsing) 일행이 죽음의 위험을 무릅쓰면서, "너희들이 사랑하는 여자들은 이미 나의 것이다"라고 호언장담하며 영국의 여성을 유혹하는 드라큘라의 침입을 저지해야 했던 이유가 바로 여기에 있다.

적극적인 여성을 경원시했던 빅토리아 시대 남자들의 성윤리는 미나의 운명에도 결정적인 영향을 미친다. 텍스트를 읽어나가면서 독자들은 미나가 진취적이며 적극적이고 용감할 뿐 아니라 강한 지도력을 소유한 신세대 여성이라는 사실을 금방 깨닫게 된다. 그녀가 정리하고 편집하고 작성한 자료들의 도움이 없었더라면, 반 헬싱 일행은 드라큘라의 정체를 쉽게 파악할 수 없었을 것이다. 그리고 사건이 전개되는 가운에 중요한 대목에서 언제나 그녀의 판단과 결단은 빛을 발한다. 그럼에도 드라큘라 사냥이 본격화되는 지점에서 남자들은 그녀가 단지 여자라는 이유로 팀에서 제외해 버린다. 연약한 여자에게 위험을 무릅쓰도록 하는 것은 기사도 정신에 어긋난다면서, 작전 회의에도 참석을 금하고 그들의 활동 일체를 비밀에 붙인다. 그녀를 따돌리는 것이다. 그렇게 안전의 이름으로 팀으로부터 배제되면서 역설적으로 그녀는 점점 더 드라큘라의 손아귀에 들어가게 된다. 남성들의 선한 의도에도 불구하고 기사도 정신이 그녀를 드라큘라의 손에 넘겨준 셈이다. 당시 빅토리아 시대의 여성들은 세상의 물정을 모르는 집안의 천사로서 가정에만 머물면서 남편을 내조해야 한다는 관념의 지배를 받았다. 그러한 가부장적 억압에 짓눌려서 자신의 재능과 꿈을 접고 삶의 의욕을 잃은 채 실의에 빠져 살았던 여성들도 적지 않았다. 미나도 드라큘라 사냥단의 일원으로서

용감하고 당당하게 모험에 참여하고 싶어 했다. 그러나 남성들의 반발이 두려워서 감히 자신의 뜻을 강력하게 주장할 수 없었다. 드라큘라는 그와 같이 여성을 억압하는 가부장적 이데올로기의 허점을 교묘하게 비집고 들어갔던 것이다.

『드라큘라』 텍스트의 또 하나의 중요한 주제는 종교의 문제다. 21세기를 살아가는 우리에게 종교는 천국과 지옥, 구원과 저주의 문제라기보다는 삶의 방식으로 보이지만, 19세기 당시의 빅토리아인들에게 종교는 매우 절실하고 절박한 삶의 본질적 문제였다. 특히 종교에서 초월과 신비의 너울을 걷어내고 역사적이면서 과학적으로 접근하려는 시도가 세를 얻기 시작하면서, 신앙에 의지하면서 살아야 했던 사람들은 커다란 위기의식을 느낄 수밖에 없었다. 강한 신앙의 소유자였던 브램 스토커는 이러한 새로운 흐름으로부터 종교의 진리와 신앙의 가치를 옹호하고 대변하고 싶었던 듯이 보였다. 드라큘라는 뾰족한 귀와 지옥불처럼 타오르는 눈을 가진 전형적인 악마의 모습으로, 그리고 하느님 편에 서서 그와 대항해 싸우는 반 헬싱 일행은 천사의 모습으로 제시되어 있다. 가공할 힘과 변신의 초능력을 가졌을 뿐 아니라 교활하기도 한 드라큘라는 악마처럼 '죽지 않는 존재'다. 그럼에도 그는 십자가와 성체 앞에서는 꼼짝을 하지 못한다. 선과 악의 상반된 세력이 종교적인 언어와 관점으로 묘사된 것이다. 텍스트를 관통하는 일관된 대주제는 종교적 구원의 문제다. 유한한 인간은 죽어야만 하는 존재이지만 죽음은 동시에 축복이기도 하다. 죽어야만 하늘나라에서 하느님의 품에 안겨 영원한 삶을 누릴 수 있기 때문이다. 반면 흡혈귀에게는 영원한 삶이 허락되었지만 그것은 영원한 저주일 뿐이다. 그들은 죽고 싶어도 죽을 수 없는 존재, 살아 있는 죽음, 구원과 위안이 불가능한 지옥의 고통과 절망이다. 죽음보다 더욱 무서운 것은 신에게 버림받은 영원한 삶이다.

2. 근대와 글쓰기, 그리고 지식

이제 근대화의 과정에서 발생한 사건으로서 글쓰기의 의미를 좀 더 자세히 추적해 보기로 하자. 드라큘라를 만나기 위해 런던을 떠나 낯설고 이국적인 고장으로 향하는 조나단 하커의 여정 자체가 많은 것을 말해준다. 근대의 중심인 런던을 뒤로 하고 변방을 지나 가장 외곽에 위치한 트란실바니아(Transylvania)의 드라큘라 성에 다다르는 공간적 이동은 시간을 거슬러서 원시적 문명으로 역행하는 시간적 이동이다. 런던으로부터 멀어지는 거리에 반비례해서 전근대에 점차 가까이 다가서며, 마침내 목적지에 다다르면서 종교는 비교(秘敎)와 미신으로, 지식은 환상으로, 과학은 신비주의로, 서양은 동양으로 바뀌기 시작한다. 이러한 변화는 빠짐없이 종이에 기록이 된다. 조나단은 당시 유행했던 이국적 여행기의 풍조를 반영하듯이 그러한 모든 차이를 꼼꼼하게 기록하는 것이다. 존 수어드(John Seward)와 미나(Mina Murray)를 비롯한 다른 인물들도 마찬가지로 자신의 경험을 기록해서 보관하지 않으면 안심하지 못하는 "기록광"들이다(Elmessiri 105-106).[2] 절대절명의 위기에 처한 순간에도 빠져나갈 방도를 모색하는 대신에 무리해서 시간을 내어 그러한 상황을 기록해야 직성이 풀리는 조나단은 쓰지 않으면 자신의 살아있음을 실감할 수 없는 듯이 보인다. 그가 강박적으로 기록하는 이유를 짐작하기는 어렵지 않다. 기록하지 않으면 전근대와 근대의 차이가 — 혹은 근대의 우월성이 — 드러나지 않기 때문이다. 더불어서 기록은 조나단이 트란실바니아에서 이방인으로서 자신의 정체성을

2) 다양한 기록의 수단(축음기, 속기, 타이핑, 전보 등)에 대해서는 Jennifer Wicke, "Vampiric Typewriting: Dracula and Its Media"를 참조하기 바람.

계속 유지하기 위한 수단이 된다. 비록 그는 트란실바니아에 있다고 할지라도 (기록하는 순간) 그의 정신은 (그의 글을 읽을) 영국의 동료와 조율되어 있기 때문이다. 물론 기록은 지식에 이르는 가장 경제적인 지름길이다. 여행을 출발하기 전에 조나단은 대영제국도서관의 많은 자료를 참조하면서 근대와 전근대의 차이, 동양과 서양의 차이, 트란실바니아의 지리와 풍속을 이미 섭렵하고 있었다. 따라서 여행은 책을 통해 습득했던 지식을 재확인하는 과정이 된다.

그러나 조나단은 목적지에 가까워지면서 문화충격을 경험하기 시작한다. 트란실바니아가 아직 충분히 기호화되고 텍스트화되지 않았기 때문이다. 도서관의 자료도 드라큘라성의 소재를 파악하는데 아무런 도움을 주지 못한다. 그는 나중에 현지인들의 안내로 혼란에서 벗어날 수 있었다. 지도를 읽지 못하는 현지인들은 지도를 읽는 조나단보다 지형을 더 잘 알고 있었던 것이다. 이처럼 드라큘라성에 가까이 다가가면서 지와 무지의 위계가 전도되기 시작한다. 이러한 전도는 조나단이 트란실바니아의 풍물을 기록하는 서술의 전형적 특징이다. 여인들은 멀리서 아름답게 보이지만 가까이 다가가면 그렇지 않으며, 그의 신변을 부모처럼 걱정하는 여관 주인은 불합리한 미신에 젖어있고, 드라큘라는 영국신사처럼 세련되고 품위가 있지만 원시적이다. 모순이 혼성적으로 공존하는 것이다. 이와 같은 모순의 공존은 근대적 논리와 배치가 된다. 조나단에게 드라큘라는 죽어서 부패한 시체이든지 아니면 살아 움직여야 하며, 인간이든지 동물이어야 하고, 이성애와 동성애의 어느 한 쪽에 속해야 한다(Punter 21-22). 그래야만 드라큘라를 지식의 대상으로 환원할 수 있기 때문이다. 조나단이 정신을 추스르기 위해서 취하는 전략이 그러한 환원적 글쓰기이다. "자, 의심의 여지 없이 책과 수치로 증명된 벌거벗은, 뼈가 앙상한 사건과 더불어 생각해 보기로 하자. 나의 관찰이나 기억에서 비롯된 경험을 그런 [기록된] 사실과 혼돈하면 안 된다” (54). 여기에서 흥미로운 대목은 조나단이 자신의 직접적 경험의 유효성을 부정하면서 기록된 간접적 지식에 더욱 신뢰감을 보여준다는 점이다. 존재에 대한 지식의 우월성, 존재론에 대한 인식론의 우월성이 근대의 논리인 것이다.

흡혈귀 사냥단이 드라큘라를 퇴치하는 과정은 존재에 대한 지식의 우월성을 증명하는 과정이다. 그들을 사로잡는 불안과 공포는 드라큘라의 ‘존재’가 아니라 그에 대한 ‘무지’에서 비롯된다. 무지가 지로 바뀌는 순간에 그의 초자연적 위력은 거짓말처럼 사라지도록 예정되어 있기 때문이다. 드라큘라의 비밀은 다름 아닌 비밀 자체이다. 『드라큘라』가 탐정 소설의 형식으로 서술되어야 했던 이유도 거기에 있다. 초자연적인 현상이 과학적으로 설명된다고 해서 드라큘라의 정체가 밝혀지지는 않는다. 키츠(John Keats)의 『라미아』(*Lamia*, 1819)처럼 다만 사라질 따름이다. 앎의 행위는 대상을 제거하는 행위이다. 그러한 이유로 인해서 드라큘라를 퇴치하기 위해 흡혈귀 사냥꾼이 수행하는 주된 작업은 꼼꼼하고 철저하게 기록하는 일이다. 그래서 미나가 방대하고 산만한 자료들을 타이핑해서 하나의 책으로 완성하는 순간 드라큘라는 패색이 짙어지기 시작한다. 조나단이 반색을 하면서 다음과 같이 승리를 장담하지 않은가. “그것[통합된 자료]이 나를 새로운 인간으로 태어나게 만들었다. 이 모든 사태의 실상을 알지 못한 채 의심에 싸여 있었기 때문에 나는 혼란스럽기만 했다. 의심의 어둠 속에서 무기력하였다. 그러나 이제 알게 되었다. 이제 드라큘라도 겁나지 않는다”(197). 지식으로 무장한 그는 더 이상 드라큘라를 두려워 할 필요가 없는 것이다.

3. 근대와 전근대: 구교와 개신교

『드라큘라』에서 근대가 인식론적이라면 전근대는 존재론적으로 표상된다. 전자가 탈주술적이며 합리주의적이라면 후자는 주술적이며 초자연적이다. 조나단과 달리 트란실바니아의 주민들은 앎이 아니라 믿음으로 존재하는 사람들이다. 유령은 독자적으로 존재하는 실체가 아니라 그들의 믿음이 불러낸 수행적 효과이다. 여관 주인은 조나단이 5월 4일에 떠난다는 말을 듣고 다음과 같이 경고한다. "이 날은 성 조오지의 날입니다. 오늘 밤 시계가 자정을 알리는 순간에 세상의 모든 악한 기운들이 날뛰기 시작할 것입니다"(30). 물론 조나단은 그러한 미신을 믿지 않는다. 계몽의 빛과 미신의 어둠은 공존할 수 없다. 그러나 조나단이 의심한다고 해서 여관 주인의 믿음이 흔들리지는 않는다. 그녀는 그의 목에 호신용 십자가를 걸어주지 않으면 직성이 풀리지 않는다.

주술적인 전근대와 탈주술적인 근대의 차이는 의식과 형식을 중시하는 "구교"와 그렇지 않은 개신교의 차이이기도 하다. 한편에 농업에 의존하고 미신적이며 구교를 신봉하는 동유럽이 있다면 다른 한편에는 산업화되고 계몽된 영국이 있다. 개신교가 구교로부터 환골탈태한 종교라면 구교는 아직 미숙한 종교로 간주된다. 19세기 후반의 영국인들은 아일랜드와 동유럽을 미개한 구교의 나라로서 무시하였다. 독실한 개신교도였던 브램 스토커는 「소설의 검열」("The Censorship of Fiction," 1908)에서 개신교를 믿지 않는 타락한 작가들이 "예수를 다시 십자가에 매달았다"는 대담한 주장을 펼쳤다. 기독교를 계몽하기 위한 고등비평이 출현하던 당시에 매튜 아놀드(Matthew Arnold)는 『문학과 도그마』(*Literature and Dogma*, 1873), 『신과 성서』(*God and the Bible*, 1875)와 같은 저술에서 종교에서 초자연적 요소를 제거하고 그것의 윤리적 가치만을 강조하였다. 그렇다면 십자가의 주술적 힘을 믿는 동유럽은 미신과 참된 종교를 구별하지 못하는 미개한 상태에 있다고 할 수 있다. 계몽되지 않았기 때문에 십자가를 악령 퇴치의 부적으로 사용하는 것이다.

그럼에도 역설적으로 흡혈귀 사냥단이 드라큘라를 물리치기 위해 사용하는 도구들은 성물과 의례들이다. 그들은 십자가와 마늘, 성찬식의 빵, 성체 등의 주술적 힘에 의존해야 했다. 이러한 구교의 성물들은 신교의 십자가와 달리, 초월적 힘을 가지고 있다. 의식을 강조하는 구교의 권위와 위엄, 신성의 아우라가 각인되어 있기 때문이다. 신교의 십자가가 대체와 복제가 가능한 기호라면 구교의 성물은 대체가 불가능한 신성을 가진 것으로 믿어진다. 반 헬싱이 네덜란드에서 영국으로 그러한 성물을 힘들게 가져와야 했던 이유가 여기에 있다. 처음에 그러한 성물을 한갓 미신으로 간주하고서 웃어넘겼던 존과 홀름우드경도 나중에는 주술적 힘에 의존하게 된다.

기호로서 개신교의 십자가와 성물로서 구교의 십자가의 차이는 『드라큘라』에서 결정적 중요성을 갖는다. 『일반 언어학 강의』 (*Course in General Linguistics*, 1916)에서 소쉬르(Fernindand de Saussure)가 설명하였듯이 기호가 성립하기 위한 조건은 기표(형식)와 기의(내용)의 결합이 임의적이라는 점이다. 필연성이 아닌 임의성이 기호의 본질적 성격이다. 십자가의 경우에 의미로서의 십자가와 물질로서 십자가는 서로 일치하지 않는다. 때문에 주위에 있는 평범한 나무를 가지고 십자가로 만들 수가 있다. 이와 같이 기호로서 십자가는 탈주술화된 십자가, 「기계 생산 시대의 예술작품」("The Work of Art in the Age of Mechanical Reproduction," 1955)에서 벤야민(Walter Benjamin)이 설명한 바 아우라가 사라진 복제품으로서의 십자가이다. 그것은 골고다라는 신성한 언덕에서 분리되어 장소와 시간, 재료와 상관없이 언제 어디에서나 자유롭게 제작될 수 있다. 이처럼 원본의 아우라가 없는 십자가는 재생산과 유통, 교환의 시장 경제와 맞물려 있다.

그러나 구교의 성물에서 내용과 형식은 불가분의 필연적 관계를 가지고 있다. 의미가 물질적 형식으로 완벽하게 체화되어 있을 뿐 아니라 의미는 물질 자체에 주술적으로 내재하는 것으로 간주된다. 내용과 형식을 떼어놓으면 형식과 독립해서 의미가 보존되는 대신 성물 자체가 해체되어 버린다. 반 헬싱이 드라큘라를 물리치기 위해 영어가 아니라 라틴어 "In manus tuas, Domine!"(253)로 주문을 외워야 하는 이유가 거기에 있다. 만약 기호라면 "Into your hands, Lord!" 혹은 "주여, 당신의 손에 맡깁니다"로 외쳐도 무방하다. 그러나 주술의 언어는 번역되는 순간에 초자연적 가치와 효력을 일시에 상실해 버린다. 이러한 존재론적 일치는 『드라큘라』에서 전근대적 동유럽인과 드라큘라에게 공통되는 특징이다. 드라큘라 사냥단과 달리 그들은 아직 내적으로 분열되어 있지 않다. 주체로서 '나'와 생각의 대상으로서 나의 '몸'으로 이분되어 있지 않은 것이다. 유럽인에게 미신적인 언행을 동유럽인이 진리라고 믿으며 확신에 차서 행하는 이유도 그러한 존재론적 일치에서 비롯한다. 기도의 의미는 기도하는 행위 자체로 체화되어 있으며, 악귀의 예방도 십자가를 긋는 행위 자체에 체화되어 있기 때문이다.

흡혈의 종교적 기원이라 할 수 있는 성찬식도 내용과 형식의 불가분의 관계를 보여준다. 성찬식에서 사용되는 포도주와 빵은 단순한 포도주와 빵이 아니라 예수의 피와 살의 상징적 구현이다. 신부가 손을 들어 축복하는 수행적 행위가 하찮은 포도주와 빵을 신성한 물(the thing)로 바꿔놓는 것이다. "내 피를 마시는 자는 영생하니리!"가 말해주는 성변화(聖變化)가 그러한 논리의 연장선에 있다.

『드라큘라』는 "내 피를 마시는 자는 영생하리니!"라는 성경 구절에 대한 기나긴 각주인 듯이 보인다. 피를 마시고 드라큘라는 문자 그대로 죽지 않는 영원한 삶을 얻는다. 그는 "죽지 않는 자"(undead)이기 때문이다. 이 점에서 드라큘라는 "기독교적 축어주의자"이다. 그는 피를 비유적으로 해석하는 조나단이나 미나와 대척점에 있다. 조나단과 결혼을 앞둔 미나는 자신이 그에게 줄 수 있는 것은 "나 자신, 나의 생명" 뿐이라고 말한다(123). 또 그녀는 루시에게 보내는 편지에서 다음과 같이 말하였다. "나는 너의 건강과 성공을 빌면서 건배하고 싶다"(167). 이때 루시는 이 편지의 내용을 "너의 건강을 마시고 싶다"로 받아들이지 않는다. 미나가 조나단에게 생명을 바치겠다는 구절도 글자 그대로, 축어적으로 이해되지 않아야 한다. 그런데 드라큘라에게 피를 빨린 루시가 목숨이 위태로운 순간에 "건강을 마시다"나 "생명을 준다"는 축어적으로 실행되기 시작한다. 홀름우드경(Sir Arthur Holmwood)은 "나의 목숨은 그녀의 것입니다. 나는 내 몸에 남아있는 마지막 피 한 방울까지 그녀에게 주겠습니다"(137)라고 말하면서 그녀에게 헌혈을 한다. 여기에서 흥미로운 점은, 피가 축어적으로 해석되는 순간에 드라큘라와 홀름우드경의 차이는 소멸한다는 것이다. 루시를 사랑하기 때문에 홀름우드경은 자신의 생명과 같은 피를 그녀에게 수혈하였다. 사랑이 헌혈과 흡혈로 표현되는 것이다. 마찬가지로 미나를 사랑하는 드라큘라도 자신의 피를 그녀에게 나누어 주었다.

『야생의 사고』(*La Penseée Sauvage,* 1962)에서 레비-스트로스(Levi-Strauss)는 "어느 사회를 막론하고 성적 관계와 음식 섭취 간에 논리적 유사점이 있다"(205)고 지적하였다. 원시사회에서는 사랑의 가치와 음식의 가치가 완전히 분화되지 않았다는 것이다. 『드라큘라』에서 브램 스토커가 실명으로 거론하였던 이탈리아의 범죄학자 롬브로소(Cesare Lombroso)도 『범죄인론』(*Criminal Man,* 1876)

에서 그러한 관련성에 주목하였다. 범죄학을 과학으로 발전시켰다고 평가받는 롬브로소에 의하면 범죄자는 원시인의 생물학적·신체적 특징을 격세유전적으로 물려받은 자이다. 범죄자는 근대사회에서 살고 있음에도 원시적 유전자의 소유자라는 것이다. 때문에 그들은 "희생자를 살해할 뿐 아니라 그 시체를 절단하고 살점을 찢어발기며 피의 축제를 즐긴다"(Lombroso 388). 롬브로소는 원시인의 야만적인 풍습과 흡혈 행위에서 끔찍한 범죄의 기원을 찾았던 것이다. 스토커가 드라큘라를 묘사하기 위해서 참조했던 이론의 하나가 롬브로스의 범죄자론이었다는 사실도 무시할 수 없는 중요성을 갖는다(Pick 79). 물론 롬브로스의 범죄학이 사랑=음식의 관계를 충분히 설명해주지는 못한다. 또 우리는 사랑=음식이라는 어법의 계통발생적 근원을 찾아서 원시문화로 거슬러 올라갈 수 없다. 그러나 심리학적 설명은 가능하다.

프로이트와 피아제(Jean Piaget)에 따르면 이유기 이전에 아이는 세계를 입으로 경험한다. 이때 아이는 어머니의 젖을 비롯해서 입으로 삼킬 수 있는 모든 음식을 좋고 아름다운 것으로 여긴다. 『성욕에 관한 세 편의 에세이』(*Three Essays on Sexuality,* 1905)에서 프로이트는 포만감에 잠겨서 단잠을 자는 아이의 표정이 성행위 후 잠에 빠진 어른과 비슷하다고 지적하였다. 이때 유아는 "하지 말아라!"는 금기어를 모르기 때문에 모든 것을 원하고 또 모든 것을 즐길 수가 있다. 절제와 자제를 모르는 순수한 욕망의 덩어리로서 유아에게는 욕망의 종말로서 죽음도 없다.[3] 그의 몸은 원칙적으로 죽지 않은 몸이다.

3) 죽지 않는 욕망에 대해서는 프로이트의 『토템과 터부』 및 「기괴함」("The Uncanny")을 참조할 수 있다.

드라큘라는 유아처럼 노(no)를 모르는 무한한 욕망의 덩어리이다. 또한 유아처럼 생각하는 주체로서 "나"와 생각되는 대상으로서 나로 분열되지 않은 존재이다. 이러한 이유로 그의 몸은 거울에 비치지 않으며 그림자도 가지지 않는다. 거울이란 무엇인가? 그것은 바라보는 주체와 보이는 대상으로 분리하는 역할을 한다. 이 점에서 거울은 인간의 존재론적 분열과 소외를 설명하는 탁월한 은유가 된다. 주체는 거울을 통해 자신의 몸(Leib)을 물리적 대상(Körper)으로 바라보는 법을 배우기 시작한다.[4] 이러한 거울의 자기 소외의 논리는 동시에 사유의 논리이기도 하다. 사유는 주체가 자신을 마치 타자라는 듯이 객관적으로 바라보는 내향적 시선, 스스로부터 자신을 소외시킴으로써 성찰의 대상으로 전환하는 행위이다. 거울 이미지로서 반영과 자기 성찰로서의 반성이 하나의 "reflection" 속에서 개념적으로 일치하는 것이다. 몸이 정신과 육체로 분절되어야 반성적 사유가 가능하다. 그러나 드라큘라는 자신을 대상화하지 않으며, 영혼과 육체로 분열되어 있지도 않다.

주체와 대상으로 이분하는 거울의 논리는 기호의 운동과 같은 궤도에 있다. 기호로 성립하기 위한 조건은 기표와 기의로 이분법적 자기 분열이다. 언어는 그것이 명명하고자 하는 존재(지시대상)로부터 분리되고 독립됨으로써 언어의 자격을 얻는 것이다. 이처럼 존재의 질서로부터 단절되어 있기 때문에 모든 십자 모양의 물건은 기원이나 재료, 색상 등과 무관하게 십자가로서 통용될 수 있다. 언어를 사용하는 주체도 마찬가지이다. 언어의 주체는 자신의 본능적 욕망으로부터 분리되어 사회적 요구에 재조율되는 과정을 거치면서 사

4) 이 구별은 훗설(Edmund Husserl)의 것이다. Donn Welton, *The Body* 11-94쪽을 참조할 것.

회적 주체가 될 수 있다. 그의 몸은 사회적 규범과 계율로 상징화된 몸이 되어야 한다. 이러한 과정은 유아가 겪어야 하는 이유기의 반복적 행위이다. 모든 것을 섭취해서 자신의 몸으로 동화하려는 유아는 이유기를 거치면서 그러한 욕망으로부터 단절을 학습하게 된다. 라캉(Jacques Lacan)의 용어로 "아버지의 금지의 명령"과 더불어서 유아의 나르시시즘적 몸은 타자의 명령에 복종하는 몸으로 변형되어야 한다. 나르시즘적 존재의 향유를 대가로 지불하지 않으면 유아는 사회적 주체로 성숙할 수 없다. 드라큘라가 "유아 두뇌"로 불리는 것은 단순한 우연이 아니다. 그는 유아처럼 무조건적으로 자기의 존재를 향유하는 자이다. 반면 근대인은 그러한 자발적 향유를 포기하는 대가를 치름으로써 사회화와 문명화의 위업을 달성할 수가 있다.

드라큘라가 자기 탐닉의 미학을 대변한다면 흡혈귀 사냥단은 의무론적(혹은 이타적) 윤리를 대변한다. 미나는 조나단이 "그에게 부과된 의무를" 완벽하게 수행하는 모습을 보고 "긍지"(189)와 기쁨을 느낀다. 그녀도 사냥단을 도와주는 헌신적 행동에서 만족을 찾는다. 그녀의 기쁨은 타자의 만족으로부터 도래하는 것이다. 마찬가지로 루시를 포기한 존도 그녀와 약혼자의 행복을 위해 노력하는 행동에서 만족을 느낀다. 드라큘라처럼 자기 탐닉적일 수도 있는 몸이 법과 의무의 이름으로 사회화, 도덕화되는 것이다. 나르시즘적 욕망의 주체로서 몸이 죽고 사회적인 몸으로 거듭나는 것이다.

4. 근대인의 전근대성

그러나 전근대적 몸과 근대적 몸의 경계는 지극히 유동적이다. 흡혈귀가 된 루시처럼 문명화된 몸도 나르시즘적 몸으로 퇴행할 수 있다. 흥미롭게도 흡혈귀로 변신하면서 루시는 더욱 아름답고 관능적이며 성적으로도 대담해진다. 그녀에게 흡혈당하는 남자들도 그녀의 매력에 압도되어 버린다. 왜 루시와 미나가 드라큘라에게 매료되었던가? 문명화를 거치면서 죽었다고 가정되었던 유아적 몸이 흔적근처럼 살아 남아서 그의 부름에 응답하기 때문이다. 대부분의 인물들은 드라큘라에 저항하면서도 그에게 매료되는 분열된 모습을 보여주지 않은가. 여자 흡혈귀를 두려워했던 조나단도 그들의 저항할 수 없는 유혹에 끌려가는 자신을 발견하지 않았던가. 이때 그는 자신의 감정이 '내적' 욕망에 따른 것이 아니라 흡혈귀의 마법에 의해 '외부적으로' 강요된 결과라고 믿고 싶어 한다. 루시와 미나도 마찬가지이다. 대낮에 드라큘라의 유혹에 저항하던 그들은 "반수면의 혼수 상태"에서 그에게 굴복했기 때문이다. 이처럼 계몽된 주체는 자신의 의지와 판단에 반해서 어쩔 수 없이 수동적으로 그의 유혹에 굴복했다고 믿고 싶어 한다.

그러나 흡혈귀 사냥단은 자신이 생각하는 만큼 계몽적이지도, 윤리적이지도 않다. 그들도 드라큘라와 마찬가지로 여전히 "유아적" 쾌락을 탐닉하기 때문이다. 그러한 이유로 양자의 차이가 희미해지는 일이 생긴다. 사냥단은 문명 생활이 너무나 따분한 나머지 도시에서 벗어나 먼 원시적 밀림을 누비며 "사냥 파티"(303)를 즐겼던 인물들이다. 조나단은 쿠크리 대검을, 모리스는 사냥용 보우이 단도를, 퀸시는 윈체스터 따발총을 즐겨 사용한다. 이들에게 드라큘라 사냥을 또 하나의 흥미진진한 사냥에 지나지 않는다. 존 수어드는 흡혈귀를 제거할 기회가 주어지면 "야만적 쾌감을 느끼면서 죽일 것"(219)이라고 장담한다. 이들의 야성적 탐닉은 사냥으로 그치지 않는다. 이들은 법에 저촉되는 행동도 서슴지 않는다. 의사, 변호사, 교수 등의 전문직에 종사하지만 저택의 열쇠를 불법으로 복제하고 관리를 매수하며 시체 유기도 마다하지 않는다. 그럼에도 이들은 그러한 행동을 이타성과 공동의 선, 문명의 보존이라는 명목으로 합리화하고 정당화한다. 욕망의 충족을 이타적 명분으로 합리화함으로써 선한 외양을 유지하고 싶어 하는 것이다. 이 점에서 전근대적 드라큘라와 근대적 사냥단의 차이는 단지 외양의 차이가 되어버린다.

왜 근대인이 유아적 쾌감에 탐닉하는 것일까? 육체와 정신으로 분열된 근대인은 그러한 유아적 쾌락에 함몰하는 순간 존재론적 일체감에 빠져든다. 그렇다면 그들은 죽을 힘을 다해서 그러한 쾌락에 저항하지 않으면 안 된다.

그렇다면 근대의 코기토적 주체도 그러한 전근대적 탐닉의 효과가 아닐까. 앞서 설명했듯이 근대적 주체는 원칙적으로 지식의 주체, 앎을 통해서 존재하는 코기토적 주체이다. 근대인은 앎을 통해서 지식의 자격으로 존재하는 것이다. 그러나 지식의 거울에 비치지 않는 드라큘라의 암초에 부딪히면서 그러한 인식론적 주체는 위기에 처한다. 드라큘라는 미신이나 주술이라는 전근대적 세계에 속해 있기 때문이다. 반 헬싱도 동료들에게 드라큘라 백작이 흡혈귀라는 객관적 증거를 제시할 수 없었다. 그들은 그의 주장을 이해하지 못하면서 무조건적으로 그를 믿어야 했다. 달리 말해 그들은 코기토적 주체로서가 아니라 동유럽 사람들과 마찬가지로 무조건적 믿음의 주체로서 드라큘라를 경험하였다. 백작이 흡혈귀로서 적극적으로 행동을 개시하게 된 것은 그들이 반 헬싱의 주장을 무조건적으로 수용한 다음이었다. 믿음의 수행적 효과로서 흡혈귀가 생산된 것이다. 이 점에서 흡혈귀는 자연적 존재가 아니라 담론적 구성물에 가깝다. 그렇다면 전근대와 구분되는 코기토적 주체라는 것도 그러한 무조건적 믿음이 만들어낸 수행적 효과가 아닐까.

흡혈귀 사냥단은 계몽을 위해 포기했던 전근대적 믿음을 다시 근대의 뒷문으로 들여놓아야 했다. 그렇다고 전근대와 근대가 일치한다는 것은 아니다. 전근대적 믿음은 근대로 들어오면서 지식의 외양을 가진 이데올로기로 발전한다. 드라큘라는 자신의 욕망을 이데올로기적으로 정당화할 필요가 없었다. 그러나 근대인은 소외되었던 육체적 욕망과 재결합하기 위해서는 이데올로기적 명분을 필요로 한다. 그럼에도 근대인에게 육체와 정신의 결합은 임의적이며 일시적인 에피소드에 지나지 않는다. 흡혈귀를 사냥하면서 사냥단이 경험하였던 존재론적 일체감은 사냥이 끝나는 동시에 소멸한다. 이제 그들은 새로운 사냥과 새로운 명분을 찾아나서지 않으면 안 된다. 그들의 몸이 도덕적 규범으로 완벽하게 상징화되어 있지 않다. 그래서 그들은 법을 위반하면서 유아적 쾌락에 탐닉하는 것이다. 그들이 법을 위반하며 법을 향락하는 이유가 여기에 있다. 이때 존재론적 균열은 불행이 아니라 축복으로 전환될 수도 있다. 그러한 균열이 한편으로는 위법과 일탈을 자극하면서 또 다른 한편으로 그것을 합리화하는 이중의 역할을 하기 때문이다. 그들은 사적으로 욕망에 탐닉하면서도 공적으로는 훌륭한 외양을 유지할 수 있다.

근대인의 존재론적 균열과 봉합의 변증법적은 역설적이다. 근대적 몸은 인식론적인 몸, 정신화된 몸, 알기 때문에 존재하는 몸이다. 그러나 이러한 근대적 몸의 운동을 추적하다보면 그것은 뫼비우스 띠처럼 어느새 전근대적 몸으로 바뀌기 시작한다. 전근대와 차이가 있다면, 근대적 주체는 미나와 루시가 그러했듯이 그러한 사실을 알기를 원치 않는다는 점이다. 그들은 알기 때문에 존재하는 주체(정신), 그러나 모르기 때문에 즐길 수 있는 주체(육체)이다. 드라큘라는 근대적 주체가 모르는 그들 자신의 쾌락적 몸에 다름이 아니지 않은가. 몸과 마음이 분리되지 않는 일체로서 드라큘라는 근대인과는 단절된 지점에 있다. 그에게는 정신병자처럼 무의식도 없다. 때문에 근대적 맥락으로 재배치되는 순간에 그는 정신병자나 악마로 간주되면서 추방당할 운명에 처하게 된다. 프로이트도 지적했듯이 근대화되면서 과거의 신들은 악마나 귀신으로 바뀌기 시작하였다. 드라큘라적 몸도 근대의 세계로 접어들면서 아는 정신과 모르는 향락의 육체로 분리되었다. 그러면서 모든 것을 알고 있다고 가정된 정신에 종속되지 않은 육체는 흡혈귀처럼 사회로부터 추방되어야 한다. 이때 사회적 질서를 위해 흡혈귀 사냥에 나선 근대적 주체들은 자기가 몸이 하는 일(피비린내 나는 야만적 쾌감)의 진실을 알지 못한다. 아니 알지 못하기 때문에 즐길 수 있다.

근대인에게 죽는 몸과 죽지 않는 몸은 동전의 양면처럼 긴밀한 관계에 있다. 주체가 어른으로 성숙하기 위해 포기해야 했던, 그러나 드라큘라가 포기하지 않았던 유아적 몸은 근대인에게는 죽어야만 하는 육체이다. 그는 자신의 몸을 희생하는 대가를 치르고 근대적 주체가 되었다. 그러면서 그는 죽어야 하는 욕망하는 몸(육체)과 죽지 않는 상징적 몸(정신)을 갖게 된다. 『드라큘라』에서 상징적 몸은 기독교의 신이 보증하는 "영혼"의 불멸성과 같은 궤도에 있다. 죽어야 하는 육체가 영혼으로 지양될 수 있는 것이다. 그래서 사냥단은 영혼의 이름으로 루시를 다시 죽이지 않으면 안 되었다. 흡혈귀는 기독교적 영혼처럼 죽지 않는 존재라는 점에서 모순의 일치처럼 신과 악마가 정확히 일치하기 지점이기 때문이다. 흡혈귀에게는 영혼이 없다. 육체와 정신으로 분열되지 않은 몸은 영혼의 초월적 보증을 필요로 하지 않는다. 루시의 피를 빨았던 드라큘라의 행동은 그러한 초월적 버팀목을 제거하는 작업의 일환이었다. 그는 기독교의 신이 약속한 영생을 내세가 아니라 현세에서 루시에게 부여하였다. 상징적으로 죽었던 몸이 탈상징화되면서 죽지 않은 몸으로 거듭나는 것이다.[5] 성변화 사건과 마찬가지로 드라큘라는 흡혈의 의식을

5) 이른바 탈근대라 일컬어지는 시대에 현대인들이 흡혈귀에 매력을 느끼는 이유

통해서 희생자를 죽지 않는 몸(유아적 욕망하는 몸)으로 만들어놓는다. 그래서 사냥단은 드라큘라와 루시를 다시 죽여야 했다. 근대는 전근대의 죽음이라는 사건의 결과이자 증상으로서 존재하기 때문이다. 물론 전근대는 완전히 소멸하지 않았다. 아니 소멸할 수 없다. 프로이트의 "기괴함"처럼 그것은 근대가 망각했던 자신의 기원이면서 동시에 욕망의 대상이다. 그래서 고딕 소설의 형식으로만 표현될 수 있다. 고딕소설이라는 문학장르가 아니라면 어떻게 그러한 모순을 봉합할 수 있겠는가!

참고 문헌

레비-스트로스. 『야생의 사고』. 안정남 옮김. 한길사, 1999.

프로이트. 『문명 속의 불만』, 김석희 옮김. 열린책들, 1997.

Coe, Richard. "It Takes Capital to Defeat Dracula: A New Rhetorical Essay." *College English* 48.3(1986): 231-242.

Douglas, Mary. *Purity and Danger*. London: Routledge, 1966.

_______. *Natural Symbols*. London: Routledge, 2003.

Elmessiri, Nur. "Burying Eternal Life in Bram Stoker's *Dracula*: The Sacred in an Age of Reason." *Alif* 14 (1994): 101-135.

Lombroso, Cesare. *Criminal Man. Dracula*. Ed. John Paul Riquelme. Boston: Bedford/St. Martin's, 2002. 388.

Pick, Daniel. "'Terrors of the night': Dracula and 'degeneration' in the late nineteenth century." *Critical Quarterly* 30.4: 71-87.

Punter, David. *The Literature of Terror: The Modern Gothic*. London: Longman,

---

가 여기에 있다. 탈근대는 그럴 듯한 명분이라는 근대의 외양을 해체하였기 때문이다. 그래서 현대인들은 욕망의 충족을 명분으로 합리화를 꾀하지 않아도 된다. 가령 <드라큘라> ("Dracula," Francis Coppola 감독, 1992), <흡혈귀와 인터뷰>("Interview with the Vampire," Neil Jordan 감독, 1994)와 같은 영화를 보라. 등장 인물들은 노골적으로 흡혈귀에 탐닉하고, 또 드라큘라에게도 주체의 위치가 부여된다.

1996..

Senf, Carol. Ed. *The Critical Response to Bram Stoker*. Westport: Greenwood P, 1993.

_______. "Dracula: The Unseen Face in the Mirror." *Journal of Narrative Technique 9* (1979): 160-70.

Spencer, Kathleen. "Purity and Danger: Dracula, The Urban Gothic, and The Late Victorian Degeneracy Crisis." EHL 59 (1992): 197-225.

Stoker, Bram. *Dracula (Case Studies in Contemporary Criticism)*. Ed. John Paul Riquelme. Boston: Bedford/St. Martin's, 2002.

_______. *Dracula*. Eds. Nina Auerbach and David Skal. New York, Norton: 1997.

Welton, Donn. Ed. *The Body*. London: Blackwell, 1999.

Wicke, Jennifer. "Vampiric Typewriting: *Dracula* and Its Media." *Dracula*. Ed. Paul Riquelme: 577-599.

고딕과 탈근대적 주체성: 브램 스토커의 『드라큘라』

한혜정 _ 신라대학교

고딕과 탈근대적 주체성:
브램 스토커의 『드라큘라』*

I

작가 소개

브램 스토커(Bram Stoker, 1847-1912)는 불멸의 작품 『드라큘라』(*Dracula*, 1897)의 작가이나 의외로 독자들에게 잘 알려져 있지는 않다. 그러나 병약한 어린 시절을 거쳐 십 년 넘게 공무원으로 근무하고 이십 년 이상 유명 극장의 매니저로 보내는 한편 끊임없이 창작활동을 계속해 오면서 변호사 자격까지 얻었던 그의 삶은 자신이 창조한 드라큘라만큼이나 변화무쌍하다. '이중적 의식,' '이중적 존재' 등에 천착했던 그는 정체성이란 안정적이지도 단일하지도 않다고 보았고 이러한 사상이 빚어낸 걸작이 바로 근대적 고딕소설의 백미 『드라큘라』였다.

스토커는 1847년 아일랜드의 더블린 근교 클론타프(Clontarf)에서 태어났다. 그 무렵 아일랜드는 대기근(the Great Famine, 1845-50)으로 고통 받고 있었고 스토커 자신은 7살까지 원인을 알 수 없는 병에 시달렸다. 병석에 누워있는 동안 어머니 샬럿(Charlotte)은 그에게 아일랜드의 환상적인 민담들을 들려주었는데 그 가운데에는 치명적인 콜레라나 죽음을 알리는 요정 밴시(banshee)에 대한 이야기들도 포함되어 있었다. 병을 극복한 스토커는 건장한 청년으로 자라났

* 이 글은 2008년에 발간된 『19세기 영어권 문학』 12권 2호에 발표한 논문을 고쳐 쓴 것이다.

고 더블린의 트리니티 칼리지(Trinity College)에 진학하여 탁월한 운동선수이자 철학 모임의 지도자로 활동하였다. 아마도 금전적인 이유로 졸업이 늦어졌던 그는 더블린의 공무원으로 일하게 되었고, 이때의 경험을 담아 『아일랜드의 경치안 재판 담당 서기의 임무』(*The Duties of Clerks of Petty Sessions in Ireland*, 1879)라는 책을 펴내기도 하였다. 아일랜드를 기반으로 하였으나 전 영국에 영향력을 미치고자 했던 그의 야심은 이후로도 지속되며, 이는 동시대의 오스카 와일드(Oscar Wilde), W. B. 예이츠(Yeats), 제임스 조이스(James Joyce), 사무엘 베케트(Samuel Beckett)와도 맥을 같이 하는 것이었다.

대학시절부터 시와 연극에 매혹되었던 스토커는 월트 휘트먼(Walt Whitman)의 열렬한 찬미자였고 연극 비평가로도 활동하였다. 1876년, 당대의 유명한 배우였던 헨리 어빙(Henry Irving, 1838-1905)은 자신의 '햄릿' 연기에 대한 스토커의 기사를 읽고 그를 식사에 초대하였다. 둘 사이에는 곧 강렬한 우정이 시작되었고 어빙은 1878년 런던의 라이시엄 극장(Lyceum Theatre)을 소유하게 되었을 때 스토커에게 매니저 직을 제안하였다. 오스카 와일드가 구혼하기도 했던 플로렌스 밸콤(Florence Balcomb)과 약혼하고 있던 스토커는 이 제안을 받아들여 런던에서 가정을 꾸리고 라이시엄의 실질적인 경영자가 되었다. 어빙은 스토커의 고용주이기는 했지만 그들의 관계는 협력에 가까웠고, 스토커는 우정과 성실함과 어빙뿐만 아니라 연극에 대한 애착을 지니고 25년간 이 관계에 헌신했다.

라이시엄의 업무는 과중하였지만 한편으로는 더블린보다 훨씬 더 다양한 사교적, 지적, 예술적 교류를 할 수 있게 된 그는 틈틈이 창작에도 힘을 쏟았다. 작은 수첩에 메모를 하는 습관이 있던 그는 여기에 기록한 사건과 아이디어와 스토리를 이후 발전시켰다. 1882년부터 1905년까지 그는 대표작 『드라큘라』 외에도 여덟 권의 작품을 발표하였는데, 여기에는 환상적인 단편집인 『석양 아래에서』(*Under the Sunset*, 1882), 아일랜드를 배경으로 한 소설 『뱀 길』(*The Snake's Pass*, 1890), 인디애나 존스(Indiana Jones)를 예견하는 미스테리 모험 소설 『칠성의 보석』(*The Jewel of Seven Stars*, 1903)이 포함된다. 말년까지도 그는 『수의를 입은 여인』(*The Lady of the Shroud,* 1909), 『백사의 전설』(*The Lair of the White Worm,* 1911) 등의 공포 소설을 계속해서 출판했다.

1905년 어빙이 죽고 난 뒤 펴낸 『헨리 어빙에 대한 개인적 회고』(*Personal Reminiscences of Henry Irving*, 1906)는 어빙과 영국의 연극사에 대해서 뿐만 아니라 그의 생애와 작품세계에 대한 중요한 단서들을 많이 제공하고 있다. 연대기적 순서에서 벗어난 이 책의 파편적 서사와 인물들은 이후 조이스나 버지니아 울프(Virginia Woolf) 같은 모더니스트들의 자서전적 작품을 연상시킨다. 한편, 이 책에서 제시하는 유머와 리얼리즘의 연대, 연극에서의 '더블'의 역할, 아일랜드 자치(Home Rule for Ireland)에 대한 신념 등은 『드라큘라』를 비롯한 그의 작품세계 전반에 녹아 있는 것이기도 하다. 번성하는 제국 영국에 사는 프로테스탄트 아일랜드 인으로서, 언제나 중간자적(in-between) 존재였던 그는 고정된 정체성에 대하여 회의적이었다. 이러한 점은 논픽션 『유명한 사기꾼들』(*Famous Impostors*, 1910)에도 잘 드러나 그는 이 책에서 역사와 영국 왕조와 젠더 그리고 관습적 가치의 합법성에 의문을 제기한다. 생전에는 헨리 어빙의, 사후에는 『드라큘라』의 그늘에 묻혀 있는 듯 하지만 실상 브램 스토커는 그들의 더블 이상의 역할을 수행한, 다채로운 변신을 거듭한 스스로가 흥미로운 인물이자 작가이다.[1)]

---

1) 작가 소개 부분은 폴 리켈름(Paul Riquelme)을 참고하였다.

II

작품 소개

고대부터 내려오던 흡혈귀 전설을 집대성한 『드라큘라』는 이전 문학들의 자양분 역시 흡수하여 탄생하였다. 스토커는 동유럽의 지리와 미신에 대한 광대한 조사뿐만 아니라 음침한 성, 장엄한 풍경, 악한 세력에게 위협받는 순결한 처녀 등 고딕 소설의 관습적 장치들을 차용하여 『드라큘라』를 썼다. 신비하고 초자연적인 사건이 자아내는 공포와 전율이라는 고딕적 정서를 바탕으로 하는 『드라큘라』는 『프랑켄슈타인』과 함께 19세기의 대표적인 고딕문학으로 손꼽히고 있다. 그러나 스토커는 단순히 고딕 전통을 따르는 데 그치지 않고, 작품의 무대를 동유럽의 트랜실베니아(Transylvania)에서 근대 영국으로 전환하며 새로운 형태의 고딕 문학을 창조한다. 이질적인 두 세계 사이의 충돌과 불안정한 정체성을 묘사하면서, 스토커는 19세기말의 성(sex), 종교, 과학, 가치에 대한 탐구뿐만 아니라 오늘날까지도 유효한 존재론적 질문을 제기한다.

대다수의 독자들이 스토커에 대해 잘 알지 못하듯이 『드라큘라』 텍스트를 원작으로 접한 이도 많지 않다. 대부분의 사람들은 영화화된 판본에만 익숙하지만, 사실 『드라큘라』는 독특한 형식을 취하고 있는 소설이다. 기본적으로 서간체 양식으로 구성된 『드라큘라』는 각 인물들이 서술하는 일련의 편지들, 일기들, 항해 일지들이 플롯을 전개하며 때때로 이들이 직접 목격하지 않은 사건들에 대한 신문기사가 삽입되어 있다. 이러한 장치는 자칫 황당무계해 보일 수 있는 이야기들에 '진실성'을 부여하고 독자의 공포를 심화한다는 평을 듣는다. 출간 이래로 지금까지, 『드라큘라』의 독자들을 매혹해 온 것은 바로 그 소름 끼치는 공포 아래 숨겨진 저마다의 진실이었을지도 모른다.

영국의 젊은 변호사인 조나단 하커(Jonathan Harker)는 영국에 부동산을 구입하려는 드라큘라 백작을 만나러 트랜실베니아로 여행을 떠난다. 도중에 그는 마을 주민들로부터 '흡혈귀'에 대한 경고를 듣고 늑대의 습격을 받는 등 이상한 일들에 휘말린다. 막상 도착해서 만나 본 백작은 교양 있고 친절한 신사처럼 보였으나, 조나단은 곧 자신이 성에 갇힌 신세나 다름없다는 것을 알게 된다. 거울에 비치지 않고 성벽을 타고 다니는 등 초자연적 힘을 지닌 백작은 사실 영국과 전 세계를 지배하려는 야심을 품고 있었다. 어느 날 저녁 조나단은 아름다운 세 여자 뱀파이어들의 유혹을 받게 되고, 백작은 조나단이 자신의 소유라 주장하며 그들을 쫓아 버린다. 생명의 위협을 느낀 조나단은 목숨을 걸고 탈출에 성공한다.

조나단이 떠난 동안 약혼녀 미나 머레이(Mina Murray)는 친구 루시 웨스텐라(Lucy Westenra)와 편지를 주고받고 있었다. 루시는 정신과 의사인 존 수어드(John Seward), 귀족 아서 홈우드(Arthur Holmwood), 부유한 미국인 퀸시 모리스(Quincey Morris) 세 명에게서 청혼을 받고는 고민 끝에 홈우드를 선택한다. 미나는 휘트비(Whitby)에 있던 루시를 방문하는데, 당시 마을 근처에는 선원들이 모두 사라지고 죽은 선장만 남은 채로 난파한 러시아 배가 발견되어 화제였다. 배에는 드라큘라 성에서 실어 보낸 50개의 흙이 담긴 상자가 실려 있었고, 유일한 생명의 흔적이었던 큰 개 한 마리는 뭍으로 달아나 버렸다. 오래지 않아, 루시는 갑자기 몽유병에 시달리게 되고 점차 쇠약해져 간다. 루시의 목에는 두 개의 작은 상처가 있었으나 수어드는 진단을 내리지 못해 은사 반 헬싱(Van Helsing) 교수를 모셔온다.

뇌막염에 걸린 조나단이 부다페스트에서 발견되고 미나는 그를 간호하러 떠난다. 반 헬싱은 휘트비에 도착하여 루시를 진찰하고는 흡혈귀를 예방하는 마늘과 수혈을 처방한다. 그러나 루시는 감시가 소홀한 틈을 타 습격해 온 늑대에게 목숨을 잃고 반 헬싱은 수어드, 홈우드, 모리스를 데리고 루시의 무덤으로 향한다. 그들은 그녀가 '살아 있는 죽은 자'(Un-dead), 즉 드라큘라처럼 흡혈귀가 되었다고 주장하는 반 헬싱을 믿지 못하지만 루시가 아이들을 공격하는 것을 보고는 그녀를 없애는데 동의하게 된다. 루시의 영혼이 안식에 들 수 있도록 홈우드는 그녀가 자는 동안 심장에 말뚝을 박아 넣고 머리를 자른 다음 입을 마늘로 봉한다. 그리고 그들은 이제 힘을 모아 드라큘라를 파멸시키기 위해 떠난다.

조나단과 미나는 결혼하여 영국으로 돌아와 일행에 합류한다. 미나는 반 헬싱이 백작에 대한 정보를 모으는 일을 돕는다. 그들은 백작이 배에 실어온 긴 상자, 즉 관에서 은신한다는 사실을 알아내고 추적을 시작하지만 수어드의 환자이자 백작의 하수인인 랜필드(Renfield)의 방해로 미나가 백작의 습격을 받고 만다. 억지로 드라큘라의 피를 마신 미나가 천천히 흡혈귀가 되어가는 동안 그들은 상자를 정화하고 트랜실베니아로 달아난 백작을 추격한다. 반 헬싱은 미나를 데리고 가서 세 흡혈귀 여성을 죽이고 성의 입구를 봉한다. 다른 이들은 백작이 성에 도착하기 직전에 극적으로 따라잡아 조나단과 퀸시가 칼로 백작의 목을 자르고 심장을 찌르는 데 성공한다. 비록 퀸시는 목숨을 잃고 말지만, 드라큘라는 먼지가 되어 사라지고 미나는 저주가 풀린다. 시간이 흐른 뒤 미나와 조나단은 아들을 낳고, 모두의 이름을 따서 아들의 이름을 짓는다. 텍스트는 미나를 칭송하는 반 헬싱의 말로 막을 내린다.

III

1. 들어가며

19세기말의 어느 11월, 한 무리의 추격자들에게 쫓기던 드라큘라(Dracula) 백작은 마침내 목이 싹둑 잘리고 심장 깊숙이 칼이 박히면서 한 줌의 먼지로 흩어지고 만다. 세상을 지배하려던 그의 야심 또한 무너져버린 듯한 순간이었다. 그러나 1897년, 브램 스토커(Bram Stoker)의 소설 『드라큘라』(*Dracula*)를 통해 관 뚜껑을 열고 나온 드라큘라 백작은 그렇게 쉽사리 지하 세계로 돌아가지 않았다. 1897년 이후 세상의 모든 흡혈귀는 드라큘라라는 이름아래 편입되었고, 동시에 스토커의 소설은 흡혈귀처럼 수많은 텍스트를 전염시키며 문화적 신화에 등극했다. 『드라큘라』가 출간된 이후 수십, 수백 편의 연극과 소설과 영화, 만화, 텔레비전 극이 송곳니를 드러냈으며 무수히 많은 연구자가 스토커의 텍스트를 파헤쳤던 것이다. 그리하여 『드라큘라』가 영감을 불어넣은 다양한 대중문화의 목록은 레이먼드 맥널리(Raymond McNally)와 라두 플로레스쿠(Radu Florescu)의 역작 『드라큘라를 찾아서』(*In Search of Dracula*, 1994)라는 책으로 출간될 정도였다. 한편 1950년대에 본격적으로 시작되고 1970년대 이래로 급속히 증가해온 『드라큘라』의 학문적 비평은 역사와 문학적 근원, 서사 기법, 정신분석학, 젠더 연구, 인류학, 빅토리아 문화, 자본주의, 고딕 글쓰기, 탈구조주의, 제국주의, 탈식민주의, 아일랜드 연구에 이르는 다양한 주제와 관점으로 행해져 왔다.

드라큘라/『드라큘라』의 끊이지 않는 인기는 대중적으로는 이 소설이 실존인물과 역사에 바탕을 둔 보편성을 지닌다는 점에서, 그리고 학문적으로는 흡혈귀 담론이 주체성에 대한 연구와 밀접한 관련을 맺고 있다는 점에서 기인한다. 한편 이 인기는 우리와 절대적으로 다른 존재인 흡혈귀에 대한 공포와 두려움 혹은 매혹에서 유래한 것이기도 하여, 지금까지 드라큘라는 괴물이나 여성 혹은 비서구인 같은 근대적 타자로 간주되어 왔다. 그러나 '살아 있는 죽은 자'(Un-Dead) 드라큘라는 삶과 죽음, 남성과 여성, 과학과 미신, 인간과 자연, 주인과 노예의 경계를 오가며 어디에도 속하지 않는 혹은 모두에 속하는 유동적인 존재이다. 따라서 본 글은 앞으로 고정된 범주에 한정되지 않고 모든 경계를 넘나들며 자유로이 변신하는 드라큘라/흡혈귀가 지닌 타자성에 주목하여, 근대적 주체-타자의 폭력적 이분법을 극복하는 탈근대적 주체성을 사유하려 한다.

'남근로고스중심주의'로 대표되는 배타적 이성에 토대를 둔 근대적 주체는 자신의 동일성 아래 편입되지 않는 차이를 지닌 타자를 배제하거나 강제로 동화시키는 구조 위에 존재해 왔다. 그 결과 남성-이성-백인의 중심에서 벗어나는 주변부에 위치한 여성-비이성-유색인은 그들의 차이에 근거한 차별에 고통 받아 왔으며, 대립과 갈등과 반목이 도처에서 발생했다. 그러나 동일성으로 환원되지 않는 차이의 잠재력에 대한 긍정이 활발해지면서, 주체성의 문제는 이 차이가 지닌 타자성의 맥락에서 재정의되기 시작했다. 주체는 타자와 엄격히 구분되는 고정불변의 정체성(identity)으로 수렴되는 합리적 구조 속이 아니라 불연속적이고 이질적인 차이의 흐름이 교차하는 과정 중에 놓인 것으로 여겨지게 된 것이다. 예를 들어 스튜어트 홀(Stuart Hall)은 "고정되고 본질적인 또는 영구적인 정체성이란 없는 것으로 개념화되는 탈근대적 주체"를 주장하며, "완전히 통합되고, 완결되고, 확실하고 일관된 정체성이란 환상"에 지나지 않는다고 단언한다(277).

합리적 이성의 범주를 위반하고 자유자재로 변신하는 흡혈귀에 대한 분석이 다층적이고 유동적인 차이의 타자성이 상호 교차하여 생성되는 주체의 형성과정을 밝히는데도 그대로 적용된다는 점은 대단히 흥미롭다. 따라서 본 글은 스토커의 『드라큘라』를 중심으로 흡혈귀의 존재론적 의미를 분석하고 이에 대한 담론이 근대적 합리주의 내에서 어떻게 소비되고 (재)생산되어 왔는지 살펴본 뒤, 일종의 괴물로 여겨져 배척되어 온 흡혈귀에 대한 공포가 실은 근대적 규범을 전복할 잠재력을 지닌 타자성에 대한 두려움임을 분석하려 한다. 특히 본 논문은 드라큘라에 의해 흡혈귀가 되는 등장인물들이 하나같이 여성임에 주목하여, 흡혈귀가 지닌 타자성과 여성성의 문제에 주목할 것이다. 많은 탈근대 이론가들이 지적하듯이 여성성은 고정된 남근적 질서로 환원되지 않는 이질적 생성의 능력을 지니고 있기에, 합리적 경계를 위반하고 전염을 통해 증식하는 흡혈귀와 그 타자성을 공유한다. 그러므로 본 글은 흡혈귀의 타자성과 여성의 흡혈귀 되기를 분석하여 궁극적으로 주체의 흡혈귀성을 밝히려 한다. 드라큘라에 의해 흡혈귀가 되었다 구원받은 (것처럼 보이는) 주인공 미나(Mina)가 낳은 아들에게는 등장인물 모두의, 즉 무한히 다층적이고 불연속적인 피가 흐르고 있다. 마찬가지로 차이의 잠재력이 구성하는 탈근대적 주체의 형성과정은 타자성을 감염시키는 흡혈귀 되기와 다름없다 할 수 있을 것이다.

2. 드라큘라의 정체(성)

'드라큘라는 누구 혹은 무엇인가? 다시 말해, 그(것)의 정체(성)은 무엇인가?'라는 질문에 답하기는 쉽지 않다. 실존 인물을 모델로 하면서도 고딕적 상상력의 소산이기도 한 드라큘라 백작은 많은 신화적 인물들이 그러하듯이 단일한 해석틀에 저항하며 다층적 자아들을 선보인다. 일차적으로 이것은 백작이 흡혈귀라는 사실에서 기인하는데, 미신과 과학이 뒤섞인 존재인 흡혈귀는 인간의 경계에 대한 존재론적 질문 그 자체이기 때문이다. 『뱀파이어의 역사』의 저자 클로드 르쿠퇴(Claude Lecouteux)는 다음과 같이 흡혈귀를 정의한다.

> 죽은 자도 아니고 살아 있는 자도 아닌 존재, 저승의 계단을 드나들면서 밤이나 낮이나 저승에서 나와 사람들 곁에 머무는 존재, 증오와 사랑, 선과 악 같은 대립적인 것을 합하는 존재, 모든 규칙을 위반하는 존재, 구세주이자 지옥의 사자, "죽음 속에 생명을 불어넣는다고 주장하는 검은 그리스도," 어두운 힘을 발산하는 존재, 배고픔과 목마름을 지닌 괴물 같은 존재, 공포와 죽음의 갈망을 지닌 존재, 고독을 두려워하는 존재. (243)

흡혈귀는 스스로의 정체성에 대한 탐구를 빌어 오히려 '인간이란 무엇인가'에 대한 질문을 제기한다. 동시에 흡혈귀는 동서고금을 막론하고 끊임없이 우리 곁을 맴돌며 문학적·철학적·정치적·사회학적 은유와 논쟁거리를 제공하고 있다.

저명한 흡혈귀 연구가인 장 마리니(Jean Marigny)의 『흡혈귀—잠들지 않는 전설』에 따르면 흡혈귀의 기원은 고대 페르시아와 바빌로니아, 중국, 인도, 말레이시아, 폴리네시아, 아스텍과 에스키모까지 거슬러 올라간다(14). 유럽 문명의 소산으로 한정해 볼 때, 흡혈귀의 원형은 그리스 · 로마 신화와 유태-기독교 전통을 타고 흐르는 오래된 신화에서부터 찾을 수 있다. 잠자고 있는 남자를 유혹하려 예쁜 여자로 변신하는 엠푸사(Empusa), 제우스와 사랑을 나누고 헤라에게 아이들을 잃은 뒤 아이들의 피를 빠는 괴물로 변한 라미아(Lamia), 새의 몸을 지니고 갓 태어난 아기의 피나 잠자는 남자의 생명력을 빼앗아 가는 스트리게(Strigae) 같은 여성들의 모습을 하고 있던(마리니 16) 흡혈귀는 기독교의 논리에 따라 "고통 받는 영혼," "육신 안으로 돌아온 망령"(마리니 22)으로 여겨지기도 했고, 11세기 이후에는 무덤에서 나온 시체들의 이야기로 세속화되기 시작한다. 한편 14세기에 이르러 흡혈귀 이야기가 광범위하게 퍼진 것은 흑사병이 만연하는 가운데 미처 죽지 않은 시체를 서둘러 묻은 탓이었고, 15세기에는 피에 굶주린 "두 괴물"(마리니 26), 프랑스의 질 드레(Gilles de Rais)와 고대 루마니아의 블라드 테페스(Blad Tepes)가 등장하여 수백 수천 명을 잔인하게 살해하였다. 그 뒤를 이어 17세기에는 헝가리의 에르체베트 바토리(Erzebeth Bathory) 여백작이 수많은 소녀들을 납치하여 고문하고 그 피를 마셨다고 전해진다. 그리고 18세기, 계몽주의 시대가 되었지만 흡혈귀가 되었다는 헝가리의 두 농부를 둘러싸고 학구적인 소책자와 논문이 쏟아져 나오기 시작했다. 이에 대한 교회의 공식적인 부정은 흡혈귀의 존재를 오히려 부각시키는 결과를 낳았고, 마침내 19세기에 스토커가 『드라큘라』를 발표하면서 흡혈귀 신화는 정점에 도달한다. 그리고 오늘날에 이르기까지 흡혈귀는 단지 신화적 존재로 잠들지 않고 모든 영역을 가로지르며 여기저기에서 출몰하고 있다.

르쿠퇴에 의하면 흡혈귀는 "인간의 상상력을 위한 주요 테마"의 하나이다(9). 흡혈귀는 병, 죽음, 섹슈얼리티, 신앙심에 대해 말하려는 수많은 문학과 영화에 등장하며 심지어 사회적 약자를 착취하는 지배자를 비판하는 정치적인 은유가 되기도 했다(9-10). 그러나 흡혈귀는 또한 단순한 상상력의 산물 이상이기도 하다. 이 살아있는 죽은 자는 "인간에게 알려지지 않은 역사의 한 부분"이고 "삶과 죽음에 대한 복잡한 총체"(르쿠퇴 13)를 보여주는 인류학적 기능을 담당하며, 로제 카이유아(Roger Caillois)가 주장하듯 "과학적인 확신의 구조가 매우 엄격하게 짜여져 불가능한 것은 결코 들어올 수 없는 구조에 대한 위반"(르쿠퇴 14 재인용)을 수행하기도 한다. '공상'에서 비롯된 괴물의 하나라는 통념과는 달리 흡혈귀는 한 마디로 정의할 수 없는 복합적인 의미를 함축하고 있으며 이는 합리적 인간성과 과학적 근대성에 대한 근본적인 도전이기 때문이다.

스토커가 쓴 동명의 고딕소설의 주인공이자 가장 유명한 흡혈귀인 드라큘라의 정체(성) 역시 수많은 해석의 대상이 되어 왔다. 역사적으로 볼 때, 드라큘라 백작은 블라드 테페스와 바토리 여백작을 주요 모델로 하였다고 여겨진다. 포로들을 말뚝에 꽂아 처형한 것으로 악명 높은 블라드 테페스의 별명은 '드라큘라'로, 이는 악마 또는 용을 의미하는 그의 아버지 이름 드라큘에서 파생된 것이다(마리니 27). 또한 바토리 여백작은 300여 명의 소녀들을 납치하여 그 피로 목욕을 즐겼다고 한다. 이들에게 영감을 받은 것으로 보이는 드라큘라 백작은 스토커의 소설 이후 흡혈귀의 전형으로 여겨지지만, 그 의미에 대해서는 일치점을 찾을 수가 없다. 스토커의 텍스트에서 드라큘라는 창백하고 후리후리한 노인으로 등장하여 점차 흡혈귀의 본성을 드러낸다. 영국으로 진출하려는 야심을 지닌 백작은 저택을 구입하기 위해 변호사를 고용하고, 그 업무를 대리하러 트랜실베니아에 있는 백작의 성에 도착한 조나단 하커(Jonathan Harker)는 알 수 없는 두려움에 휩싸여 백작을 관찰하기 시작한다. 놀랍게도 백작의 모습은 면도거울에 비치지 않고(32), 먹고 마시는 모습을 보이지도 않으며(33), 하인도 없이 손수 조나단의 잠자리와 식사를 능숙하게 그러나 몰래 마련하는가 하면(34-35) 성벽을 기어 내려가기도 한다(41).[2] 일련의 공포스런 경험 끝에 조나단은 낡은 예배당에서 마침내 백작의 진짜(라는 것이 있다면) 모습을 접하게 된다.

전부 50개가 되는 커다란 나무 상자 중의 하나에, 갓 파낸 흙더미를 깔

2) 앞으로 『드라큘라』 텍스트의 인용은 괄호 안에 면수만 표기하기로 한다. 번역은 열린책들에서 나온 이세욱의 판본을 참고하여 수정하였음을 밝혀 둔다.

> 고 백작이 누워 있었던 것이다! 그는 죽어 있는 것 같기도 하고 잠들어 있는 것 같기도 했는데, 눈을 뜨고 있고 그 눈이 돌처럼 굳어 있으면서도 죽은 사람처럼 개개풀린 것이 아니어서, . . . 어느 쪽인지 단정하기가 어려웠다. (56)

텍스트가 진행되면서 백작의 정체에 대한 이 '단정'은 더욱더 어려워진다. 난파선을 타고 영국에 도착한 백작은 큰 개로 모습을 바꾸어 상륙하고 그 후로도 여러 동물이나 안개 따위로 변신한다. 그는 어둠 속에서도 볼 수 있으며, 다른 사물을 부리는 힘을 소유하고 있다. "삶으로가 아니라 죽음으로 이끄는 새로운 사물의 질서를 더 확장"하는 그는 공포의 화신이며 저주의 대상이다(322). 조나단을 비롯한 드라큘라의 추격자들에게 그는 자신들의 질서와 범주에 어긋나는, 따라서 위협적인 존재이기에 파괴당해야만 한다.

드라큘라에 대한 '단정'이 어려운 것은 비평계에서도 마찬가지이다. 이론가들은 드라큘라는 악 그 자체를 상징한다는 고전적인 해석에서부터(Steven Herbert) 이는 성병과 페스트에 대한 은유라는 주장(Pascale Krumm), 아니면 민중의 피를 빠는 자본가(Franco Moretti) 혹은 역전된 의미의 식민주의자(Stephen Arata), 빅토리아 시대의 반유대주의가 배척하는 유대인(Judith Halberstam)이라는 견해, 그리고 이는 "무한히 다형적이고 도착적이며 양성애적인 구강-항문-성기기 사도마조히즘이 뒤섞인 초시간적 난교"라는 난해한 정신분석학적 해석에까지 이르는 수없이 다양한 의견을 개진해 왔다(Richardson 429). 그러나 이 모든 주장들의 바탕에 깔려 있는 것은 드라큘라는 합리적 이성이 파악할 수 없으며 공포의 대상으로 여겨 배척하는 괴물과도 같은 존재라는 생각이다. 다시 텍스트로 돌아와 보면, 모두 다섯 명의 남성인 드라큘라의 추격자들은 각각 네덜란드 의사인 에이브러햄 반 헬싱(Abraham Van Helsing)과 그의 제자로 역시 의사인 영국인 존 수어드(John Seward), 영국 귀족 아서 홈우드(Arthur Holmwood), 부유한 미국인 모험가인 퀸시 모리스(Quincey Morris), 영국 변호사 조나단 하커이다. 직업적으로는 의사·변호사라는 전문직에 종사하고 계급적으로는 귀족이나 막대한 부를 소유한 상류층에 속하는 이 백인 남성들은 "과학과 사실의 시대인 19세기"(254)를 사는 사람들로, 정체를 알 수 없는 백작을 '괴물,' '악마,' '요괴'로 호명하고 그를 파괴하기 위해 일종의 "십자군"(341)을 결성한다. 서구의 남근로고스중심주의, 즉 배타적 합리성과 가부장적 남성성을 대표하는 이 추격자들에게 과학으로 설명되지 않고 도덕과 규범을 위반하는 백작은 너무나 위협적인 절대악으로, 반드시 물리쳐야 하는 적이다.

비평가와 추격자들은 백작을 간단히 타자로 정의하고 파괴하여 자신들의 세계를 수호하려 한다. 그러나 재현의 법칙을 위반하고 거울에 비치지 않는 드라큘라 백작을 단일한 잣대로 비추어 보는 것은 불가능하다. 주디스 핼버스탬(Judith Halberstam)은 「괴물성의 테크놀러지」("Technologies of Monstrosity")에서 드라큘라와 흡혈귀성(vampirism)을 하나의 해석모델로 소비하려는 시도들은 불가피하게 자신의 모델만을 전염시키는 흡혈귀성을 생산한다고 주장한다(334). 따라서 핼버스탬은 드라큘라를 단순한 타자로 분석하는 것에 반대한다.

> 이 소설의 맥락에서 드라큘라는 타자성 그 자체로, 허구적 텍스트와 성의 과학과 정신병리학에 의해 그리고 그 안에서 생산된 모든 타자들을 증류하여 얻은 형태이다. 그는 괴물이면서 남자이고, 여성적이면서 권력을 지니고 있으며, 기생적이면서 부유하다. 그는 불쾌하면서 매혹적이고, . . . 영원히 살지만 죽임을 당할 수 있다. 드라큘라는 단순히 괴물이 아니라 괴물성의 테크놀러지이다. (334)

따라서 드라큘라의 정체(성)을 밝히기 위해서는 그가 어떠한 타자인지가 아니라 그를 타자로 존재하게 하는 구조와 '테크놀러지'가 무엇인지를 살펴야 한다. 다시 말해 드라큘라는 동일자의 변이형인 타자가 아니라 어떠한 형태로든 동일자로 환원될 수 없는, 동일자와 비대칭적 관계에 있는 이질적이고 분열적인 힘을 일컫는 타자성의 맥락에서 사유해야 할 것이다.

3. 드라큘라의 타자성

데카르트에게서 비롯된 근대의 합리적 주체관이 괴물, 여성, 유색인 등 타자의 배제 혹은 전유라는 억압적 구조에 의지하고 있었다면 탈근대의 사유는 주체를 구성하는 무한한 차이의 흐름, 즉 타자성에 주목한다. 마찬가지로 전통적 비평에서 『드라큘라』는 이성적이고 과학적인 근대적 주체가 비합리적이고 일탈적인 흡혈귀-괴물-타자를 상대로 거두는 승리를 묘사한 것으로 해석되어 왔다. 그러나 "전적으로 죽은 것도, 전적으로 살아 있는 것도 아닌 [드라큘라]는 점근축의 영역을 점유하며, 현존하는 부재이고 실재하지 않는 실체"이다 (Jackson 118). 그는 근대적 사고틀 밖으로 쉽게 제거되는 단순한 타자가 아니라 오히려 그 사고틀을 넘나들며 종국에는 그 틀을 깨뜨리고 마는 전복적인 존재이다. 만약 드라큘라가 괴물이라면 그 이유는 그(것)의 기이한 모습이나 속성 때문이 아니라, 그(것)이 근대적 범주를 교란하고 뒤흔드는, 따라서 남근로고스중심주의를 위협하는 유동성과 이질성을 지니고 있기 때문이다.

타자성으로서의 드라큘라는 크게 젠더와 변신이라는 두 가지 측면에서 분석할 수 있다. 얼핏 서로 연관이 없어 보이는 이 두 측면은 드라큘라의 유동적 젠더가 끊임없이 형상을 바꾸는 변신의 이미지를 지니고 있다는 점에서 공통점을 지니게 된다. 우선 젠더의 측면에서 보자면, 전통적 젠더 범주와 역할을 혼란에 빠뜨리는 드라큘라는 남성이나 여성의 어느 한 성별에 귀속되기보다는 다형성을 지녔다고 볼 수 있다. 드라큘라 '백작'은 명백히 '그'라는 남성대명사로 지칭되고, 대단한 완력을 소유하고 있으며, 세 명의 여성 흡혈귀들을 거느리고 있는 노인의 모습을 하고 있다. 그러나 많은 비평가들은 그의 여성성을 지적하고 있는데, 그는 "빨간 입술, 길고 뾰족한 손톱, 집안일을 처리하는 기술"(Eltis 456)을 지니고 있으며 그의 입은 '이빨달린 질'(*vagina dentata*)과도 같다(Craft 96). 일단 열리게 되면 재앙을 흩뿌리게 될 그의 관은 판도라의 상자를 연상시키며(Krumm 8), 미나에게 피를 빨리면서 여성적인 위치를 차지하게 되는 그는 다른 이들을 감염시켜 자손을 생산한다는 점에서도 여성의 역할을 담당한다(Halberstam 345). 뿐만 아니라 동물이나 안개 등으로 변하면서 무성적인 존재가 되기도 하는 그는 젠더(정체성)이 고정된 것이 아님을 강력하게 지시하고 있다.

젠더의 유동성은 드라큘라와 관계 맺는 다른 흡혈귀와 인간들에게서도 마찬가지로 확인할 수 있다. 백작의 성을 조사하고 다니다 금지된 장소에서 잠이 든 조나단은 아름다운 여성 흡혈귀들의 유혹에 기꺼이 몸을 맡기려 한다. 탐욕스레 조나단을 탐하는 흡혈귀들과 수동적으로 누워 입맞춤을 기다리는 조나단의 모습은 전통적인 젠더 이미지의 완벽한 전도라 할 수 있다(Eltis 456; Senf 40; Craft 95). 마찬가지로, 드라큘라의 습격을 받고 흡혈귀가 된 루시(Lucy)는 현모양처의 미덕을 벗어던지고 어린이들의 피를 빠는가 하면 헌신적인 약혼자 아서를 음탕하게 유혹한다. 이들에게서는 순종적이고 정숙한 집안의 천사로서의 여성과 공격적이고 적극적인 활동가로서의 남성의 젠더 이미지가 뒤섞이고 나아가 성적 역할까지도 혼란을 일으킨다. 프레드 보팅(Fred Botting)의 말대로 드라큘라의 유동적이고 비결정적인 다형성(polymorphousness)은 고착된 젠더 역할과 이성애적 구분들의 위반까지 이어진다고 볼 수 있는 것이다(*Gothic* 150). 따라서 크리스토퍼 크래프트(Christopher Craft)와 같은 일부 비평가들은 『드라큘라』에서 동성애를 읽어내기도 하지만, 중요한 것은 드라큘라가 단순히 도착적 성의 소유자라는 사실이 아니라 성/젠더와 정체성 자체가 구축되는 과정 혹은 '테크놀러지'를 드러낸다는 점이다.

드라큘라에게 고정불변의 (젠더)정체성이 존재하지 않는다는 사실은 그가 자유자재로 변신한다는 점과 밀접한 관련을 맺고 있다. 그는 안개, 박쥐, 신사, 개 등으로 변신하며, 피를 빨거나 빨리어서 다른 사람 역시 변신시킬 수 있는 능력을 지니고 있다. 조나단의 표현에 따르자면 이 '괴물'은 "반은 사람이고 반은 악마인 새로운 집단"을 만들어낸다(60). 그러나 드라큘라를 둘러싼 변신은 단순히 형태의 변화나 진화 혹은 퇴화의 한 단계에 그치는 것이 아니다. 탈근대적 맥락에서 사유할 때, 변신은 주체를 구성하는 이질적이고 다양한 차이들이 정체성이라는 허구적 이데올로기 아래 한정되지 않고 무한한 방향으로 흐르는 것을 뜻한다. 따라서 변신은 동일성으로 환원 불가능한 차이 그 자체를 뜻하는 타자성과 밀접한 관련을 맺고 있으며, 이는 드라큘라의 경우도 마찬가지이다.

드라큘라의 변신은 고정된 정체성을 허물고 안개와도 같은 흐름 속에서 타자성을 전염시키는 과정이다. 루시를 감염/변신시킬 때, 그는 "수없이 많은 작은 알갱이들"로 변신하여 "유리창의 깨진 틈 사이"로 날아 들어간다(154). 한없이 견고하고 안정된, 굳게 닫힌 유리창처럼 단단한 것으로 여겨지던 정체성은 사실 이처럼 깨어지기 쉬운 것이며, 그 틈을 파고드는 드라큘라는 주체를 구성하는 수없이 많은 차이의 알갱이들을 상징한다. "'정체성의 요새(fortress)'를 둘러싼 벽을 따라 엎드려서 기어가는 드라큘라는 가로지르는 자, 다른 편을 아는 자"로 차이의 분자를 흩뿌리고 있다(Halberstam 335). 이는 들뢰즈(Gilles Deleuze)와 가타리(Felix Guattari)의 분자적 '되기' 이론을 강력하게 연상시키는데, 이들은 『천 개의 고원』(*A Thousand Plateaus: Capitalism and Schizophrenia*, 1987)에서 "모든 되기는 이미 분자적이다. . . . 되기는 누군가가 가진 형식들, 누군가가 속해 있는 주체, 누군가가 소유하고 있는 기관들, 또 누군가가 수행하고 있는 기능들에서 시작해서 . . . 입자를 추출하는 일이다"라고 주장한 바 있다(272). 『드라큘라』에서 이 알갱이들의 흐름은 세 여성 흡혈귀들의 변신에서 더욱 두드러진다. 드라큘라 백작이 금지한 장소들을 조사하고 다니던 조나단은 달의 빛살 속에서 작은 알갱이 같은 것들이 떠다니는 것을 발견한다.

> 그것들은 아주 작은 먼지의 입자 같은 것이었는데, 뱅뱅 돌며 소용돌이를 치기도 하고, 별구름처럼 부옇게 덩어리를 짓기도 했다. . . . 달빛 속에서 춤을 추며 떠돌아다니던 작은 알갱이들이 그 소리에 맞추어 어떤 형상을 만들어 가는 것처럼 보였다. . . . 그 환영의 형상은 달의 빛살 속에서 점점 형체가 또렷해져 가더니, 마침내 나를 파멸시키려는 그 소름끼치는 세 여자로 변했던 것이다. (52-53)

일련의 비이성적인 일들을 겪고 난 뒤 세 여성 흡혈귀들의 유혹을 받고 도마뱀처럼 성벽을 기어 내려가는 백작까지 목격한 조나단은 "'근대성'(modernity)으로는 제압할 수 없는, 과거가 지녔고 또 지니고 있는 힘"에 압도당한다 (43). 조나단의 말대로, 근대성의 범주를 위반하고 이성적 판단을 의심하게 하는 이 힘은 단지 지나간 세기에만 속한 것이 아니라 이 근대성을 존재하게 하고 또 무화시키기도 하는 동시대의 작용이다. 따라서 배타적 합리성을 지닌 근대적 주체를 대표하는 조나단을 '파멸'시키려는 이 흡혈귀들이 여성이라는 사실은 의미심장하다. 보팅의 말에 따르자면 여성은 "가부장적 질서 속에 정체성을 견고하게 고정시키는 지시를 거부하고 거절하는 능력을 소유"(*Making Monstours* 102)하고 있기 때문이다. 들뢰즈와 가타리 역시 "여성-되기(becoming-woman)를 포함해 모든 되기가 이미 분자적인 것이라면, 모든 되기는 여성-되기를 통해 시작하며 여성-되기를 통과한다고 말해야 할 것"이라며 "여성-되기는 다른 모든 되기의 열쇠이다"라고 주장한 바 있다(277). 따라서 드라큘라의 다형적 젠더와 다양한 형태바꿈은 여성과 변신이라는 열쇠를 통해 폭력적 동일성의 논리에 근거한 근대적 세계의 굳게 닫힌 자물쇠를 열어젖힌다 할 수 있다. 그리하여 드라큘라에 의해 감염되는 두 여성 인물, 루시와 미나의 흡혈귀 되기는 주체-타자의 배타적 이분법에 근거한 근대적 질서로부터 타자성의 흐름이 생성하는 탈근대적 세계로의 이행을 예고하게 될 것이다.

4. 여성의 흡혈귀 되기

세 명의 흡혈귀 여성 외에도 루시와 미나, 두 여성들만이 흡혈귀가 된다는 사실은 비정형적 여성성이 지닌 변신의 잠재력에 대한 통찰을 드러낸다. 그러나 엄밀히 말해 이 두 여성은 완전히 흡혈귀가 되지는 않는다. 몽유병으로 방황하다 흡혈귀가 되었던 루시는 자신을 연모했던 세 명의 남성이 포함된 추격자들에 의해 파괴당해 "참다운 죽음"을 맞이하고 본래의 아름다운 모습을 회복한다(232). 드라큘라의 피를 억지로 빨고 흡혈귀가 되어가던 미나는 성체의 빵이 남긴 상처를 지니고 있지만 드라큘라가 파괴되는 순간 그 흉터는 감쪽같이 사라진다. 이들은 드라큘라와 마찬가지로 획일적인 근대의 규범에 의문을 제기하고 남근적 질서를 전복할 잠재력을 소유하고 있지만, 단지 여성이라는 사실이 그 잠재력의 전개를 보증해 주지는 않는다. 따라서 루시와 미나는 각각 합리적 근대가 상정한 위험한 타자와 근대적 가치의 균열을 드러내는 모순된 주체라 할 수 있을 것이다. 동시에 이들은 흡혈귀 되기의 과정 중에 위치하여 드라큘라의 타자성과 다형적 여성성이 교차하는 지점을 시사한다.

영국에 상륙한 드라큘라의 첫 번째 희생자인 루시는 몽유병 상태로 방황하다 드라큘라의 습격을 받은 뒤, 주변 남성들이 네 번이나 수혈해 주었지만 흡혈귀가 되었다가 결국 심장에 말뚝이 박히고 목이 잘려 파괴되는 비운의 인물이다. 아름답고 청순한 외모의 루시는 뭇 남성들의 마음을 사로잡은 매력적인 여성으로 그려지지만 한편으로는 가부장적 빅토리아 조의 질서를 위협하는 이질적인 힘을 소유하고 있기도 하다. 절친한 친구 미나에게 보내는 편지에서 자신이 하루에 세 명의 남성에게서 청혼을 받았음을 수줍게 고백하는 루시는 "우리 여자들이 이런 남자들의 사랑을 받을 만한 자격이 있는지 모르겠어"라며 당대의 성적 이데올로기에 충실한 듯한 모습을 보인다(67). 그러나 곧 루시는 "한 여자가 세 남자와, 아니, 그 여자를 원하는 모든 남자와 결혼할 수는 없는 걸까?"라며 은밀하고 전복적인 성적 욕망을 드러낸다(67). 이 유명한 발언을 통해 가부장적 일부일처제가 요구하는 순종적이고 정숙한 현모양처로서의 지위를 벗어던진 루시는 대신 "징그러운 바람둥이"가 되고, 그 대가로 남성들의 보호가 아니라 박해를 받게 된다(66). 캐롤 센프(Carol Senf) 등 많은 비평가들이 지적하듯 당시 부상하던 자율적 신여성(New Woman)으로 간주되는 루시는 당대의 규범에 어긋나는 일탈적인 무리에 합류하였기에 제거될 수밖에 없다.

근대적 주체가 타자를 전유하기 위해 동원하는 동화와 말살 책략은 루시의 경우에도 그대로 적용된다. 각각 수혈과 말뚝 박기로 은유되는 이 시도들은 사랑과 질서의 회복이라는 미명 아래 행해지는 폭력적 행위에 다름 아니다. 남근로고스적 규범에서 벗어난 루시를 되돌리기 위해 정액을 표상하는 피와 남근을 대리하는 말뚝이 동원되고, 결국 그들은 루시를 되찾는 데 성공한 듯이 보인다. 약혼자 아서부터 시작하여 수어드—반 헬싱—모리스의 순서로 이어지는 수혈은 루시의 생명을 연장시키려는 노력인 동시에 루시에 대한 성적 지배를 암시한다. 따라서 반 헬싱은 아서의 "질투"를 염려하여 다른 사람들의 수혈을 숨기려 하고, 아서는 수혈 후 자신이 루시와 혼인한 것처럼 느껴졌다고 말한다(139). 그러나 수혈이 혼인을 의미한다면 루시는 반 헬싱이 말하듯 "많은 남편을 거느린 여자"가 되어 본래의 욕망을 충족한 셈이 된다(187). 따라서 루시를 자신들의 법칙 속으로 동화시키는 것이 불가능하다는 것을 깨달은 남성들의 연대는 루시의 파괴를 시도한다.

> 아서는 말뚝과 망치를 들었다. . . . 반 헬싱 선생이 기도서를 펼쳐 읽기 시작했다. 퀸시와 [수어드]도 성의를 다하여 따라 했다. 아서는 심장 위에 말뚝의 뾰족한 끝을 댔다. . . . 그런 다음 그는 있는 힘을 다하여 내리쳤다. . . . 심장에 구멍이 뚫리고, 그 주위로 피가 용솟음칠 때까지, 그는 사랑이 담긴 말뚝을 깊이깊이 쑤셔 넣었다. (230)

망자를 위한 기도가 울려 퍼지는 가운데 남근의 상징물인 말뚝은 루시의 심장을 관통하고 그 불순한 욕망을 정화한다. 남근적 주체들이 이분법적으로 설정해 놓은 규범을 일탈하려는 루시는 억압과 공포의 대상인 타자로 전락하여, 합리적 현 체제의 유지를 위해 희생되고 만 것이다.

텍스트의 주요 서술자중 하나이자, 드라큘라의 피를 억지로 빨고 흡혈귀가 되었다 드라큘라의 파괴와 함께 구원받은 (듯이 보이는) 미나 머레이/하커(Mina Murray/Harker)는 좀 더 복합적인 인물이다.

조나단의 정숙한 약혼녀/아내이면서 동시에 독립적이고 지성적인 여성인 미나는 근대적 주체의 모순과 균열을 드러내는 중요한 역할을 담당한다. "결혼하면, 나는 조나단에게 쓸모 있는 사람이 되고 싶어"라고 고백하던 미나는 여성 특유의 '감화력'을 지닌, 전통적인 여성상의 귀감으로 묘사된다(62). 그러나 한편 미나는 "신여성 작가들이 구애 전 서로 잠든 모습을 볼 수 있도록 해야 한다는 주장을 펼칠지도 모른다"(99-100)는 과감한 상상을 피력하는가 하면 남성에 필적하는 "열성, 두뇌, 통찰력"(264)을 지니고 추격자들을 돕기도 한다. 전통적인 젠더역할의 구분과 성적 규범의 경계를 넘나드는 미나는 루시처럼 단순한 타자로 자리매김하지 않고, 모순적인 근대적 주체의 위상과 한계를 제시한다. 자신과 다른 차이를 억압하고 전유하는 동일성의 논리에 사로잡힌 추격자들이나 그 논리에 굴복하고 마는 루시와 달리, 미나는 단일한 정체성으로 환원되지 않지만 한편 그 정체성에 대한 향수를 완전히 떨쳐버리지는 못한 것이다.

텍스트의 표면만 보자면 미나는 빅토리아 시대의 요조숙녀(Proper lady)를 완벽히 체현한 듯이 보인다. 반 헬싱의 말대로라면 "훌륭한 여자, 여자 중의 진주"인 미나는 여성으로서의 모든 미덕과 자질을 갖춘 모범적인 사례로 묘사된다(233).

> 부인은 하느님이 특별히 보내 주신 여인들 중의 하나입니다. 당신의 손으로 손수 지어서 보내 주신 겁니다. 남자들과 다른 모든 여자들에게, 우리가 들어갈 수 있는 천상의 나라가 있다는 것을 보여 주고, 이 지상에도 천상의 빛이 있을 수 있다는 것을 드러내시려고 말입니다. 아주 진실하고, 아주 착하며, 아주 고귀하고, 이기심이라고는 거의 없지요. (201)

반 헬싱의 감탄에 동의하는 샐리 레저(Sally Ledger)는 미나를 "모성적 패러다임에 깊이 뿌리를 내리고 빅토리아 시대의 중산층 여성성의 '이상'을 받아들인 여성"이라 해석한다(Prescott and Giorgio 488 재인용). 그러나 이와 같은 찬사의 이면에는 가부장적 남성들이 강제하는 순종적 여성상이 도사리고 있다. 미나에 대한 한없는 칭송인 듯 보이는 반 헬싱의 말은 실은 여성이란 '진실과 선과 자기희생'을 지녀야만 진정한 여성이라는 선언적 요구에 다름 아니다. 이러한 인식 아래에는 남성의 절대적인 우위에 대한 믿음이 깔려 있음도 두말할 나위가 없다. 따라서 '천상의 빛'을 알아보는 남성들은 마치 "천사"와도 같은 눈을 지니고 있다(197). 그러한 시선 아래에서, 루시와는 다른 맥락에서, 미나는 남성의 대상으로 타자화되는 듯 보인다. 각각 창녀와 성녀의 이미지를 부여받은 이들의 정체성은 결국 여성성의 스펙트럼 양 극단에서 결정될 뿐이다. 따라서 불순한 욕망을 발언하던 루시의 입을 마늘로 봉했던 추격자들은 드라큘라를 쫓는 일이 너무나 위험하다는 이유로 미나를 배제하기로 결정하고, 미나 역시 "아무 말 하지 못하고, 그들의 기사도에서 우러나온 배려를 받아들일" 수밖에 없었다(258). 그러나 입 속에 "원초적 사과의 맛이 여전히 남아있는" 미나는 언제까지나 침묵하고 있지는 않는다(195). 루시와는 달리 여러 매체가 교차하는 텍스트의 진행자 중 하나인 미나는 글쓰기를 통해 발언하고, 위반하고, 생산한다.

드라큘라와 마찬가지로 미나의 반남근로고스중심주의는 유동적 젠더역할과 변신의 잠재성에서 확인할 수 있다. 미나는 전통적인 미덕을 고수하면서도 마치 신여성처럼 남성의 전유물로 여겨지던 글쓰기에 대한 욕망을 드러낸다.

> 나는 여류 언론인들이 하는 일을 해보고 싶어. 인터뷰도 하고, 기사도 쓰고. 대화 내용을 기억했다 정리하기도 하고 말이야. (62)

반 헬싱과 "서툰 인터뷰"를 하고, 자신들에게 일어난 일을 객관적으로 정리하는 글을 남기며, 그들 사이에 오간 말을 속기로 받아쓰고 타자로 쳐서 정리하는 미나는 논리적이고 합리적인 남성의 속성을 전유한 듯이 보인다(194). 그러나 단일한 권위, 남근적 질서로 수렴되는 남성들의 글쓰기와 달리 미나의 글쓰기는 "비위계적"이고 "반가부장적"이다(Pope 213). 바흐친의 대화주의적 텍스트로 『드라큘라』를 해석하는 레베카 포프(Rebecca Pope)는 가부장적 권력의 관습적이고 사회적인 위계에 순응하기를 거부하는 "텍스트의 생산자이자 배치자"로 미나에 주목한다(211). 여러 명의 일기와 기록, 신문기사, 전보, 녹취록, 정신병에 대한 임상례 등으로 구성된 텍스트는 하나의 시점과 화자로 수렴되지 않고 여러 층위에 걸쳐 전개된다. 이 모든 텍스트를 배치하는 것은 다름 아닌 미나이지만 그녀는 자신의 단일한 관점 아래 자료들을 종속시키지 않는다. 그리하여 조나단이 고백하듯, 이 텍스트에는 "사람들이 믿을 만한 문서가 거의 없다"(402). 남성적 영역을 파고드는 미나의 글쓰기는 여성인 미나 자신처럼 변화의 흐름에 열려 있기 때문이다.

드라큘라의 피를 빨고 난 미나를 두고 반 헬싱은 "우리의 가엾은, 친애하는 미나 부인이 변해가고" 있다고 한탄한다(343). 그러나 변화는 여성적 특징의 하나로, 임신과 출산을 거치며 육체의 변화를 겪는 여성에게 이는 오히려 자연스러운 일이다. 따라서 자신 속에 내재한 타자성과 공명하는 미나는 드라큘라에게 "저항하고 싶지 않았[으며]"(306), 드라큘라의 성 근처에서 세 명의 흡혈귀 여성들과 만났을 때도 자신을 "자매"(391)라 부르는 그들로부터 "세상의 어느 누구도 저보다 더 안전하지는 않[다]"(390)고 말한다. 이처럼 전통적 현모양처의 자질을 갖추고도 흡혈귀들과 소통하는 미나야말로 단일하고 고정된 정체성이 얼마나 허구적인지를 입증하는 강력한 증거이다. "남성의 머리에 여성의 마음을 겸비"한 미나는 모든 남성들에게 아내이자 연인이자 어머니의 역할을 담당하면서도 이들을 흡혈귀로 만들 수 있는 강력한 잠재력을 지닌 모순적 위치에 서 있다(250). 반 헬싱은 '요조숙녀' 미나를 "태어날 아이들의 귀감"이라 칭하지만, 그 아이들이 미나에게서 보게 될 것은 정숙한 아내와 헌신적인 어머니의 모습만은 아닐 것이다(198).

5. 주체의 흡혈귀성

조나단의 정숙한 아내 혹은 드라큘라의 잠재적 동조자, 침묵당한 주변인 혹은 텍스트의 적극적 생산자라는 미나에 대한 상반된 견해들은 『드라큘라』에 대한 엇갈리는 평가를 그대로 반영하고 있다. 『드라큘라』는 결국 과학과 이성의 승리와 가부장적 질서의 회복을 추구한다는 주장과 이 텍스트는 타자성의 전염을 통해 폭력적 이분법에 기초한 동일성의 논리를 전복한다는 주장은 서로 팽팽히 맞서 왔다. 이처럼 『드라큘라』의 보수성과 전복성을 둘러싼 논쟁은 주로 결말 부분 드라큘라의 파괴에 대한 해석을 놓고 발생한다. 보수적 진영의 비평가들은 결국 먼지가 되어 사라진 드라큘라와 함께 질서는 회복되고 미나는 구원받는다고 주장한다. 반면 『드라큘라』의 전복성을 높이 사는 비평가들은 드라큘라는 결코 파괴되지 않았으며 파괴될 수도 없다고 보며, 그 증거로 미나가 낳은 아들에게 드라큘라의 피가 흐르고 있음을 든다(Halberstam 349). 따라서 『드라큘라』에 전면적으로 등장하지 않지만 텍스트 전체의 방향을 결정짓는 이 아들에 대한 분석은 『드라큘라』/드라큘라/주체의 흡혈귀성과 타자성을 드러내는 중요한 계기를 마련한다.

흡혈귀가 되어 가는 미나와 위험에 처한 인류를 구한다는 대의명분 아래 모인 남성 인물들은 트랜실베니아로 돌아가려는 드라큘라를 끝까지 추적하여 결국 백작의 목을 자르고 심장을 관통하는데 성공한다.

> 그러나 바로 그 순간 조나단의 커다란 칼이 번쩍 빛을 발했다. 나는 그 칼이 백작의 목을 싹둑 자르는 동시에 모리스 씨의 사냥칼이 심장에 깊이 박히는 것을 보면서 비명을 질렀다.
> 그것은 마치 기적과도 같았다. 바로 우리 눈앞에서 겨우 숨을 한번 들이킬 동안에 온 몸뚱이가 먼지로 부서져 사라져 버린 것이었다. (400-01)

크래프트는 이 장면을 고딕 장르가 관습적으로 괴물성을 거부하고 일반적 가치를 재옹호한다는 주장에 대한 근거로 삼는다. 따라서 그는 모든 사건이 끝나고 미나와 조나단이 낳은 아들을 "복구된 자연 질서의 상징"(116)으로 본다. 크리스 발딕(Chris Baldick)과 로버트 미골(Robert Mighall) 또한 이 결말은 보수적인 방식으로 안정성을 복원하는 것이라 주장한다(225). 이들은 드라큘라는 파괴되었으며, 그와 함께 일탈은 복구되고 질서는 회복된다고 본다. 비록 퀸시 모리스의 희생이 있기는 했지만, 드라큘라가 먼지가 되어 사라지는 순간 성체의 빵이 남겼던 미나 이마의 흉터는 감쪽같이 사라졌던 것이다.

> "이제 하느님께 감사를 드려야 해. 우리의 모든 노력이 헛되지 않았어. 봐, 그녀의 이마가 눈보다 더 깨끗해졌어! 저주가 풀린 거야!"
> 그러고는 우리가 비통한 마음으로 지켜보는 가운데, 용감한 신사였던 [모리스]는 조용히 미소를 지으며 숨을 거두었다. (401)

텍스트는 위와 같이 끝을 맺고, 조나단의 후기가 뒤를 잇는다. 조나단은 "미나와 내게서 태어난 아들의 생일이 퀸시 모리스가 죽은 바로 그날이라는 것은 우리에게 또 하나의 기쁨"이라고 적고 있다(402). 그러나 조나단이 놓치고 있는, 혹은 외면하고 있는 것은 모리스가 죽은 날은 바로 드라큘라가 '먼지가 되어 사라진' 날이기도 하다는 점이다. 드라큘라는 정말 파괴된 것일까? 그는 이전에도 먼지로 변신하여 우리에게 스며들지 않았던가? 7년 후 조나단과 미나가 드라큘라 성을 다시 방문했을 때 성은 "예전 그대로의 모습"으로 그들을 맞이한다(402). 따라서 글레니스 바이런(Glennis Byron)이 지적하듯 위협적인 타자는 파괴된 것이 아니라 단지 한 번 더 억압된 것뿐일지 모른다(5). 또한 두 번째 죽음을 맞이하며 악마 같은 모습을 버리고 '본래의' 아름답고 평화로운 모습을 회복하는 루시나 다른 세 흡혈귀 여성들과는 달리 드라큘라가 그저 사라져 버린다는 사실은 의미심장하지 않을 수 없다. 그리하여 스티븐 아라타(Stephen Arata)를 비롯한 많은 비평가들은 이후 미나가 낳은 아들에게 흐르는 드라큘라의 피에 주목하여 이 결론의 전복적 의미를 주장한다.

조나단과 미나의 아들에게 불연속적이고 다층적인 피가 흐르고 있다는, 즉 이 아들의 정체성이 하나로 고정되지 않고 끊임없이 구성되는 중에 있다는 사실은 그의 이름에서 확인할 수 있다.

> 그 아이의 한 꾸러미나 되는 이름에는 우리 조그만 동아리에 속했던 남자들의 이름이 모두 들어 있지만 우리는 그 아이를 퀸시라고 부른다. (402)

추격자들 모두의 이름을 딴 이 아들은 어머니 미나의 "다정한 마음씨와 사랑스러운 보살핌" 아래 자라는 평화와 질서의 상징으로 보인다(402). 그러나 그 속에는 우선 아버지 조나단과 어머니 미나의 피가 흐르고 있고, 주지하다시피 미나에게는 드라큘라의 피가 섞여 있다. 그리고 이미 반 헬싱이 "우리가 루시에게 주었던 힘마저도 모두 그자에게로 갔네"라고 인정한 바 있듯이 드라큘라에게는 루시에게 수혈을 해 주었던 아서 홈우드, 잭 수어드, 퀸시 모리스, 반 헬싱 모두의 피가 흐르고 있다(216). 복합적인 "계급과 인종과 젠더의 의미화 연쇄 안"(Halberstam 345)에서 형성된 이 아들이야말로 무한한 차이의 흐름으로 구성된 탈근대적 주체를 가장 잘 대변한다 할 수 있을 것이다. 드라큘라와 마찬가지로 불변의 정체성이 존재하지 않고 변신의 잠재력을 지닌 이 아들은 어떠한 이름이나 정체성 아래에도 고정되지 않고 경계를 넘나드는 흡혈귀처럼 타자성의 맥락에서 구성된다. 비로소 이 아들에 이르러, 단일한 목소리가 이끌어가는 전통적 소설과 달리 여러 목소리들이 서로 반향하고 공명하는 『드라큘라』의 텍스트성은 동일성으로 환원되지 않는 차이의 타자성이 교직하는 주체성과 교차한다.'드라큘라의 아들,' 어린 퀸시는 주체란 불연속적이고 이질적인 차이의 감염 속에 구성되어 가는 존재임을, 마치 흡혈귀와도 같은 타자성을 지니고 있음을 증명하고 있다.

6. 나가며

빅토리아 여왕의 즉위 60주년(Diamond Jubilee)을 맞이하던 1897년에 출간된 『드라큘라』는 단지 빅토리아 시대의 사회와 문화에 대한 반영에 그치지 않고 동시대의 주체와 세계에 대한 해석틀을 제공하는 현대적 텍스트로 재해석되고 있다. 『드라큘라』는 동일성의 논리를 바탕으로 정체성을 중심으로 수렴되는 근대의 합리적 주체가 실은 허상에 불과하며, 주체는 오히려 다층적인 타자성의 흐름 속에 놓여 있다는 사실을 잘 보여준다. 주체는 타자와 이분법적으로 분리되어 사고할 수 있는 것이 아니라, 드라큘라가 변신한 안개와도 같이 변화와 흐름에 열린 타자성을 지니고 흘러간다. 힐리스 밀러(J. Hillis Miller)에 따르면 이 타자성이란 "명징하게 이해될 수 없으며, 따라서 지배되거나 통제될 수 없는," "진실로 그리고 근본적으로 다른 것"이다(2). 합리적 이해를 거부하고 규범적 통제를 벗어나는 흡혈귀는 우리와 근본적으로 다른, 차이의 타자성이다.

정체성을 알 수 없는, 더 정확히 말하자면 고정된 정체성이 존재하지 않는 드라큘라는 (젠더)규범을 전복하고 범주를 일탈하며 남근로고스중심주의를 위반한다. 바로 이 지점에서 드라큘라/흡혈귀는 변신의 잠재성을 내재한 여성성과 조우하게 되고, 무수히 모습을 바꾸며 무한한 차이를 감염시켜 나간다. 그리하여 차례차례 그에게 피를 빨리고 또 그의 피를 빨면서 모든 주체 역시 천천히 흡혈귀가 되어간다. 그러므로 표면적으로 드라큘라를 물리치는 데 가장 큰 공을 세우는 반 헬싱은 실은 드라큘라의 전도된 측면으로, "단지 가느다란 선만이 그들을 분리할 뿐"이라 할 수 있다(Jackson 119). 한없이 견고하고 연속적일 것이란 근대의 믿음과는 달리 이 가느다란 선은 불연속적이고 파편적이며, 언제든 미세한 알갱이로 흩어져 사라질 준비가 되어 있다. 그리하여 주체는 타자성의 흐름 속에 몸을 맡긴 채 이 선 혹은 차이의 분자를 타고 넘는 것이다.

참고 문헌

르쿠퇴, 클로드. 『살아있는 죽은 자, 뱀파이어의 역사』. 이선형 옮김. 서울: 푸른미디어, 2002.

마리니, 장. 『흡혈귀—잠들지 않는 전설』. 장동현 옮김. 1996. 서울: 시공사, 2005.

Arata, Stephen. "The Occidental Tourist: *Dracula* and the Anxiety of Reverse Colonization." *Victorian Studies* 33.4 (1990): 621-45.

Baldick, Chris, and Robert Mighall. "Gothic Criticism." *A Companion to the Gothic*. Ed. David Punter. Oxford: Blackwell, 2000. 209-28.

Botting, Fred. *Gothic*. London: Routledge, 1996.

_______. *Making Monstrous:* Frankenstein*, Criticism, Theory*. Manchester: Manchester UP, 1991.

Byron, Glennis. Ed. *Dracula: Bram Stoker*. New Casebooks. London: Martin's,

1999.

_______. Introduction. Byron 1-21.

Craft, Christopher. "'Kiss Me with Those Red Lips': Gender and Inversion in Bram Stoker's *Dracula*." Byron 93-118.

Deleuze, Gilles, and Felix Guattari. *A Thousand Plateaus: Capitalism and Schizophrenia.* Trans. Brian Massumi. Minneapolis: U of Minnesota P, 1987.

Eltis, Sos. "Corruption of the Blood and Degeneration of the Race: *Dracula* and Policing the Borders of Gender." *Case Studies.* Ed. John Riquelme. Boston: Bedford, 2002. 450-65.

Halberstam, Judith. "Technologies of Monstrosity: Bram Stoker's *Dracula.*" *Victorian Studies* 36.3 (1993): 333-52.

Hall, Stuart. "The Question of Cultural Identity." *Modernity and Its Futures*. Eds. Stuart Hall, David Held and Tony McGrew. Cambridge: The Open U, 1992. 273-325.

Herbert, Steven C. "*Dracula* as Metaphor for Human Evil." *Journal of Religion & Psychical Research* 27.2 (2004): 62-71.

Jackson, Rosemary. *Fantasy: The Literature of Subversion*. 1981. London: Routledge, 1998.

Krumm, Pascale. "Metamorphosis as Metaphor in Bram Stoker's *Dracula.*" *Victorian Newsletter* 88 (1995): 5-11.

McNally, T. Raymond, and Radu Florescu. *In Search of Dracula: The History of Dracula and Vampires*. Boston: Houghton Mifflin, 1994.

Miller, J. Hillis. *Others*. Princeton: Princeton UP, 2001.

Moretti, Franco. "*Dracula* and Capitalism." Byron 43-54.

Pope, Rebecca A. "Writing and Biting in *Dracula.*" *Lit: Literature, Interpretation, Theory* 1 (1990): 199-216.

Prescott, Charles E. and Giorgio, Grace A. "Vampiric Affinities: Mina Harker and the Paradox of Femininity in Bram Stoker's *Dracula.*" *Victorian Literature and Culture* 33.2 (2005): 487-515.

Riquelme, Paul. "Introduction: Biographical and Historical Contexts." *Dracula: Bram Stoker*. Ed. Riquelme. Case Studies in Contemporary Criticism. Boston: Bedford, 2002. 3-21.

Richardson, Maurice. "The Psychoanalysis of Ghost Stories." *The Twentieth Century* 166 (1959): 419-31.

Senf, Carol. "*Dracula*: Stoker's Response to the New Woman." *Victorian Studies* 26 (1982): 33-49.

Stoker, Bram. *Dracula*. 1897. London: Penguin, 2003.

영국고딕소설
공포와 일탈의 상상력

한국근대영미소설학회
필진

최주리

미국 스탠포드 대학에서 영문학 박사학위를 받고 현재 이화여대 영어영문학과 교수로 재직 중이다. 세부 전공은 18세기 영국 소설이며 이와 관련된 다양한 주제를 다루면서 학술 활동을 하고 있다. 근대 도시 발달과 소설의 발생의 연관성에 대한 연구를 진행 중이며 최근 한류 현상 역시 관심사이다. 주요 저서로는 『18세기 영국소설 강의』(공저), 논문으로는 「소설의 발생을 통해 본 돈과 캐릭터」("Money and Character in the Rise of the Novel") 등이 있다.

권수미

이화여자대학교 영문학박사 재학중. 단독 논문으로 「계몽주의와 여성교육: 『숲속의 로맨스』를 중심으로」와 「계몽주의와 여성의 이성: 『이탈리아인』을 중심으로」 등이 있으며, 이외에 「여성 고딕 소설에 나타난 진실과 미덕의 문제: 『이탈리아인』, 『여성의 억울함』, 『노생거 사원』을 중심으로」(공저)가 있다.

오인용

고려대학교 영어영문학과를 졸업하고 동 대학원에서 석사, 박사 학위를 취득하였으며 1995년부터 동의대학교 영어영문학과에서 가르치고 있다. 주로 윌리엄 워즈워스의 시를 중심으로 그와 관련된 낭만주의 분야에 관심을 가지고 연구하고 있다. 최근의 논문으로는 「낭만주의 심미적 국가의 이상과 코울리지의 영국적 민족주의」와 「공감과 의무: 워즈워스 시의 낭만적 감정구조와 미학적 계몽」이 있다.

김일영

미국 사우쓰 캐롤라이나 대학교 영문과에서 18세기 영국 소설가 로렌스 스턴에 관한 논문으로 박사학위 취득하였고, 주요 역서로서는 『업둥이 톰 존스 이야기』와 『주석달린 드라큘라』, 저서로는 『18세기 영소설 강의』(강의), 『트리스트람 샌디(영미해설 총서)』 등이 있다. 현재 18세기 영문학회 고문과 한국 근대영미소설학회 회장직을 맡고 있으며 성균관 대학교 영문학과 교수로 재직 중이다.

원유경

한국외대 영어과를 졸업하고 연세대와 한국외대에서 영문학 석사, 박사학위를 취득하였으며 현재 세명대학교 영어학과 교수로 재직 중이다. 저서로『오만과 편견』,『영문학 속 여성읽기』,『영국소설 명장면 모음집』(공저), 『영국소설과 서술기법』(공저) 등이 있고, 역서로『도리언 그레이의 초상』,『타임머신』,『일탈의 미학』(공역),『주석달린 고전동화집』(공역) 등이 있으며, 논문으로「세기말의 불안: 오스카 와일드의『도리안 그레이의 초상』」,「영문학 수업에서『비밀의 정원』 읽기」,「콘라드의 초기 단편소설에 나타난 제국주의의 문제」,「월터 스코트의『웨이벌리』에 나타난 민족 정체성의 문제」,「여성과 로맨스: 샬롯 레녹스의『여성 키호테』」,「제인 오스틴의『노생거사원』의 고딕 로맨스의 풍자」,「아동문학에 나타난 가족, 그리고 해체」,「『오루노코』에 나타난 아프라 벤의 이중적 태도」 등이 있다.

추재욱

중앙대학교 영어영문학과 부교수로 재직 중이며 중앙대학교와 펜실베니아 인디애나대학교에서 박사학위를 취득했다. 저서로는『토머스 핀천』(공저),『들뢰즈 철학과 영미문학 읽기』(공저) 등이 있고「빅토리아 시대 과학소설에 나타난 진화론에 대한 연구 -생명탐구와 진화론적 반응 양상을 중심으로」,「19세기 과학소설에 재현된 의과학 발전양상 연구:『프랑켄슈타인』에 나타난 생명과학 실험을 중심으로」 등이 있다. 현재 영미 과학소설을 통한 과학사 연구와 한국문화유산을 바탕으로 한 영어동화창작 교육에 관심을 기울이고 있다.

권영희

서울시립대학교에서 학생들을 가르치고 있다. 전공 분야는 현대영국소설로, 제국소설 장르의 변천과 그 의미를 탐구하는 논문으로 박사학위를 받았다. 서사문학이 한 사회의 담론들을 매개하면서 주체를 구성하고 변화시키는 방식들에 관심이 있으며, 다양한 작가들의 텍스트들이 현실에 대해 반응하는 양상을 대별함으로써 전체적인 지형을 그리는 식으로 공부해왔다. 19세기 말부터 영국소설의 전통을 대표하는 백인작가들에 더해, 탈식민주의문학 계열의 작가들의 주요작에 관한 다수의 논문을 발표했고, 최근에는 타자와의 접촉, 육체성과 노동에 대한 혐오, 트라우마와 공감이 주체성에 대해 갖는 함의를 주로 연구하고 있다.

장정희

부산대학교 문리대 영어영문학과를 졸업하고 서울대학교 대학원 영어영문학과에서 석사 및 박사학위를 받았다. 1988년부터 광운대학교 영문학과 교수로 재직하였으며 2008년부터 광운대학교 동북아문화산업학부 교수로 재직중이다. 19세기 영어권문학회 회장을 역임했으며 2012년 한국출판학술상을 수상하였다. 빅토리아 시대 선정소설과 여성작가의 저널리즘 활동에 관한 논문을 다수 집필하였으며 저서로는 『프랑켄슈타인』, 『선정소설과 여성』, 『토머스 하디와 여성론 비평』, 『빅토리아 시대 출판문화와 여성작가』 등이 있으며 역서로는 『더버빌가의 테스』, 『무명의 주드』 등이 있다.

송승철

서울대학교 및 동대학원에서 영문학을 공부하고, 사우쓰 캐롤라이나 대학에서 레이먼드 윌리엄즈에 관한 글로 박사학위를 받았다. 비평이론과 문화연구에 관한 논문을 다수 발표했으며, 최근에는 한국영어영문학사 및 개념사 연구에 전념하고 있다. 번역으로는 『지킬박사와 하이드씨의 기인한 사례』, 『정치사회적 개념의 역사: 비판적 입문』 등이 있다. 오랫 동안 한림대 교수로 재직하다, 최근 강원도립대 총장으로 옮겼다.

이혜진

부산대학교 영어영문학과에서 19세기 영국소설 속 다양한 '주체들'의 연구로 박사학위를 취득하였다. 영미 소설에서 출발하여 여러 장르 문화로의 확장 가능성에 연구 중점을 두고 있다. 더 좁게는 고딕의 현대(성), 주체와 타자 연구, 뱀파이어, 아바타와 같은 다양한 주체(들), 아동문학, 영-어덜트 문학, 소수(자) 문학 등에 주로 관심이 있다. 신진 연구자로서 논문, 저서 집필과 더불어, 학회 활동, 인문학 확산을 위한 강의, 한국연구재단 지원 연구활동을 수행 중이다. 현재 동의대학교 교양교육원 조교수로 학생들을 가르치고 있다.

김종갑

미국 루이지애나 주립대에서 박사학위를 취득하고 현재 건국대에서 영문과 교수로 문학비평과 이론을 가르치고 있다. 주된 관심은 몸을 화두로 하는 문화철학에 있으며 2007년에 설립된 몸문화연구소의 소장이다. 행복하지 않으면 삶은 살 가치가 없다고 생각하며 행복하게 살고 있다. 『근대적 몸과 탈근대적 증상』, 『생각: 의식의 소음』, 『성과 인간에 관한 책』을 비롯한 다수의 저서와 번역, 논문이 있다.

한혜정

부산대학교에서 학사, 석사, 박사학위를 받고 한국연구재단의 지원으로 텍사스 A&M 대학교에서 박사후 연수과정을 수행했다. 환상문학과 어린이문학의 숨겨진 의미와 가치에 관심이 많아 관련 논문을 계속 써오고 있다. 2008년 본 책에 수록된 「드라큘라」 논문으로 한국영어영문학회가 수여하는 '영어영문학 논문상'을 받았으며 『용이 걸어오는 소리』 등을 우리말로 옮겼다. 현재 루이스 캐럴의 전기를 번역중이며 신라대학교 영어교육과 강의전담 조교수로 일하고 있다.

영국고딕소설

공포와 일탈의 상상력

초판 1쇄 발행 _ 2015년 12월 25일

저　　자 • 한국근대영미소설학회
발 행 인 • 정 현 걸
발　　행 • 신 아 사
인　　쇄 • 예지인쇄
출판등록 • 1956년 1월 5일 (제9-52호)
주　　소 • 서울특별시 은평구 통일로 59길 4 2F
전　　화 • 02)382-6411 · 팩스 02)382-6401
홈페이지 • www.shinasa.co.kr
E-MAIL • shinasa@daum.net

ISBN 978-89-8396-924-8(93840)

정가 16,000원